리더의 최고 덕목은

역사적 통찰력이다

이 민 수 지음

리더의 최고 덕목은 역사적 통찰력이다

이 민 수 지음

철학과현실사

책머리에

I

'전쟁과 리더'는 그 조화에 있어서 그리 어색해 보이지 않는다. 전쟁을 수행하는 사람은 군인이고, 성공적인 군인은 전쟁을 승리로 이끈 지휘관이며, 그들을 일컬어 우리는 성공한 리더 혹은 위대한 리더라고 부르며 칭송하기 때문이다. 이순신이 그렇고, 마셜과 맥아더가 그렇다. 그들은 전쟁에서 승리한 위대한 리더임에 틀림없기 때문이다.

'리더와 윤리'는 어떤가? 이들 역시 결코 어색하지 않다. 어색하기는커녕 자연스럽고 조화로워 보인다. 리더란 조직과 팔로워를 이끄는 지휘통솔자로서 일반적으로 그에게 요구되는 엄격한 윤리적 잣대가 있다고 믿기 때문이다. 그래서 비윤리적인 리더, 비도덕적이고 부패한 리더, 잔인하고 비인간적인 리더는 참다운 리더의 대열에서 제외된다. 존경의 뜻을 담아 이순신을 성웅(聖雄)이라 칭하고, 마셜과 맥아더의 리더십 특질에서 진실성(integrity)을 제1덕목으로 꼽는 까닭도 이와 무관하지 않다.

그렇다면 '전쟁과 윤리'는 어떤가? 여전히 조화로워 보이는가, 아니면 어색한가? 어색하기 짝이 없다는 대답이 훨씬 많을 것이다. 두 개념 간의 부조화가 심해 보이기 때문이다. 그 까닭이 무엇일까? 전쟁은 승리를 목표로 하지만 윤리는 옳음과 정의를 목표로 삼기 때문이다. 승리가 목표인 이상, 전쟁은 수단을 중시하지 않는다. 반면, 윤리는 옳음을 추구하는 까닭에 그릇된 수단, 정의롭지 못한 수단을 경계하고 배척한다. 따라서 승리로 이끈 전쟁일지라도 옳음과 정의에 기초하지 않은 것이라면 그에 대한 윤리적 평가는 참다운 승리가 아니니다.

가령, 명분 없는 침략전쟁은 그것이 제아무리 큰 승리를 거두었다 할지라도 비도덕적인 전쟁, 정의롭지 못한 전쟁일 뿐이다. 또 아무리 전쟁 중이라 할지라도 비전투원인 시민을 향한 총격과 폭격은 비도덕적인 행위로서 전쟁범죄가 된다. 제2차 세계대전을 일거에 종식시켰던 원폭투하에 대하여 아직까지도 학자들 간에 논쟁이 분분한 까닭이 여기에 있다. 전쟁의 승리를 가져온 선택이었지만, 그것이 과연 옳음과 정의에 입각한 행위였느냐에 대한 반성 때문이다. 전쟁과 윤리가 그 조화에 있어서 어색한 까닭이다.

이렇듯 전쟁과 리더, 리더와 윤리, 그리고 전쟁과 윤리의 개념들을 살펴보았지만 결과는 뭔가 좀 이상하다. 전쟁과 리더는 어색함 없이 조화되고, 리더와 윤리도 조화로워 보이는데 유독 전쟁과 윤리만이 조화롭지 않다는 게 이상하지 않은가? A와 B가 조화되고, B와 C가 조화되면 A와 C는 당연히 조화로워야 하는 것이 논리적 귀결 아닌가? 도대체 무엇이 문제인가?

이 부조화를 조화롭게 만들 수 있는 열쇠는 매개념(媒槪念)인 '리더'에 있다. 전쟁이 승리가 목적이고, 윤리가 옳음이 목적이어서 전쟁과 윤리가 부조화처럼 느껴진다면 한편으로 이는 당연해 보인다. 하지만 이것은 다른 한편으로 볼 때, 양자 사이에 끼어 있는 '리더'의 개념을 올바르게 적용한다면 전쟁과 윤리를 조화롭게 만들 수 있다는 얘기가 된다.

이것은 매우 흥미로운 가능성을 시사한다. 리더의 개념을 어떻게 이해하느냐에 따라 전쟁과 윤리 사이의 부조화를 조화롭게 이해할 수 있는 실마리를 찾을 수 있다는 가능성이다. 바꿔 말하면 리더의 올바른 의미를 규명함으로써 부조화처럼 인식되어 온 전쟁과 윤리의 조화도 찾을 수 있다는 기대인 것이다. 이런 관점이라면 "리더란 무엇인가?"라는 물음에 대한 사실적 답변보다는 "참다운 리더란 어떤 존재여야 하는가?"에 대한 당위적 답변을 찾는 것이 논리적으로 더 타당할 것이다.

만약 리더가 무자비하고 부정의하며 비도덕적이고 비인간적인 지휘관이어도 전쟁에서 승리하기만 한다면 위대하고 훌륭한 리더로 평가된다고 할 때는 전쟁과 윤리는 물론이요, 리더와 윤리도 부조화 속에 있게 된다. 무자비하고 비인간적인 리더를 윤리적인 리더로 평가할 수는 결코 없을 것이기 때문이다.

반면, 리더가 정의롭고 도덕적이며, 인격적인 지휘관으로서 전쟁에서 승리를 일궈냈다면 리더와 윤리는 물론이요, 전쟁과 윤리도 조화롭게 사용될 것이다. 그렇다면 과연 어떤 리더가 참다운 리더냐 하는 당위적 물음에 대한 대답이 논의의 핵심으로 떠오른다.

II

칸트의 비판철학이 세계인들의 마음을 사로잡기 이전, 다시 말해서 인간의 존엄성이 보편적으로 존중받기 훨씬 이전의 전쟁이거나 그 시대의 지휘관이라면 리더가 윤리적이건 아니건 크게 문제되지는 않았을 것이다. 알렉산더나 한니발, 나폴레옹까지만 해도 그랬다. 하지만 오늘날에는 인간의 존엄성보다 더 큰 가치는 어디에도 없다. 따라서 인간의 존엄성을 무시하는 비윤리적이고 비인간적인 리더나 지휘관을 위한 자리는 아무 데도 없다.

전쟁도 이와 똑같은 논리에서 이해된다. 정의롭지 못한 전쟁은 물론이요, 비도덕적인 살상이나 비인간적인 잔혹한 파괴는 비록 전쟁 중이라 할지라도 범죄 행위로서 엄중히 그 책임을 묻고 있다. 따라서 전쟁에 임하는 리더라 할지라도 오늘날에는 엄격한 윤리적, 도덕적 기준에 의해서 참다운 리더와 그렇지 못한 리더로 구분되고 있는 것이다.

물론 아직도 과거처럼 권위적이고 강압적인 지휘 스타일을 중시하는 리더가 없지는 않다. 그 스타일이 리더로서의 윤리적 결함은 아니기 때문이다. 하지만 그의 선택과 결단이 비윤리적이거나 무자비한 것이라면 문제가 된다. 참다운 리더로서의 한계를 넘어선 것으로 인식되기 때문이다. (물론 전쟁의 불확실성과 우연성에 비춰볼 때, 예외적인 불가피한 상황도 없지는 않을 것이다.)

오늘날 리더의 의미가 이렇게 이해된다면, '전쟁과 리더'의 조화를 통해서 '전쟁과 윤리' 간의 부조화도 극복할 수 있는 길이 열린다. 그 부조화가 개념상의 본질에서가 아니라 인식의 차이에서 오는 부조화이기 때문이다. 다시 말해 리더의 참 의미 규명을 통해 '전쟁과 윤리'도 종래와는 달리 조화를 유지할 수 있다는 것이다. 이는 어떻게 가능할까?

리더, 특히 전쟁수행에 있어서 리더의 역할은 일차적 의미가 승리에 있다. 하지만 이미 살펴보았듯이 승리가 비윤리적인, 비인간적인 전쟁범죄를 통해서 얻어진 것이라면 결코 참다운 승리라 할 수 없다. 그렇다면 리더에게 부여된 또 하나의 역할은 윤리적이고 인간적인 승리를 거둬야 한다는 것이다. 도덕적인 승리, 이것이 리더에게 주어진 역할의 이차적인 의미다.

하지만 이 두 가지 역할을 모두 달성한다는 것은 결코 쉬운 일이 아닐 것이다. 이는 전쟁을 직접 겪어보지 않은 이들도 쉽게 이해할 수 있다. 하물며 몸소 전장을 누볐던 지휘관이라면 도덕성에 입각한 승리를 논하는 필자의 주장이 탁상공론일 뿐, 부질없는 일이라고 말할지도 모른다.

그럼에도 불구하고, 리더의 선택과 결단은 윤리적인 잣대 위에서 내려져야 한다고 필자는 믿는다. 인간의 존엄성이 최고의 가치로 평가되는 오늘날에 있어서는 승리만이 목적일 뿐 그 과정은 무의미하다는 종래의 전쟁관에서 벗어나야 한다. 수많은 과학자들이 새로운 무기 개발을 위해 연구실과 실험실에서 비지땀을 흘리는 이유가 무엇이겠는가? 그들의 노력이 과연 더 강력하고 더 높은 살상력을 가진 무기 개발만을 위한 것이겠는가? 정녕 그렇다면 인간의 존엄성과 인류 평화를 위해 목청을 높여왔던 수많은 철학자, 법학자들의 절규는 무의미해지고 말 것이다. 더불어 과학자들의 피와 땀도 별 가치 없는 것이 되고 말 것이다.

걸프전 이래 등장했던 초정밀 무기의 개발은 가공할 위력과 정확성 외에도 훨씬 더 큰 가치, 즉 전쟁이 가져올 불가피한 희생에서 최소한의 살상이라는, 바로 인간의 존엄성을 위한 것이다. 그렇지 않다면 그 무기들이 아무리 뛰어난 위력과 정밀성을 지녔다 해도 인류를 위한 위대한 걸작이라는 찬사는 받지 못했을 것이다. 전쟁이라 할지라도 리더가 윤리적인 덕목과 가치를 존중해야 하는 이유라 할 것이다.

전쟁은 또한 무수히 많은 사람들의 생명을 앗아간다. 부하들의 생명을 희생시킬지도 모를 전쟁터에서 리더는 그들의 생명을 존중하여 죽음에 이르지 않도록 최선을 다해야 한다. 설령 희생이 따를지라도 명예로운 희생이 되도록 이끌어야 한다. 하지만 잘못된 리더는 부하들의 죽음에서 명예로운 희생의 의미를 퇴색시키고 그 죽음을 헛되게 만들기도 한다. 리더의 윤리적 태도가 강조되는 또 다른 이유다.

하지만 무엇보다도 중요한 것은 윤리적 리더가 그렇지 못한 리더에 비해 전쟁에서 승리할 가능성이 높다는 사실이다. 윤리적 덕목을 구비한 리더가 그렇지 못한 리더에 비해 훨씬 효율적인 리더십을 발휘하기 때문이다. 제2차 세계대전 당시 마셜의 승리가 그렇고, 베트남전 당시 미군의 패배가 그렇다. 그리고 15년에 걸친 도덕적 쇄신 끝에 도달한 미군의 걸프전 승리가 그렇다. 윤리적 리더십이 중시되는 이유다.

III

이 책은 참다운 리더로서 갖추어야 할 윤리적 태도와 덕목들은 무엇이며, 그것들이 왜, 또 얼마나 중요한 것인지를 다양한 논리와 사례로써 보여준다. 비록 전쟁과 관련된 군의 사례와 논리가 주 내용이지만, 이 책에서 다루고 있는 리더의 윤리와 덕목들은 일반 사회의 리더는 물론이요, 리더를 꿈꾸는 이들에게도 좋은 본보기를 보여줄 수 있을 것이다.

이 책의 내용은 크게 둘로 나뉘어 제1부는 전쟁과 리더의 윤리를, 제2부는 리더의 특질과 덕목을 주제로 삼고 있다. 모두 10개 장(章)으로 구성된 이 책의 주요 내용을 간추리면 다음과 같다.

제1장에서는 리더의 선택과 결단의 중요성을 논하고 그가 처한 상황에서 자신의 결단을 정당화할 수 있는 이론적 근거가 무엇인지를 살펴본다. 그리고 결단의 정당성을 보증할 수 있는 이론으로 공리주의와 보편화주의가 제시된다.

제2장은 전쟁과 도덕의 관계에 대한 개괄적 설명이 주를 이룬다. 전쟁의 본질에 대한 칸트와 클라우제비츠의 견해 비교, 와써스트롬의 종합적 관점, 그리고 전쟁 발발에 대한 도덕적 논의로서의 전쟁도덕(morality of war)과, 전쟁 수행 시 지켜져야 할 도덕적 규범에 대한 논의로서의 전시도덕(morality in war)은 무엇인지 등을 다루고 있다.

제3장은 전쟁범죄와 책임의 문제로서, 전쟁범죄의 의미와 성립과정, 그리고 행해진 범죄에 대한 책임 문제를 논한다. 세 가지 이론이 제시되고 있는데 범죄에 대한 책임은 명령을 내린 상급자에게 있다는 주장과, 상급자의 명령과는 상관없이 범죄 행위를 한 개인에게 책임이 있다는 주장, 그리고 범죄에 대한 책임은 행위자가 범죄 의도를 가지고 있을 때에만 책임을 물을 수 있다는 이론 등이 제기되고, 그에 대한 이론적 근거와 문제점 등을 살피고 있다.

제4장은 전쟁법(전쟁규칙)에 흐르는 도덕원리 가운데 가장 바람직한 것이 무엇인가에 대한 탐구가 주요 주제다. 여기서는 고전적 공리주의와 토머스 네이글의 절대주의, 리처드 브란트의 규칙 공리주의, 그리고 현행 전쟁법의 실제적 규명을 통해 도덕원리를 찾아낸 앤서니 하틀의 인도주의 등이 이론적 대상으로서 검토되고 있다.

제5장은 첨단 과학무기의 발달을 통해 본 전쟁과 윤리의 관계를 다룬다. 걸프전에서 선을 보인 스커드 및 크루즈 미사일의 위력과 정확성을 통해 도덕적 전쟁의 가능성을 열고 있다. 첨단 과학무기의 정밀성을 통해서 전쟁에서도 도덕이 살아 숨 쉴 수 있는 가능성을 찾을 수 있음을 보여준다.

제6장은 리더에게 필요한 윤리적 덕목을 다섯 가지로 제한하여 제시하고 그것들이 지닌 참다운 의미와 근거를 규명하고 있다. 충성, 진실성, 책임, 용기, 명예가 그 덕목들인데, 이들 각각의 철학적 의미와 근거를 제시하고, 이들 덕목들이 갖는 공통적 특질이 옳음, 정의에 있

음을 밝힘으로써 진실성이야말로 덕목들의 덕목, 곧 제1덕목임을 보여준다. 아울러 중견 리더는 팔로워도 겸하고 있다는 점에서 복종의 팔로워십과 그 한계에 대한 논의도 부록으로 다루고 있다.

제7장은 이 책에서 가장 주의 깊게 살펴야 할 핵심 주제를 다룬다. 필자는 6장에서 다룬 다섯 가지 덕목 이외에도 리더가 중시해야 할 덕목으로서 역사적 통찰력을 제시하고, 이 덕목이 리더에게 필요한 이유와 근거를 논하고 있다. '역사의식에 기초한 도덕적 반성'으로 정의되는 역사적 통찰력은 충성과 복종, 제1덕목인 진실성이 갖는 문제들을 모두 해소할 수 있다는 점에서 리더에게 요구되는 최고의 덕목이라는 논리가 펼쳐진다.

역사적 통찰력은 도덕의식과 역사의식 모두를 중시함으로써 갈등과 딜레마에 빠진 리더에게 해결의 방안을 제시할 뿐만 아니라, 설사 해결책이 보이지 않는 결단이나 선택이라 할지라도 스스로의 선택이 최선의 것임을 자각하게 한다는 점에서 책임감 있는 리더가 갖추어야 할 최고덕목이라는 주장이다.

제8장은 군에서의 정의 실현이 가능할 수 있는가라는 물음에 대해 군은 특성상 확고한 존재 이유 혹은 존재 목적을 가지고 있기에 고전적 정의론의 한 틀에 비추어 정의로운 군의 실현이 가능하다는 이론을 펼치고 있다. 플라톤, 아리스토텔레스, 밀, 롤즈 등의 정의에 관한 이론이 소개되고 이 가운데 아리스토텔레스의 관점이 군에 가장 적합하다는 주장이 논리적으로 전개된다.

제9장은 성공적인 군의 리더로 꼽히는 네 명의 지휘관들의 리더십 특질에 대한 비교 분석을 통해 참다운 리더의 전형(典型)을 보여주고 있다. 마셜과, 맥아더, 아이젠하워, 패튼이 그들로서 이들의 학창 시절, 장교 시절, 장군 시절의 개인적 리더십의 특질과, 이들 모두에게 공통적으로 구비되어 있는 특질 등이 제시된다. 전문성과 존중(마셜),

신념과 용기(맥아더), 결단과 조정(아이젠하워), 긍지와 솔선(패튼)의 덕목들과, 직업에 대한 긍지, 진실성, 연설 능력, 준비, 행운, 신앙 등의 덕목들이 공통적 특질로서 제시되고 있다.

제10장은 필자가 이 책을 통해 펼치고자 하는 또 하나의 핵심 주제를 다룬다. 멋의 참 의미와 멋있는 리더에 대한 철학적 규명 작업이다. 필자는 국문학자들의 멋에 대한 다양한 견해를 따라가지만 종국에 얻은 것은 멋에 대한 다양성의 확인일 뿐이다. 이에, 멋에 대한 공통적 특질을 찾고자 철학적 방법에 의해 도달한 것은, 멋은 가치요, 미적 가치이되, 비도덕성과는 양립할 수 없다는 결론이다.

물론 규범의 일탈이나 파격도 멋이 될 수 있지만, 이것이 멋이 되는 근거는 전체적인 조화의 미에 있다. 멋은 가치요 미(美)이고 비도덕성과는 양립 불가능한 것이지만, 이들을 토대로 도달한 궁극적 결론은 멋은 미(美)이되 전체와의 조화미(調和美)라는 것이다.

이와 같은 멋의 본질 규명을 토대로 필자는 멋있는 삶을 위한 요건으로서 전문성과 이타성, 조화성 세 가지를 제시하고, 구성원들의 롤모델로서 특히 멋있는 리더의 역할과 의미를 강조한다.

이상 10편의 논문과 글 이외에도 두 개의 글을 부록으로 실었다.

[부록 1]은 대화나 토론 시 리더가 절대로 경계해야 할 유의사항들이다. 평상시 필자 스스로는 물론이요, 다른 이들도 가지고 있기를 바라는 것들로서 가령, 나와는 견해가 다른 사람이 있을 수 있다는 사실을 받아들여야 한다는 것, 나와 견해가 다르다고 해서 그들이 틀렸다고 말할 수는 없다는 것과 같은 내용들이다.

[부록 2]는 이문열의 중편소설 「새하곡(塞下曲)」과 이동규의 장편소설 『그리고 남은 자의 눈빛』에 대한 비교를 통해서 들여다본 군의 실상에 관한 글이다. 이들 소설은 각각 1970년대와 1990년대 군의 실상을 주제로 삼고 있어서 그 비교가 흥미로울 뿐만 아니라 시사하는

의미가 크다. 이 글을 쓰는 동안 필자가 느꼈던 감흥을 독자들과 함께 나누고 싶어서 부록으로 편성했다.

IV

금년으로 필자는 회갑을 지나 진갑(進甲)에 들어간다. 새로운 인생에 한 걸음 더 내딛는다는 의미다.

육군사관학교 철학교수로서 강의와 연구에 열정을 쏟았던 26년간의 세월이 필자의 삶에서 가장 빛나는 시간이었다면, 이후 서울과학기술대학교 교수로서 지낸 5년의 세월은 새로운 세계였고, 더없이 행복한 시간이기도 했다. 이제 1년 남은 교수로서의 삶을 정리하면서, 그동안 발표했던 논문과 저서들에 수록된 글들을 수정 보완하여 재집필하고, 새롭게 쓴 글들과 함께 묶어 이 책을 낸다. 이 책의 주제를 이루고 있는 '전쟁', '리더', '윤리'는 지난 세월 필자의 철학적 사유의 발자취라고 하겠다.

34년간의 군 생활이라고는 하지만 대부분의 세월을 학자로서 살았고, 아직도 강의와 연구를 지속할 수 있으니, 교직은 필자에게 천직(天職)이었나 보다. 돌아보면 그동안 필자는 참으로 많은 분들로부터 도움과 애정을 받았던 것 같다.

필자에게 철학의 길을 처음 안내해 주었던 임병수, 조승옥 교수님, 철학이라는 새 길을 이해하는 데 큰 도움을 준 황경식 교수님, 그리고 지금은 고인이 되셨지만 윤리학의 지평을 열어준 서울대학교 김태길 교수님, 모두가 고마운 은사(恩師)이시다.

무엇보다도 감사드려야 할 분은 테네시 대학교의 코헨 교수다. 박사학위를 위한 지도교수였던 그분으로부터 참으로 많은 사랑을 받았다. 또한 강의 준비 회의 때마다 늘 열띤 토론으로 비판의 의미를 성찰케 해주신 장용선, 이택호, 박연수, 김동식 교수와, 특히 김국헌 장군께도 깊은 감사를 드린다. 이 모든 분들의 도움과 애정이 없었다면 오늘의 필자는 존재할 수 없었을 것이다.

그동안 군에서 중시되어 온 덕목 가운데 '통찰력'은 있었지만, '역사적 통찰력'의 덕목은 없었다. 역사적 통찰력은 기존에 강조되어 온 통찰력에 도덕의식과 역사의식의 의미를 부여하여 필자가 새롭게 제시한 덕목이다. 이 개념이 처음 사용된 것은 1998년 출판된 필자의 첫 저서 『전쟁과 윤리』를 통해서였다.

이후 15년여의 세월이 흐르면서 이 덕목이 여기저기서 사용되고 있는 것을 보고, 또 그 의미와 역할이 리더들(특히 고위직 리더들)에게 더욱 중요시되었으면 하는 바람에서 언젠가 이 덕목의 의미를 확실히 밝혀 널리 활용될 계기를 갖고자 하였는데 이번이 그 기회가 되었다. 그래서 다른 많은 주제들에 앞서 '역사적 통찰력'을 이 책의 제목으로 삼았다.

이 책은 리더의 결단과 선택의 중요성을 강조하고, 바람직한 선택과 결단에 도달할 수 있는 이론적 근거와 방법을 제시하고 있다. 리더의 위치에 있는 사람들, 바람직한 선택과 결단에 도달하고자 하는 사람들, 그리고 결단과 선택에서 그것의 참 의미와 정당성을 찾고자 하는 사람들에게 이 책이 도움을 줄 수 있다면 필자로서 큰 보람이 될 것이다. 어려운 시기임에도 출판을 흔쾌히 수락해 준 철학과현실사에 감사의 마음을 전한다.

2014년 9월
붕어방이 보이는 교정에서
이민수

차 례

제 1 부 전쟁과 리더의 윤리

제 2 부 리더의 특질과 덕목

제 1 부

전쟁과 리더의 윤리

제 1 장 리더와 결단, 그 정당성

공리주의와 보편화주의

1. 리더의 선택과 결단
2. 윤리 혹은 도덕은 무엇인가?
3. 도덕의 보편적 합리성의 근거
4. 맺는 말

1. 리더의 선택과 결단

누구나 리더가 되기를 꿈꿀 수는 있지만 어떤 조직이건 한 조직의 리더는 결코 아무나 될 수 없다. 또 그렇게 되어서도 안 된다. 리더의 인격과 능력, 특질에 따라서 조직이 번창할 수도 있고, 몰락의 길을 걸을 수도 있기 때문이다.

하지만 스스로의 결단에 의해 몰락의 길을 선택할 리더가 어디에 있겠는가? 주어진 상황 속에서 그 순간 리더의 선택과 결단은 그 스스로에게 있어서는 최선의 선택이요, 최상의 결단일 것이다. 그렇지만 긴 역사의 수레바퀴 속에서 볼 때, 어떤 리더의 선택과 결단은 최상의 것으로서 조직을 구했지만, 어떤 리더의 선택과 결단은 최악의 것으로서 조직을 파멸로 이끈 것이었음을 볼 수 있다.

역사적 사건의 사례를 살펴본다면, 리더의 최상의 선택과 최악의 선택이 극명하게 대비되는 것으로서 칸나에 전투와 탄넨베르크 전투를 꼽을 수 있을 것이다. 카르타고의 영웅 한니발은 누구도 상상치 못했던 알프스 산맥을 넘어 로마를 공격하는 선택과 결단을 내렸지만, 로마의 수장(首將)이었던 바로는 평상시의 전열을 바꿔, 대열을 더 촘촘하게 만드는 전술을 선택함으로써 로마군의 기동성을 떨어뜨려 칸나에 전투에서 한니발에게 대패하고 만다. 선택과 결단의 최선과 최악의 대비 사례다.

제1차 세계대전의 칸나에 전투라고 불리는 탄넨베르크 전투도 유사하다. 힌덴부르크, 루덴도르프, 호프만으로 이어지는 독일군은 최상의 작전계획으로 러시아의 삼소노프를 늪지대인 탄넨베르크로 유인하여 격파하고 여세를 몰아 렌넨캄프마저 격퇴시킴으로써 전쟁 초기에 대승을 거둔다. 최상의 작전계획을 수립한 호프만의 결단과, 유인책에 말려든 삼소노프의 최악의 선택이 보여주는 극명한 대비가 아닐 수 없다.

한니발과 호프만은 어떻게 최상의 선택을 할 수 있었고, 바로와 삼소노프는 어떻게 최악의 선택을 하게 되었을까? 이에 대한 대답은 간단하다. 멀리 보고 넓게 보는 종합적, 거시적 상황 판단력을 지닌 능력 있는 리더와 그렇지 못한 리더의 차이가 그것이다.

리더가 올바른 판단을 할 수 있느냐 없느냐는 그의 능력에 달려 있다. 이 말은 탁월한 리더십은 리더의 능력에서 나온다는 말과 같다. 탁월한 능력의 리더가 조직을 성공으로 이끈다는 것은 당연한 일이고 따라서 리더의 능력은 아무리 강조해도 지나침이 없다. 특히 군에서의 리더의 능력은 그의 무능함에 따라 수많은 생명을 잃을 수도 있다는 점에서 그 의미가 더욱 크다.

그러나 또 한편 리더의 능력이 탁월하다 할지라도 능력만으로 그의 리더십을 평가하기에는 무언가 부족하다. 능력은 뛰어나지만 리더십을 발휘하지 못하는 리더도 주변에서 적지 않게 볼 수 있기 때문이다. 뛰어난 판단력과 기획력을 지녔음에도 따르는 부하 직원이 별로 없고 회사에서 따돌림 당하는 리더도 있다. 그 앞에서만 떠받드는 체할 뿐 돌아서서는 비난하고 심지어는 증오하는 리더도 있다. 왜 그럴까?

당연한 이유지만 간단하다. 그가 성격이 모나도록 특별하거나, 비도덕적이거나, 자신만 알 뿐 상대를 배려할 줄 모르는, 이른바 비인격적, 비정상적인 리더이기 때문이다.

결국 참다운 리더십은 능력과 인격을 모두 구비한 참다운 리더에게서 발휘된다고 해야 할 것이다.

이상에서 리더의 선택과 결단의 중요성, 그리고 올바른 선택과 결단은 리더의 능력뿐만 아니라 인격에서 비롯되는 것임을 살펴보았다. 그런데 리더의 선택과 결단이 옳은 것인지 아닌지를 항상 확연하게 알 수 있는가? 이에 대한 대답은 결코 쉽지가 않다. 왜냐하면 리더가 처한 상황이 어떠냐에 따라서 올바른 선택의 길을 찾기 어려울 때가 있기 때문이다. 더 정확하게 표현한다면, 선택과 결단 자체가 올바른 것임을 알 수 있는 경우는 매우 드물다고 해야 할 것이다. 리더의 선택과 결단이 어렵고 중요한 까닭이 또한 여기에 있다고 할 것이다.

이처럼 리더의 선택과 결단의 방향이 확연하지 않을 때, 그때 리더는 어떻게 해야 할 것인가? 안개에 둘러싸인 것처럼 선택의 방향을 잡지 못하는 경우라면 결국 리더의 개인적인 의지나 기질, 성향에 기대는 선택밖에 없을 것이다. 그럴 때 필요한 것이 일반적인 선택의 정당성이다. 선택과 결단을 확실하게 해줄 수 있는 어떤 특별한 여건이 있지 않는 한, 그 상황에서의 선택을 정당하게 해줄 수 있는 것은 일반적인 선택의 정당화라는 것이다.

일반적으로 리더의 선택과 결단을 정당하게 해주는 길은 두 가지가 있다. 하나는 공리주의적인 선택과 결단이요, 다른 하나는 보편화가 가능한 선택과 결단이다. 바꾸어 말하면 공리주의와 보편화주의에 입각한 리더의 선택과 결단은 그의 행위의 정당성을 보장해줄 수 있다는 것이다. 그렇다면 공리주의와 보편화주의는 무엇이고, 어떤 근거에 의해 리더의 선택과 결단이 정당화될 수 있다는 것일까?

이에 대한 이해를 위해서는 먼저 윤리 혹은 도덕의 의미와 그 성립 과정에 대한 고찰이 필요하다.

2. 윤리 혹은 도덕은 무엇인가?

윤리 혹은 도덕에 대한 이해는 인간이 생물학적 존재라는 데서부터 시작된다. 생물학적 존재란 자신에게 필요한 것을 욕구하는 존재로서 늘 욕구 간의 갈등 속에 있는 존재다. 욕구 간의 갈등(conflict of desires)은 선택을 요구하며, 선택은 항상 칭찬 혹은 비난이라는 평가를 수반한다. 가령, 점심식사로 무엇을 택할 것인가 하는 문제를 생각해 보자. 중국 음식으로 할 것인가, 아니면 한식으로 할 것인가 고민한다면, 이것 역시 하나의 갈등이 아닐 수 없다. 그리고 만약 중국 음식을 선택했는데 맛이 있었다면 잘했다는 찬사가 따르겠지만 불행히도 맛이 없었다면 선택이 잘못됐다는 비난을 하게 될 것이다. 선택은 반드시 좋다, 잘했다 혹은 나쁘다, 잘못했다와 같은 평가를 수반하는 것이다.

그런데 점심으로 중국 음식을 택할 것이냐 한식을 택할 것이냐 하는 것과 같은 선택의 문제는 그 평가가 어떤 것이건 간에 그것이 도덕적인 찬사나 비난이 되지는 않는다. 그것이 사회적인 파장을 몰고 올 만큼 중대한 도덕적인 선택은 아니기 때문이다.

하지만 어떤 학생이 스터디 그룹 동료들과 도서관에서 함께 시험공부를 하기로 약속해놓고 그 약속이 아니라 다른 친구들과 당구 치는 즐거움을 선택했다면 그 학생은 동료 학생들로부터 도덕적인 비난을 면치 못할 것이다. 약속을 지키지 않은 자라는 오명(汚名)뿐만 아니라 다른 학생들의 성적에도 나쁜 영향을 끼칠 수 있을 것이기에 비난은 가중될 수 있는 것이다. 이는 도덕적으로 나쁜 선택의 한 예다.

이처럼 좋은 선택은 사람들의 찬사를 불러오지만 나쁜 선택은 사람들의 비난을 불러일으킨다. 그 가운데 사람들의 찬사를 불러오는 좋은 선택의 반복은 사회적 관습(custom)이 되고 사람들에게 널리 권장된다. 물론 나쁜 선택의 반복은 사회적 비난이 거듭됨에 따라 해서는 안 되는 행위로 역시 관습화된다. 이것이 제1규범으로서의 관습의 탄생이다.

하지만 관습은 한때는 좋은 것으로 여겨졌다가도 시대의 변화에 따라 나쁜 관습이 되기도 한다. 가령, 고려시대의 고려장(高麗葬)이나 조선시대 여성의 재혼 금지는 당시로서는 좋은 관습이었음은 물론이다. 하지만 오늘날 이것들은 모두 나쁜 관습으로 평가되고 있다. 그 까닭은 무엇인가?

이 물음은 좋은 관습과 나쁜 관습을 가름해 주는 하나의 기준이 설정되면 해소되는데, 그것이 바로 보편성과 합리성을 기초로 하는 도덕(morality)이다. 고려장과 여성의 재혼 금지가 한때는 좋은 관습으로 인정받았다 할지라도 오늘날 그것들은 비합리적인 것으로서 결코 보편적인 행위라 할 수가 없다. 그러므로 고려장과 여성의 재혼 금지는 결코 도덕적인 행위가 되지 못하는 것이다.

이렇게 볼 때 도덕은 결국 관습으로부터 발전된 것임을 알 수 있다. 도덕을 제2규범이라고 말하는 까닭이 여기에 있다. 하지만 도덕은 비록 관습으로부터 발전된 것이긴 하되, 보편적인 합리성에 바탕을 두고 있는 까닭에 나쁜 도덕 혹은 좋은 도덕이라는 말은 성립하지 않는다. 도덕은 보편성과 합리성에 기초하고 있는 까닭에 늘 바람직한 규범으로서 인정되는 것이다.

하지만 도덕은 그것을 준수하지 않을 때 사회적인 비난은 따를지라도 강제적 구속력이 없기 때문에 규범으로서의 강도가 약하다고 할 것이다. 바로 여기서 강한 규범으로서의 강제력을 동반하는 규제가 필요하게 되는데 법(law)이 바로 그것이다. 관습으로부터 보편적이고 합리적인 도덕이 형성되고, 도덕의 비강제성으로부터 법이 생겨나게 된 것이다. 법을 제3규범이라고 부르는 이유가 여기에 있다. 하지만 좋은 관습, 나쁜 관습의 말이 용인되는 것처럼, 좋은 법, 나쁜 법이라는 말도 사용되고 있는 것으로 볼 때, 이 세 가지 규범 가운데 가장 중심이 되는 것은 도덕이며, 이것만이 참다운 의미의 규범이라고 할 것이다.

이처럼 도덕 혹은 윤리는 옳고 그름을 가름해줄 기준으로서의 보편적 합리성을 근간으로 한다. 그렇다면 그와 같은 보편적 합리성은 어디에서 오는가?

3. 도덕의 보편적 합리성의 근거

도덕 혹은 윤리의 보편적 합리성의 근거를 제시하는 길에는 크게 두 가지 주장이 있다. 하나는 우리 행동의 목적에 비추어 보편적 합리성을 찾을 수 있다는 목적론(teleology)이요, 다른 하나는 우리가 행동할 때 우리의 의무가 무엇인지를 통해 보편적 합리성을 찾을 수 있다는 의무론(deontology)이다.

대표적인 목적론은 공리주의로서, 행위의 옳고 그름을 가름해 주는 기준은 행위가 가져올 선의 최대치라는 주장이다. 행위가 가져올 결과가 행위에 관련된 사람들에게 최대의 이익 혹은 행복을 가져올 수 있다면 그 행위는 옳지만, 그렇지 못하다면 그르다는 것이다.

반면 의무론은 행위의 결과와는 상관없이 그 행위가 과연 우리의 의무냐 아니냐에 따라 옳은 행위 혹은 그른 행위가 된다는 주장이다.

행위가 가져올 결과가 아무리 끔찍하다 할지라도 그것이 인간으로서 해야 할 의무라면 옳은 행위라는 것이다. 대표적인 의무론은 칸트의 보편화의 원리(보편화주의)다. 공리주의와 보편화주의에 대해서는 더 상세한 설명이 필요하다.

가. 공리주의

흔히 '최대 다수의 최대 행복'이라는 슬로건으로 더 유명한 공리주의(utilitarianism)는 행위의 결과가 행위에 관계되는 사람들 가운데 최대의 인원에게, 혹은 그들 모두에게 최대의 선(이득 또는 행복)을 가져다줄 때 그 행위는 옳다는 주장으로서, 심각한 상황에서 좀 더 쉽게 선택의 가능성을 열어준다는 점에서 많은 학자들로부터 바람직한 윤리적 이론으로 인정되어 왔다. 즉 행위의 결과가 '최대 다수'에게 최대의 이득(행복 또는 선)을 주거나 혹은 행복의 총량에서 최대치를 가져온다면 그 행위는 다른 행위에 비해 훨씬 바람직한 행위라는 것이다. 그 대표적인 학자는 제레미 벤담(Jeremy Bentham)과 존 스튜어트 밀(John Stuart Mill)이다.

벤담에 의하면 우리의 모든 행동은 궁극적으로 '쾌락의 추구'이거나 '고통의 회피'를 따라 이루어진다. 벤담의 이와 같은 주장은 평범한 사람들의 일반적인 성향에 비추어볼 때 매우 설득력이 있다. 우리 모두는 실상 다른 조건이 같다면 더 편하고 더 즐거운 방향으로 선택하기 마련이다. 가령 쾌락 혹은 기쁨을 주는 행위와 고통을 주는 행위 가운데 선택하라고 한다면 단연 쾌락 혹은 기쁨을 주는 행위를 선택하고자 할 것이다. 아인슈타인이 상대성 이론을 설명하면서 들었던 예가 그러하다. 즉 "좋아하는 사람과 함께 있으면 한 시간도 10분처럼 짧지만, 싫은 사람과 함께 있으면 한 시간도 두세 시간처럼 길게 느껴진다. 이것이 상대성 이론의 예"라는 것이다. 벤담에 의하면 이것이 우리의 심리적 본성이라는 것이다. 우리의 심리적 본성이 그러하다면 그와 같은 심리적 본성을 따라 행동하는 것이 당연하다는 것이 벤담의 주장이다.

한 걸음 더 나아가 벤담은 우리의 심리적 본성이 추구하는 쾌락을 측정할 수 있다고 주장하여, 이른바 쾌락의 강도, 지속성, 확산성, 범위 등 일곱 가지 쾌락의 측정 기준을 마련하기까지 하였다. 그래서 이 기준에 의하면 두 행위 중 어느 쪽이 더 바람직한 행위인지를 쉽사리 측정할 수 있다는 것이다. 즉 쾌락의 측정 결과가 더 높은 행위가 더 바람직한 행위라는 것이다. 그러나 벤담의 이 주장은 '맥주 한 잔 마시는 행위'가 '시 한 수 읊는 행위'보다도 더 바람직한 행위가 된다는 결과를 유도해 저급한 철학, 돼지의 철학이라는 비난을 받기에 이른다.

한편, 밀은 우리의 심리적 본성에 기초해 좀 더 많은 사람들의 쾌락(혹은 행복의 총량)을 가져오는 행위가 더 바람직한 행위라는, 이른바 유용성의 원리(공리의 원리)를 중시하는 벤담의 주장에는 동의하지만, 결과적으로는 저급한 철학이라는 비난 속에 떨어진 벤담의 철학을 어떻게 하면 살릴 수 있을까 고뇌하였고, 마침내 그 해결책을 찾기에 이른다. 벤담의 철학을 비판적으로 검토한 밀은 벤담의 문제점이 쾌락의 양(量)만을 중시한 데 있다는 사실을 밝혀내고 쾌락에는 양적인 차이만이 아니라 질적인 차이가 있음을 규명한다. "배부른 돼지가 되기보다는 배고픈 인간이 더 낫다. 만족한 바보보다는 불만족한 소크라테스가 더 낫다"는 말은 쾌락의 질적 차이를 인정한 밀의 유명한 글귀가 되었다. 이처럼 쾌락의 질적 차이를 인정하게 되면 '맥주 한 잔 마시는 행위'와 '시 한 수 읊는 행위'는 질적으로 다른 행위가 됨으로써 공리주의는 돼지의 철학이라는 비난에서 벗어날 수 있게 되는 것이다.

그뿐만 아니라 밀은 벤담이 세심하게 검토하지 않았던 공리주의의 또 한 부분, 곧 왜 우리가 나의 쾌락 혹은 나의 행복을 추구함이 아니라 우리 모두의 쾌락 혹은 우리 모두의 행복을 추구해야 하는지에 대해서도 그 나름 해답을 제시하고 있는데, 그 논리는 다음과 같다.

어떤 대상이 눈으로 볼 수 있는 대상이라는 것(visible)을 증명할 수 있는 유일한 방법은 그것을 직접 보는 것(see)이고, 들을 수 있는 대상이라는 것(audible)을 증명할 수 있는 유일한 방법은 직접 들어보는 것(hear)이듯이, 어떤 대상이 바람직한 것(desirable)임을 증명할 수 있는 유일한 방법은 사람들이 그것을 바라고 있다(desire)는 사실을 밝히는 것인데, 사람들이 유일하게 바라는 것은 그들의 쾌락과 행복이기에 쾌락과 행복만이 바람직한 유일한 대상이라는 것이다. 더욱이 우리 모두는 사회적 존재로서 혼자서는 살아갈 수 없는 존재이기에 나만의 쾌락, 나만의 행복이 아니라 우리 모두의 쾌락과 행복의 추구가 가장 바람직한 것이라는 논리다.

이러한 논리를 담고 있는 밀의 저서 『공리주의(*Utilitarianism*)』는 백 페이지도 채 안 되는 작은 책자이지만 오늘날 서양의 고전 중 가장 유명하고 소중한 저서로 인정되고 있다. 요컨대 공리주의는 우리 행위가 정당한 근거는 그 행위가 가져올 결과가 행위와 관계되는 더 많은 사람들의 행복을 가져오기 때문이라는 것으로서 많은 사람들의 동의를 얻어왔으며, 오늘날 민주주의의 '다수결의 원리'의 논리적 근거가 되고 있기도 하다.

또한 최근 공리주의의 추세는 벤담과 밀의 주장에 근거한 공리주의를 고전적 공리주의라 하여 행위 공리주의(act-utilitarianism)라 칭하고, 규칙이나 원칙의 준수를 우선적으로 중시하는 새로운 형태의 공리주의를 주창하고 있는데 이를 규칙 공리주의(rule-utilitarianism)라고 부른다. 행위 공리주의는 매 행위 때마다 행복의 총량을 계산해서 선택하는 반면, 규칙 공리주의는 규칙의 준수 혹은 원칙의 준수를 우선적으로 선택하는데, 그 까닭은 규칙 혹은 원칙의 준수가 장기적인 관점에서 볼 때 궁극적으로는 행복의 총량을 높이기 때문이라는 것이다(long-range utility). 행위 공리주의의 관점에서는 종종 규칙이나 원칙이 무시될 수 있다는 문제점을 보완한, 수정되고 발전된 형태의 공리주의가 규칙 공리주의라고 하겠다.

나. 보편화주의

한편, 공리주의가 더 많은 사람들의 행복을 추구하게 하는 이론으로서 다수의 사람들로부터 인정을 받아왔다 할지라도, 가끔은 그로 인해 소수의 행복이 희생당하는 결과를 초래하고 있다는 것은 쉽사리 이해할 수 있다. 다수라는 이름으로 소수의 인권이 침해를 당하거나 희생당해야 한다면 과연 바람직한 이론이라고 할 수 있을 것인가 하는 것이 문제다. 바로 이런 의문을 해소해줄 수 있는 이론이 보편성의 원리(principle of universalization) 혹은 보편화주의라고 하겠다.

보편화주의는 행위의 정당화는 그 행동이 같은 처지에 있는 모든 사람들의 동의 아래서만 가능하다는 주장이다. 가령, "사흘 굶어 남의 집 담을 넘지 않는 사람은 없다"는 주장은 사흘을 굶은 모든 사람들이 남의 집 담을 넘을 때, 오직 그때만이 정당하다는 것이다. 만약 사흘을 굶었는데 그중의 한 사람만이라도 남의 집 담을 넘지 않는 사람이 있다면 남의 집 담을 넘는 행위는 정당한 행위가 될 수 없다는 주장이다. 요컨대 행위의 정당성은 그 행위가 보편화 가능할 때만이 수용될 수 있다는 주장인 것이다.

이 이론의 대표적인 학자는 임마누엘 칸트(Immanuel Kant)로서, 그 이론의 대강은 다음과 같다.

칸트에 따르면 도덕적 혹은 윤리적 표현은 모두가 당위적인 언사로 이루어진다. 가령 "남의 물건을 훔쳐서는 안 된다", "약속은 지켜야 한다", "생명은 존중되어야 한다"와 같이 모든 도덕적 언사는 '…해서는 안 된다', '…해야 한다'와 같은 당위적인 표현으로 나타난다는 것이다. 그런데 당위적인 표현은 모두가 명령문의 형식으로 바꿀 수 있다. 즉 "약속은 지켜야 한다"는 도덕적 표현은 "약속을 지켜라"로, "남의 물건을 훔쳐서는 안 된다"는 "남의 물건을 훔치지 마라"로 바꿔 사용할 수가 있다는 것이다. 다시 말하면 모든 도덕적, 윤리적 언사는 결국 명령문의 형식을 취하고 있다는 것이다.

그런데 명령문에는 두 가지 형태가 있다. 하나는 가언적(假言的) 명령문이요, 다른 하나는 정언적(定言的) 명령문이다. 가언명령은 일종의 조건문이다. 가령 "사업에 성공하려면 거짓말하지 마라", "국회의원이 되려면 약속을 지켜라"와 같은 명령이 그렇다. 가언명령의 문제점은 조건을 없애버리면 명령 자체가 의미를 상실한다는 데 있다. 가령 위의 예에서 '사업 성공'이나 '국회의원 당선'과 같은 조건을 떼버린다면 "거짓말하지 마라"나 "약속을 지켜라"라는 명령은 무의미해지는 것이다. 그래서 이것은 참다운 명령이 아니라 '가언(假言, hypothetical)' 명령인 것이다.

반면에 정언명령은 조건이 붙지 않는 명령이다. 무조건적인 명령인 것이다. "약속을 지켜라", "생명을 존중하라", "남의 물건을 훔치지 마라", "거짓을 말하지 마라" 등 아무런 단서나 조건이 없는 명령, 이것이 '정언(定言, categorical)' 명령이다. 조건이 없기 때문에 이것은 명령의 의미가 퇴색하거나 무의미해지는 일이 없다. 그래서 참다운 명령으로서 우리의 의무가 된다는 것이다.

칸트는 여기서 한 걸음 더 나아가 조건이 없는 모든 명령들을 규합

할 수 있는 하나의 명령의 형식을 제시하고자 했는데, 그것이 칸트의 유명한 제1정언명령이다. 그것은 다음과 같다.

네 의지의 준칙이 항상, 동시에 보편적 입법의 원리가 될 수 있도록 행위하라.

얼핏 보기에 무슨 말인지 이해하기 어려워 보이지만 그 의미를 이해하고 나면 참으로 훌륭한 행동지침이 아닐 수 없다. 여기서의 핵심은 '준칙'과 '보편적 입법의 원리'에 대한 이해다. 준칙(準則)은 법칙이 되기 전의 상태로서 개인적인 것인 반면, 보편적 입법의 원리는 법칙으로서 보편적인 것이다. 준칙은 '내 생각' 혹은 '내 욕구'에 따른 행동의 선택이지만, 법칙은 모든 사람이 선택하기를 동의하는 보편적 행동원리다.

문제는 나의 준칙이 보편적 행동원리로서의 법칙이 될 수 있느냐 하는 것이다. 내 행동이 정당화될 수 있는 것은 그것이 보편화될 수 있을 때뿐이기 때문이다. 바꾸어 말하면 내 욕구에 따른 내 행동이 정당화되는 길은 나와 같은 처지에 있는 모든 사람들이 나와 똑같이 행동하기를 선택할 때, 오직 그때뿐이라는 것이다.

칸트는 이 정언명령에 대한 이해를 돕기 위해 네 가지 사례를 제시하고 있는데 그것은 "자살하지 마라", "거짓 약속을 하지 마라", "향락을 일삼지 마라", "자선을 베풀어라" 등이다. 비운의 운명일지라도 생명은 자연이 준 것이기에 개인이 함부로 다룰 수 없는 것이므로 자살은 보편화될 수 없으며, 약속은 지키라는 데 의미가 있는데 거짓 약속은 그 자체가 자가당착으로서 보편화될 수 없고, 향락은 자연이 준 재능을 개인적으로 소모시키는 것으로 역시 보편화될 수 없으며, 자선은 자신이 불우한 처지에 있을 때를 생각해 본다면 남을 도울 수 있을 때 돕지 않을 수 없다는 점에서 보편화될 수 있는 행동이라는 것이다.

이런 점에서 칸트의 정언명령은 보편화의 원리, 혹은 역지사지(易地思之)의 원리라고 말할 수 있으며, 보편화될 수 있을 때, 오직 그때만이 행동이 정당화될 수 있다는 점에서 공리주의의 문제점으로 제기되었던 소수인의 희생이나 존엄성의 상실과 같은 문제는 발생할 수가 없는 것이다.

4. 맺는 말

이상에서 우리의 행동을 규제하는 도덕 혹은 윤리규범의 형성 과정과, 우리의 행동을 정당화시킬 수 있는 두 가지 근거 이론으로서 공리주의와 보편화주의를 살펴보았다.

우리의 인생길에서 우리는 많은 갈등에 직면하게 될 것이고, 하나의 선택만이 가능한 입장에 놓일 때가 종종 있을 것이다. 그때마다 우리는 아무렇게나 선택하기보다는 많은 현명한 선인(先人)들이 정당한 길이라고 가르쳐준 이 두 가지 선택 가운데 하나에 의존해서 행동한다면, 그 선택은 우리의 삶을 더 바람직한 인생길로 이끌어줄 것이라 생각된다.

특히 많은 사람들의 삶에 적잖은 영향을 미칠 리더들이라면 그 선택의 무게는 훨씬 더 크다고 해야 할 것이다. 더욱이 상황이 불명확하여 확실한 선택과 결단의 길이 보이지 않을 경우, 리더로서 이 두 가지 가운데 하나의 입장에서 선택한다면 그것은 어떤 선택이건 간에 옳은 선택, 혹은 바람직한 선택으로서 그들의 행위를 정당화시킬 수 있을 것이다.

다만 이 두 가지 입장에서 어느 쪽에 더 의존하느냐 하는 것은 결국 개인의 가치관과 성향의 문제다. 더욱이 두 가지 길이 상충될 때, 둘 가운데 오직 하나만 선택할 수밖에 없을 때는, 어떤 길을 택할 것이냐 하는 것은 결국 선택하는 자의 몫이다. 선택을 결정하는 것은 그 사람의 가치관과 성향일 뿐, 어느 길이 더 나은 것이냐 하는 문제는 대답하기도 어렵거니와 그 어려움만큼의 큰 의미도 없을 것이다.

제 2 장 전쟁과 도덕*

정의로운 전쟁은 가능한가?

1. 들어가는 말
2. 전쟁과 평화
3. 전쟁의 본질
4. 전쟁규칙
5. 전쟁도덕
6. 전시도덕

* 이 글은 필자의 저서 『전쟁과 리더』와 『처음 읽는 윤리학』(서울대 철학사상연구소 엮음, 동녘)에 수록된 필자의 글을 수정 보완하여 다시 쓴 것이다.

1. 들어가는 말

전쟁의 역사는 인류의 역사와 더불어 시작되었다. 실로 전쟁만큼 인간의 역사에 크게 영향을 끼쳐온 것은 없다고 해도 과언이 아니다. 역사를 더 나은 세계를 향한 발전의 관점에서 본다면 전쟁은 역사의 발전과 퇴보에 있어서 크고 작은 획을 무수히 그려왔다. 아직도 지구상 어느 곳에서는 전쟁이 진행되고 있으며, 역사의 한 축을 떠받들고 있는 것이다. 인류의 역사에서 전쟁을 뺀다면 결코 올바른 역사가 아닐 것이다. 그만큼 전쟁이 역사에서 차지하는 비중은 크다고 하겠다.

하지만 전쟁은 그것이 진행되는 과정에서 많은 사람을 죽음으로 내몬다. 일단 전쟁이 시작되면 무수히 많은 사람들의 소중한 생명이 하루살이나 파리의 그것처럼 사라진다. 전쟁을 일으키는 정치 지도자들이건, 직접 전투에 참여하는 군인이건, 그 사실을 잘 안다. 평화 시에는 인간의 권리와 존엄성을 그토록 신성하게 다루면서도 정작 전시가 되면, 인권과 존엄성은 상황에 따라 파리처럼 무시되기도 한다. 직접 전투에 참여했던 사람들은 물론이요, 전쟁의 역사를 통해 간접 경험을 한 사람들도 모두 그 사실을 너무나 잘 알고 있다. 신으로부터 신성성을 부여받았다는 만물의 영장인 인간의 권리와 존엄성이 하찮은 미물에 불과한 곤충과 동일시되는 현실, 그것이 전쟁인 것이다.

그럼에도 불구하고 전쟁은 끊이지 않고 있다. 도대체 전쟁의 본질은 무엇이기에 소중한 인간의 목숨을 담보로 하면서까지 지속되고 있는 것일까? 동시에 전쟁의 본질이 어떠하든, 전쟁 중이라 할지라도 고귀한 인간의 생명이 하루살이처럼 하찮은 것으로 취급되는 것이 정당한 일일 것인가?

이 글에서 다루어질 주제들은 이와 같은 의문점에서 출발한다. 그 가운데 하나는 전쟁의 본질로서 전쟁의 필요성, 혹은 불가피성에 관한 것이고, 다른 하나는 전쟁의 또 다른 본질로서 전쟁의 해악, 곧 전쟁이 가져오는 폐해에 관한 것이다.

전쟁이 인류의 역사만큼이나 오랜 역사를 가지고 있다는 점에서 인간에게 전쟁의 불가피성은 수용될 수밖에 없을 것이다. 하지만 그렇다고 해서 불가피한 전쟁이 가져오는 해악과 폐해에 대해 이것 역시 불가피한 것으로 받아들인다는 것은 만물의 영장으로서의 인간답지 못한 일이다. 그래서 많은 철학자, 법학자는 물론이요 군사사상가와 과학자들까지도 전쟁의 해악을 해소하고자 노력해 왔다. 그 노력의 산물 가운데 하나가 현대의 눈부신 과학적 성과가 빚어낸 똑똑한(smart) 무기, 크루즈 미사일이다. 이것은 그 정확성으로 인하여 종래에는 무수히 많은 민간인의 살상을 불가피한 것으로 인정하게 했던 공중폭격의 문제를 상당 부분 해소하고 있다.

하지만 전쟁의 해악성에 대한 과학적 성과와는 달리, 그동안 철학자, 법학자들의 연구 결과는 큰 주목을 받지 못해 왔다. 그 까닭은 이 분야의 성과는 전쟁과 그것의 도덕성에 관한 논의가 주가 되는데, 전쟁과 도덕을 연관 지으려는 시도 자체가 학계의 관심을 끌지 못했기 때문이다. 전쟁은 승리를 목표로 하며, 따라서 승리에 도움이 되지 않는다면 도덕은 무시될 수 있다는 것이 종래 전쟁관의 주를 이루었던 것이다.

그러나 제2차 세계대전에서 원자탄과 수소탄의 가공할 파괴력을 지닌 무기가 등장한 이래 철학자들은 전쟁과 그것의 도덕성에 관해 점차 관심을 표명하기 시작하였으며, 특히 1960년대의 베트남전은 전쟁의 도덕성에 대한 논의를 불러일으키는 시발점이 되었다.

더욱이 베트남전에서 드러났던, 미군들에 의해 자행된 미라이(My Lai) 지역 거주민에 대한 대학살 사건은 전시 민간인 학살의 전쟁범죄 사건으로서 관련자에 대한 유죄 평결을 통해 전쟁과 도덕성의 관계를 규명하는 촉진제가 되었다.

이 밖에도 역시 미군들에 의해서 저질러진 전쟁범죄로서 한국전쟁 동안 발생했던 노근리 양민 학살 사건과 이라크전에서 드러났던 이라크 포로 학대 사건, 이스라엘의 레바논 무차별 폭격 사건 등은 비록 전쟁 중이라 할지라도 인권을 존중하고 인간의 존엄성은 보장되어야 한다는 측면에서 도덕이 살아 숨 쉬어야 한다는 주장들을 뒷받침하는 계기가 되었다.

전쟁과 도덕은 이제 더 이상 양립할 수 없는 상이한 존재가 아니다. 베트남전에서 도덕성의 결여로 패배를 경험하고, 그 교훈을 살려 도덕성을 중시함으로써 걸프전에서 승리했던 미군의 예에서 볼 수 있듯이, 도덕을 무시하는 군대는 종국에 패배하고 도덕으로 무장한 군대야말로 전쟁에서 승리할 수 있다는 것이다. 이 글은 전쟁 중이라 할지라도 도덕의 중요성은 강조되어야 한다는 논리를 피력할 것이며, 동시에 도덕을 중시하는 전쟁이 그 결과에 있어서도 더욱 효율적임을 보여줄 것이다.

2. 전쟁과 평화

칸트가 자신의 대표적 저술 가운데 하나인 『영구평화론』을 쓴 것은 1795년의 일이다. 그는 생애의 대부분을 역사상 가장 군국주의적 국가 중의 하나였던 프러시아에서 보냈던 까닭에 전쟁의 폭력성을 가까이에서 관찰한 인물이다. 전쟁의 잔인성과 폭력성을 경험한 자로서 칸트는 국제관계의 변화를 통해 평화를 유지하고자 하지 않는다면 세계는 절멸(絶滅)에 이를 것이라고 생각하였다.

그의 이러한 주장의 논리는 다음과 같다.

전쟁이 발발하면 전쟁은 오랜 기간 동안 국민들로 하여금 적을 이기기 위하여 개혁과 싸움에 몰두하게 한다. 전쟁이 끝난 뒤 황폐해진 시기에도 국가는 재무장과 적대정책을 강조하게 되고 다시 전쟁이 일어났을 때는 이전보다 더욱더 가혹한 싸움을 하게 된다. 전쟁이 끝난 후 평화가 찾아와도 국가들은 더욱 강화된 재무장과 적대정책을 세우게 된다. 그리고 이런 악순환은 마침내 모두가 말살되는 최후의 전쟁에서야 끝이 나게 된다.

“영구평화란 바로 광대한 인간의 공동묘지 위에서나 존재할 수 있을 것”이라는 것이 칸트의 주장이다. 따라서 국제관계에 변화가 일어나지 않는 한, 평화는 세상이 아무도 존재하지 않는 공동묘지 터가 된 후에나 달성될 것이라는 것이다.

하지만 이성적인 사람들은 누구도 세상이 절멸 상태가 되기를 원치 않는다. 전쟁으로 인한 세계 절멸에 이르기 전에 전쟁을 미연에 방지하고자 할 것이다. 공동묘지 터 위에서의 영원한 평화가 아니라 전쟁의 파괴성으로부터 벗어나 평화를 유지할 수 있는 대책을 마련해야 한다. 이 하나의 대책을 칸트는 영구평화론에서 제시하고 있는데, 그것은 평화를 유지하기 위한 자유국가들의 연맹(聯盟)에 모든 국가들이 참여하는 일이다. 이 연맹에 참여하는 나라의 국민들은 자유와 평등이 보장되고, 또한 평화를 요구하는 시민들의 저항에 의해 국가 지도자들도 전쟁을 쉽사리 일으키지 못하게 되고, 따라서 세계는 평화를 유지하게 된다. 이것이 칸트의 주장이다. 오늘날 국제연합(UN)의 존재는 칸트의 이와 같은 논리에 입각하고 있다고 할 것이다.

『전쟁론』으로 유명한 군사사상가 클라우제비츠는 칸트와는 상반된 입장에서 전쟁과 평화를 이해하고 있다. 1832년에 발표된 저술에서 그는 칸트의 영구평화론에 대하여 그것이 근본적으로 도덕성에 기초하고 있다는 점에서 전쟁의 본질을 올바르게 이해하지 못한 사상이라고 비판한다. 전쟁의 맥락 속에서 도덕성을 논하는 것은 전쟁의 현실을 직시하지 못한 이상론에 불과하다는 것이다.

이 주장에 대한 그의 논리는 다음과 같다.

전쟁은 무력에 대한 호소로서 이는 기술과 과학의 발달에는 영향을 받을 수 있지만 법이나 관습, 혹은 도덕에는 거의 영향을 받지 않는다. 선량한 사람들이 유혈사태를 최소화하기 위하여 여러 가지 방안들을 강구하지만 이는 사태를 오히려 악화시킬 뿐이다. “전쟁은 몹시 위태로운 사업이기 때문에 마음의 선량함으로부터 오는 실수야말로 가장 나쁜 실수”다. 도덕심이란 마음의 선량함이고 따라서 전쟁의 맥락 속에서 도덕을 들먹이는 것은 실수 중에서도 가장 큰 실수라는 것이다.[1)]

칸트의 항구적 평화 달성을 위한 제안은 클라우제비츠의 관점에서 볼 때 비현실적일 뿐만 아니라 위험하기까지 한 사상이다. 인간의 본성과 삶의 조건이 바뀌지 않는 한 칸트의 제안은 실현될 수 없기 때문에 비현실적이요, 번영과 평화의 지속은 국민들의 마음을 유약하게

---

1) 씨셀라 복, 박상섭 옮김, 『평화를 위한 전략』(도서출판 인간사랑, 1991), p.104 참조.

만들고 언젠가는 터질 수밖에 없는 사람들 간의 적대관계에 적합하지 못하게 만들기 때문에 종래에는 더욱 위험하게 된다는 것이다. 따라서 클라우제비츠에 있어서는 생존을 위한 필수조건은 유약한 '도덕'이 아니라 늘 전쟁에 대처하는 '과감성'일 뿐이다.

클라우제비츠에 의하면 전쟁의 목적은 우리의 의지를 적에게 부과하는 데 있다. 이 목적 달성을 위하여 필요한 것이 전쟁 수단으로서의 물리력이며, 이를 통해 우리는 적을 무력화할 필요가 있는 것이다. 인간이 존재하는 한 전쟁은 결코 사라질 수 없으며, 그렇다고 해서 칸트가 우려한 것처럼 전쟁으로 인하여 온 인류가 멸망하지도 않는다. 왜냐하면 전쟁은 불확실성과 우연성 속에서 치러지는 것인 까닭에 갖가지 장애물들을 만나게 되고, 따라서 쌍방이 절멸하는 사태에까지 이른다는 것은 논리적으로나 가능할 뿐, 현실에 있어서는 그렇지 못하다. 쌍방이 절멸에 이르기 전에 어느 한편이 패배할 것이므로 칸트가 말한 것 같은 인류 공동의 무덤은 결코 형성되지 않는다는 것이다.

요컨대, 전쟁은 어떤 때는 질질 끌 수도 있고, 당분간 멈출 때도 있고, 또다시 재발할 수도 있으며, 설령 이번 전쟁에서 패배했다 할지라도 시간이 흐르면 언제고 다시 전쟁터에 뛰어들 수 있기 때문에 어떤 전쟁도 최후의 결전이 될 수는 없다. 따라서 양편 모두가 끝장나는 상태까지 가는 전쟁은 있을 수 없다는 것이다.

클라우제비츠에 의하면 전쟁이란 자국의 의지를 무력을 통해 관철시키는 행위인 까닭에 전쟁은 그 자체가 목적이 아니라 하나의 수단이다. 따라서 정치적 혹은 정책적 목적이 항상 군사적 목적보다 우위에 있다.

그렇다면 그에게 있어서 도덕은 어떤 존재인가? 만약에 도덕이 정치적 목적과 일치한다면 도덕이 군사적 목적에 우선할 것이다. 그러나 그렇지 않다면 도덕은 고려될 여지가 없다. 전쟁은 정치적 목적을 달성하는 수단일 뿐이기에 전쟁 중에는 도덕이 설 자리가 없다는 것이 클라우제비츠의 주장인 것이다. 도덕이 의미를 가질 수 있다면, 가령 애국심처럼 오직 전쟁의 승리에 도움을 줄 수 있을 때뿐이라는 것이다.

여기서 칸트와 클라우제비츠의 견해 차이를 간략히 정리해 보자. 우선 전쟁관에 대한 차이다. 칸트는 전쟁이 존재하는 한 그 종말은 인류의 멸망에 있다고 본다. 그 까닭은 전쟁의 폭력성과 적대성이 악순환을 반복함으로써 종국에는 세계를 공동묘지화한다는 데 있다. 하지만 클라우제비츠는 전쟁의 전면적 파괴나 폭력이란 있을 수 없는 까닭에 어떤 전쟁도 결코 최후의 전쟁이 될 수는 없으며, 따라서 공멸이란 있을 수 없다고 생각한다. 전쟁의 본질상, 유혈사태의 최소화를 추구하는 도덕성에 대한 강조는 오히려 사태를 악화시킬 뿐 생존을 위해 필요한 것은 과감성이라고 믿는다.

인간의 본성에 대한 이해에서도 두 사람은 차이가 있다. 칸트는 자유롭고 합리적인 존재로서의 인간의 존엄성을 인정하고 있는 까닭에 인간은 수단의 대상이 아니라 그 자체 목적이어야 한다고 생각한다. 하지만 클라우제비츠는 인간을 이기적이고 투쟁적인 존재로 이해한다. 투쟁적인 인간이 치르는 전쟁인 까닭에 전쟁은 잔인하고 갖은 해악으로 가득 차 있어서 전쟁에서 살아남은 자라 할지라도 전쟁이 가져오는 무제한적인 폭력과 기만, 속임수 등 전쟁의 실상으로 인해 지쳐빠지고 만다. 따라서 클라우제비츠에 의하면 항구적인 평화란 결국 이상(理想)에 불과하고, 우리가 평화라고 느끼는 것도 실상은 전쟁이 잠시 중단되고 있는 상태일 뿐이다.

이처럼 전쟁관과 인간관이 서로 다른 까닭에 두 사람이 바라보는 전쟁과 도덕의 관계도 정반대로 이해되고 있다. 영구평화를 위하여 자유국가 간의 연맹을 제안하고 있는 칸트는 그 바탕에 인간의 자율적 도덕성을 깔고 있다. 평화를 위한 국가 간의 연맹은 전쟁을 해서는 안 되고 전쟁을 하지 말자는 제안인 까닭에 그것은 상호간의 약속이 지켜져야 할 것을 전제하고 있다. 이는 정의로운 전쟁과 불의의 전쟁을 구별하는 기준이 되며, 따라서 전쟁과 도덕은 밀접한 관계 속에 놓이게 된다.

반면 클라우제비츠는 전쟁은 정치 혹은 정책 수행을 위한 하나의 수단인 까닭에 용기와 야심, 집요하고도 강력한 승부의지가 필요할 뿐 도덕은 고려 대상에서 제외된다. 전쟁은 정치적 혹은 정책적 목적에 비추어서 조정될 수 있을 뿐, 승자에게 부여된 기득권이나 적에 대한 증오심, 전쟁의 타성에서 오는 속임수 등 그 어떤 것도 허용된다고 말한다.

칸트에게 있어서도 정치는 군사적 행동을 통제하지만 그 정치도 도덕적인 통제에 무릎을 굽혀야 한다. 그러나 클라우제비츠에게 있어서는 군사적 행동은 물론이요 도덕도 정치적 목적 앞에서는 무릎을 굽혀야 하는 것이다.

이처럼 서로 상반되는 견해지만 칸트와 클라우제비츠 이 두 사상가의 견해는 모두 의미가 있다. 군인으로서 직접 전투에 참여하여 전쟁의 현실을 피부로 체험했던 클라우제비츠의 주장은 대단히 현실적이며 설득력이 있다. 그의 주장은 특히 우리나라나 이스라엘과 같은 특수한 상황에 처해 있는 국가에게는 훨씬 더 의미가 크다. 미국과 같이 늘 전쟁과 함께 있고 전쟁에서 패한다 할지라도 별 문제가 없는 나라와는 달리, 우리는 분단된 조국의 현실 위에 있으며, 전쟁이 발발하였을 경우 전쟁에서 패한다는 것은 국가를 잃는 것을 의미한다. 그럴 때 전쟁에서의 승리냐 아니면 도덕이냐의 선택이 주어진다면 그럼에도 도덕을 선택할 사람이 과연 얼마나 되겠는가?

“아랍은 전쟁에 져도 나라는 남아 있지만 우리는 전쟁에서 패하면 그것으로 끝장이다"라고 말했던 이스라엘의 초대 수상 벤구리온의 말을 음미해 볼 때, 그가 과연 아랍과의 전쟁에서 승리보다는 도덕을 택함으로써 패배를 받아들일 수 있을 것인지는 매우 의심스럽다. 그런 점에서 클라우제비츠의 주장은 큰 의미를 지니고 있다고 말할 수 있는 것이다.

그러나 한편 전쟁이란 정치적 목적 달성을 위한 수단이 아니라 인간의 가치 보존을 위해 필요하다는 관점에서 본다면 전쟁은 선(善)을 구현하기 위한 방편이기도 하다. 바꾸어 말하면 전쟁은 우리 사회의 소중한 가치들을 보존하기 위한 수단으로 치러지는 것이다. 도덕은 우리 사회가 보존해야 할 최고의 가치 가운데 하나다. 그렇다면 전쟁이 도덕을 무시하고 치러진다면 그것은 전쟁의 목적 자체를 유린하는 셈이다. 따라서 전쟁은 비록 잔인하고 해악이 가득 찬 행위라 할지라도 도덕이 들어서야 할 자리를 마련해 주어야 하는 것이다. 칸트의 주장이 바로 이것이며, 이 역시 의미 있는 주장이 아닐 수 없는 것이다.

그렇다면 도대체 어떤 주장이 전쟁의 본질을 올바로 담고 있다고 해야 할 것인가?

3. 전쟁의 본질

전쟁이란 무엇인가에 대한 질문은 매우 소박하면서도 결코 답변이 수월한 질문이 아니다. 한때 '범죄와의 전쟁'이라는 용어가 사용되기도 했는데, 엄격히 말한다면 이와 같은 표현은 전쟁의 의미를 올바르게 사용하였다고 할 수 없다. 무력도 불사(不辭)하는 강력한 수단을 동원해서라도 범죄를 퇴치하겠다는 강한 의지의 표현일 뿐이다. 『응용윤리학 백과사전』에 나와 있는 전쟁에 대한 정의(定義)를 살펴보면 다음과 같다.

전쟁 : 두 나라 간(혹은 동맹국 간), 또는 한 나라에 있는 정당 간 여러 가지 이유로 무력이 동원되어 대립된 상태. 제한전쟁, 일반전쟁, 핵전쟁 등 다양한 종류의 전쟁이 있다. 전쟁은 국가의 가장 심각한 안보가 관련된 상황으로서 최대의 긴장이 요구되는 상황으로 간주된다.[2)]

이 정의에서 눈여겨볼 부분은 두 나라 간 혹은 동맹국 간의 무력충돌은 물론이요 한 나라 안에서도 두 개의 정부 혹은 두 개의 정당이 무력으로 충돌하면 전쟁이라고 말할 수 있다는 사실이다. 일반적으로는 국내에 혁명이나 독립운동이 발생하였을 경우, 혁명 또는 독립운동 단체와 정통 정부 혹은 본국과의 사이에 벌어진 무력투쟁은 전쟁이 아니라 내란(內亂)이라고 표현한다. 그렇지만 교전(交戰) 당사자 간에 전쟁법규가 적용되고, 또한 교전단체로서 유엔으로부터 승인을 받게 되면 그것은 전쟁으로 인정되는 것이다.[3)]

그렇다면 이와 같은 무력충돌은 왜 일어나는가? 전쟁 발발의 원인에 대한 이 질문은 여러 가지 관점에서 답변이 가능하다. 가령, 전쟁은 사회진화의 과정에서 적자생존(適者生存)의 원리에 따라 자연적으로 발생한다는 사회적 다윈주의(social Dawinism), 인간의 성향이 본래 공격적이기 때문에 공격본능상 전쟁은 불가피하다는 공격본능 이론, 그리고 개개인의 공격성이 문화로 전이(轉移)되어 전쟁으로 나타난다는 사회학습 이론(social learning theory) 등이 있다. 또한 국가사회의 성격과 집단행동 때문에 전쟁이 일어나게 된다는 사회심리학적 이론과, 계급 간의 갈등을 해소하기 위한 한 방편이라는 공산주의 이론, 그리고 전쟁은 국가 간의 갈등을 해결하기 위한 작용과 반작용이라는 이론 등도 전쟁 발발의 원인을 설명하는 대답들이다.

---

2) *Encyclopedia of Applied Ethics*, Vol. 4, p.507.

3) 임덕규, 『전쟁과 국제법』(법문사, 1985), p.20.

이 모든 이론들의 핵심이기도 하면서 전쟁의 본질을 가장 잘 표현한 것으로 정평이 난 이론이 클라우제비츠의 전쟁론이다.

클라우제비츠는 전쟁의 본질적 요소를 우선 '결투'에서 찾고 있다. 결투 행위에 임하는 두 결투자의 대결 논리에 입각해서 전쟁의 본질과 성격을 파악한 것이다. 그래서 그는 전쟁을 "우리의 적대자로 하여금 우리의 의지를 완벽하게 이행하게 하는 폭력행위"라고 정의한다.

폭력은 물리적 힘을 의미하며, 이 물리적 힘은 적으로 하여금 나의 의지에 복종케 하는 수단이다. 이렇게 볼 때 전쟁의 본질 문제는 적을 굴복시키기 위한 '물리적 힘의 사용' 문제가 되며, 따라서 승리하기 위해서는 쌍방 간의 힘의 사용이 점차 극한 상태로 나아가게 되고, 마침내 전쟁은 절대전쟁 혹은 총력전쟁의 의미를 갖게 된다. 바로 물리적 힘의 사용에 있어서의 무제한성이다.

이렇게 본다면 전쟁은 '무제한적인 힘'을 사용함으로써 상대방을 굴복시키게 되므로 전쟁의 결과는 항상 절대적인 것이 될 것이다. 즉 논리적으로 보면 피아(彼我) 쌍방이 극단의 상태에 이를 때까지 싸우게 된다는 것이다.

그러나 클라우제비츠에 의하면 실제 전쟁은 그렇지가 않다. 어떤 전쟁도 극단의 상태에 이르게 되지는 않는데 그 까닭은 현실생활의 우연성 혹은 불확실성 때문이다. 바로 이 우연성으로 말미암아 무제한적 힘의 사용 법칙이 스스로의 힘을 상실하게 되는데, 이때 힘을 발휘하는 것이 정치적 목적이다. 결국 정치적 목적에 의해서 무제한적인 힘의 사용이 제한될 수 있다는 것이 클라우제비츠의 주장이다.

그렇다면 전쟁과 정치는 어떠한 관계인가? 전쟁은 "중요한 목적 달성을 위한 수단"으로서 "다른 방법에 의한 정치의 연속"이다. 따라서 "전쟁은 언제나 정치적 조건에서 출발하며, 동시에 정치적 동기에서 야기되는 것이다." 곧 전쟁은 "정치적 행위"인 것이다.

클라우제비츠에 의하면 전쟁은 이처럼 정치적으로 중요한 목적 달성을 위한 수단이라는 데 그 본질이 있다. 전쟁의 본질에 관한 클라우제비츠의 견해를 요약하면 다음과 같이 말할 수 있을 것이다.

모든 전쟁 행위는 모든 정치 행동과 직결되는 것이고, 따라서 모든 전쟁은 정치적 이유에서 유발되는 것이며, 그렇기 때문에 모든 전쟁은 이 '정치적 이유'를 자기정당화하기 위하여 실시되는 것이다.[4)]

클라우제비츠의 전쟁관은 전쟁의 본질을 정확히 규명한 것으로서 그 이론이 소개된 이래 오늘날까지도 많은 정치인, 학자, 군인들에게 커다란 영향을 끼쳐왔다. 전쟁에 관한 어떤 연구에서도 그의 이름과 견해가 논의되지 않는 경우가 거의 없다. 그럼에도 불구하고 전쟁에 관한 그의 이론은 몇 가지 문제를 지니고 있다. 그것은 전쟁과 정치적 목적과의 연관에 대한 그의 생각에서 비롯된다. 그는 전쟁을 "중요한 정치적 목적 달성을 위한 수단"으로 이해하는데, 이 말의 적용은 서로 상반되는 두 개의 관점에서도 동일하게 이해될 수 있는 것이다.

가령, 침략전쟁과 방어전쟁의 경우를 고려해 보자. 일반적으로 침략전쟁은 부당한 전쟁(unjust war)이요, 방어전쟁은 정당한 전쟁(just war)으로 이해된다. 그렇지만 클라우제비츠의 전쟁관은 서로 다른 이 두 전쟁 모두를 정당화시켜준다. 방어전쟁의 경우는 전쟁 자체가 당연히 정당한 것으로 평가될 것이지만, 침략전쟁의 경우도 정당화될 수 있는 정치적 목적만 있다면 정당한 전쟁이 될 것이기 때문이다. 그렇지만 '정당한 정치적 목적' 자체는 관점에 따라 달리 해석될 수도 있는 것이다. 요컨대 정의로운 전쟁과 불의의 전쟁을 가름해줄 기준이 모호하다는 것이다.

---

4) 김홍철, 『전쟁론』(민음사, 1991), p.134.

가령, 제1차 세계대전의 경우를 생각해 보자. 세계대전에 참여했던 연합국들은 그들의 전쟁이 정의의 전쟁이라고 생각할 것이다. 정당화될 수 있는 정치적 목적에 의해서 치러진 전쟁이라고 생각할 것이기 때문이다. 하지만 레닌은 이를 불의의 전쟁으로 규정한다. 오히려 자본주의적 압박에 대항해서 싸운 공산주의 혁명전쟁이야말로 정당한 전쟁이라고 단정한다.[5] 정당화될 수 있는 정치적 목적을 가지고 있기 때문이라는 것이다. 과연 클라우제비츠는 어느 쪽이 정당한 전쟁이라고 말할 것인가?

클라우제비츠의 전쟁관이 갖는 또 다른 문제는 도덕에 대한 중요성을 인정하지 않고 있다는 점이다. 오히려 그는 도덕의 중요성을 인정할 때 나타날 수 있는 폐해만을 논하고 있다. 하지만 전쟁이 정치적 목적 달성을 위하여 치러지는 수단이라 할지라도, 방어전쟁의 입장에서 본다면 이 정치적 목적 자체가, 자유세계가 보존하고 싶어 하는 가치들을 파괴로부터 방어하는 것일 수도 있는 것이다. 도덕은 우리가 보존해야 할 가장 중요한 가치 가운데 하나이며, 따라서 전쟁 자체가 도덕을 구현하기 위한 수단이라는 주장이 성립할 수 있는 것이다. 그렇다면 결국 방어전쟁, 곧 정의로운 전쟁이라면 도덕을 도외시할 수가 없는 것이다.

더욱이 도덕을 떠난 군대가 전쟁에서 승리하기를 기대하는 것은 더욱 어려운 일이다. 도덕은 훌륭한 지휘자의 리더십에 필수적인 요소이며, 전쟁을 수행하는 군의 효율적 운영에 있어서도 그것은 매우 중요한 역할을 할 것이기 때문이다. 제2차 세계대전에서 연합군 승리의 주역이었던 마셜의 리더십이 사람에 대한 존중(respect)에 바탕을 둔 인격적 진실성에 기초하고 있었다는 사실이 이를 입증한다.[6]

---

5) 씨셀라 복, 앞의 책, p.110.

6) 마셜의 존중의 리더십에 대해서는 이 책 제9장의 마셜에 관한 내용을 참조할

전쟁의 본질에서 도덕성을 배제할 수 없다는 우리의 주장은 전쟁과 도덕의 관계에 대하여 오랫동안 연구를 해왔던 와써스트롬(Richard Wasserstrom)의 견해에서 더욱 명백해진다.

와써스트롬에 의하면, 전쟁은 다음과 같은 세 가지로 정의된다.

(1) 전쟁은 개인이나 소규모 집단 간에 발생하는 것을 의미하는 것이 아니라 국가와 국가 간, 민족과 민족 간에 발생하는 것을 의미한다.
(2) 전쟁은 정당한 권리를 주장하는 다양한 형태의 무력(폭력) 사용과 관계된다.
(3) 전쟁은 "제한되고 명백히 정의(定義) 가능한 외교정책의 한 수단"이거나 "불확실하고 정의할 수 없으며 무제한적인 양국 간의 투쟁"이다.[7)]

이를 한마디로 요약하면, 전쟁이란 국가와 국가 간에 발생하는 것으로서, 무력 사용이 개재되고, 제한적이거나 무제한적인 투쟁이라는 것이다. 여기서 눈여겨보아야 할 것은 전쟁이 '제한적이거나 무제한적'이라는 주장이다. 전쟁의 제한성과 무제한성을 동시에 말하고 있는 이 주장은 아주 중요한 의미를 담고 있다. 전쟁의 무제한성과 제한성은 어떤 의미를 지니고 있는지 살펴보자.

전쟁은 무제한적인 것인가? 많은 정치인과 군 지휘관들은 전쟁이 '제한적'이라는 주장에 동의하지 않을지도 모른다. 전쟁의 본질은 게임의 그것과는 달리 결코 규칙에 따라 행해지는 것이 아니라고 주장할 수 있기 때문이다. 그들은 "전쟁에서는 만사가 정당하다(All is

---

것. 여기에는 마셜의 전문성과 존중의 리더십에 대한 다양한 사례가 소개되고 있다.

7) Richard Wasserstrom, "On the Morality of War: A Preliminary Inquiry", *Stanford Law Review*, Vol. 21(1969), pp.1629-1632.

fare in war)"는 주장을 신봉할 수도 있다.

이와 같은 전쟁관은 총력전쟁(total war)의 개념과 밀접히 연결된다. 일부 정치가나 군사 지도자는 전쟁을 총력전쟁(혹은 전면전쟁)으로 이해한다. 총력전쟁의 개념은 클라우제비츠의 절대전쟁의 개념에서 비롯된다. 그에게 전쟁이란 상대방을 굴복시킴으로써 자신의 의지를 실현하고자 계획된 폭력행위였다. 따라서 전쟁은 한편이 상대편을 완전히 굴복시켜 승리를 쟁취한 다음에 끝내야 한다. 전쟁에 있어서의 중재란 어리석은 행위일 뿐이다. 왜냐하면 자국의 의지대로 무력행사를 하지 못한다는 것은 전쟁의 목적을 상실했다는 것을 의미할 것이기 때문이다. 클라우제비츠는 이를 '전쟁의 절대성', 혹은 '절대전쟁(absolute war)'이라고 말한다.[8)]

총력전쟁의 개념을 따르면 모든 것은 전쟁을 위한 수단이다. 전략적 근거의 경우를 제외하고는 적절히 배제될 수 있는 행동이란 있을 수 없다. 승리 아니면 패배가 있을 뿐이다. 따라서 총력전쟁의 개념 속에는 "전쟁을 더 인간적이게 하는 전통적인 도덕은 더 이상 위력도 타당성도 없는 것으로 간주"된다.

이처럼 총력전쟁의 개념을 따를 때 전쟁은 일정한 규제와 규칙에 의해서 치러져야 한다는 논의는 비실제적인 것이 되고 만다. 이 개념이 적용된 것은 20세기 중반 이전의 전쟁, 특히 제2차 세계대전이었으며, 이는 당시 추축국은 물론이요 연합국에도 그대로 적용되었다고 하겠다.

하지만 우리가 관심을 가져야 할 부분은 결코 '무제한적'인 총력전쟁의 개념이 아니다. 왜냐하면 미래의 전쟁에서 총력전쟁의 의미는 인류 공멸을 의미할 수 있기 때문이다. 핵무기의 등장으로 인한 미래

8) 클라우제비츠, 강창구 옮김, 『전쟁론』(병학사, 1991), pp.36-37.

전쟁의 현실이 그렇다. 이것은 전쟁이 '제한적'이어야 함을 뜻한다. 전쟁이 제한적이어야 한다는 사실은 전쟁에도 지켜야 할 규칙이 있음을 의미하는 것이고, 이는 도덕이 개재해야 함을 뜻한다.

전쟁의 이와 같은 제한성은 전쟁을 정치적 목적 달성의 수단이 아니라 창조적인 사회활동으로 승화시켜 이해하게 한다. 사회적 창조활동으로서의 전쟁은 궁극목표가 인간적 가치의 보존에 있다. 전쟁은 사회적 가치를 보존하고 확장시키는 수단이기 때문이다. 따라서 사회적 창조활동으로서의 전쟁은 일정한 규제에 따라 치러져야 하며, 전쟁의 발발 자체는 물론이요 전투행위에 있어서도 도덕적 잣대가 있어야 하는 것이다. 물론 아직도 전쟁의 무제한성이 전혀 의미를 갖지 못한다고 말할 수는 없다. 오늘날에도 여전히 전쟁은 정치적 목적 달성을 위한 하나의 수단으로서 이해되고 있는 것이 국제정치의 현실이기 때문이다. 와써스트롬이 전쟁을 제한적이거나 무제한적인 것이라 표현한 까닭이 여기에 있는 것이다.

하지만 전쟁의 참다운 본질은 전쟁이 갖는 사회적 창조활동으로서의 의미에 있다고 보아야 할 것이다. 가공할 핵무기의 등장으로 무제한성은 인류의 공멸을 의미할 것이기에 '제한성'을 전쟁의 본질로 받아들여야 할 것이다. 그리고 그것은 전쟁에 있어서도 도덕적 평가가 따라야 한다는 주장이 될 것이다.

4. 전쟁규칙

앞에서 우리는 전쟁이 정치적 목적을 달성하기 위한 하나의 방편이긴 하되, 사회의 제반 가치들을 보호하고 확장하기 위한 수단으로서 사회적 창조활동일 때 전쟁의 참다운 본질이 실현되는 것이라고 하였다. 그러나 그 과정에서 전쟁은 그것이 보호해야 할 많은 가치들을 파괴한다. 사회적 가치들을 보호하기 위해서 치러지는 전쟁이 그 가치들을 파괴하기도 하는 것이다. 이는 딜레마가 아닐 수 없다. 다음 주장은 그 같은 딜레마를 잘 보여준다.

> 자유사회의 가치는 그 사회의 무력에 의해서 보호되지만 동시에 무력에 의해서 위협을 받게 된다.

> 힘으로 무장된 선(善)은 부패하지만 힘없는 순수한 사랑은 파괴될 뿐이다.9)

이 딜레마를 해소하고자 정치가들을 포함하여 많은 철학자 및 법학자들은 끊임없는 노력을 해왔으며, 그 결과 탄생한 것이 전쟁법(the laws of war) 혹은 전쟁규칙(the rules of war)이다. 전쟁이 바람직한 사회의 제반 가치들을 보호하기 위한 목적에서 치러지는 것이라면, 전쟁법은 전쟁의 발발은 물론이요 전쟁 수행의 방식이나 무기 사용 등에 일정한 제한을 가함으로써 전쟁으로 인하여 빚어질 가치의 파괴를 최소화하기 위하여 제정된 것이다. 그리고 전쟁법이 제정된 이래 전쟁법이나 전쟁도덕은 가치 파괴범으로서의 전범(戰犯, war criminals)을 가려내어 응징하고, 그렇게 함으로써 전쟁범죄를 예방하는 데 큰 효과를 가져왔다.

물론 전쟁법이라는 이 잣대는 주로 승전국보다는 패전국의 범죄를 들추어내는 데 사용되어 왔다는 점에서 그 적용의 형평성을 의심받아 온 것 또한 사실이다. 전쟁법이나 전쟁도덕의 실질적인 효과에 대한 의구심의 제기인 것이다. 게다가 전쟁법은 그것의 적용에서 나타나는

9) Willard C. Frank, Jr., "The Agony of Our Choosing: Military Power and Human Values", p.170.

비도덕성과 불완전성, 비일관성 등 전쟁법의 불명확성으로 말미암아 제구실을 하지 못한다는 지적도 받아왔다.

이렇듯 전쟁규칙의 적용과 실용성에 있어서 적지 않은 문제가 제기되어 온 것은 사실이다. 그러나 전쟁규칙이 존재함으로써 가져온 효과와 장차 가져오리라고 예상할 수 있는 기대치는 그것이 지니는 부정적인 요소를 상쇄하고도 남는다고 보아야 할 것이다. 와써스트롬의 말처럼 전쟁법은 존재하지 않을 때에 비해 존재함으로써 개인의 도덕감을 고양시킬 수가 있기 때문이다.[10] 또한 1960년대의 베트남전은 물론이요, 1990년대의 걸프전, 2000년대의 아프가니스탄 전쟁에서도 볼 수 있듯이 정치가들과 군인들의 전쟁규칙에 대한 반성은 비인간적이고 파괴적인 전쟁의 본질로부터 인류의 양심과 가치를 보호하는 데 크게 기여했다고 여겨지는 것이다.

미 공군사관학교 교수를 지내면서 전쟁법에 관해 많은 연구를 해온 웨이킨(Malham M. Wakin)의 분류에 따르면, 전쟁에 관한 도덕적 고찰은 두 가지로 나뉜다. 하나는 전쟁에 대한 도덕적 논의이고, 다른 하나는 전쟁에 있어서의 도덕에 관한 논의이다.[11] 전쟁에 대한 도덕(전쟁도덕)은 전쟁의 시작 내지 전쟁에의 참여가 도덕적으로 허용되는지 혹은 정당화되는지에 관한 물음에 답하고자 한다. 만약 국가가 정책의 한 수단으로서 전쟁을 이용할 수 있다면 우리는 그 전쟁은 언제 그리고 어떤 조건 아래서 정당한 것인지에 관해 물어볼 수 있을 것이다.

한편, 전쟁에 있어서의 도덕(전시도덕)은 전쟁 수행의 방식에 있어

---

10) Richard Wasserstrom, "The Laws of War", *The Monist*, Vol. 56, No. 1(1972), p.404.

11) Malham M. Wakin, *War, Morality, and the Military Profession*(Westview Press Inc., 1986), p.220.

서 어떤 도덕적 제한들이 있는지에 관한 물음에 답하고자 한다. 가령, 전시에 독가스나 세균, 혹은 대량살상무기 등의 사용을 금지하는 것이 그러하다. 요컨대, 전쟁에 대한 도덕적 논의가 전쟁이나 혹은 무력 사용의 정당화에 관한 논의임에 반해, 전쟁에 있어서의 도덕적 논의는 주로 무력 사용 방법의 도덕성에 관한 논의라 하겠다. 편의상 전자를 전쟁도덕, 후자를 전시도덕이라 칭하고자 한다.

5. 전쟁도덕(morality of war)

전쟁도덕은 무엇보다도 정당한 전쟁(just war)과 부당한 전쟁(unjust war)을 구분하는 도덕적 기준을 문제 삼는다. 즉 전쟁을 하는 그 자체가 옳은 일인가, 옳지 못한 일인가를 따져보는 것이다. 전쟁은 군인이 폭력을 사용하여 인마 살상, 공공건물의 파괴 등을 일삼게 되므로 평시 같으면 옳지 못한 행위들에 의해서 수행된다. 이러한 이유로 칸트는 전쟁을 악(惡)으로 보았으며, 유학에서도 병자흉기(兵者凶器)라 하여 군대나 전쟁을 필요악으로 간주했다.

비록 폭력과 살상에 호소하는 것이 일반적으로 악으로 간주된다 할지라도 폭력과 살상보다 더 큰 악이 발생한다면 이를 제거하기 위한 수단으로서 작은 악을 사용하는 것이 정당화된다는 논리가 가능하다. 이른바 공리주의적 도덕관이다. 전쟁도덕은 이 논리에서 시작된다. 누군가가 나와 내 가족을 살해하려고 한다면 나는 어떤 수단을 써서라도 이를 방어하려 할 것이다. 그 순간에는 폭력의 사용은 물론이요 상대방에 대한 살해마저도 정당방위로 인정된다. 이러한 맥락에서 적의 부당한 공격에 대응하는 방어전쟁은 정당화되는 것이다. 북한이 남침을 하고도 남한의 북침 운운하는 것은 6·25 전쟁을 방어전쟁으로 호도하고 그래서 그 행위의 정당성을 찾으려는 속셈에서 나온 것이다.

그렇지만 전쟁을 먼저 일으키는 것이 어떤 경우에도 반드시 정당화될 수 없다고 단정하기는 어렵다. 왜냐하면 결코 묵과할 수 없는 도덕적 악과 불의를 응징하기 위해 일으킨 전쟁을 부당한 전쟁이라고 평가할 수는 없을 것이기 때문이다. 인권이 유린당한 동족이나, 타 민족이라 할지라도 그들의 노예생활과 비극을 종식시키기 위해 일으킨 전쟁, 또는 부당하게 점령당한 영토를 회복하기 위해 먼저 감행한 군사적 행동이 반드시 도덕적으로 비난받아야 하는지는 의문이 아닐 수 없다.

그러나 보복이나 세력 확장을 시도하고 종족이나 주민을 모두 살육하려고 감행하는 군사적 행동은 도덕적으로 정당화될 수 없으며 그 의도도 불순하다고 말할 수밖에 없다. 의도를 분명하게 밝혀낸다는 것은 매우 어렵지만 이것은 전쟁 수행에 있어서 취하는 수단의 선택과 밀접한 관계가 있다.

이처럼 전쟁 발발에 대한 도덕성에 관하여 많은 논의가 가능함을 알 수 있다. 전통적으로 정당한 전쟁과 부당한 전쟁을 말하는 사람들은 근본적으로 전쟁을 억제하고 평화를 유지하려는 정신을 지니고 있다.

그렇다면 정당한 전쟁과 부당한 전쟁을 구분하는 기준은 무엇인가? 오늘날 정당한 전쟁의 기준으로는 대체로 다음과 같은 일곱 가지 원칙이 수용되고 있다.12)

첫 번째 원칙은 정당한 명분(just cause)이 있어야 한다는 것이다. 이 원칙은 전쟁을 하는 이유가 타당해야 함을 의미하는 것으로서 사회적 제반 가치의 보호와 보전을 뜻한다. 예를 들면, 무장된 공격으로부터 무고한 인명과 재산을 보호하는 일이나 인권의 보호를 위해 일

12) *Moral Dimensions of the Military Profession*, pp.84-85.

으키는 전쟁은 정당한 명분이 있는 전쟁이다. 또는 침해된 주권의 회복과 같은 대의명분(大義名分)이 있을 때 그 전쟁은 정당성이 있다고 보는 것이다.

두 번째 원칙은 합법적 권위(competent authority)가 있어야 한다는 것이다. 이는 국가의 통치권을 위임받고 있는 합법적인 당사자에 의해 전쟁의 선포가 이루어져야 하고 정규군에 의해 전쟁이 수행되어야 함을 의미한다. 합법적 권위에 의한 무력 사용이란 잘 조직되고 훈련된 지휘권에 의한 무력 사용의 통제를 의미한다. 따라서 자칭 '해방군'이나 '시민군'이라고 하는 집단이 전쟁을 선포하고 무력을 사용한다면 그것은 정당한 전쟁이라고 할 수 없다.

세 번째 원칙은 정당한 의도(right intention)가 있어야 한다는 것이다. 이는 전쟁의 시작 또는 개입의 의도가 정당한 명분(혹은 대의명분)과 일치되어야 함을 의미한다. 즉 전쟁 개입 속에 숨겨진 의도가 무엇인지 분명해야 하고 또 정당해야 함을 말하는 것이다. 예컨대 전쟁의 개입이 전쟁 종식과 평화 유지라고 한다면 정당한 전쟁이 되겠지만, 자국의 영토 확장이나 상대국에 대한 위협 혹은 종족 말살을 꾀하고자 하는 전쟁이라면 정당한 전쟁이라고 할 수가 없는 것이다. 설사 명분은 정당하다 할지라도 전쟁의 개입이나 발발 속에 불순한 의도나 동기가 숨어 있다면 정당한 전쟁이라고 할 수 없다는 것이다.

네 번째 원칙은 결과적 비례성(proportionality in ends)이다. 이 원칙은 전쟁을 통하여 얻는 이득이 전쟁을 통해 입는 손실보다도 더 커야 함을 의미한다. 즉 무력 사용을 통해 얻는 이익이 무력 사용을 통해 얻게 될 손실을 충족시키지 못한다면 정당한 전쟁으로 보기 어렵다는 것이다. 따라서 비록 전투에서 승리할 가능성이 높다 해도 전쟁의 결과가 민족의 전멸, 국가 재원의 완전 탕진 등을 초래한다면 전쟁에 호소하는 것이 올바른 선택이 되지는 못한다. 이 원칙은 전쟁의 개입 여부를 고려할 때 전쟁에서 얻을 수 있는 경제적 이해득실과 효율성 여부를 잘 판단해야 할 것을 요청한다.

다섯 번째 원칙은 전쟁은 최후의 수단(last resort)이어야 한다는 것이다. 이는 전쟁을 선포할 때는 정당한 목적을 충족시키는 방법이 전쟁 이외의 다른 대안이 없어야 함을 의미한다. 전쟁은 정치적 중재나 협상 등의 외교적 노력을 통해 문제 해결의 방안을 모색했으나 전혀 다른 대안이 없을 경우에 한하여 최후의 수단으로 선택해야 한다는 것이다. 따라서 만약 무력에 호소하지 않고도 문제를 해결할 수 있는 방안이 발견된다면 그 전쟁은 부당한 전쟁이 된다.

여섯 번째 원칙은 전쟁에서 승리할 가능성(reasonable hope of success)이 있어야 한다는 것이다. 이는 정당한 목적을 성취하기 위하여 무력을 사용할 경우에는 그 무력 사용을 통한 성공 가능성이 높다는 판단이 나올 때만 전쟁을 해야 한다는 것을 의미한다. 따라서 무력 사용에 앞서서는 신중한 계산이 필요하며, 아무리 자국의 정당한 목적 성취가 중요하다 할지라도 전쟁에서의 승리 가능성이 없으면서도 전쟁에 뛰어든다는 것은 결코 정당한 전쟁이 될 수 없는 것이다. 대의명분이 아무리 크다 할지라도 승리할 가능성이 없는 전쟁은 나라를 파멸로 이끄는 행위가 될 것이기 때문이다.

일곱 번째이자 마지막 원칙은 평화를 실현하기 위한 목적(the aim of peace)이 있어야 한다는 것이다. 이는 어떠한 전쟁이든 전쟁은 국제적 안정과 안보 및 평화를 이루기 위해서 치러져야 하는 것임을 의미한다. 이것은 매우 중요한 원칙으로서 전쟁을 일으키는 정당한 명분에 대한 제한 요소로 작용할 수가 있다. 정당한 명분이 있는 전쟁이라 할지라도 그것이 국제적인 평화를 깨뜨리는 전쟁이라고 한다면 재고되어야 한다는 것이다.

이상 일곱 가지 정당한 전쟁의 원칙을 살펴보았거니와 결국 전쟁도덕이 추구하는 것은 결코 호전성이 아님을 알 수 있다. 오히려 가급적 전쟁을 억제하고 문제를 평화적으로 해결하려는 자세가 전쟁도덕이 갖는 기본정신이다. 그렇지만 전쟁의 시작과 개입에 대한 궁극적 결정은 군인이 해야 할 일이 아니다. 그것은 정책 결정자의 영역이다. 물론 정책을 결정하기에 앞서 군의 전투 수행 능력과 평가에 대한 조언은 군인의 역할이지만 궁극적 결정은 정치가들의 몫이다. 따라서 전쟁도덕 문제는 정책 결정에 참여하는 정치인들과 고위 군 간부들이 잘 알아야 하고 또 실행해야 할 부분이라고 하겠다. 전쟁에 직접 참여함으로써 전투에 임해야 하는 군인들에게 있어서 더 중요한 도덕의 문제는 전쟁 수행 중에 일어날 수 있는 도덕적 문제들, 곧 전시도덕의 문제들이라 할 것이다.

6. 전시도덕(morality in war)

전쟁도덕이 전쟁 자체의 정당성과 관련된 문제라면 전시도덕은 전투 중에 있는 군인의 행위, 전쟁의 수단, 전술, 전략 등의 도덕성과 관련된 문제다. 전투행위 자체가 무력에 의한 인명 살상, 공공건물의 파괴, 폭파 등을 통해 이루어지기 때문에 의무론적 윤리설의 관점에서 보면 군인은 악과 불의를 자행하는 부도덕한 사람이 될 수도 있다.

그렇지만 목적론적 관점에서 본다면 전투 중 군인의 행위는 정당성을 갖기도 한다. 그러나 정의(正義)나 선(善) 등의 대의명분을 실현하기 위한 필요악으로서의 무력 사용이라 하더라도 군인은 인도주의(人道主義) 정신과, 공정한 경기를 펼쳐야 할 신사도 정신을 지녀야 한다. 그와 같은 정신도 지키지 않으면서 치러지는 전쟁이라면 인간과 짐승이 다를 바가 없을 것이며, 밀림 속의 동물세계처럼 단 한순간도 긴장을 늦출 수 없는 상황이라면 평화란 존재할 수 없을 것이다. 비록 명분이 있는 무력 사용이라 할지라도 인도주의 정신에 입각해서 무력을 사용해야 한다는 것이 전시도덕의 핵심이다.

인간의 존엄성에 기초한 인도주의 정신은 1949년 8월 12일 제정된 전쟁 희생자 보호에 관한 제네바협약에 잘 반영되어 있다. "전쟁 중에도 자비를 베풀어야 한다"는 제네바협약의 인도주의 정신은 4개의 협약과 2개의 추가 의정서에 담겨 있는데 전시인도법(戰時人道法)이라 불리는 이 원칙들은 대략 다음과 같은 내용을 담고 있다.

첫째, 전투능력 상실자와 적대행위에 직접 가담하지 않은 자는 그들의 생명과 육체적, 정신적 보존에 대하여 존중받을 권리가 있다. 그들은 모든 상황에서 차별 없이 보호되고 인도적으로 대우받아야 한다.

둘째, 투항하거나 또는 전투능력을 상실한 적군을 살상하는 것은 금지되어야 한다.

셋째, 부상자와 환자는 적대행위에 있었던 충돌 당사자에 의하여 수용되고 진료되어야 한다. 의료요원, 의료시설, 수송기관 및 자재도 보호대상이 된다. 적십자의 표장은 이러한 보호를 위한 표지로서 반드시 존중되어야 한다.

넷째, 포로가 된 전투원과 적대국의 지배하에 있는 민간인들은 그들의 생명, 존엄성, 인권 및 신념에 대하여 존중받을 권리가 있다. 그들은 일체의 폭력 및 보복 행위로부터 보호된다. 그들은 자기의 가족과 서신을 교환하고 구호품을 받을 권리가 있다.

다섯째, 모든 사람은 기본적인 사법상의 보장을 받을 권리가 있다. 누구나 육체적, 정신적 고문과 체벌 또는 품위를 손상시키는 잔혹한 대우를 받아서는 안 된다.

여섯째, 충돌 당사자와 그 군대의 구성원은 전쟁의 방법 및 수단을 무제한적으로 선택할 수는 없다. 불필요한 손실 또는 과도한 고통을 유발하는 성질을 지닌 무기나 전쟁방법의 사용을 금지한다.

마지막으로, 충돌 당사자는 어떠한 경우에도 민간인과 그들의 재산을 보호하기 위해 민간 주민과 전투원을 구별하여야 한다. 민간인이나 개인이 공격목표가 되어서는 아니 된다. 공격의 대상은 오직 군사적 목표물에 국한되어야 한다.

이상에서 살펴본 제네바협약의 7대 원칙은 비전투원과 포로의 취급 문제, 그리고 인간으로서의 존엄성 보장을 골자로 하고 있는데, 이와 같은 인도주의 정신과 신사도 정신이 전시도덕의 근간을 이룬다. 이와 같은 정신은 다음의 맥아더 장군의 말 속에 잘 담겨 있다고 하겠다.

> 군인은 그가 우군이건 적군이건 간에 약하고 무장하지 않은 사람을 보호할 책임이 있다. 이것은 군인의 존재 이유이며 본질이다. 이러한 믿음이 사라지면 군인의 모든 명예와 신성함이 더럽혀질 뿐만 아니라 국제사회의 구조가 위협받게 된다.[13)]

그러나 정작 전투에 임하고 있는 군인들에게 주어진 원칙은 이와 같은 인도주의 정신을 준수하라는 것만은 아니다. 그들이 따라야 할 원칙들은 임무 수행의 원칙, 복종의 원칙은 물론이요, 무엇보다도 반드시 승리해야 한다는 승리의 원칙이 있다.

인도주의 정신은 종종 군인들이 지켜야 할 다른 원칙들과 부딪칠 수도 있으며, 그럴 경우 그들이 선택해야 하는 것은 어떤 원칙이어야 하는지 문제가 될 수도 있다. 승리에 도움이 될 군사 필요의 원칙이냐, 아니면 인간의 존엄성과 도덕의 보호를 위한 인도주의 원칙이냐가 갈등을 일으킬 때 군인들은 어떻게 해야 할 것인가? 승리는 군인의 존재 이유이지만, 인도주의 정신의 파괴는 인간에 대한 포기이며

---

13) 조승옥 외, 『군대윤리』(도서출판 봉명, 2003), p.57에서 재인용.

동시에 전쟁범죄자로서 훗날 처벌을 감수해야 한다. 이와 같은 문제를 어떻게 극복해야 할 것인가? 이 물음은 자연스럽게 전쟁범죄란 무엇인지의 문제와, 그 기준이 되는 전쟁법 혹은 전쟁규칙에 대한 철학적 논의로 우리를 이끈다.

제 3 장 전쟁범죄와 책임론*

1. 전쟁범죄란 무엇인가?
2. 전쟁범죄와 책임론
3. 맺는 말

* 이 글은 필자의 저서 『전쟁과 리더』에 수록된 글을 이해하기 쉽게 수정 보완하여 다시 쓴 것이다.

1. 전쟁범죄란 무엇인가?

전쟁범죄란 전쟁규칙 혹은 전쟁법의 위반이라고 간단하게 정의될 수도 있다. 그러나 전쟁범죄를 단지 전쟁규칙의 위반이라고 정의하는 것은 그리 의미 있는 해석은 아니다.[1] 전쟁을 구성하고 있는 행위들은 대부분 평화 시라면 모두 범죄가 될 행위들이다. 전쟁은 살인, 상해, 방화, 폭파, 공공건물 및 사적 재산의 파괴 등과 같은 행위들로 이루어진다. 그럼에도 전시 상태에서 군인들은 모든 행위가 무죄라는 의식에 젖어 있기 때문에 전시 중에 발생한 이와 같은 행위들은 범죄 행위로 취급되지 않는 것이 보통이다.

그러나 전시라 해서 모든 행위가 무죄인 것은 아니다. 무죄냐 유죄냐의 경계선이 전쟁법 혹은 전쟁규칙에 의해서 그어져 있는 것이다. "전시라 할지라도 결코 살인을 해서는 안 된다"는 기사도(騎士道) 같

1) Telford Taylor, *Nuremberg and Vietnam: An American Tragedy*(The New York Times Company, 1970), p.19.

은 법전을 기대할 수는 없지만, 어떤 공정한 규칙에 의해서 무자비한 살인 행위는 금해야 한다는 인간적인 희망은 가능하다. 전쟁 수행에 있어서 무력 사용을 반대할 수는 없지만, 군인들이 지킬 것으로 예상되는 어떤 도덕적 제한은 주어질 수 있다고 생각되는 것이다. 전쟁범죄, 인간성을 해치는 범죄, 그리고 평화를 깨는 범죄를 가려낼 수 있는 능력과 방법은 전쟁법 혹은 전쟁규칙의 존재에 달려 있다. 그러므로 전쟁범죄는 전쟁규칙과 밀접히 관계된다고 하겠다.

그렇다면 전쟁범죄란 반드시 전쟁규칙이 존재할 때만이 성립하는 것이라고 말할 수 있는가? 다시 말하면, 전쟁범죄에 대한 논의는 전쟁규칙이 제정된 이후에야 비로소 가능한 것인가? 물론 그렇다. 전쟁규칙의 제한이 없이는 전쟁범죄 자체를 가려낼 수가 없기 때문이다. 그렇다면 전쟁법 혹은 전쟁규칙이란 무엇인가 하는 문제가 먼저 다뤄져야 할 것이다.

그러나 또 한편, 전장(戰場)에서 발생하는 일련의 범죄에 대한 아무런 고려도 없이 전쟁법이 제정될 수는 없다. 물론 우리는 전쟁터에서 발생하는 범죄에 대한 고려 없이도 우리의 도덕법이나 양심, 관행에 비추어서 전쟁규칙을 제정할 수도 있을 것이다. 그러나 실제 전쟁에서 발생하는 범죄 행위에 대한 고려 없이 일반 도덕원칙에 의거하여 제정되는 전쟁규칙은 다분히 형식에 치우칠 수가 있다. 전쟁 기술이나 여건이 급속도로 변화하고 있다는 사실을 고려한다면 전쟁규칙 역시 고정불변의 것일 수 없는 것이다. 전쟁 기술의 발달과 상황의 복잡성으로 말미암아 전쟁 중에 발생하는 범죄도 다양해져 왔기 때문이다. 그러므로 현실에 대한 고려 없이 단지 도덕법에 의해서 고정되는 전쟁규칙은 형식에 흐를 공산이 크다.

이와 같은 이유에서 전쟁규칙은 도덕법이나 인간의 양심을 기반으로 제정되어야 하되, 또 한편 전쟁터에서 발생하는 범죄 목록도 함께 고려되어야 하는 것이다. 같은 이유로 전쟁범죄에 대한 올바른 이해를 위해서도 전쟁규칙은 물론이요, 전쟁터에서 일어나는 범죄 행위의 목록에 대한 검토가 필요하다. 전쟁범죄의 개념을 최초로 정의하고자 노력하였던 사람들의 모습에서 우리는 전쟁터에서 발생하는 범죄 행위 목록에 대한 고려가 매우 중요하다는 사실을 엿볼 수 있다.

> 1943년 10월 [전쟁규칙 제정을 위한] 위원회가 구성된 이후 여러 차례에 걸친 비공식적인 회합이 있었다. … 주어진 업무를 수행하는 방법과 절차에 관한 많은 논의들이 있었으며, 그 논의들 중에는 전쟁범죄에 대한 고려도 포함되어 있었다. 전쟁범죄에 대한 논의를 제기한 사람은 영국 대표 위원이었으며 후일 위원회의 초대 의장으로 선임된 세실 허스트(Cecil Hurst) 경이었다. 그는 두 개의 절차를 제시하고 그중의 하나를 위원들로 하여금 선택하게 했다. 하나는 전쟁범죄의 목록을 작성하는 것이었고 … 다른 하나는 개념의 일반적인 정의를 만들어 보는 것, 예컨대, 전쟁범죄는 전쟁법을 위반한 행위들로 구성된다는 것과 같은 것이었다. 물론 위원들의 대다수 의견은 첫 번째 방안으로 모아졌다.[2]

요컨대, 전쟁범죄의 개념을 좀 더 명백히 하기 위해서는 전쟁 중에 발생한 범죄 행위들을 열거하고 분석하는 것이 필요한 것이다. 『육전법』을 살펴보면, 전쟁범죄는 "한 개인이나 집단이 그가 군인이건 민간인이건 간에 전쟁법을 위반했을 때 사용되는 기술적 표현으로서 모든 전쟁법 위반은 전쟁범죄가 된다"라고 정의하고 있다.[3]

전쟁범죄에 대한 이 정의는 매우 소박하다. 런던 국제회합의 기초문에 나타나 있는 전쟁범죄의 정의는 좀 더 복잡하고 상세해 보인다.

---

2) *History of the United Nations War Crimes Commission and the Development of the Laws of War*(London, 1948), p.170.

3) Department of the Army, *The Law of Land Warfare*(1956), p.178.

기초문에 따르면, 전쟁범죄는 "전쟁법과 관행을 위반하는 행위로서, 전쟁에 임하고 있는 군대 및 민간기관 혹은 국가나 기타 정치단체 산하의 사람들, 또는 유엔과 적대관계에 있는 군대와 제휴하고 있는 사람들이 범한 행위들"을 일컫는다.[4] 이처럼 전쟁범죄에 대한 정의 자체도 다르게 표현되어 있다. 물론 전쟁범죄의 정의에 있어서 가장 핵심이 되는 것은 전쟁법 혹은 전쟁규칙의 위반 행위라는 점일 것이다.

전쟁범죄에 대한 궁극적 기준이 전쟁법 혹은 전쟁규칙에 있는 이상 이제 우리에게 필요한 것은 전쟁법 혹은 전쟁규칙에 대한 이해다. 앞서도 언급하였거니와 전쟁법에는 헤이그법, 제네바법, 육전법 등 많은 법들이 있다. 그렇지만 여기서 이 법조문들을 일일이 열거할 필요는 없을 것이다. 우리에게 필요한 것은 "전쟁법에 명시되지 않은 범죄 행위는 전쟁범죄가 아닌가?" 하는 질문에 대한 대답이다. 전쟁범죄로 규정되어야 할 어떤 잔혹한 행위가 있는데 그 행위에 대한 규제가 전쟁법에 명시되어 있지 않다면 그 행위는 전쟁범죄로부터 자유로울 수 있는가 하는 문제인 것이다.

이에 대한 대답은 전쟁법 조문에 대한 적용만으로는 불가능하다. 그것은 법 자체에 대한 해석과 법 정신에 입각할 때만이 가능할 것이다.

그러나 이 문제에 대한 탐구는 지금 우리가 다루고 있는 주제의 범위를 뛰어넘는 일이다. 이에 대해서는 제4장에서 상세히 다룰 것이다. 여기서는 전쟁범죄의 의미를 전쟁법 혹은 전쟁규칙을 위반한 행위로 한정하고, 그 책임은 누구에게, 또 어떤 근거에서 부과되는지 등에 관해 살펴보기로 한다.

---

4) *History of the United Nations War Crimes Commission*(1948), p.444.

2. 전쟁범죄와 책임론

"군인은 일반 사람과는 달리 특별한 행위의 수행이 요구되는 직업에 종사하는 사람들이다."[5] 그 특별한 요구에는 자신보다는 전체를 중시하라는 것과 명령에 따라 자기희생도 감수하라는 것이 포함된다. 모든 병사와 장교들은 상급 지휘자가 부여하는 명령에 즉각 복종하는 것이 군인의 첫째 의무라고 믿고 있으며, 잘 훈련된 군인들은 상급자의 명령이 설사 그들의 희생을 요구하는 것일지라도 기꺼이 복종한다. 실제로 어떠한 군대든 간에 군은 본질상 군기(discipline)를 기반으로 삼고 있으며, 주어진 상급자의 명령을 하급자가 얼마나 신속하게 수행하느냐를 검토함으로써 군기의 정도를 측정하기도 한다.

군기의 목표는 궁극적으로 군인들로 하여금 전쟁터에 나가 승리를 쟁취하고, 필요시에는 국가나 대의명분을 위하여 자신의 생명마저도 희생할 것을 감수하도록 하는 데 있다. 그러므로 군사적 목표를 달성하고 국가의 안전을 성공적으로 도모하기 위해서는 군인들은 "전시나 긴급 사태 시 그들에게 주어진 명령에 '의심이나 주저함이 없이 무조건 최선을 다해 복종하도록' 훈련되어야" 하는 것이다.[6] 군기를 유지하기 위한 방편으로 "국가의 법적 체계는 특히 전시나 적의 출현 시 군인들의 명령 불복종에 대해 군법에 따라 단호히 처벌함으로써 그들을 위협하고, 그들에게 명령에 대한 복종이라는 법적인 의무를 부과한다."[7]

---

5) E. M. Adams, "The Moral Dilemmas of the Military Profession", *Public Affairs Quarterly*, Vol. 3(1989), p.1.

6) Yoram Dinstein, *The Defence of "Obedience to Superior Orders" in International Law*(A. W. Sijithoff-Leyden, 1965), p.5.

7) 같은 책, p.6.

군기를 유지하기 위하여 국가가 군인들에게 복종이라는 법적 의무를 부여하고 그들의 명령 불복종에 대해 준엄한 처벌로 대처하는 것은 이상할 게 전혀 없다. 그러나 문제는 군인이 헌법에 범죄 행위로 명시된 불법 행위를 명령에 의해 수행하도록 요구받았을 때 일어난다. 군기는 명령의 준수를 요구하지만 무엇보다도 법이 우선한다는 법 절대권은 범법행위의 금지를 명한다.

이 경우 하급자의 명령 수행은 범죄 행위가 되며, 그의 행동은 비록 상급자의 명령에 따른 것이라 할지라도 범죄에 대한 책임 문제와 연결된다. 반면에 하급자가 명령 수행을 거부하면 그의 행동은 군기를 무너뜨리는 것으로서 상급자에 의한 처벌을 면하지 못할 것이다. 바꾸어 말하면 이 경우 하급자는 군기와 법 절대권 간에 하나를 선택할 수밖에 없는 곤경에 처해 있는 것이다. 군인이 실제로 처할 수 있는 이 딜레마는 보편적으로 인식되어 왔으며, 그래서 이 상황은 간혹 '비극적 딜레마'라고도 불린다.

상급자의 명령에 하급자가 복종함으로써 범법행위를 저질렀을 때, 그의 행동이 상급자의 명령에 의한 것이라는 사실로 인하여 그가 범죄에 대한 책임으로부터 벗어날 수 있기를 기대할 수 있겠는가? 그의 명령 수행이 범죄가 된다는 사실을 그가 알았든 몰랐든 그는 범죄 행위의 책임에서 벗어날 수 있는가? 상급자의 명령에 의해 어쩔 수 없이 행한 행동인데 무죄라고 해야 하지 않겠는가? 이른바 '상급자의 명령이라는 변명'으로 알려진 이와 같은 물음들은 범법행위가 상급자의 명령 때문에 발생한 것이기 때문에 하급자에게는 변명의 여지가 있다는 주장을 가능하게 한다. 이 이론은 "범죄 처벌에 따른 문제 중 가장 논란이 심하지만, 또한 그만큼 가장 중요한 문제"[8]로 학자들 간

8) N. C. H. Dunbar, "Some Aspects of the Problem of Superior Orders in the Law of War", *Juridical Review*, Vol. 63(1951), p.234.

에 인식되어 왔다.

그동안 많은 철학자와 법학자들은 상급자의 명령에 대한 복종이라는 이 문제를 해결하고자 노력해 왔다. 그 가운데 대표적인 학자인 딘스타인(Yoram Dinstein)은 저서 『국제법상 상급자의 명령에 대한 복종의 변호』에서 상급자의 명령 문제에 관한 몇 가지 실제적인 사례를 소개하고, 상급자의 명령이라는 변명이 하급자의 범죄 행위를 변호할 수 있는지에 대한 세 가지 대답을 제시하고 있다. 상급자의 명령 문제와 관련된 여러 사례들을 분석한 뒤 딘스타인은 다음과 같은 결론에 도달한다.[9)]

(1) 일반적으로 명령에 따라 범죄 행위를 저지르게 되는 하급자의 경우 행위에 대한 책임으로 피해를 입어서는 안 된다.
(2) 만약에 명령의 수행이 범죄 행위를 발생하게 된다는 사실을 하급자가 알고서도 그에 상관없이 복종했다면 위의 규칙은 적용되지 않는다.
(3) 하급자가 명령 수행이 범죄 행위를 발생한다는 사실을 알고 있었는지 여부를 결정하기 위하여 법정은 명령의 불법성 여부가 명백한가에 대한 보조 테스트를 취할 수 있다.[10)]

---

9) 딘스타인이 제시하고 있는 사례들은 역사상 실재했던 것들로서 다음과 같은 네 가지다. (1) 영국군 포로들을 학대함으로써 기소된 로버트 노이만(Robert Neumann)의 사례, (2) 영국 병원선인 도버 캐슬(Dover Castle)을 어뢰로 격침시킴으로써 기소된 독일 잠수함대 사령관 카를 노이만(Karl Neumann)의 사건을 다룬 도버 캐슬 사례, (3) 영국의 병원선 란도리 캐슬(Llandory Castle)이 병원선이라는 사실을 확인했음에도 불구하고 어뢰 발사를 명령, 격침시킴으로써 기소된 또 다른 독일 잠수함대 사령관 파치그(Patzig) 사건을 다룬 란도리 캐슬 사례, (4) 프랑스 포로들을 사살하라고 명령한 스텐거(Stenger) 장군과 명령에 따라 부상 중인 포로들을 사살한 크루지우스(Crusius) 소령의 사건을 다룬 스텐거 & 크루지우스 사례. Yoram Dinstein, 앞의 책, pp.11-19 참조.

10) 같은 책, p.19.

딘스타인은 이와 같은 내용을 담고 있는 원칙을 세 가지로 정리하고 있는데, 첫째는 상급자 책임론(the doctrine of respondeat superior)이고, 둘째는 행위자 절대책임론(the doctrine of absolute liability), 셋째는 범죄 의도 원칙론(the mens rea principle)이다.

이 절에서는 상급자의 명령에 의해 범죄를 저지르게 된 하급자에게 과연 범죄 행위에 대한 책임을 물을 수 있는가의 관점에서 이들 세 가지 이론들이 갖는 의미를 규명하고, 이들의 현실적 적용에서의 적절성 여부를 검토하기로 한다.

가. 상급자 책임론

첫 번째 이론은 상급자 책임론이다. 이 이론에 의하면, 상급자의 권위에 따라 수행된 명령은 그 명령의 결과 발생하게 되는 범죄에 대하여 절대적인 변호를 할 수가 있다는 것이다. 다시 말하면, 상급자의 명령에 따라 행해진 범죄에 대한 모든 책임은 그 명령을 수행한 하급자가 아니라 명령을 내린 상급자에게 있다는 것이다. 이 이론을 맨 처음 주창한 학자는 라사 오펜하임(Lassa Oppenheim)이며, 이 이론이 처음 발표된 것은 1906년이었다. 오펜하임은 다음과 같은 규칙을 정형화하였다.

> 만약 군인들이 정부가 내린 명령에 따라 행위함으로써 범죄를 저지르게 되었을 경우 그들은 전쟁범죄자가 아니며 따라서 적군에 의해서도 처벌될 수가 없다. 물론 적군은 보복을 꾀할 수는 있을 것이다. 군인들이 상관의 명령에 따라 범죄를 저질렀을 경우 그들은 처벌되지 않을 수도 있다. 왜냐하면 상관만이 그 범죄에 대해 책임이 있기 때문이며 따라서 상관은 포로가 되었을 경우 전쟁범죄자로서 적군에 의해서 처벌될

수도 있다.[11]

이와 같은 상황은 전시에 보통 군인들이 처해 있는 불가피한 입장이다. 하지만 오펜하임은 상급자 책임론에 대한 법적 근거나 논리적인 이유를 밝히지는 않았다. 그는 국제법상 군인은 상급자의 명령에 따를 것을 강요받는다는 주장에만 의존하고 있을 뿐, 이에 대한 명백한 논리적 근거를 제시하지 않고 있는 것이다. 그렇다면 도대체 어떤 근거에 의해 상급자 책임론은 이론으로서 존립할 수 있는가? 어떤 이유로 일부 법학자들은 여전히 이 이론을 지지하고 있는가?

딘스타인에 따르면 오펜하임 이론의 논리적 근거는 두 가지로서, 군기(military discipline) 유지와, 법에 대한 오해 혹은 무지(無知)가 그것이다. 비록 오펜하임이 직접적으로 상급자 책임론에 대한 법적 기반이나 논리적인 근거를 제시하지는 않았지만 그 근거를 찾아보면 군기 유지와 법에 대한 오해에 있다는 것이다. 군인의 명령에 대한 복종을 강조한 아래의 주장은 군기 유지가 상급자 책임론의 강력한 근거가 될 수 있음을 보여주는 부분이다.

> 명령에 대한 복종은 군인의 첫째 의무이며, 이는 군기에 절대적으로 필요하다. 군인은 그에게 주어진 명령에 대하여 논의를 제기하거나 질문할 수 없으며, 명령의 적법성 및 불법성을 판단해서도 안 된다. 전쟁법에 대한 무지로 말미암아 그는 많은 경우에 불충분한 판단을 내릴 수가 있는 것이다.[12]

---

11) Lassa Francis Lawren Oppenheim, *International Law*(London, 1906), pp.264-265 참조.

12) James Wilford Garner, *International Law and the World War*, Vol. 2(London, 1920), p.484.

요컨대 이 이론에 따르면 명령에 대한 군인의 무조건적인 복종은 군기 유지에 바람직하며 따라서 그렇게 할 것이 요구된다는 것이다. 군인의 절대적인 복종이 군기에 필요한 이상, 군기 유지는 상급자 책임론을 요청하게 된다는 것이다. 더욱이 이 이론에 따르면 이 이론 이외의 어떠한 방법도 군기 유지에 해를 끼치게 된다. 왜냐하면 "군인에게 상급자의 명령에 대한 법적 타당성 여부를 판단할 수 있는 권위를 부여한다면 그것은 곧 군기를 훼손하는 것과 다름없기 때문이다."13) 따라서 상급자 책임론의 지지자들은 이 이론의 적용이 상관의 명령에 관한 제반 문제를 해결하는 열쇠라고 생각하는 것이다.

그렇지만 딘스타인에 따르면 이 이론은 적어도 다음 세 가지 점에서 문제가 있다. 첫째는 군기가 아주 엄한 까닭에 특히 전시에는 군인이 명령에 대하여 복종을 거부하는 것이 실제로 불가능하다고 주장하는데, 그 주장이 합리적이지 않다는 데 있다. 이 같은 주장은 군인에 대한 그릇된 이해에서 비롯된다는 것이다. "군인이 되면 누구나 그의 정신과 몸은 상관의 것이 된다"14)고 주장하는데 이는 잘못된 개념이라는 것이다. 군인의 개념을 이처럼 해석하면 군인은 단지 상관의 명령에 따라서만 행동할 뿐 자기 자신의 독립적인 사유능력을 잃은 꼭두각시에 지나지 않는다고 해야 할 것이다. 이 같은 군인의 개념에 대해 딘스타인은 다음과 같이 말한다.

> 군인은 자신의 몸과 정신에 대한 반복적인 훈련을 통해 군기를 확립하게 되고 그럼으로써 복종의 습관이 몸에 배면, 자기의 독립적인 의지력과 사고력은 마비되고 오직 줄을 쥐고 있는 주인의 기분에 따라 저절로 움직이는 인형이 되고 만다.15)

---

13) August Knieriem, *The Nuremberg Trials*(Chicago, 1959), p.244.

14) Yoram Dinstein, 앞의 책, p.52에서 재인용.

딘스타인에 의하면 이 같은 유형의 군인이 군대에 존재하고 있음은 사실이지만, 그러나 군복을 입고 있다고 해서 누구나 본래의 자신을 잃고 변질되고 만다는 주장은 근거가 희박하다고 말한다. 군대 자체의 이익을 위해서도 군인이 기계처럼 행동하거나 그렇게 행동하도록 훈련시킬 것을 요구하지는 않는다는 것이다. 왜냐하면 "어떤 자격이나 조건 없이 맹목적으로 복종하는 것은 군대의 효율성을 훼손시키며 … 따라서 군대 고유의 목적을 상실케 하기 때문"이다.[16]

군인은 어떤 경우건 상관에게 절대 복종해야 한다는 주장은 그 자체로서 군기에 치명적이다. 왜냐하면 그럴 경우 "중대장의 명령에 따라 병사가 대령을 사살하거나, 전쟁터에서 직속상관의 명령이라고 해서 적을 방치하는 일이 정당화될 것이기 때문이다."[17]

상급자 책임론에 대한 딘스타인의 이와 같은 반론은 왈쩌(Michael Walzer)에 의해서도 지지되고 있다. 물론 왈쩌 역시 정상적인 명령체계 없이도 군대를 효율적으로 기능시킬 수 있다고 주장하는 것은 아니다. 왈쩌는 다음과 같이 말한다.

> 군인들은 볼품없고 모자란 듯한 상급자라 할지라도 그 명령에 복종하도록 교육받아 왔다. 군인의 교육과정은 무수히 반복되는 훈련의 형태를 취하며, 그들 스스로의 사유나 저항의식, 적대감, 외골수적 태도 등을 없애도록 지향되어 있다. 그러나 결코 파기될 수 없으며 그것의 폐기를 우리가 받아들일 수 없는 어떤 궁극적인 인간 본연의 가치가 있는 것이다.[18]

---

15) 같은 책, p.52.

16) 같은 책, p.53.

17) 같은 책, p.53에서 재인용.

18) Michael Walzer, *Just and Unjust War*(Basic Books, 1977), p.311.

계속되는 왈쩌의 말을 인용해 보자.

> 군인들이 결코 전쟁 도구만으로 변질될 수는 없다. 방아쇠는 병기의 부품일 뿐 인간의 일부분은 아니다. 군인들이 꺼버릴 수 있는 기계가 아니듯이, 그들은 또한 켤 수 있는 기계도 아니다. '지체 없이' 복종하도록 훈련받았다고 할지라도 그들은 여전히 지체할 수 있는 것이다. … 이는 외적 판단에 대한 내적 확신에 필요한 시간이다. 군인이라 해서 전혀 판단력이 없는 자동기계로 취급하는 것은 잘못이다.[19]

왈쩌의 논변처럼 만약 군인들을 자동기계로 취급하는 것이 잘못이라면 상급자의 명령에 의해서 저질러진 범죄라는 그 이유만으로 상급자에게 책임을 전가시키는 것 역시 잘못일 것이다.

상급자 책임론에 대한 딘스타인의 두 번째 반론은, 강요에 의해서 수행된 군인의 행위는 처벌될 수 없다는 주장이 설득적이지 못하다는 데 있다. 상급자 책임론의 지지자들이 즐겨 사용하는 논의는 명령이 특히 전시의 경우 칼이나 총부리를 들이댄 상태에서, 혹은 불복종이 즉결처분을 가져올 수도 있다는 협박 아래 나온다는 것이다. 따라서 이처럼 강압에 의한 명령 수행인 까닭에 명령을 따른 군인들은 처벌될 수가 없다는 것이다.

그러나 딘스타인은 "명령이 때로는 강요에 의한 것이라고 해서 그 명령에 대한 모든 복종이 항상 강요에 따른 것임을 의미하지는 않는다"고 말한다.[20] 명령에 대한 복종은 강요가 없이도 가능하다는 것이다. 계속해서 딘스타인은 이렇게 말한다. "군인은 상관의 명령에 자기 의사와는 전혀 무관하게 복종할 수도 있지만, 기꺼이 자신의 의지로

---

19) 같은 책, p.311.

20) Yoram Dinstein, 앞의 책, p.53.

복종할 수도 있는 것이다."[21] 이를 분명히 하기 위해 딘스타인은 강요에 의해서 저질러진 범죄라고 취급할 수 없음에도 불구하고 범죄 행위자들은 강요에 의한 범죄라고 주장하는 몇 가지 가상적인 예를 제시한다.[22] 요컨대 딘스타인에 의하면 강요에 의하지 않은 명령에 대한 복종이 있을 수 있고, 또한 하급자가 기꺼이 자신의 자유의지로 수행하는 복종이 있을 수 있는 까닭에, 명령에 따른 하급자의 복종행위는 면책된다는 주장은 적합하지 않다는 것이다.

상급자 책임론에 대한 딘스타인의 세 번째 반론은 이 이론에 따를 때 하급자들은 명령 수행 시 책임에 대한 부담을 느끼지 않아도 되는데 그 이유가 행해진 범죄가 법에 대한 무지나 오해에서 비롯됐기 때문이라는 주장과 관련된다. 하지만 딘스타인에 의하면 이 같은 주장은 합당하지 않다. 그 이유는 명령에 대한 복종과 법에 대한 무지(無知) 간에는 어떠한 내적 연계성도 없기 때문이다. 명령을 수행하는 하급자가 법에 대해 무지한 경우도 있지만 그 행위가 불법적인 것임을 잘 아는 경우도 있다는 것이다.[23]

즉, 명령에 따라 행동하는 군인이라 할지라도 행위의 불법성을 알 수도 또 모를 수도 있는데, 상급자 책임론이 법에 대한 오해 혹은 무지에서 비롯됐기 때문에 하급자의 범죄를 처벌할 수 없다고 주장한다면, 하급자가 법에 대해 잘 알고서 행한 범죄도 무죄라는 주장인데 이것이 과연 올바른 책임론인가라는 반론인 것이다. 범죄가 법에 대한

---

21) 같은 책, p.54.

22) 예를 들면 다음과 같은 경우들이다. 가령 '갑'이라는 군인이 고의적으로 민간인 '을'을 살해했는데, 이 행위를 상관인 '병'의 명령 때문이었다고 변명하는 경우. 또한 애초에는 상관이 포로들을 죽일 생각을 갖고 있지 않았지만 부하가 교묘히 죽일 것을 유도함으로써 상관으로부터 명령을 받아 살해한 경우가 그렇다. 같은 책, pp.54-55 참조.

23) 같은 책, pp.50-51.

오해나 무지 때문에 행해진 것이어서 하급자에게 책임을 묻지 않는다면 이해할 수 있지만, 법을 잘 아는 하급자의 범죄도 면책된다면 결코 올바른 책임론이라고 할 수 없다는 것이다.

지금까지 상급자 책임론의 기반이 되는 근거와 이에 대한 반론을 딘스타인의 견해를 중심으로 살펴보았다. 이 이론의 기초가 되는 근거는 군인에게 절대적으로 중요한 군기 유지와 하급자들이 범할 수 있는 법에 대한 무지나 오해였고, 이에 대한 딘스타인의 반론은 맹목적인 복종이 오히려 군기를 훼손시킨다는 점, 명령에 대한 하급자의 복종은 반드시 강요에 의한 것만이 아니라는 점, 그리고 명령의 불법성을 하급자들이 언제나 모른다고 할 수는 없다는 점 등이었다.

나. 행위자 절대책임론

두 번째 이론은 행위자 절대책임론이다. 이 이론에 따르면 "명령에 대한 복종이라는 사실이 그 자체 변호를 창조해 내지는 않으며, 다른 변호의 일환으로서 고려될 수도 없는 것이다."[24] 이것이 의미하는 바는 상급자의 명령에 복종할 의무는 합법적인 명령에 한해서일 뿐이라는 것이며, 따라서 합법적인 명령에 복종한 군인만이 범죄에 대한 책임으로부터 면제될 수 있다는 것이다.

다시 말하면 군인이 범한 범죄에 대한 책임은 그 범죄가 상급자의 명령에 따라 수행된 것이라 할지라도 그를 수행한 당사자에게 있다는 것이다. 이렇게 볼 때 절대책임론은 상급자 책임론과 정면으로 대립되는 이론이다. 따라서 절대책임론의 입장에서 보면 앞서 딘스타인이 상급자 책임론에 대해 제기하였던 모든 문제들이 해결될 수가 있다.

---

24) 같은 책, p.68.

이 이론에 따를 때는 상급자 책임론에서 발생했던 문제들이 생겨나지 않을 것이기 때문이다.

그렇다면 절대책임론이 기반하는 근거는 무엇인가?

그 근거 가운데 하나는 법의 절대권(the supremacy of the law)이다. 즉, "법의 절대권은 법조항을 위반한 사항에 대해 제재를 부과할 것을 요구"하는 것이다.[25] 만일 어떤 범죄 행위자가 상급자의 명령에 복종함으로써 범죄를 저질렀을 경우에 자신에게 책임이 없다고 주장한다면 법의 절대권은 일단 좌초될 것이다. 만일 그가 자신의 책임을 부정하고 상급자의 명령 탓으로 책임을 돌린다면 범죄에 대한 책임은 명령계통에 따라 수직적으로 상승해 올라갈 것이다. 딘스타인이 말하고 있듯이 "한 지휘 계층으로부터 다른 지휘 계층으로의 책임 전가"가 이루어진다.[26] 이러한 과정의 결과는 궁극적으로 모두가 무죄이거나 아니면 법 절대권에 대한 배척이 될 뿐이다. 그러므로 절대책임론에 따르면 상급자의 명령에 따른 어떤 경우에도 범죄 행위자는 자신의 행위에 대하여 책임을 져야 한다는 것이다.

절대책임론은 또한 상급자에 따른 불법 명령의 수행이라 할지라도 군인은 자신의 의지에 따라 행동한다는 주장을 뒷받침한다. 이 이론에서의 군인의 개념은 상급자 책임론에서의 그것과는 사뭇 다르다. 즉, 이 이론 아래서의 군인은 잘 길들여지고 자기 통제 능력이 없는 하등동물이나 자동기계가 결코 아닌 것이다. 절대책임론이 일부 학자들로부터 선호되는 까닭이 바로 여기에 있는 것이다.

그러나 상급자 책임론과 마찬가지로 이 이론 역시 결점이 없는 것은 아니다. 딘스타인에 따르면 절대책임론의 출발은 하나의 전제, 즉 "상관의 명령에 따라 행해진 어떤 범죄 행위라 할지라도 행위자는 면

25) 같은 책, p.70.

26) 같은 책, p.71.

죄될 수 없다"는 전제에서 시작한다.[27] 이 이론에서 명령에 대한 복종이라는 사실은 행위에 대한 변호를 위해서는 아무런 도움이 안 되는 것이다. 다시 말하면 범죄 행위자의 변호가 무엇이든 간에 그것이 상관의 명령 때문이었다는 사실에 기초하는 한 이는 실패하고 만다는 것이다.

그렇다면 이 이론은 법에 대한 무지의 경우나 강요에 의한 범죄 수행의 경우도 전적으로 행위자에게 책임을 물어야 한다고 결론지을 것인가? 결코 그럴 수는 없을 것이다. 이 경우들이 전시에는 빈번히 발생하는 문제인 이상 소홀히 다루어져서도 안 될 것이다. 그렇다면 법적 무지나 오해, 강제적 범죄 행위에 대하여 절대책임론은 어떻게 답하고 있는가?

일부 절대책임론의 옹호자들은 법에 대한 무지나 오해, 또 강요에 의해 상급자의 명령에 복종하였다는 사실은 선고 시 정상참작이 가능해야 한다고 주장한다. 옹호론자들의 주장에 따르면 "명령에 복종하였다는 사실은 명령 수행이 범죄를 가져왔다 할지라도 처벌에서 정상참작이나 경감 요소로 작용할 수 있다는 것이다."[28]

이 같은 주장은 상급자 책임론을 부분적으로 수용하고 있는 것처럼 보인다. 기본적으로는 절대책임론에 입각하되 법에 대한 오해나 강요의 경우에서는 상급자 책임론의 입장을 취하고 있는 것이다. 이 같은 형태는 '수정 절대책임론'이라 할 수 있을 것이다.[29] 만약 이 수정 절대책임론을 법정에서 채택한다면 상급자의 명령과 책임에 관한 문제는 어느 정도 해소될 수 있다. 왜냐하면 어떤 경우에는 절대책임론의

27) 같은 책, p.73.

28) 같은 책, p.74.

29) 딘스타인은 이와 같은 입장을 별도의 이름으로 구별하고 있지는 않지만, 절대책임론에 전적으로 동의하지도 않고 또 한편 상급자 책임론에도 동조하지 않는 학자들을 이 부류에 넣고 있다. 같은 책, pp.74-75 참조.

입장을 따르고, 또 어떤 경우에는 상급자 책임론의 입장을 취할 수 있기 때문이다.

그러나 이 수정론이라 할지라도 그것이 상급자 책임론의 입장을 부분적으로나마 고수하는 한, 그것이 안고 있는 문제들을 헤쳐 나가기는 쉽지 않을 것이다. 특히 앞서 제기되었던 가상적인 문제들, 즉 상급자의 모든 명령이 강요된 것이기에 모두 상급자가 책임져야 한다는 주장의 문제는 수정론 역시 별 도움이 되지 않을 것이다. 군인이 자신의 범죄 행위에 대하여 상관의 명령 수행에서 비롯된 것이라고 주장하고, 또 상급자 책임론은 명령 수행상 발생한 하급자의 범죄 행위는 처벌될 수 없다는 입장인 이상, 그는 범죄에 대한 책임으로부터 자유로울 수 있는 것이다.

지금까지 상급자의 명령과 책임의 문제를 해결하기 위한 하나의 시도로서 상급자 책임론과 행위자 절대책임론의 입장과 그 근거들을 각각 살펴보고 그것들에 대한 반론도 검토하였다. 우리는 이 두 이론이 지니는 각각의 장점을 인정하면서도 또한 몇몇 이유를 들어 양자의 이론을 모두 배척하였다.

그러나 여전히 상급자의 명령 때문이었다는 사실은 명령 수행상 발생한 군인의 범죄 처벌 판정에서 중요한 고려 요소가 될 수 있으며, 특히 법에 대한 오해와 강요에 의한 범죄 행위의 경우에는 더욱더 중요한 고려 요소가 된다. 하지만 상관의 명령에 따른 복종에서 비롯된 범죄라는 사실이 모든 범죄에 대해 행위자를 위한 변호가 될 수는 없다. 상관의 명령에 복종하였다는 사실이 변호 목적상 적용될 수 있다면 그것은 법에 대한 무지나 오해의 경우와 강요의 경우, 이 두 가지 뿐이었다.

바로 여기서 우리는 명령에 따른 범죄와 책임의 문제를 해결할 수 있는 또 하나의 단초를 생각해 볼 수 있는데, 그것은 이 두 경우가 지니고 있는 공통점을 고려해 보는 일이다. 도대체 법에 대한 무지나 법해석상의 실수, 또 강요에 의한 복종의 경우에서 그 공통분모는 무엇일까? 딘스타인에 의하면 이들의 공통분모는 범죄 의도(mens rea)가 없다는 점이다. 이를 토대로 딘스타인은 이 문제 해결의 또 다른 열쇠를 찾고자 한다.

세 번째이자 마지막인 이 열쇠는 딘스타인 자신의 이론인 범죄 의도 원칙론이다. 하지만 이 원칙에 관해 논의하기 전에 강요에 따른 복종에 관한 네이든과 왈쩌의 견해를 살펴볼 필요가 있다. 이들은 강요에 의한 복종의 경우는 범죄 행위자의 면책에 결코 고려 요소가 될 수 없다고 주장하고 있다. 이들의 주장이 타당하다면 적어도 강요에 의한 복종이라는 문제는 우리의 논의에서 제외될 수도 있을 것이기 때문이다.

강제나 강요는 범죄에 대한 변호 요소가 될 수 없다는 네이든의 근거는 다음과 같다.

> 강제가 정당화된다면 그 이유는 자기보호(self-preservation) 본능이라는 힘을 인정해 주기 때문이다. … 그러나 군인의 본분에는 자기보호 본능의 억제가 포함되어 있다.30)

군인의 본분에 입각할 때, 자신에 대한 보호 본능은 인정될 수 없다는 주장이다. 군인은 공동체 이익이라는 목적 위에서 자신의 보호 본능이 아니라 이미 자기희생을 전제한 사람들이기에 강제라는 근거는 범죄 행위의 정당화에 적용될 수 없다는 것이다. 군인이라는 직업 자체에 대한 위험성이다. 명령을 거부하면 총살될 수도 있지만, 그 위험성에 군인은 이미 동의하고 있다는 것이다.31)

30) Sheldon Glueck, *War Criminals*(New York, 1944), p.242 각주 참조.

이와 비슷한 내용이 마이클 왈쩌의, 군인의 자기희생 의무에 대한 강조에서도 엿보인다.

> 전쟁협약은 군인에게 무고한 사람들을 살해하기보다는 자신의 개인적 위험을 감수할 것을 요구한다. … 이 규칙은 절대적이다. 적군 앞에서의 자기보호는 전쟁규칙의 위반에 대한 변호가 아니다. 군인은 … 여객선의 승무원이 승객을 우선시하는 것처럼 시민들의 편에 서야 한다. 군인은 다른 사람들의 생명을 구하기 위해 자신의 목숨을 희생해야 한다. … 군인에게는 무고한 사람들을 희생시킴으로써 자신의 안전을 꾀할 수 없다는 사실이 중요하다. 이것이 바로 군인이라는 직책이 주는 의무인 것이다.[32]

왈쩌의 이 주장은 군인으로서의 의무, 곧 자기희생의 개념에 관한 것이다. 자기희생은 군인의 의무로서 요구된다는 왈쩌의 주장은 군인의 임무에는 자기보호 본능의 억제가 포함된다는 주장, 혹은 군인의 직업은 위험하기 짝이 없다는 주장과 같은 맥락이면서도 또한 다르다. 훨씬 더 설득적이라고 하겠다.

그러나 만약 왈쩌의 자기희생 개념이 강요에 의한 자기희생의 의미를 함축하고 있다면 그의 견해는 부적절한 것이 되고 말 것이다. 왜냐하면 의무로서의 자기희생과 강제에 의한 자기희생이란 별개의 것이기 때문이다. 의무로서의 자기희생은 군인이 스스로 선택한 것이기에 명예로운 군인의 덕목이지만, 강요에 의한 자기희생은 자기 의지에 의한 것만큼 그렇게 가치 있어 보이지 않는다. 아무리 좋은 결과를 가져온다 할지라도 강요에 의한 자기희생을 받아들일 사람은 별로 없을

---

31) Nathan April, "An Inquiry into the Juridical Basis for the Nuremberg War Crimes Trial", *Minnesota Law Review*, Vol. 30(1946), p.325.

32) Michael Walzer, 앞의 책, p.305.

것이기 때문이다.

우리는 자율적인 사람들이다. 칸트가 의지의 자율성을 최고의 도덕 원칙으로 간주하였듯이,[33] 우리가 자유롭고 합리적인 존재라고 한다면 군대사회라 할지라도 강제로 타인의 희생을 요구하기란 쉽지 않을 것이다. 같은 이유로 우리가 우리들 스스로의 희생을 강제로 요구하기도 어려운 것이다. 자기희생이란 강제가 아닌 자기 스스로 선택했을 때 비로소 가치 있고 고귀한 것이다. 이와 같은 이유에서 의무로서의 자기희생이 강제에 의한 자기희생보다는 훨씬 고귀한 의미를 갖는다고 하겠다.

요컨대, 군인의 경우 직업이 갖는 특수성으로 말미암아 강제에 따른 범죄는 행위에 대한 정당화의 변호가 될 수 없다는 네이든과 왈쩌의 주장은 자기희생이라는 군인의 특성을 그 근거로 제시하고 있지만, 사실상 군인의 자기희생은 강요에 의한 것만이 아니라 의무에 따른 자발적인 경우도 적지 않을 것이라는 점을 인정한다면, 강제라는 사실은 여전히 면책을 위한 강력한 변호 역할을 할 수 있다고 해야 할 것이다.

다. 범죄 의도 원칙론

상급자의 명령에 따른 범죄 행위와 책임의 문제 해결을 위한 마지막 시도는 딘스타인 스스로가 제시하고 있는 범죄 의도의 유무에 따라 책임 여부도 가려질 수 있다는 범죄 의도 원칙론이다. 딘스타인에 따르면 범죄와 책임 문제 해결의 열쇠는 범죄 행위자가 상관의 명령을 수행함으로써 범죄를 행했다는 사실에 있지 않고, 그가 범죄 의도

33) Immanuel Kant, *Ground of the Metaphysic of Morals*, trans. by H. I. Paton (Harper Torchbooks, 194), p.108.

를 갖고서 그 행위를 했느냐 그렇지 않느냐에 있다. 군인이 어떤 사람을 아주 미워했기 때문에 고의로 살해했지만, 상관의 명령에 대한 복종을 구실로 그렇게 했다고 가정해 보자.

이 경우 그가 범죄 의도를 가지고 살해했다는 사실을 증명하기란 물론 어려울 것이다. 그렇지만 만약 그의 의도를 증명한다면 그는 살인에 대한 책임을 져야 할 것이다. 명령에 대한 복종 때문이었다는 사실은 변호 그 자체를 구성하지는 못하지만, 범죄 의도가 없었다는 사실은 변호 과정에서 고려 요소가 될 수 있는 것이다. 딘스타인에 따르면 법에 대한 오해나 강요의 경우에서 오직 범죄 의도가 없었을 때만 상관의 명령에 대한 복종이 정상참작 요소가 되고, 따라서 범죄에 대한 책임으로부터 벗어나는 데 도움이 될 수 있는 것이다. 그는 이를 '범죄 의도 원칙'이라 부른다. 이 원칙에 대한 상세한 그의 설명을 인용해 보자.

> 나는 이것(범죄 의도 원칙)이 국제법상 상급자의 명령에 대한 복종의 문제를 해결하는 데 적절하고 논리적이며 효율적인 처방이라고 생각하며, 이것은 '범죄 의도 원칙'이라 불릴 수 있을 것이다. 이 원칙에 입각하면 상관의 명령에 대한 복종은 범죄와 관계되는 실제적인 세부 요소로서 간주될 수 있을 것이다. 범죄가 행해진 시간과 장소, 범죄 행위에 사용된 무기 등 여러 가지 요소들이 그러하듯이, 상황을 설명해 주는 다른 여러 요소들처럼 그 하나로서 고려될 수 있는 것이다.[34]

다시 말하면, 이 원칙에 따를 때 상급자의 명령에 따라 범죄를 저질렀다는 사실은 범죄에 대한 책임의 면제에 영향을 미칠 수도 혹은 미치지 않을 수도 있는 다른 상황 요소들과 마찬가지로 이들 요소 가운

34) Yoram Dinstein, 앞의 책, p.88.

데 하나일 뿐이라는 것이다. 따라서 이 원칙의 입장에 서면 피고가 명령에 복종하였다는 단순한 사실은 국제법상의 범죄 기소로부터 무죄를 인정케 하는 요소는 아닌 것이다. 그러므로 상급자의 명령에 대한 복종에 의해 하급자가 범죄를 저질렀다 할지라도 명령에 대한 복종 사실이 행위에 대한 변호 자체를 형성하는 것이 아닌 까닭에 행위자는 책임을 면제받을 수도 있지만, 또 그만큼 유죄 판결을 받을 수도 있는 것이다.

딘스타인에 따르면 결국 "유죄냐 무죄냐 사이의 선택은 사건의 정황에 달려 있으며, 그 정황에 따라 결정된다."[35] 요컨대 상관의 명령에 따라 범죄를 행한 군인은 명령에 복종했다는 단순한 사실만으로는 범죄 행위에 대한 책임으로부터 벗어날 수 없으며, 유죄냐 무죄냐의 결정은 사건을 구성하는 정황 요소에 달려 있고, 명령을 따랐다는 사실은 그 요소 가운데 하나로서 작용할 뿐이라는 것이다.

딘스타인의 이 같은 결론은 그 스스로 말하고 있듯이 상급자의 명령에 대한 복종과 책임의 문제 해결을 위한 "적절하고도 논리적이며 효율적인" 방법으로 보인다. 그 까닭은 범죄 의도 원칙이 사건과 관계되는 모든 사실과 정황에 대하여 충분히 검토할 것을 요구하며, 또한 명령에 대한 복종이었다는 사실이 의미를 갖는 경우는 범죄 의도가 없었다고 인정될 때뿐이기 때문이다. 따라서 이 원칙은 상급자 책임론이나 행위자 절대책임론의 결점을 보완해 줄 수 있는 것처럼 보인다.

그러나 딘스타인의 주장에도 문제가 없는 것은 아닌 것 같다. 그의 주장 가운데 특히 강요에 의한 경우와 명령의 불법성을 알지 못한 경우에 대한 그의 주장은 여전히 논의의 여지가 있다. 이 경우에 대한

---

35) 같은 책, pp.89-90.

딘스타인의 주장은 명령에 복종하였다는 사실이 사건의 다른 정황적 고려 요소처럼 범죄 의도가 없었다는 점을 증명하는 데 기여할 수 있고, 나아가 무죄를 이끌어낼 수도 있다는 것이었다.[36] 여기서 딘스타인은 강요나 법의 무지에 대해서도 다른 정황적 고려 요소와 마찬가지로 상황 판단에 영향을 미칠 하나의 요소로서 고려될 수 있다고 말하고 있지만, 실상 그에게 더 중요한 개념은 "범죄 의도가 없었다는 사실을 증명하는 일"이다. 이를 증명해 내지 못하면 강요나 무지는 아무런 의미가 없을 것이기 때문이다.

바로 여기에서 두 가지 대답하기 어려운 문제가 야기된다. 첫째는 다른 정황적 고려 요소와 함께 상황을 분석한다 할지라도, 결국 중요한 요소는 범죄 의도가 없었다는 사실을 밝혀내야 하는 것인데, 어떻게 범죄 의도의 결여를 증명해 낼 수 있는가 하는 문제다. 두 번째는 설사 그것을 증명한다 할지라도 범죄 의도가 없었다는 사실만으로 범죄 행위에 대한 무죄가 과연 인정될 수 있겠는가 하는 문제다. 즉, 범죄 의도의 결여가 밝혀지면 범죄 행위자는 모든 책임에서 벗어나느냐 하는 물음인 것이다.

첫 번째 문제는 범죄 의도의 결여에 대한 인식상의 문제이고, 두 번째는 행위에 대한 법적 및 도덕적 책임상의 문제다. 이 문제들에 대한 대답은 결코 용이하지 않다. 의도에 대한 인식의 문제는 인간의 마음에 대한 객관성이 전제될 때에야 가능하다. 실제로 의도했다 해도 그 의도가 과학적으로 검증될 것이라고 기대하는 것은 너무나 낙관적이다. 오늘날 과학적 수사 방법의 발달로 말미암아 거짓말도 탐지해 낼 수 있고, 다른 정황적 요소를 토대로 범죄 행위에 대한 객관적인 근거를 찾는 방법에 커다란 발전이 있어 온 것은 사실이다. 이러한 과학적

36) 같은 책, p.90 참조.

수사 방법의 발달은 딘스타인의 범죄 의도 원칙론을 지지하는 데 큰 역할을 할 수 있을 것이다. 하지만 과연 억울한 누명을 쓴 수인(囚人)과, 과학적 수사망을 통과한 범죄자가 없다고 단정할 수 있겠는가?

또한 규모나 질에 있어서 결코 책임을 묻지 않을 수 없는 범죄 행위의 경우, 범죄 의도가 없다는 것이 증명되었다고 해서 행위자에게 무죄라는 면책 판결이 과연 가능할 것인가? KAL기 폭파사건처럼 대규모의 범죄 행위에 대해서도 범죄 의도가 없었다는 것이 객관적으로 입증되었다면 행위자에게 무죄 판결이 가능할 것인지는 매우 의심스럽다.

이와 같은 비판적 문제 제기에 대해 딘스타인은 첫 번째 것은 대답할 수 없는 형이상학적 문제이고, 두 번째 것은 법적 문제가 아니라 도덕적 문제라고 말함으로써 답변을 회피할 수도 있을 것이다. 그러나 그가 진정 상급자의 명령에 대한 복종과 책임의 문제를 해결할 수 있는 길을 모색하고자 한다면 이 문제들의 중요성을 간과해서는 안 될 것이다.

3. 맺는 말

앞 절에서 필자는 상급자의 명령에 따른 범죄 행위와 그 책임의 문제 해결을 위한 하나의 시도로서 세 가지 이론을 살펴보았다. 상급자 책임론은 명령에 대한 복종으로 말미암아 발생한 범죄에 대한 모든 책임은 범죄가 하급자들에 의해 저질러졌다 할지라도 이를 명령한 상급자가 져야 한다는 이론으로서 그 근거는 군의 기율 유지였다. 상급자의 명령에 대한 하급자의 무조건적인 복종은 군기 유지에 절대적으로 필요한 까닭에 명령에 대한 복종으로 인하여 발생하는 모든 문제의 책임을 상급자에게 돌림으로써 하급자로 하여금 무조건 복종하게 하는 의식을 갖게 하여 군기를 유지한다는 것이었다.

이 이론에 대하여서는 세 가지 측면에서 반론이 가해졌다. 첫째는 상급자의 명령에 절대로 복종하는 꼭두각시를 양산하는 것이 군의 효율성을 높이는 것은 아니라는 지적이었다. 둘째는 상급자의 모든 명령이 강요에 의한 것은 아니며, 따라서 명령에 대한 모든 복종이 강압에 의한 복종은 아닌 까닭에 상급자에게만 책임을 묻는 것은 불합리하다는 지적이었다. 그리고 셋째는 명령에 대한 복종과 법에 대한 오해 혹은 무지 간에는 상호 연계성이 없다는 지적이었다.

두 번째 이론은 명령에 대한 복종이라는 사실이 범죄 행위에 대한 변호가 될 수는 없다는 점에서 행위자가 모든 책임을 져야 한다는 절대책임론이었다. 이 이론의 근거로서 역시 두 가지 사실이 제기되었는데, 법을 위반한 사항에 대하여서는 제재가 가해진다는 법의 절대성이 그 하나요, 다른 하나는 하급자라 할지라도 자동기계가 아니며 자기 통제 능력을 가진 인간이라는 사실이었다. 상급자 책임론과 정면으로 대립하는 이 이론에 대해서도 법에 대한 오해나 강요에 의하여 빚어진 범죄 행위에 대한 책임마저도 행위자가 짊어져야 하는가 하는 점에서 문제가 제기되었다.

이 문제들을 해결하기 위한 하나의 방편으로서 명령을 내린 상급자에게는 상급자 책임론을, 그리고 이를 수행함으로써 범죄를 행한 하급자에게는 행위자 절대책임론을 적용해야 한다는 '수정 절대책임론'이 제시되기도 하였지만, 이 이론 역시 책임 범위의 한계를 설정하는 데에서 두 이론 모두의 문제점을 고스란히 안고 있다는 점에서 근본적인 해결책이 될 수는 없었다.

명령 수행에 따른 범죄 행위와 책임의 문제를 해결하기 위한 세 번째이자 마지막 이론은 범죄 의도 원칙론이었다. 이 이론은 범죄 행위에 대한 유무죄의 결정은 사건을 구성하는 정황에 달려 있으며, 행위 당사자의 범죄 의도 여부는 정황 구성의 한 요소로서 매우 중요한 역할을 담당한다는 것이었다. 바꾸어 말하면 범죄 행위에 대한 유무죄 판결은 사건의 정황에 따라 결정되는 것으로서 궁극적으로는 행위자의 범죄 의도 여부에 달려 있다는 주장이었다. 행위자의 범죄 의도 여부에 따라 범죄 행위에 대한 책임이 결정된다는 이 이론은 상급자 책임론이나 행위자 절대책임론이 지니고 있었던 결점들을 일견 해소해 주는 것으로 보였다.

그러나 이 이론은 범죄 의도 여부를 어떻게 객관적으로 입증할 수 있느냐 하는 범죄 의도 인식상의 문제와, 설사 행위자에게서 범죄 의도의 결여를 입증할 수 있다 할지라도 이것이 과연 그의 행위에 대한 면책요건이 될 수 있느냐 하는 윤리적 문제를 안고 있다는 점에서 완전한 해결책이라 할 수는 없었다.

결국 이는 어떤 이론을 택하느냐 하는 선택의 문제가 되고 말았다. 어떤 이론이 가장 적합할 것인가?

중요한 것은 전쟁 수행에서의 필수 요소인 군기의 유지(명령에 대한 절대 복종)도 소홀히 할 수 없으며, 동시에 군 장교든 병사든 그들이 명령에 무조건적으로 복종하는 자동기계가 아니라 자기 통제 능력을 가진 인간이라는 점도 결코 간과해서는 안 된다는 사실이다. 모순되어 보이는 이 두 가지 사실을 어떻게 조화시킬 수 있느냐 하는 것이 선택의 중요한 기준이 될 것이다.

이런 점에서 보면 상급자 책임론과 행위자 절대책임론의 중간 입장을 취하고 있는 수정 절대책임론과 범죄 의도 원칙론이 그나마 이 기준에 부합할 것이다. 하지만 이 중에서도 수정 절대책임론이 좀 더 현실적인 이론이라 생각된다. 그 까닭은 범죄 의도 원칙론이 논리적인 관점에서는 더 성숙된 이론일 수 있지만, 그것은 범죄 행위자가 범죄 의도를 부인할 경우 책임을 물을 수 없다는 결정적인 문제점을 갖기 때문이다.

그러나 수정 절대책임론을 선택하고자 하는 더 큰 이유는 전쟁범죄 행위가 가져오는 폐해가 너무나 크다는 사실 때문이다. 그 실제 사례를 우리는 베트남전 당시 자행되었던 미라이 대학살과 한국전쟁 중에 벌어진 노근리 양민 학살 사건 등에서 찾아볼 수 있다. 이와 같은 전쟁범죄는 더 이상 발생해서는 안 될 것이다. 수정 절대책임론은 그와 같은 전쟁범죄 행위에 가담하게 되는 모든 사람들(그들이 명령을 내리는 상급자이건, 강요된 명령에 복종할 수밖에 없는 하급자이건 간에)이 그 책임에서 자유롭지 못하다는 인식을 가능하게 한다. 비록 이 이론 역시 적지 않은 문제점을 안고 있지만 전쟁범죄 행위는 설사 강요에 의한 것이었다 할지라도 명령을 내린 상급자이건, 실행한 하급자이건 모두가 책임에서 벗어날 수 없다는 인식이 확산될 때 전쟁범죄 폐해의 감소도 가능할 것이라 믿어지는 것이다.

제 4 장 전쟁규칙과 도덕원리*

1. 들어가는 말
2. 공리주의
3. 공리주의 비판과 의무론적 절대주의
4. 규칙 공리주의
5. 인도주의
6. 맺는 말

* 이 글은 필자의 저서 『열린 군대와 리더 윤리』, 『전쟁과 리더』에 수록된 글을 수정 보완하여 다시 쓴 것이다.

1. 들어가는 말

오늘날의 전쟁은 종래의 전쟁과는 달리 여러 가지 제약 아래서 이루어진다. 전쟁법이 규정한 원칙들이 있기에 전쟁수행 시 당사자들은 적군이건 아군이건 그것들을 준수해야 하는 것이다.

가령, 독가스나 화학가스 등 생화학 무기의 사용은 불가능하다. 또한 포로들을 사살하거나 학대하는 행위도 금지된다. 적십자 표시가 되어 있는 병원은 물론이요, 이 표시가 있는 건물이나 선박을 향해 폭격을 가하는 일도 금지되어 있다. 만약 이런 행위를 하게 되면 전쟁범죄자로서 군사재판에 회부되어 처벌을 받게 된다. 전쟁법 혹은 전쟁규칙을 위반한 행위는 모두 전쟁범죄로 취급되는 것이다. 따라서 오늘날 전쟁에 임하는 군인들은 전쟁법과 전쟁규칙이 무엇인지를 이해하지 않고서는 전쟁을 올바르게 수행할 수 없다고 말해야 할 것이다.

앤서니 하틀(미 육군사관학교 교수 역임)은 전쟁규칙 자체보다도 전쟁규칙의 기반이 되는 도덕원리에 의미를 부여한다. 하틀에 의하면 전쟁규칙이 어떤 도덕적 원리 위에 서 있느냐 하는 문제는 매우 중요하다. 그에 따르면, 어떠한 규칙이나 법도 모든 사건에 대해 특정한 지침을 제공할 수는 없는 까닭에 법규 자체가 특수하거나 적용 가능한 경우를 제외하고는 결국 '규칙' 혹은 '법'의 정신에 입각하여 문제를 해결해야 한다. 즉, "법 자체가 적절한 행동을 결정하지 못할 경우에는 법을 떠받치고 있는 원리에 의거할 때 정당한 결정에 도달할 수 있다"는 것이다.[1]

따라서 기존의 법조항에 의해 다루어질 수 없는 새로운 문제나 혹은 예기치 못한 문제들을 일관되게 해결하기 위해서는 법을 떠받치고 있는 원리에 의존하는 것이 필요하며, 이렇게 볼 때 전쟁법 혹은 전쟁규칙의 기반이 되는 원리에 대한 탐구는 대단히 중요한 의미를 갖는다는 것이다.

하틀의 이 같은 주장 이외에도 전쟁규칙을 떠받치고 있는 원리에 대한 탐구는 의의가 있다. 마이클 왈쩌가 주장하듯이 "전쟁법 혹은 전쟁규칙은 인간의 일반적 동의 아래 제정되어야 한다"는 생각에서이다.[2] 전시 행위에 대한 제한 사항이 변호될 수 있는 경우는 명확한 법적 근거가 있을 때뿐이다. 제한 사항에 대한 도덕적 근거는 논의되지 않는 경우가 많다.

그러나 그 제한 사항들이 타당하다고 여겨지는 까닭은 그것들이 자의적(恣意的)이지 않기 때문도 아니요, 전통에 의거하기 때문도 아니며, 또한 유용성에 입각하고 있기 때문도 아니다. 전시 행위에서의 제한 사항들이 타당하다고 인정되는 까닭은 실상 그것들이 도덕원리에 뿌리를 내리고 있기 때문이다. 설령 전쟁에 관한 일련의 제한 사항들

1) Anthony E. Hartle, *Moral Issues in Military Decision Making*(University Press of Kansas, 1989), p.561.

2) Michael Walzer, *Just and Unjust War*(Basic Books Inc., 1977), p.47.

이 타당한 까닭이 그것의 유용성에 있다 할지라도 그것은 궁극적으로 하나의 도덕원리, 이 경우엔 공리주의에 입각하고 있는 것이다. 그러므로 전쟁규칙은 인간의 일반적 동의 아래 제정되어야 한다는 왈쩌의 주장은 기실 전쟁규칙의 도덕적 기반에 대한 탐구를 의미한다고 하겠다.

전쟁규칙을 떠받치고 있는 원리에 대한 탐구는 또한 전쟁을 직접 수행해야 하는 군인들이 전장에서 부딪히는 문제들을 해결하는 데에도 필요하다. 가령 군사필요의 원칙(Principle of Military Necessity)과 인도주의 원칙(Humanitarian Principle)이 대립할 경우 전쟁법이나 전쟁규칙에 의한 직접적인 해결이 곤란할 때, 군인들이 적용할 수 있는 것은 법이나 규칙을 떠받치고 있는 정신 혹은 원리, 곧 도덕원리에 의존하는 일일 것이다. 예컨대, 공중폭격에 의한 무고한 시민들의 살상 문제나 포로들의 취급 문제가 그러할 것이다. 그렇다면 전쟁규칙을 떠받치고 있는 도덕원리는 어떠한 것인가?

이 장에서는 전쟁법 혹은 전쟁규칙의 도덕적 기반을 이루고 있는 원리로서 공리주의, 의무론적 절대주의, 규칙 공리주의 그리고 인도주의 등의 관점을 살펴보고 이들 중 어떤 도덕원리가 전쟁규칙의 기반으로서 합당할 것인지에 대해 고찰해 볼 것이다.

2. 공리주의

대부분의 정치가들이 그러했던 것처럼 많은 철학자들은 공리주의를 가장 합당한 전쟁규칙의 기반으로 고려해 왔다. 확실히 공리주의는 전시 행위에서의 일련의 제한 사항들을 정당화한다. 국가 이익과 군사적 필요성은 공리의 원리(the principle of utility)에 의해 적절히 변호될 수 있다. 윤리학에 대한 절대적인 회의론자를 제외하고는 대부분의 사람들은 공리의 원리에 자연스럽게 타당성을 부여하는 것 같다.

주지하다시피 공리주의는 "악을 뺀 최대의 가능한 선"을 증진시키는 행위는 옳으며 그렇지 못할 경우는 그르다고 주장한다.3) 또한 공리주의는 "우리는 개별적으로나 혹은 제도를 통해서 선을 극대화하고 악을 최소화해야 하며", 따라서 "더 작은 악을 행함으로써 더 큰 악을 막을 수 있는 가능성에 직면한다면 더 작은 악을 선택해야 한다"고 주장한다.4)

우리가 만일 선의 극대화와 악의 최소화 작업을 우리 모두에게 바람직한 것으로서 받아들인다면 그러한 방향으로 행위하는 것이 당연할 것이다. 그런데 우리들 대부분은 선을 극대화하고 악을 최소화하기를 바라고 있으며 따라서 공리주의의 주장은 타당하다는 것이다. 이 같은 이유에서 공리의 원리는 전쟁규칙에 관한 일련의 제한 사항들을 정당화한다. 그 제한 사항을 둠으로써 더 큰 선의 극대화 내지는 악의 최소화를 기대할 수 있다고 생각되기 때문이다.

공리주의가 전쟁규칙의 기반이 된다고 보는 또 하나의 장점은 "도덕적 주장들이 대립하는 것으로 보이는 모든 상황에 직면할 때마다 최대한의 행복을 도모하는 원리가 있다면 그것은 곧 의사 결정의 지침을 제공하는 것"이며, 신속한 의사 결정의 원리는 전쟁규칙의 기본이라는 점이다.5) 도덕적 대립의 상황에 봉착했을 때 어떻게 할 것인가를 결정해 주는 이론이 있다면 그렇지 못한 이론보다 나을 것이며, 이런 점에서 공리주의는 최상의 이론일 수 있다는 주장이다.

---

3) William K. Frankena, *Ethics*(Prentice Hall, 1973), p.34 참조.

4) Thomas Nagel, "War and Massacre", *War and Moral Responsibility*(Princeton University Press, 1974), p.5.

5) Barrie Paskins and Michael Dockrill eds., *The Ethics of War*(University of Minnesota Press, 1979), p.141.

3. 공리주의 비판과 의무론적 절대주의

그러나 공리의 원리가 비록 의사 결정의 지침을 제공하는 데 기여한다 할지라도, 토머스 네이글이 지적하듯이 이 원리가 전쟁규칙의 기반이 되기에는 윤리학적으로 설명해야 할 많은 부분을 안고 있다.

네이글이 비판하는 공리주의의 가장 심각한 문제점의 하나는 전쟁에 필수적인 폭력의 규모와 연관된다. 네이글에 의하면 어떤 특정한 싸움에서 그 결과로 말미암아 수단이 정당화될 수 있는 하나의 예외가 인정될 경우, 그것은 장기적으로 볼 때 훨씬 더 규모가 큰 파괴의 선례가 될 수 있다는 것이다.[6] 다시 말하면 전쟁 시 폭력 사용의 선례를 만든 공리의 원리는 더 큰 규모의 폭력을 부를 수 있고, 그것을 근거로 훨씬 더 큰 폭력도 정당화시킬 수가 있다는 것이다. 하지만 아무리 공리주의적 근거라 할지라도 대규모의 학살은 결코 정당화될 수 없다는 것이 네이글의 주장이다. 그는 다음과 같이 말한다.

> 공리와 국가 이익의 계산에 일단 발을 들여놓으면, 미래의 자유와 평화 그리고 경제적 번영에 대한 고려로 말미암아 사람들은, 새카맣게 타 숨진 수많은 어린아이들에 대한 양심적 자책감도 쉽사리 머릿속에서 지워버릴 수 있는 것이다.[7]

공리주의에 입각하면 어린아이처럼 무고한 시민들의 대규모 학살 앞에서도 사람들은 태연할 수 있고, 그것이 마치 더 큰 선을 가져오거나, 혹은 그로 인해 더 큰 악을 막았다는 생각에 대규모의 학살도 도덕적이라는 평가를 내리게 된다는 것이다. 결코 도덕적이라고 할 수

---

6) Thomas Nagel, 앞의 글, p.5 참조.

7) 같은 글, p.9.

없는 대규모 학살마저도 공리주의는 용인하게 된다는 것이다. 그렇지만 과연 공리의 원리를 신봉하는 사람들의 주장처럼 대규모 학살마저도 도덕적으로 정당화될 수 있는 것인가?

여기서 네이글은 전쟁 중 비전투원(민간인)의 고의적 살해에 관한 앤스컴(G. E. M. Anscombe)의 논의를 끌어들인다. 예컨대 히로시마와 나가사키에 원자탄을 투하한 행위에 대한 고려다. 앤스컴에 의하면 수많은 민간인을 고의적으로 학살한 이 정책은 당시의 미 대통령인 트루먼에 의해서 제기된 것이 아니라 제2차 세계대전 참가국의 공통된 관행이었다는 것이다.

민간인을 공격하는 이 같은 정책은 문명세계에서 널리 공인되어 왔으며 지금도 그 같은 분위기는 상존한다. 이러한 정책은 네이글의 말에 따르면 "비전투원 — 여자, 어린이, 노약자 — 의 고의적 살해도 그로 말미암아 이익을 얻을 수 있다면 허용 가능하다는 도덕적 신념의 기초를 제공하며",[8] 이 도덕적 신념은 두말할 나위 없이 공리주의에 근거하고 있다는 것이다.

그러나 비전투원(민간인)의 대량학살이 어떻게 정당화될 수 있겠는가? 전쟁규칙의 도덕적 기반을 공리주의가 차지하고 있는 한 그 같은 대량학살은 되풀이될 수밖에 없지 않은가? 따라서 공리의 원리가 전쟁규칙의 도덕적 기반이 되어서는 안 된다는 것이 네이글의 기본적인 생각인 것이다.

요컨대, 네이글의 주장은 공리의 원리에 입각해서 예외적인 수단을 허용하면 대규모의 학살도 허용될 수 있다는 주장이 가능하지만, 민간인의 고의적인 대량학살은 있어서는 안 되는 일이며, 설사 공리의 원리에 입각해서 민간인의 대량학살 정책이 채택되었다 할지라도 그

8) 같은 글, p.7.

정책의 정당화는 결코 쉽지 않다는 것이다.[9]

그렇다면 어떠한 도덕적 관점이 전쟁규칙의 도덕적 기반으로서 고려될 수 있는가? 네이글에 의하면 그것은 절대주의적 관점이다.[10] 네이글에 의하면 목적으로서 추구할 만한 가치가 있는 행위를 수행하는 데에도 제한 사항이 있는 법이며, 설사 그 제한 사항을 유지하는 데 아무리 큰 고충이 따른다 할지라도 고수해야 할 제한 사항들이 있다는 것이다.[11] 그 제한 사항들은 가령, 무장하지 않은 포로나 민간인의 살해를 금하는 것과 같은 것들이다.

공리주의가 '장차 일어날 것'으로서의 결과를 중시한다고 한다면, 절대주의는 '지금 행하고 있는 것'에 주목하여 그것이 과연 올바른 행위인지를 먼저 묻는다. 물론 절대주의가 행위의 결과를 완전히 무시하는 것은 아니라고 네이글은 말한다. 그러나 행위의 결과에 의해서 행위 자체를 정당화시켜서는 안 된다는 것이다. 왜냐하면 의도적인 행위는 "결과가 어떠하든 그 결과로서 정당화될 수는 없기" 때문이

---

9) 이 부분의 설명에서 네이글의 입장을 좀 더 살펴보는 것이 좋을 것 같다. 네이글은 고의적인 대량학살정책은, 이것이 설사 공리의 원리에 입각해서 수립되었다 할지라도 그 결과를 놓고 따져볼 때 공리의 원리 자체에 의해서도 정당화되기 어려울 것이라는 입장을 피력하고 있다. 바꾸어 말하면, 민간인의 고의적인 대량학살은 공리주의적 입장에서도 정당화되기 어렵다는 것이다. 대량학살을 통해 얻어진 결과가 월등하게 크다면 이는 공리주의의 관점에서 정당화될 수 있을지도 모르지만, 대량학살의 경우는 결과의 비교 자체가 어려울 뿐만 아니라 규모가 크면 클수록 사실상 비교가 불가능할 수도 있기 때문이다.

10) 네이글에 의해서 사용되고 있는 '절대주의(absolutism)'의 개념은 주의가 요망된다. 왜냐하면 네이글에 의해서 사용되는 절대주의 개념은 상대주의에 대립해서 사용되는 포괄적인 의미에서의 절대주의가 아니라, 공리주의적 관점에 대립하는 개념으로서의 '의무론적 관점(deontological point of view)'을 지칭하기 때문이다. 편의상 네이글의 사용 방식에 따라 그대로 절대주의라 표현하겠다.

11) Thomas Nagel, 앞의 글, p.4 참조.

다.[12] 따라서 '지금 행하고 있는 것'이 해서는 안 되는 행위라면 그 결과가 어떻든 절대로 해서는 안 된다는 것이다.

절대주의 입장에 선 네이글의 논의는 매우 소박한 것 같다. 그는 자신의 절대주의를 공리주의에 대비시키고 공리주의가 대규모의 살해를 용인할 수 있기 때문에 그릇된 이론이라고 비판한다. 그러므로 공리주의는 전쟁규칙의 도덕적 기반으로서 적합하지 못하다는 것이다. 네이글이 주장하듯이 공리주의는 결과의 유용성을 중시하고, 결과의 유용성은 행동의 결과로 수반되는 제반 악에 대하여 우리의 양심에서 나올 도덕적 책임감을 무디게 할지도 모른다.

이렇게 보면 네이글의 주장처럼, 그리고 왈쩌도 동의하고 있듯이,[13] 전쟁규칙은 단지 유용성에 대한 고려만으로 충족되어서는 안 될 것 같다. 그러나 전쟁규칙의 도덕적 기반으로서 네이글이 공리주의의 대안으로 내세운 절대주의 논의는 두 가지 점에서 의문이 제기된다고 본다.

첫째, 네이글의 주장은 절대주의가 요구하는 것은 어떤 결과를 초래해서는 안 된다는 것이라기보다는 사람들에게 어떤 일들을 행해서는 안 된다는 것이다.[14] 이런 점에서 볼 때 그의 주장은 스스로 말하고 있듯이 절대주의가 행위의 결과를 도외시하는 것은 결코 아니라는 것이다. 그의 주장의 요점은 어떻게 행위해야 하는가를 결정할 때 우리가 행할 행위의 결과를 고려함으로써 행위를 결정해서는 안 된다는 것이다. 왜냐하면 행위의 결과를 고려해서 행위를 선택할 경우에는 결코 행해서는 안 되는 행위들, 예컨대 고의적인 살해와 같은 행위를 선택할 수 있기 때문이라는 것이다. 그렇지만 네이글의 입장에서 볼

12) 같은 글, p.8.

13) Michael Walzer, 앞의 책, p.45 참조.

14) Thomas Nagel, 앞의 글, p.10 참조.

때, 우리가 결코 행해서는 안 되는 어떤 행위를 행할 수 있다는 것은 자기 모순적이라는 것이다.

그러나 여기서 문제는 그가 주장하듯이 어떤 행위들, 예컨대 고의적인 살해와 같은 행위는 어떤 경우에도 선택해서는 안 되는 우리의 의무라는 것을 어떻게 입증할 수 있는가 하는 점이다. 그의 논의는 "우리는 '어떠한 대가를 치르더라도' 무고한 사람을 살해해서는 안 된다"는 전제 위에서만 가능하다. 하지만 "우리는 무고한 사람을 살해해서는 안 된다"는 주장은 정당화가 요구되지 않을지도 모르지만, "우리는 '어떠한 대가를 치르더라도' 무고한 사람을 살해해서는 안 된다"는 주장은 정당화가 요구된다고 할 것이다.

가령, '어떠한 대가를 치르더라도'라는 전제 속에 만약 내 생명이나 전우의 목숨을 잃게 되는 경우를 상정해 보자. 상대가 진정 무고한 경우라면 내 생명이나 전우의 목숨이 위태로울 일은 없을 것이다. 하지만 상대가 무고한 민간인으로 위장한 적군일 수도 있지 않은가? 총알이 빗발치는 전장에서 상대가 위장한 적군이 아니라는 것을 어떻게 식별할 수 있는가? 단순히 민간인 복장이라고 해서 '어떠한 대가를 치르더라도'를 되뇌면서 내 생명과 전우의 목숨까지 위태롭게 하는 일이 현실적으로 과연 가능하겠는가? 전시라 할지라도 무고한 시민을 살해하는 일이 결코 없어야 한다는 네이글의 주장은 이해할 수 있지만, '어떠한 대가를 치르더라도'라는 전제는 정당화가 필요하다고 할 것이다. 이런 점에서 네이글의 논점은 선결문제 요구의 오류 속에 있는 것으로 보인다.

둘째, 네이글은 또한 다음과 같이 주장한다. "절대주의가 요구하는 것은 어떠한 대가를 치르고서라도 살해를 예방하는 것(prevent)이 아니라, 어떠한 대가를 치르고서라도 살해를 피하는 것(avoid)이다."[15] 만약 절대주의가 네이글의 주장처럼 전쟁규칙에 적합한 도덕적 기반이 된다면, 군사적 필요성(military necessity)에 관한 문제들도 절대주의의 입장에서 설명할 수 있어야 할 것이다.

그러나 절대주의가 요구하는 것이 살해를 피하는 것에 있다면, 그것도 군사적 필요성에 의거해서 설명되는 대규모 살해 등을 피하는 것에 있다면, 어떻게 이 문제를 설명할 수 있을 것인가? 실로 제2차 세계대전 중에 있었던 많은 폭격들, 가령 드레스덴, 함부르크, 히로시마 등에 가해졌던 폭격들은 모두 군사적 필요성의 원리에 입각해서 이루어졌으며, 어떤 폭격들은 정당한 것으로 인정되어 왔다. 네이글의 절대주의는 전쟁의 실상에서 있어 온 이 같은 일들을 어떻게 설명할 수 있는가?

4. 규칙 공리주의

리처드 브란트(Richard B. Brandt)는 그의 논문 「공리주의와 전쟁규칙」에서 네이글의 절대주의를 비판하고 공리주의적 입장을 옹호하고 있다. 브란트는 절대주의 입장에 서 있는 네이글의 논의가 매우 애매함을 지적하고, 자신의 계약론적 혹은 규칙 공리주의적 입장[16]이 전쟁규칙의 도덕적 기반으로서 가능함을 보여주고자 한다.

브란트는 절대주의의 관심은 "우리가 고의적으로 사람들에게 행하는 것"에 있다는 네이글의 명제에 주목한다. 브란트는 이 명제가 전쟁

15) 같은 글, p.12.

16) 규칙 공리주의(rule-utilitarianism)에 대해서는 이 책의 제1장에서 공리주의 부분을 참조할 것. 규칙 공리주의는 행복의 총량을 중시하되, 장기적인 관점에서의 총량에 주목한다. 따라서 규칙을 지키는 행위는 단기적으로는 불이익이 따를 수도 있지만 장기적으로 볼 때는 행복의 총량이 더 클 수 있기에 규칙을 지킬 것을 강조한다. 그러므로 규칙의 준수라는 측면에서 규칙 공리주의는 절대주의(의무주의)와 맥을 같이한다.

규칙을 위한 중요한 제한점이 될 것이라는 점을 인정하면서도, 그러나 네이글이 이 부분을 충분히 설명해 내지 못했다고 지적한다.17)

이 점을 좀 더 쉽게 설명하기 위해 브란트는 군수공장 — 야간 기습 공격의 합법적인 군사 목표물 — 파괴를 위한 폭격의 예를 제시한다. 브란트는 이 폭격으로 말미암아 5천 명의 인명이 살해될 수 있다고 가정한 뒤, 이 폭격이 과연 사람들에게 무엇인가를 '고의적으로 행하는 것'인지의 여부를 검토한다. 이 가정 위에 설 때 브란트는 네이글의 논의가 모호하다고 말한다. 왜냐하면 네이글의 논의는 이 경우 "군수공장의 공격이 합법적인지 아닌지, 또는 군수공장에서 일하는 사람들, 즉 군대를 지원하는 사람들에 대한 공격이 가능한지 아닌지를 명확하게 설명하지 못하기" 때문이다.18)

바꾸어 말하면 군수공장 파괴를 위한 폭격은 합당하다고 네이글은 주장할지 모르지만, 5천 명의 인명 피해를 야기할 군수공장의 폭격은 그 합당성을 네이글에게서 찾아보기는 어려울 것이라는 주장이다. 5천 명의 무고한 인명이 죽을 수도 있다는 사실을 알면서도 군수공장의 폭격을 네이글이 인정할 리가 없기 때문이다. 그러나 군수공장의 폭격이 결정적인 군사적 이득을 가져온다고 할 때는 어떻게 할 것인가? 그때도 네이글은 5천 명의 무고한 인명 피해로 말미암아 군수공장의 폭격을 거부할 것인가? 적어도 지금까지의 네이글의 입장을 따른다면 폭격은 거부되어야 할 것이다. 5천 명의 인명을 고의적으로 죽게 할 수는 없을 것이기 때문이다.

브란트가 군수공장의 예를 들어 네이글의 논의가 애매함을 지적하고 있는 부분은 좀 더 설명할 필요가 있다. 왜냐하면 "어떠한 경우에

17) Richard B. Brandt, "Utilitarianism and the Rules of War", *Philosophy and Public Affairs*, Vol. 1, No. 1(1971), p.148 참조.

18) 같은 글.

도 무고한 사람을 고의적으로 죽여서는 안 된다"는 입장에 서 있는 네이글의 관점에서 볼 때, 5천 명의 인명 피해를 가져올 군수공장 폭격의 합당성 여부 문제는 네이글에게는 분명할 것으로 보이기 때문이다. 폭격이 합당한지 부당한지를 물을 때, 이미 앞에서 언급한 것처럼 네이글은 부당하다고 명백히 대답할 것이다.

그럼에도 불구하고 브란트가 네이글의 입장이 애매하다고 말하는 까닭은 다음과 같은 두 가지 이유 때문이라고 생각된다. 하나는 군수공장을 폭격하기 전에는 그곳에 5천 명이 있었다는 사실을 몰랐을 때와 관련된다. 다시 말하면 군수공장을 폭격하고 나서야 5천 명의 무고한 인명 피해가 있었다는 사실을 발견했을 때, 이 5천 명의 인명 피해를 고의적인 행위라고 볼 수 있느냐 하는 데 대한 의문인 것이다. 네이글의 입장에서는 이 경우 어떻게 말할 것인가? 5천 명의 인명 피해는 분명하지만 이 경우에 대한 네이글의 대답은 결코 쉽지 않을 것이다.

이 문제에 관해 토마스 아퀴나스의 이중 결과(double effect)의 개념을 끌어들인다면 대답이 가능할 수도 있겠다. 이중 결과의 개념이란 직접적인 의도의 결과가 아닌 간접적인 의도의 결과, 즉 부수적인 결과(side effect)까지 책임질 필요는 없다는 주장이다. 이 예의 경우라면 5천 명의 인명 피해는 직접적인 의도에 의한 결과가 아니라 부수적인 결과라는 것이다. 그리고 그 경우라면 그 피해는 의도되지도 않았고, 회피할 수도 없었으며, 불가피한 것으로서 면책의 대상이 된다는 것이다. 그렇지만 네이글의 입장에서는 이 경우에 대한 대답이 그리 쉽지 않을 것이다.

두 번째 이유는 폭격에 앞서 민간인의 피해를 예상하는데, 만약 폭격으로 말미암아 피해를 입을 사람들이 5천 명이 아니라 그 이하의 경우로 예상된다면 어떻게 할 것인가에 대한 네이글의 대답이 애매해질 것 같다는 데 있다. 왜냐하면 네이글이 강조하는 것은 행위의 결과를 무시하는 데 있는 것이 아니라, 행위의 결과를 고려해서 어떤 행위를 고의적으로 행한다는 것이 문제라는 데 있기 때문이다.

물론 이 경우도 브란트가 직접 이런 예를 들고 있는 것은 아니다. 가령 3천 명의 피해가 예상된다면 어떻게 할 것인가? 적어도 5천 명의 경우에 비한다면 2천 명의 피해가 줄어든 셈이다. 이 경우에도 네이글은 군수공장의 폭격이 비인도적이요 비도덕적인 것이라고 말할 것이다. 그렇지만 피해자가 3천 명이 아니라 300명, 나아가 30명이라면 어떻게 할 것인가? 아니 무고한 인명 피해를 더 줄여서 3명이라고 한다면 어떻게 할 것인가? 이 경우에도 네이글은 군수공장의 폭격이 있어서는 안 되는 일이라고 말할 것인가? 적어도 '고의적인 살해'의 관점에 초점을 맞춘다면 네이글의 입장에서는 그것이 5천 명이든 3명이든 간에 안 된다고 말해야 할 것이다. 피해자가 3명에 불과하다고 할지라도 그것은 고의적인 살해일 것이기 때문이다.

그러나 불과 3명의 무고한 인명 피해를 가져오는 대가로 군수공장의 폭격이 군사상의 절대적인 이유를 갖는다면, 가령 전쟁의 조기(早期) 종식과 같은 결정적인 효과를 거둘 수 있다면, 그래도 네이글은 군수공장의 폭격을 있어서는 안 되는 일이라고 해야 할 것인가? 결과를 전혀 무시하는 것은 아니라는 주장과, 무고한 인명의 고의적인 살해는 어떤 대가를 치르더라도 행해서는 안 된다는 주장 사이에서 네이글은 실로 대답이 곤란해질 것이다. 브란트가 네이글의 입장이 애매하다고 말하는 이유는 이 같은 생각에서 비롯되었다고 여겨진다.

그렇지만 브란트에 의하면 규칙 공리주의자의 입장에서는 이 문제에 대한 명쾌한 답변이 가능하다. 브란트에 따르면 "규칙 공리주의자는 전쟁규칙에서 벗어나는 행위일지라도 단지 공리주의적 계산에 의해서 그 행위가 정당화될 수 있다고 생각하지는 않는다."19) 브란트의 이 말은 규칙 공리주의의 입장에서는 전쟁규칙의 존중이 우선적으로 강조되고 있음을 함축한다.

이런 점에서 규칙 공리주의자는 절대주의자와 같은 입장에 선다. 그렇지만 규칙 공리주의는 행위의 결과에 대해서도 함께 고려한다. 양자의 차이점은 규칙 공리주의자가 규칙의 정당화를 장기적 공리(long-range utility)에 의거해서 찾는 것에 반해, 절대주의자는 결코 공리에 의거하지 않는다는 점이다.

그러나 규칙 공리주의자는 장기적 공리에 비추어 군수공장의 공격이 합당한지 아닌지에 대해 답할 수 있지만, 네이글과 같은 절대주의자는 쉽사리 대답할 수가 없다. 소수라 할지라도 무고한 인명에 대한 '고의적인 살해'와 '전쟁에서의 승리' 가운데 어느 것을 선택할 것인가 하는 문제는 절대주의자의 입장에서는 대답이 곤혹스러울 것이기 때문이다. 그러므로 브란트에 의하면 규칙 공리주의의 관점이 절대주의의 그것보다 전쟁규칙의 도덕적 기준으로서 더 적합하다는 것이다.

브란트에게서 공리 극대화의 규칙은 일반적 공리 극대화의 규칙(the general utility-maximizing rules)과는 다르다. 브란트의 표현에 따르면 "이 규칙은 적에게 끼칠 인간적 희생에 대해서는 상관하지 않고 오직 승리할 수 있는 기회만 높인다면 무엇이든 허용하는 규칙과는 다르다."[20] 이 같은 점에서 볼 때 브란트 식의 공리는 승리를 위해서라면 어떠한 방식의 무력도 불사할 뿐만 아니라 설사 승리에 필수적이 아니라 할지라도 득이 된다고 판단되면 어떤 무력도 허용하는 일반적 공리 개념과는 매우 다르다. 브란트가 자신의 공리론을 '규칙 공리주의'라고 규정하는 까닭이 여기 있다.

규칙 공리주의가 실제적인 전쟁규칙의 도덕적 기반으로서 적합하다

---

19) 같은 글, p.147.

20) 같은 글, p.158.

는 자신의 주장을 확고히 하기 위해서 브란트는 전쟁규칙을 세 가지 타입의 제한 규칙으로 분류하고, 이 제한 규칙들이 궁극적으로는 기대 가능한 장기적 공리에 근거하고 있다는 사실을 보여주고자 한다. 인도주의라 불릴 세 가지 제한 규칙은 다음과 같다.

첫째, 군사작전에 영향을 미치지 않을 인도주의적 제한이다. 가령, 포로의 학살이나 학대를 금하는 규칙이 이 제한에 속한다. 이 규칙을 따르는 것은 군에 큰 손실을 가져오지는 않으며, 오히려 적군의 생명을 존중한다는 사실로 말미암아 퇴각군의 투항을 유도할 수 있다는 이득을 기대할 수 있다.

둘째, 군의 승리에 영향을 미칠 인도주의적 제한이다. 가령, 원자탄의 투하나 공중폭격을 금하는 규칙이 이 제한에 속한다. 이것은 위기의 정도가 매우 높은 경우다. 공리의 원칙에 입각할 때 공중폭격이 가져올 비효용성보다 효용성이 높다고 판단될 때 공중폭격은 허용될 것이다.

그러나 이 경우 이 인도주의적 제한 규칙은 공중폭격과 같은 군사적 행동이 승리의 전망을 명백히 높여줄 것이라는 충분한 증거(good evidence)를 요구한다. 바꾸어 말하면 "적 민간인의 생명과 재산의 실질적인 파괴는 오로지 충분한 증거가 있을 때만 허용될 수 있다"는 것이다.[21]

셋째, 인도주의적 근거에 입각한 군사적 손실은 수용하라는 규칙이다. 이 경우는 전쟁 경제와 관련된다. 패색이 짙은 국가가 전쟁 결과가 거의 예견됨에도 불구하고 저항을 계속할 때, 일반 공리 원칙에 의거하면 장기전을 피하기 위해 원자탄 사용이 허용될 수 있다고 판단할 수 있다. 그러나 이 세 번째 제한 규칙은 자국의 군사적 손실을 막

---

21) 같은 글, pp.152-161 참조.

는다는 구실로 상대국의 도시를 파괴할 원자탄 사용을 금한다. 항복을 이끌어낼 만큼의 충분한 손실을 상대국에게 입히는 것이 가능한 경우는 장기적인 공리 계산에 의한 이해득실의 판단이 명백할 때뿐이다.

브란트에 의하면 인도주의적 근거에서 나오는 이 모든 규칙들은 민간인과 포로들의 생명과 복지를 위해서는 교전국이 어느 정도의 군사적 불이익을 감수할 준비가 되어 있어야 한다는 규정을 보여주고 있다.

그러나 브란트는 여기서의 불이익이란 전쟁의 결과에 영향을 미칠 만큼 심각한 정도는 아니어야 한다고 말한다. 나아가 전쟁 당사국들에 의해 이 규칙들이 준수된다면 장기적으로 볼 때 어느 편에도 불이익이 되지 않도록 군사적 이득과 손실은 공평하게 매겨져야 한다고 말한다. 이와 같은 이유로 브란트는 다음과 같이 결론짓는다.

> 그러므로 전쟁 결과에 영향을 미침 없이 그리고 어느 편에도 부당한 이득을 줌이 없이 포로와 점령지역 주민들의 복지에서 양측의 교전 당사국은 상당한 이익을 갖게 될 수 있다. 따라서 사례에 따라서는 희생이 따를 것으로 보이는 규제를 양 당사국이 수용한다면 결과적으로 양 국가에는 장기적인 관점에서의 이득이 보장될 수 있는 것이다. 장기적인 이득이라는 측면에서 고려해 볼 때 합리적이고 공평한 사람들이라면 이와 같은 규칙을 당연히 수용하게 될 것이다.22)

요컨대, 브란트에게서 어떤 전쟁규칙이 도덕적으로 정당화 가능한가 하는 문제는 규칙 공리주의의 입장으로 답할 수 있다는 것이다. 왜냐하면 규칙 공리주의는 네이글이 비판하는 일반 공리주의가 안고 있

---

22) 같은 글, p.161.

는 문제들뿐만 아니라 네이글의 의무론적 절대주의가 갖고 있는 문제들도 해소할 수 있다고 생각하기 때문이다. 네이글이 지적하였듯이 공리 원칙에의 고수, 즉 행위의 결과에만 의존하는 것은 대량학살마저도 정당한 것으로 인정하게 하지만, 인도주의적 제한 규칙에 기반하는 전쟁규칙은 전쟁 포로의 학살이나 학대는 물론이요 대량학살과 같은 엄청난 행위를 금할 것이다.

그러므로 브란트는 자신의 규칙 공리주의는 공리주의의 입장을 벗어나지 않기 때문에 네이글의 절대주의와 다르면서도 네이글의 절대주의가 목적하는 바를 달성할 수 있다는 것이다. 바꾸어 말하면 인도주의적 제한 규칙은 궁극적으로는 장기적 공리에 기초하고 있기 때문에 절대주의자가 대답하기 어려웠던 현실적인 문제들도 답할 수 있으며, 따라서 합리적이고 공평한 사람들이라면 규칙 공리주의에 입각한 전쟁규칙을 선택하게 된다는 것이다.

브란트의 규칙 공리주의에 기초한 전쟁규칙 논의는 여러 가지 면에서 네이글의 절대주의에 비해 설득력이 있어 보인다. 네이글이 절대주의의 관점에서 제안하고자 했던 인도주의적 제한 규칙들이 군사적 효용성에 배치됨이 없이도 공리주의적 관점에서 실현될 수 있음을 브란트는 보여주고 있기 때문이다. 제한 규칙들의 준수에 합의할 때 궁극적으로 전쟁 당사국은 모두 이득을 얻게 된다는 브란트의 규칙 공리주의는, 어떤 희생을 치르더라도 무고한 사람을 죽이지 않는 것이 우리의 의무인 까닭에 포로를 살해해서는 안 된다는 네이글의 절대주의에 비해, 적어도 전쟁규칙의 기반이라는 점에서는 더 현실성이 있어 보이는 것이다.

네이글 스스로 인정하듯이 공리주의는 그 뿌리를 인간 본성의 공감대에 두고 있다. 우리의 타고난 성향은 원천적으로 고통보다는 즐거움을, 손실보다는 이득을 추구한다. 더구나 시시각각으로 생명의 위협을 느끼는 전쟁터라는 상황을 고려해 본다면, 브란트의 규칙 공리주의적 설명이 도덕적 의무감에 의존하는 네이글의 절대주의적 설명보다 유리하게 보인다. 또한 군사적 필요성의 문제를 다루는 데에서도 규칙 공리주의는 절대주의의 입장보다 유리하다. 공중폭격의 필요성을 규칙 공리주의는 설명할 수 있지만 절대주의는 설명하기 어렵기 때문이다.

그러나 브란트의 주장도 문제점이 없어 보이진 않는다. 군사적 효용성을 저해하는 제한 규칙의 설명에서 어려운 문제가 제기된다. 가령, 공중폭격과 같은 군사적 행동은 제한되어야 하지만 폭격이 허용될 경우는 승리의 전망을 명백하게 높일 충분한 증거가 있을 때만 가능하다고 브란트는 말한다. 그러나 '충분한 증거(good evidence)'나 '명백하게 높임(significantly enhance)'과 같은 용어는 모호하기 짝이 없으며, 실제 상황에 적용되기 위해서는 상당한 판단 연습이 요구된다고 하겠다.

더구나 이 판단은 군인이나 전략가로 하여금 장기적 공리라는 관점에서 악을 뺀 선의 총량을 계산할 것을 요구한다. 공리주의를 배격하는 대부분의 사람들이 지적하듯이 이 같은 계산은 결코 쉬운 일이 아니며, 따라서 이 같은 계산에 기초하는 판단에 따라 행위하는 것을 바람직하다고 말하기는 어려운 것이다.

바로 이와 같은 이유에서 브란트에 대한 조나단 글로버(Jonathan Glover)의 비평은 적절해 보인다. 글로버는 브란트가 제안한 규칙에 대하여 그것이 전쟁이 가져올 재난을 제한시킬 수 있다는 점에서는 바람직하지만, 군인이나 전략가의 판단에 너무나 많은 것을 맡겨버리기 때문에 전쟁규칙의 원리로서는 부적절하다고 비판한다.[23] 더욱이

23) Jonathan Glover, *Causing Death and Saving Lives*(Penguin Books, 1977), p.277.

전시 상황은 계산된 판단에 이를 수 있을 만큼 충분한 시간을 군인들에게 허용하지 못할 수도 있다는 사실을 고려한다면 브란트의 규칙 공리주의 역시 네이글의 그것처럼 비실제적일 수도 있는 것이다.

5. 인도주의

지금까지 전쟁규칙에 기초를 제공하는 도덕원리가 있는가 하는 물음 아래, 전쟁규칙의 도덕적 기반으로서 서로 다른 두 원칙, 즉 네이글의 절대주의와 브란트의 규칙 공리주의를 살펴보았다. 이 절에서는 앤서니 하틀을 따라 기존의 전쟁법 혹은 전쟁규칙들을 분석하고, 이들은 어떠한 도덕적 기반 위에서 이루어졌는지 검토할 것이다. 그런 다음, 하틀의 견해를 네이글과 브란트의 것과 비교해서 논의해 보기로 한다.

하틀에 따르면 기존의 전쟁법들을 분석해 볼 때 그 안에 흐르는 전쟁규칙의 기준은 두 개의 인도주의적 원칙(humanitarian principles)으로 구성되어 있다.

(1) 각 개인은 개인으로서 존중될 가치가 있다.
(2) 인간의 고통은 최소화되어야 한다.[24]

하틀은 이들을 인도주의적 첫째 원칙(HP1)과 둘째 원칙(HP2)이라고 명명한다.[25] 하틀에 의하면 이들 두 원칙은 기존의 제네바협약, 헤이그협약 및 미 공군 매뉴얼 등의 다양한 전쟁규칙의 정신에서 이끌어낸 것이다.[26] 이 두 원칙은 모두 각 개인의 제반 권리 보호와 연관

24) Anthony E. Hartle, 앞의 책, p.71.
25) HP1과 HP2는 각각 Humanitarian Principle 1과 2를 줄인 표현이다.

되고 있지만 이 원칙들을 정당화하고자 하는 시도에서는 서로 다르다.

첫째 원칙은 행위의 결과는 고려하지 않고 인권 자체만 중시하고 있다. 반면, 둘째 원칙은 공리주의적 숙고에 호소하며 따라서 숙고된 행위의 결과 평가에 의존한다. 그러나 이 두 원칙 중의 하나에만 귀속되는 행위란 흔하지 않으며, 따라서 첫째 원칙과 둘째 원칙은 종종 대립하게 된다.

하틀이 갖는 관심은 양자의 대립 시 어느 원칙이 우선권을 갖게 되느냐 하는 것이다. 이를 명백히 하기 위해 그는 '임무 수행을 위한 포로의 살해'와 '인권존중을 위한 의무의 불이행'이라는 갈등을 다룬 하나의 예를 제시한다. 하틀이 들고 있는 예는 다음과 같다.

> 소규모 단위 부대의 임무는 민간인에게 해를 끼치게 될 심각한 전투를 발생시키지 않고 주요 수송 본부를 장악하는 것이었다. 전투가 발생하지 않으면 민간인의 재산 파괴는 물론이요 전투원과 비전투원의 인명피해를 피할 수 있게 된다. 그러나 임무 수행 중, 부대는 여러 명의 부상당한 적군의 병사들을 포획하게 된다. 만일 부대가 포로들을 계속 잡아둘 경우, 임무를 성공적으로 달성할 수 없게 된다. 만일 지휘자가 포로들을 방면한다면 부대는 아마도 위태롭게 될 것이며 임무 수행 역시 불가능하게 될 것이다. 이 같은 상황에서 부대 지휘자는 포로들을 사살할 것인지, 그리고 그 같은 즉결처분은 정당화될 수 있는지 여부를 결정해야 한다.[27]

인도주의적 두 원칙을 이 상황에 직접 적용한다면 우리는 두 원칙

---

26) 하틀에 따르면 대체로 제네바협약과 미 공군 매뉴얼은 인간의 권리와 존중(첫째 원리)에 더 비중을 두고 있으며, 헤이그협약은 인간의 고통을 최소화하는 데(둘째 원리) 더 관심을 표명하고 있다. Anthony E. Hartle, 앞의 책, pp.71-73 참조.

27) 같은 책, p.74.

간에 갈등이 생김을 쉽사리 알 수 있다. 하틀에 따르면 "둘째 원칙을 고려하면 대답은 '포로 사살'이다. 왜냐하면 짧은 기간일망정 포로들을 사살하는 것은 그들을 사살하지 않을 때보다 임무 수행에 임하는 그들의 고통을 훨씬 덜어줄 것이기 때문이다."[28] 즉, 포로를 사살했을 때 그들의 임무 수행은 훨씬 순조로울 수 있다.

그러나 첫째 원칙에 의거하면 포로 사살의 결정은 정당화될 수 없다. 포로도 인간인 이상 인간으로서 존중받아야 할 권리가 있기 때문이다. 포로들을 인간으로서 존중해야 하느냐 하는 문제와 임무 수행을 신속하게 해야 하느냐의 갈등 속에서 첫째 원칙은 인간으로서의 존중을 선택하게 한다. 하틀의 표현을 그대로 따르면 "첫째 원칙 아래서는 포로들은 잔인하게 혹은 비인간적으로 대우받아서는 안 될 기본 권리를 인정받는 것이다."[29]

요컨대, 하틀에 의하면 포로의 예를 다루는 데에서 인도주의적 두 원칙은 반대되는 행동의 선택을 각각 지지하고 있다는 것이다. 이처럼 두 원칙이 대립할 때 우리는 어느 것을 따라야 할 것인가? 이미 앞에서 논의해 왔듯이 이들 두 원칙 간의 대립은 공리주의와 의무론적 절대주의 간의 대립과 크게 다를 바 없다. 인권존중의 원칙은 그대로 절대주의의 입장이고, 고통 최소화의 원칙은 공리주의의 입장을 대변하기 때문이다. 또한, 하틀은 이 두 원칙을 모두 인도주의 원칙이라고 부르고 있지만 사실상 이 두 원칙의 대립은 군에서 일반적으로 통용되어 왔던 군사 필요의 원칙(the principle of military necessity)과 인도주의 원칙(humanitarian principle) 간의 대립과도 같은 맥락이라고 하겠다.

하틀이 제시했던 이 예를 절대주의와 공리주의, 또한 인도주의 원

---

28) 같은 책.

29) 같은 책, p.75.

칙과 군사 필요의 원칙 간의 대립으로 연계시켜 본다면, 대체로 절대주의는 인도주의 원칙과 같고 공리주의는 군사 필요의 원칙과 비슷한 입장이라고 말할 수 있겠다. 그 까닭은 절대주의나 인도주의 원칙은 모두 인간의 인권존중을 우선적으로 고려하고 있고, 군사 필요의 원칙은 군사적 효율성이라는 결과를 우선적으로 고려하고 있기 때문이다.

요컨대, 하틀이 첫 번째 원칙과 두 번째 원칙 중 어느 것을 선택하느냐 하는 문제는 절대주의냐 공리주의냐, 혹은 인도주의 원칙이냐 군사 필요의 원칙이냐 간의 선택 문제와 동일한 것이라 할 수 있겠다.

그렇게 볼 때 네이글의 입장에서는 인간 존중의 인도주의에 입각한 절대주의, 즉 첫째 원칙의 선택을 지지할 것이다. 하지만 브란트의 입장에서는 첫째 원칙과 둘째 원칙 모두가 고려될 것이다. 일차적으로 브란트는 첫째 원칙을 선택하게 될 것이다. 포로의 사살은 그 자체가 규칙에서 벗어나는 행위이기 때문이다. 하지만 만약 장기적인 관점에서 명백하고도 분명한 군사적 효율성이 고려된다면 브란트로서는 둘째 원칙도 선택할 수 있을 것이다. 그렇지만 그와 같은 '명백하고도 충분한' 증거가 제시될 수 없는 한에서는 브란트 역시 첫째 원칙의 선택을 지지할 것이다.

하틀의 입장은 어떤가? 그 역시 두 원칙 모두를 중시하지만 이들이 대립할 경우에는 첫째 원칙이 더 우선권을 갖는다고 주장한다. 그 근거에 대한 하틀의 견해를 살펴보자.

하틀은 다음의 두 질문에 답함으로써 첫째 원칙의 우선권을 보장하고자 한다. 하나는 실제적인 전쟁규칙이 허용하는 것과 금지하는 것은 무엇인가이며, 다른 하나는 어떤 도덕원리로부터 적용 가능한 전쟁규칙이 이끌어져 나오는가이다. 이 질문들에 대답하기 위해서 그는 『육전법(*The Law of Land Warfare*)』과 『군 문제 갈등 시 행위에 관한 국제법(*International Law: The Conduct of Armed Conflict and Air Operations*)』을 고찰한다. 이를 인용해 보자.

> 지휘관은 그가 포획한 포로가 자신의 이동을 더디게 하고 또 저항력을 약화시킨다는 것을 이유로 …, 혹은 포로들이 힘을 비축해서 탈출할 것이 확실해 보인다는 것을 이유로 포로들을 사살해서는 안 된다. 설사 공수 작전이나 특공 작전의 경우라 할지라도, 지휘관이 자기 보존을 근거로 포로들을 사살하는 것은 불법적 행위와 같다.30)

> 본 조항은 군사상의 어떤 이유에서든 포로들을 사살하거나 학대하는 것을 금한다.31)

이상의 두 전쟁법은 포로들의 사살을 모두 금지시키고 있다. 전쟁포로에 관하여 실제 전쟁법에 나타나 있는 이 사실을 토대로 하틀은 첫째 원칙이 둘째 원칙에 우선한다고 주장한다. 왜냐하면 둘째 원칙을 적용할 경우 어떤 상황에서는 포로의 사살이 정당화될 수도 있기 때문이다. 그러므로 "이 예에 관한 전쟁법의 구조를 볼 때 첫째 원칙이 둘째 원칙에 비해 우선권을 갖는다"고 하틀은 주장한다.32)

요컨대, 하틀에 의하면 기존의 전쟁법은 두 개의 인도주의적 원칙, 즉 인권존중의 원칙과 고통 최소화의 원칙을 도덕적 기반으로 삼고 있지만, 두 원칙이 상호 대립하여 적용될 경우에는 인권존중의 원칙을 우선적으로 적용해야 한다는 것이다.

앞서 논의했던 절대주의(혹은 인도주의 원칙)와 공리주의(혹은 군사 필요의 원칙)에 관련시켜 다시 한 번 하틀의 입장을 정리한다면,

---

30) Department of Army, *The Law of Land Warfare*(1956), p.35.

31) Anthony E. Hartle, 앞의 책, p.76.

32) 같은 책.

현행 전쟁규칙은 의무론적 절대주의와 공리주의에 도덕적 기반을 두고 있지만, 이들이 대립할 경우 현행 전쟁규칙은 공리주의보다는 절대주의에 우선권을 부여하여 문제를 해결하도록 하고 있다는 것이다. 그러므로 하틀의 입장에서는 기존의 전쟁법이 전쟁법 정신, 즉 도덕적 기반을 담고 있는 이상, 전쟁법의 실제 적용에서 큰 어려움은 없을 것이라고 말할 수 있다.

기존의 전쟁법이 두 개의 인도주의적 원리에 기초하고 있다는 하틀의 주장은 시사하는 바가 크다. 전쟁 중 문제에 봉착했을 때 우리는 문제 해결에서 공리주의나 의무주의 어느 하나의 원칙에만 의존할 필요가 없는 셈이다. 두 원칙 모두를 적용해서 해결하면 된다. 이런 점에서 본다면 하틀의 진짜 의도는 두 원칙 간에 존재할 수도 있는 어떤 공통분모를 찾는 데 있는지도 모른다. 그러나 두 원칙의 적용이 대립될 때(사실상 도덕적 대립의 대부분은 이 경우일 것이다), 네이글이나 브란트가 그러했던 것처럼 하틀도 두 원칙 가운데 하나를 선택할 수밖에 없었고, 그는 네이글 식의 절대주의를 선택했다. 그리고 그 선택 근거는 이론적이기보다는 기존의 전쟁법의 실제적 적용에서 비롯된 것이었다.

두 원칙 간의 선택에서 실제 전쟁법에 의존했던 하틀의 방법은 나름대로 시사하는 바가 크다고 할 수 있다. 브란트가 말하듯이[33] 각국의 대표가 모여 실제 전쟁법을 제정하는 과정을 상정해 본다면, 전쟁법에 대한 하틀의 직접적인 고찰은 각국의 대표들에게 하틀처럼 궁극적으로는 네이글 식의 절대주의에 동의할 것이라는 기대감을 줄 수

33) 1907년에 많은 국가들의 대표가 전쟁법 협약을 위해 헤이그에 모였다. 브란트는 이들 대표들이 무지의 장막 뒤에서 전쟁규칙을 선택하게 되는 합리적인 사람들에 어느 정도는 비유될 수 있을 것으로 생각한다. Richard B. Brandt, 앞의 글, p.151 참조.

있을 것으로 보이기 때문이다.

하지만 하틀의 견해에도 여전히 문제는 남아 있다. 그의 첫째 원칙과 둘째 원칙 간의 대립은 절대주의와 공리주의의 대립, 혹은 인도주의 원칙과 군사 필요 원칙 간의 대립으로 연계되며, 그는 두 원칙을 모두 중시하긴 했지만 이들의 대립 시 결국 그의 선택은 절대주의 혹은 인도주의로 흘렀기 때문이다. 그러나 전쟁규칙 혹은 전쟁법을 준수해야 하는 사람들은 정책 결정자는 물론이요, 직접 전투에 참여하는 군인들이다. 이미 네이글의 절대주의를 논하면서 제기했듯이 인간 존중의 원칙은 무한한 가치를 지니고 있는 것은 사실이지만 그것은 이상론에 그칠 뿐 전쟁의 실상에서는 군사 필요의 원칙이 더 강할 수도 있는 것이다. 군사적 효율성을 중시하는 군사 필요의 원칙이 인도주의 원칙과 대립할 때마다 선택에서 제외되어야 한다는 것은 승리냐 패배냐, 사느냐 죽느냐의 갈림길에 선 전장(戰場)의 현실 앞에서는 공허한 일일 수도 있기 때문이다.

6. 맺는 말

지금까지 우리는 전쟁법 혹은 전쟁규칙의 도덕적 기반에는 어떤 원리들이 있으며, 또 어떤 원리가 전쟁규칙의 도덕적 원리로서 적합한 것인가 하는 관점에서 공리주의, 네이글의 의무론적 절대주의, 브란트의 규칙 공리주의, 그리고 하틀의 인도주의 등을 살펴보았다. 이들의 견해에 따르면, 기존의 전쟁규칙은 결국 의무론적 절대주의와 공리주의라는 두 인도주의적 원리에 기초를 두고 있음을 알 수 있다.

흥미로운 사실은 네이글은 철저히 의무론적 입장을 따르는 반면, 브란트와 하틀은 의무주의(절대주의)와 공리주의 양자 모두를 중요시하고 있다는 점이다. 두 원리를 모두 중시하고 있다는 점에서는 같지만 브란트는 공리주의에 무게중심을 두고 있는 반면, 하틀은 의무주의 쪽에 기반을 두고 있음을 볼 수 있다. 그러나 문제는 공리주의와 의무주의 간에 대립이 발생할 때, 그래서 두 원칙 가운데 하나만 선택할 수밖에 없을 때다. 그렇게 볼 때 네이글과 하틀은 궁극적으로 의무론적 절대주의를, 그리고 브란트는 공리주의를 선택하게 되는 것이다. 그리고 이들의 궁극적 선택에 대하여 필자는 이들의 입장에서 각각의 이론적 근거를 고찰하였고 또 각각의 문제점도 지적하였다.

네이글은 어떠한 희생을 치르더라도 무고한 사람을 고의적으로 살해하거나 학대해서는 안 된다는 인간 존중의 신념을 바탕으로, 그리고 하틀은 기존의 전쟁법의 제정(制定) 정신에 더욱 가깝다는 이유에서 의무론적 절대주의를 표방하였다. 그러나 네이글의 주장은 전쟁의 실상을 고려할 때 현실성이 희박할 뿐만 아니라 주장의 근거를 정당화할 수 없다는 점에서 비판되었고, 하틀의 주장도 그가 궁극적으로는 절대주의 입장에 서게 된다는 점에서 같은 논리로 비판되었다.

필자의 견해로는 브란트의 규칙 공리주의적 관점이 전쟁규칙의 도덕적 기반으로서 가장 합당한 것으로 보인다. 왜냐하면 브란트의 세 가지 인도주의적 제한 규칙은 공리주의적 관점을 떠나지 않으면서도 네이글 식의 의무론적 절대주의의 효과를 기대할 수 있기 때문이다.

다시 말하면 민간인이나 포로의 학살 또는 학대 같은 비인간적인 행위는 금지되어야 한다는 인도주의적 정신은, 단순한 신념이나 의무의 차원에서가 아니라, 그것이 장기적인 안목에서 볼 때 우리 모두에게 득이 된다는 주장이 더욱 현실적이고 설득력이 있다고 생각되기 때문이다. 이론과 현실의 괴리를 생각해 본다면, 더욱이 전쟁과 같은 촌각을 다투는 생과 사의 갈림길에서, 또 무엇보다도 임무 수행이 최고의 가치가 되는 군인의 입장을 고려해 볼 때, 마지막 선택은 공리주의적 관점이 될 것이라는 생각에서이다.

지구상에서 수많은 전쟁이 치러졌고 아직도 일부 지역에서는 전쟁이 계속되고 있지만, 전쟁의 속성은 일찍이 클라우제비츠가 갈파하였듯이, 궁극적으로는 자국의 이익이나 의지를 관철시키고자 하는 데 있다. 비록 전쟁 중이라 할지라도 도덕이 숨 쉴 여지를 마련하는 것은 아무리 강조해도 지나치지 않을 것이다. 전쟁규칙의 준수를 중요시하고 강조하는 까닭이 여기에 있다. 그러나 마지막 선택은 브란트 식의 공리주의가 될 수밖에 없는 것이 오늘날 전쟁에서의 현실일 것이다. 그것이 분명 최선의 선택은 아닐 것이지만 적어도 전쟁의 실상을 고려한 차선의 선택은 될 것이기 때문이다.

제 5 장 전쟁윤리 논의의 성과*

첨단 과학무기 발달의 의미와 역할

1. 들어가는 말
2. 과학 기술의 발달에 따른 무기 체계의 변화
3. 첨단 과학무기와 인도주의 원칙
4. 맺는 말

* 이 글은 필자의 저서 『열린 군대와 리더 윤리』, 『전쟁과 리더』에 수록된 글을 수정 보완하여 다시 쓴 것이다.

1. 들어가는 말

전쟁은 친숙한 사회적 현상의 하나다. 지역이나 전쟁 수행 방법, 양상 등은 달랐지만, 전쟁은 항상 있어 왔고 지금도 계속되고 있기 때문이다. 인류가 멸망하지 않는 한 전쟁은 그치지 않을지도 모른다. 세계의 많은 과학자들은 아직도 전쟁을 위한 새로운 무기 개발에 박차를 가하고 있으며, 새로운 전쟁이 지구상에 나타날 때마다 첨단 신형 무기들이 선을 보였다. 전쟁을 "다른 수단의 정치"라고 하여 정치의 연속선상에서 이해하고자 하였던 클라우제비츠의 전쟁론을 받아들인다면, 전쟁은 지구상에서 정치가 사라지지 않는 한 지속될 수밖에 없는 운명이라 할 것이다.

그러나 『전쟁과 반전쟁』을 쓴 앨빈 토플러(Alvin Toffler)의 말에 귀 기울인다면 전쟁의 종식도 가능할지 모른다. 그에 따르면 우리 눈앞에 펼쳐지는 미래의 세기(世紀)는 기아에서 벗어날 수 있는 세기, 공해가 아니라 인류에게 이로운 기술이 창조되는 세기, 문화가 미래의 형성에 참여할 수 있는 세기로서, "전쟁의 재앙을 멈출 수 있는 세기"다.[1] 그의 견해는 고도로 발달한 지식과 새로운 체계의 무기가 도리어 전쟁을 억제하는 작용을 하게 될 것이므로, 오늘날과 같은 복잡한 세계에서는 "전쟁 자체가 더 크고 가공할 전쟁을 예방하는 데 기여"할 수 있다는 것이다. 이른바 전쟁에 의한 반(反)전쟁인 셈이다.

얼핏 보기에 역설적으로 보이는 토플러의 이 같은 주장은 경제력의 발전과 더불어 가공할 정도로 발달한 무기 체계에 기반한 군사력과 정보력의 전략적 적용에 의해서 가능해진다. 그의 표현을 따르면, 전쟁에 의한 반전쟁은 "내일의 전쟁 형태에 대한 이해를 기초로 해서 이루어지는 미래 지향적 예방 활동"인 셈이다.[2]

경제력과 과학 기술의 발전에 힘입어, 전쟁과 급변하는 사회 간의 관계를 통하여 설계한 미래 사회에서 반전쟁의 가능성은 그러나 토플러 스스로도 말하고 있듯이 전쟁에 대한 하나의 예방 조치일 뿐이다. 그것도 대단히 큰 위험성을 지닌 예방 조치다. 왜냐하면 반전쟁의 가능성을 전쟁 속에서 찾고 있는 까닭에 전쟁에 의한 가치 파괴라는 위험성은 항상 지속되고 있다고 해야 할 것이기 때문이다. 핵무기의 등장으로 인하여 공멸이 가능하다는 위협이 상존함에도 불구하고 아직도 지구상의 한 부분에서는 전쟁이 한창이며, 그로 인해 고통 받고 죽어가는 수많은 사람들이 있음을 부인할 수 없다.

전쟁은 본질상 사회의 제반 가치들을 보호하고 확장하기 위한 수단이다.[3] 그렇지만 그 과정에서 전쟁은 보호해야 할 많은 가치들을 파괴한다. 딜레마의 시작은 여기부터다. 켄 부스(Ken Booth)의 표현을

---

1) 앨빈 토플러, 이규행 감역, 『전쟁과 반전쟁』(한국경제신문사, 1996), p.7.

2) 같은 책, p.10.

3) Willard C. Frank, Jr., "The Agony of Our Choosing: Military Power and Human Values", p.170 참조.

빌린다면, "자유사회의 가치는 그 사회의 무력에 의해서 보호되지만 동시에 무력에 의해서 위협을 받게 되는 것"이다.[4] 인간의 가치는 전쟁을 통해 보호될 수 있고 또 그 전쟁에 의해 상실될 수도 있지만, 전쟁을 통해서 보호하지 않으면 완전히 파괴될 수도 있기에 전쟁은 악(惡)임과 동시에 선(善)이기도 하다. "힘으로 무장된 선(goodness)은 부패하지만 힘없는 순수한 사랑은 파괴될 뿐"이라는 니버(Reinhold Niebuhr)의 말은 바로 우리가 당면하고 있는 딜레마를 잘 설명해 준다고 하겠다.[5]

이 딜레마를 해소하고자 정치가들과 철학자, 법학자들이 끊임없이 노력해 왔고 그 결과 탄생한 것이 전쟁법(the laws of war) 혹은 전쟁규칙(the rules of war)이다. 그 노력을 좀 더 넓은 의미로 표현한다면 전쟁도덕 혹은 전쟁윤리(ethics of war)[6]에 대한 논의라고 할 수 있을

---

4) 같은 글에서 재인용.

5) 같은 글에서 재인용.

6) 전쟁도덕과 전쟁윤리는 서로 구별되어야 할 개념이다. 일반적으로 전쟁도덕(war morality)에서 다루어지는 논의에는 전쟁의 시작에 대한 도덕성을 다루는 전쟁의 도덕(morality of war)과, 전쟁 수행 방법에 관한 도덕성을 다루는 전시도덕(morality in war)이 있다. 정전론(正戰論)은 전자의 범주이며, 전쟁법(the laws of war) 혹은 전쟁규칙(the rules of war)은 주로 후자의 범주에 속한다 하겠다.

한편, 전쟁과 관련한 논의들 가운데는 전쟁규칙 자체에 대한 도덕성 논의도 있을 수 있다. 가령 전쟁법이 기반하고 있는 도덕원리에 대한 탐구 및 그 정당화 논의 등이 그것이다. 이와 같은 논의들은 전쟁 발발이나 전쟁 수행의 도덕성을 다루는 전쟁도덕의 범주에 포함될 수는 없을 것이다. 이들 분야에 대한 논의는 전쟁윤리 혹은 전쟁윤리학에서 다루어져야 한다. 요컨대, 전쟁윤리는 일반적으로 이해되고 있는 전쟁도덕에 비해 좀 더 포괄적인 개념이며, 이런 의미에서 양자는 구별하여 사용해야 할 것이다.

그러나 이 글에서 다루게 될 우리의 주된 논의가 이들 개념들의 관계를 구분 짓는 데 있는 것이 아닌 까닭에, 여기서는 전쟁도덕과 전쟁윤리를 상호 문맥에 따라 같은 개념으로 이해하고 사용할 것이다. Malham M. Wakin ed., *War, Morality, and the Military Profession*(Westview Press, 1986), p.220 참조.

것이다. 전쟁이 바람직한 사회가치들을 보호하기 위한 목적에서 치러지는 것이라면, 전쟁법이나 전쟁윤리는 전쟁의 발발은 물론이요 전쟁 수행의 방식이나 무기 사용 등에 일정한 제한을 가함으로써 전쟁으로 인하여 빚어질 가치의 파괴를 최소화하기 위하여 제정되었다. 그리고 전쟁법이 제정된 이래 전쟁법이나 전쟁도덕은 가치 파괴범으로서의 전범(戰犯, war criminals)을 가려내어 응징하고, 그렇게 함으로써 전쟁범죄를 예방하는 데 큰 효과를 가져왔다.

물론 전쟁법이라는 이 잣대는 주로 승전국보다는 패전국의 범죄를 들추어내는 데 사용되어 왔다는 점에서 그 적용의 형평성을 의심받아 온 것 또한 사실이다. 전쟁법이나 전쟁도덕의 실질적인 효과에 대한 의구심의 제기라 하겠다. 와써스트롬 같은 학자는 또 다른 측면에서 전쟁법을 비판하고 있는데, 그것은 전쟁법의 적용에서 나타나는 비도덕성과 불완전성, 비일관성 등 전쟁법의 불명확성으로 말미암아 전쟁법이 제구실을 하지 못한다는 지적이다.[7]

이렇듯 전쟁법 혹은 전쟁규칙은 그 적용과 실용성에서 적지 않은 문제를 제기해 온 것이 사실이다. 그러나 전쟁규칙이 존재함으로써 가져온 효과와 장차 가져오리라고 예상할 수 있는 기대치는 그것이 지니는 부정적인 요소를 상쇄하고도 남는다고 보아야 할 것이다. 와써스트롬의 말처럼 전쟁법은 존재하지 않을 때에 비해 존재함으로써 개인의 도덕감을 고양시킬 수 있기 때문이다.[8] 더욱이 1960년대의 베트남전은 물론이요 1990년대의 걸프전, 2000년대의 코소보전과 아프간전, 이라크전에서도 볼 수 있듯이, 정치가들과 군인들의 전쟁규칙에 대한 반성은 비인간적이고 파괴적인 전쟁의 본질로부터 인류의 양심

---

7) Richard Wasserstrom, "The Laws of War", *The Monist*, Vol. 56, No. 1(1972) 참조.

8) 같은 글, p.404 참조.

과 가치를 보호하는 데 크게 기여했다고 여겨지는 것이다.

전쟁법 혹은 전쟁규칙의 제정과 그에 대한 반성을 포함하여, 이것들의 정립에서 근간이 되어야 하는 도덕원리에 대한 탐구에 이르기까지 이 모두를 우리는 전쟁윤리라는 이름으로 포괄할 수 있을 것이다. 여기에는 다루어야 할 많은 주제들이 담겨 있다고 본다.

이 장에서는 군사 과학 기술의 발달에 따른 첨단 무기의 등장이 전쟁윤리에 어떤 영향을 미칠 수 있는가 하는 문제가 다루어질 것이다. 필자가 이를 통해 밝히고자 하는 요점은 '전쟁'과 '인도주의'는 양립할 수 없다는 종래의 주장에 반하여 군사 과학 기술의 발달에 따른 첨단 무기의 등장으로 말미암아 비록 전쟁 중이라 할지라도 인도주의가 실현될 가능성이 크다는 데 있다. 첨단 과학무기는 무고한 시민들의 살상을 최소화하면서도 전쟁을 승리로 이끌 수 있기 때문이다. 물론 필자는 첨단 과학무기가 가져올 수도 있는 또 다른 전쟁윤리 문제들에 대한 경고도 아울러 검토하고 있다.

2. 과학 기술의 발달에 따른 무기 체계의 변화

토플러에 의하면, 전쟁은 문명의 발전에 따라 시대적으로 세 가지 양상으로 변화, 발전해 왔다. 제1물결 전쟁, 제2물결 전쟁, 제3물결 전쟁이 그것이다. 제1물결 전쟁은 농업사회의 전쟁으로서 전쟁은 농업생산물의 양적 획득이나 분배를 목적으로 발생하였으며, 농부가 병사가 되어 싸웠던 까닭에 군사적 전략이나 장비의 규모가 아니라 병사 각 개인의 완력에 의해서 전쟁의 승패가 결정된 전쟁이다.

제2물결 전쟁은 산업사회의 전쟁으로서 고도의 군사 지식을 지닌 전문 직업 장교의 출현과 전쟁 무기의 대량생산으로 말미암아 전쟁의 승패는 군사적 전략은 물론이요 무기 및 장비의 규모와 성능에 의해서 결정되었으며, 전쟁의 양상도 대량살상과 총력전의 형태를 갖춘 전쟁이다.

제3물결 전쟁은 정보화사회의 전쟁으로서 병력과 장비의 규모 등 가시적인 수단에 의해서라기보다는 비가시적인 정보의 획득과 최첨단 과학무기의 보유 여부에 의해서 전쟁의 승패가 결정되는 전쟁이다.[9]

토플러는 제3물결 전쟁의 예로서 걸프전을 들고 있으며, 미국을 비롯한 다국적군이 이라크군을 쉽사리 제압할 수 있었던 까닭을, 다국적군이 충분한 정보를 사전에 입수하고 분석하여 이라크군의 주요 통신 시설과 사령부 등 군사 핵심 지역을 파괴함으로써 전쟁의 주도권을 장악할 수 있었다는 데서 찾고 있다.

우리의 궁극적 관심이 군사 과학 기술의 발달에 따른 첨단 무기의 등장과 인도주의와의 관계에 있는 까닭에, 여기서는 최첨단의 과학무기가 선보였던 걸프전을 중심으로 장차 이루어질 수도 있는 미래의 전쟁상을 그려보면서 전쟁윤리 문제에 접근하고자 한다. 그 까닭은 걸프전에서 선을 보인 첨단 무기들에 의해 대량살상과 같은 비인도적 행위가 전장(戰場)에서 사라질 수 있다는 사실에 대한 이해를 통해 전쟁윤리의 새 지평을 마련할 수도 있을 것이라 여겨지기 때문이다.

걸프전을 통하여 그 일단이 선보이기도 하였듯이 미래 사회에서의 전쟁은 고도의 과학 기술전이 될 것은 의심의 여지가 없다. 과학 기술의 발전은 곧바로 무기 체계의 개발에 응용되고 그 결과 전쟁의 양상도 과거와는 현격한 변화가 이루어질 것이다. 무엇보다도 미래 전쟁에서 사용될 무기들은 그 성능에서 정확도와 사거리, 비행 속도 그리고 생존성이 큰 무기가 될 것이다. 전쟁윤리에 관한 우리의 논의에 초점을 맞추어 여기서는 특히 첨단 무기의 정확성을 집중적으로 검토하

9) 앨빈 토플러, 앞의 책.

기로 한다.

미래 전쟁에서 무기의 정확도는 특히 미사일 등 유도 무기에서 괄목할 만한 발전을 이루게 될 것이다. 단순히 열이나 전자 신호를 추적하던 종래의 단순 유도 무기가 아니라 컴퓨터를 장착하여 목표물에 대한 명중률을 높인 스마트(smart)탄은 이미 걸프전에서 그 성능의 우수성을 과시한 바 있다. 그러나 미래 전쟁에서는 스마트탄보다도 훨씬 더 정교한 컴퓨터를 장착하는 고성능의 브릴리언트(brilliant)탄이 개발되어 고도의 정밀성을 지닌 타격을 가능하게 할 것이다.[10)]

예컨대, 걸프전을 통해 미군이 선보였던 무기 가운데 사람들에게 가장 큰 주목을 받았던 패트리어트(Patriot) 미사일을 살펴보자. 패트리어트 미사일은 종래의 미사일이 항공기의 격추나 지상 및 함대 공격용이었음에 비해 적군의 미사일 자체를 요격하는 미사일로서 미사일의 개념을 변화시킨 최첨단 무기다. 패트리어트 미사일의 정확한 명중률은 미사일 추적 유도 방식에 의한 것으로, 컴퓨터에 의해 미사일 스스로 목표물로부터 반사된 에너지를 탐색하여 이를 감지, 추적 궤도로 진입하여 목표물에 도달하는 고도의 정밀 유도 장치에 의해서 가능한 것이다. 텔레비전 화면을 통해 걸프전을 지켜보면서 우리는 이 미사일이 이라크의 스커드 미사일을 요격하는 모습을 생생히 볼 수 있었다.

걸프전에서 이라크 측은 86발의 스커드 미사일을 발사하였는데 이 중 45발이 패트리어트 미사일에 의해 요격되어 43발이 명중됨으로써,[11)] 패트리어트 미사일은 미사일 요격기로서의 거의 완벽한 임무를

---

10) 이택호 · 김동식, 「미래 사회의 변화와 군 전문 직업주의」(화랑대연구소, 1995), p.30 참조.

11) 이남규, 『첨단 전쟁』(조선일보사, 1992), p.146 참조. 또는 차재윤, 「걸프 전쟁의 교훈과 장차전 양상」(국방대학원, 1992), pp.87-88 참조. 패트리어트 미사일에 의한 스커드 미사일의 요격 과정은 실로 놀라운 과학 기술의 발달을 실

수행하였다. 이것은 패트리어트 미사일이 그 성능에서 고도의 정확성을 갖추지 못하였다면 불가능한 일이라 할 것이다.

걸프전에서 모습을 드러낸 또 하나의 무기 가운데 우리의 관심을 끄는 첨단 무기로는 '보이지 않는 전투기'인 F-117A 스텔스(Stealth) 전투기가 있다. 이 F-117A 스텔스 전투기는 전투기로 분류되고 있지만 종래의 개념으로 볼 때는 전투기라고 보기 어려울 만큼 비행 속도가 느리고 따라서 공중전을 해낼 수 있는 무기가 아니다. 그럼에도 불구하고 F-117A 스텔스 전투기는 비행 거리가 종래의 전투기에 비해 훨씬 길고 레이더망에 잡히지 않도록 스텔스화하여 적의 심장부를 기습할 수 있었다.

이 전투기는 적의 레이더파에 노출되는 부위가 최소로 설계되었으며, 기체의 재질은 '파이버 로이드'라는 신복합 소재를 사용하였고 전체의 5퍼센트 미만에서 사용된 금속 재료는 그나마도 레이더파를 흡수하도록 만들어졌기 때문에 적의 레이더망에 노출될 염려가 거의 없는, 그래서 '보이지 않는 전투기'라는 별칭을 얻은 첨단 과학무기였다. F-117A 스텔스 전투기는 걸프전에서 총 44대가 투입되어 다국적군이 이라크를 공습한 전체의 80퍼센트 이상을 수행하였으며, 97퍼센트를 명중시킴으로써[12] 거의 완벽한 모습을 보여주었다.

1944년에 노르망디 상륙 작전에서 연합군의 항공기는 독일군 장갑차 120대를 향하여 맹폭을 퍼부었음에도 불구하고 고작 5대를 파괴하

감케 한다. 스커드 미사일이 발사되면 평균 7-9분 동안 비행하게 되는데, 스커드 미사일이 발사된 직후 약 2분 동안 인공위성이나 공중 조기경보기 등의 탐지 작업에 의해 미 우주사령부에 전달되면 이로부터 5분 이내에 패트리어트 포대로 경보가 전달되고, 약 30초 이내로 패트리어트 미사일이 발사되며, 이것은 마하 3 이상의 속도로 스커드 미사일에 접근, 1분 이내에 목표물을 격추시키게 된다.

12) 차재윤, 앞의 글, p.85 참조.

는 데 그쳤고, 미 공군의 B-17 폭격기는 목표물 하나를 파괴하기 위하여 4,500회 출격, 9천 개의 폭탄을 투하해야만 했으며, 그보다 사정이 나아진 베트남전에서 미 공군 F-105 전폭기는 목표물 하나를 파괴하기 위해 95회의 출격에 190개의 폭탄을 투하해야 했다는 사실에 비추어 보면, 걸프전에서 보여준 공중폭격의 정확성은 가히 환상적이라 아니 할 수 없다.13)

이 밖에도 걸프전에서 선을 보였던 무기로서 정확성이 크게 두드러졌던 것들로는 해상에서 발사되어 원거리의 표적을 정확히 강타한 해군용 크루즈 미사일인 토마호크와, 조종사가 스크린에서 목표를 확인한 다음 버튼을 누르면 자동적으로 목표에 명중하는 공대지(空對地) 미사일 매버릭 등을 꼽을 수 있겠다. 토마호크 미사일의 정확성에 관하여 자랑스럽게 이야기하고 있는 미 국방부의 한 관계자에 따르면, 해군은 첫날 공격에서 52발의 크루즈 미사일을 발사했는데 그중 51발이 목표에 명중하였다고 한다. 계속해서 그는 다음과 같은 말로 크루즈 미사일의 정확성을 설명한다.

> 이 미사일을 보스턴 항에서 발사하여 720킬로미터 떨어진 워싱턴 시의 로버트 F. 케네디 스타디움에 있는 골포스트를 조준하면, 워싱턴 레드스킨즈 팀 최고의 키커보다도 더 좋은 기록으로 성공시킬 수가 있습니다.14)

걸프전 당시 미 국방성에서는 사막의 폭풍 작전을 감행할 때 8천 개가 넘는 자루를 페르시아 만으로 보냈다. 그 작전으로 인해 죽게 되리라 예상되는 연합군의 수효가 바로 그 정도일 것이라고 생각했기

---

13) 이남규, 앞의 책, pp.122-123 참조.

14) 같은 책, p.131.

때문이었다. 하지만 그 작전에서 죽은 연합군의 수는 250여 명에 불과했다. 그것도 교통사고나 통신 실수로 인해 연합군끼리의 공격으로 죽은 군인들을 제외한다면 불과 수십 명에 이를 뿐이라는 것이다. 인명 피해를 그토록 줄일 수 있게 했던 것이 바로 고정밀 유도탄인 스마트탄이다. 스마트탄은 작으면서도 오차 범위가 1미터 내외일 정도로 정확성이 뛰어난 신무기였던 것이다.15)

그뿐만 아니다. 미국에서 발생했던 9·11 테러에 대한 보복 의미가 담긴 미국의 아프가니스탄 공격에서 보인 새로운 무기들은, 10여 년 전 걸프전에서 선을 보였던 무기에 비해 정확성과 신속성, 생존성에서 훨씬 더 뛰어난 것들이라 하겠다. 그 대표적인 신무기가 GBU-38이라는 실리콘 무기다.

코소보전에서 먼저 선을 보였던 이 무기는 미국에서 3천 킬로미터나 떨어져 있는 베오그라드의 중국대사관을 향해 날아갔는데, 첫 번째 탄이 수직으로 떨어져 목표로 삼았던 한 곳을 정확히 때렸고 두 번째 탄이 이미 때린 곳을 정확하게 또 때렸고 세 번째 탄이 다시 그 곳을 한 치의 오차도 없이 때려 마침내 대사관 지하실을 정확하게 파괴하였다. 마치 망치로 말뚝을 박듯이 때리고 또 때리고 또 때려 지하까지도 파고 들어가 공격 목표로 삼았던 지점을 정확하게 파괴하였던 것이다. 정말 놀란 것은 대사관에 있었던 중국인들이었는데, 그들은 GBU-38이라는 신무기가 대사관의 유리창 하나도 깨뜨리지 않으면서 오직 목표로 삼았던 지하실만을 파괴하는 것을 보고 그저 혀를 내두를 뿐이었다.16)

걸프전은 물론 코소보전 및 아프간전에서 선을 보였던 이와 같은 최첨단 무기들은 과학 기술이 더욱 발달하게 될 미래의 전쟁에서는

15) 이어령, 「21세기와 신전쟁」, 『육사총동창회보』(2002. 4. 16) 참조.

16) 같은 글 참조.

더욱더 정교하면서도 상상하기 어려울 만큼의 정확성과 신속성 그리고 생존성을 갖춘 무기로 진보할 수 있으리라는 건 충분히 상상하고도 남을 일이다.

3. 첨단 과학무기와 인도주의 원칙

과학 기술의 발달에 힘입어 무기 체계의 개발이 가능해지고 그리하여 고도의 정확성을 지닌 첨단 무기가 나타날 수 있다면, 이들 무기의 출현은 전쟁윤리에서 다루어지던 논의들에 새로운 해답을 제시할 수도 있다고 본다.

예컨대, 전쟁 중 공중폭격에 의해 발생하는 '무고한 사람들의 죽음'에 관한 논의가 그것이다. 종래의 전쟁에서는 공중폭격은 항상 전투원이 아닌 무고한 시민들의 희생이라는 문제점을 제기해 왔다. 그리하여 공중폭격 자체를 전쟁범죄의 한 행위로 취급해야 한다는 주장이 철학자와 법학자들 사이에서 있었다.[17)]

그러나 이제는 고도의 정밀성을 지닌 첨단 무기의 등장으로 인하여 가령 리처드 브란트가 제시하고 있는 '군수공장 폭격'에 대한 도덕적 논의는 사라질 수도 있는 것이다.

브란트가 들고 있는 군수공장의 예는 다음과 같다.[18)] 야간 기습 공격의 합법적인 군사 목표물인 군수공장을 파괴하기 위해 공중폭격을 제안할 경우, 만약 이 폭격으로 말미암아 5천 명이 살해될 수 있다고 한다면, 군수공장 폭격으로 인해 발생하는 5천 명의 인명 피해는 과

17) 대표적인 철학자들로는 앤스컴과 네이글을 들 수 있다. G. E. M. Anscombe, "War and Murder", *War and Morality*, ed. by Richard Wasserstrom(1970); Thomas Nagel, "War and Massacre", *War and Moral Responsibility*, ed. by Cohen Marshall(1974) 참조.

18) 브란트의 이 예에 관한 더 자세한 논의는 이 책의 제4장을 참조하기 바람.

연 '고의적인 살해'라고 해야 하는가 하는 것이다.[19]

이 예에 대한 브란트의 입장은, 어떠한 경우에도 고의적인 살해가 있어서는 안 된다는 토머스 네이글의 주장에 대한 반론으로서, 이 폭격으로 인한 5천 명의 죽음은 결코 '고의적인 살해'라고 할 수 없다는 것이었다. 브란트에 의하면, 네이글의 관점에서는 군수공장의 파괴 자체는 합당한 것이라 말할 수 있을지 모르되, 5천 명의 살상을 야기할 군수공장의 파괴는 합당하다고 할 수 없다는 것이다. 그렇지만 궁극적인 목표는 군수공장의 파괴였고 5천 명의 살해는 부수적인 결과인데 어떻게 '고의적인 살해'라고 할 수 있느냐 하는 것이 브란트의 반론인 것이다. 군수공장의 폭격은 군사적 필요성에 의해서 이루어졌을 뿐 그 결과를 고의적인 것이라고 하기는 어렵다는 주장인 것이다.

어쨌거나 브란트의 이 예는 공중폭격이라는 '군사 필요의 원칙'과, 무고한 사람들의 살해는 방지되어야 한다는 '인도주의 원칙' 간의 대립에서 어느 것에 우선성을 두어야 하는가라는 문제를 제기한 것이다. 공리주의적 관점을 중시하는 브란트는 군사 필요의 원칙을, 반면 의무론적 입장을 표방하는 네이글은 인도주의 원칙을 각각 지지함으로써 공중폭격에 대한 서로 다른 논의를 전개해 왔다.

과학 기술의 발달에 의한 무기 체계의 발전은 이 두 원칙 간의 우선성 대립의 해소에 상당한 정도로 기여할 수 있을 것으로 보인다. 고도의 정밀성을 지닌 첨단 무기는, 이미 걸프전에서 보여주었듯이 저 두 원칙을 모두 충족시킬 수 있다고 여겨지기 때문이다.

전쟁에서의 승리는 전쟁 당사국 모두의 목적이다. 따라서 승리를 위한 군사작전상의 공중폭격은 절대적으로 필요하다. 재래식 전쟁 무기는 그 성능에서 군사적 필요성에 따른 공중폭격으로 인하여 발생하

19) Richard B. Brandt, "Utilitarianism and the Rules of War", *Philosophy and Public Affairs*, Vol. 1, No. 1(1971), pp.147-148 참조.

게 되는 무고한 시민들의 희생이 불가피하였다. 그리고 이는 지금까지의 전쟁윤리에서 해결하기 어려운 하나의 논의점을 제공해 왔던 것이다.

그러나 이제 과학 기술의 발달로 인하여, 적의 레이더망에도 '보이지 않고' '고도의 정확성'을 지닌 첨단 무기가 등장함으로써 군사적 필요성에 의한 공중폭격은 물론이요, 그로 인한 무고한 인명 살상의 방지도 가능하게 된 것이다. 고도의 정확성을 지닌 무기의 등장은 파괴할 목표물에 대한 무차별 폭격이 아니라 핵심 부분만 정확하게 공격함으로써 목표물도 무력화시키고 인명 살상도 최소화할 수 있을 것이기 때문이다.

오늘날과 같은 고도의 정확성을 지닌 정밀 유도탄이 있었다면 무수히 많은 인명 살상을 초래했던 제2차 세계대전 당시의 공습들, 예컨대 영국의 함부르크 공습(1943), 연합군의 드레스덴 공습(1945), 미군의 도쿄 공습(1945)에서처럼 그렇게 많은 수의 무고한 시민들의 죽음은 야기되지 않을 수도 있었을 것이다. 동시에 히로시마와 나가사키에 핵 공격을 감행하지 않았을지도 모른다. 걸프전에서 보았듯이 첨단 과학무기가 상대국의 주요 심장부를 정확하게 강타함으로써 무력화시키고 전쟁을 조기에 종식시킬 수 있었을 것이기 때문이다. 아울러 전쟁철학에서 오랫동안 제기되어 왔던 공중폭격에 의한 무고한 인명 피해라는 문제도 드러나지 않았을 것이다.

요컨대, 군사 과학 기술의 발달에 힘입은 첨단 무기의 등장으로 말미암아 오늘날에는, 네이글과 브란트의 논쟁에서 유추할 수 있듯이 공중폭격으로 인한 무고한 시민의 살상 문제에 관한 논의들은 사라질 수 있을 것으로 여겨지는 것이다.[20]

---

20) 필자의 이와 같은 주장에 대하여 네이글은 다음과 같이 반박할지도 모르겠다. 고도의 정확성을 지닌 무기의 등장으로 무고한 시민의 대량살상을 피할 수 있

다른 한편으로, 와써스트롬 같은 학자는 전쟁법이 도덕의 중요성 혹은 도덕의 우선성에 기반하고 있다는 주장이라든지, 또는 어떤 원칙 위에서든 간에 전쟁법이 전쟁의 도덕성을 일관성 있게 구현하고 있다는 주장은 잘못된 것이라고 지적한다.[21] 와써스트롬이 그렇게 주장하는 까닭은 현행 전쟁법의 적용상에 나타나는 비도덕성과, 전쟁법의 불완전성 및 비일관성에 기인하는 불명확성 때문이다. 그에 따르면 기존의 전쟁법은 "전쟁법의 개념 자체가 도덕적으로 관심을 끌 만한 것이 아닐 뿐만 아니라"[22] 적용상에서도 불명확한 부분이 적지 않다. 가령 기존의 전쟁법은 전투원과 비전투원의 구별에 대한 성찰이 존중되고 있지 않다. 따라서 공중폭격은 수많은 비전투원을 죽음으로 몰고 갈 수 있다.

이와 같은 죽음은 분명 비도덕적이고 비인간적인 행위임에도 불구

다는 점은 인정한다 하더라도, 단 몇 명의 희생자일지라도 '고의적인 살해'는 있을 수 없다는 것이 자신의 주장인 까닭에, 아무리 최첨단 무기라 하더라도 무고한 소수의 희생이 있게 된다면 논의는 여전히 계속될 수밖에 없다는 반박이 그것이다. 네이글의 주장이 진정 이러하다면, 그의 주장은 어떤 전쟁도 도덕적으로 용인될 수 없다는 '평화주의자'들의 주장과 다를 바 없을 것이다. 왜냐하면 '고의적인 희생'이건 '불가피한 희생'이건, 무고한 소수의 희생도 야기하지 않는 전쟁이란 이 세상에 존재할 수 없을 것이기 때문이다. 평화주의자들의 주장이 훌륭하고 우리가 지향해야 할 것임은 분명하지만, 그것은 하나의 이상일 뿐 우리의 현실은 그렇지 못하다. '고의적인 살해'는 피해야 하겠지만 공중폭격이라는 현실 속에서는 '고의적인 살해'가 아니라 '불가피한 희생'으로 이해되어야 할 것이다.

21) Richard Wasserstrom, "The Laws of War", *The Monist*, Vol. 56, No. 1(1972), 또는 같은 제목으로 수록된 Malham M. Wakin ed., *War, Morality and the Military Profession*(Westview Press, 1979) 참조. 또한 "The Responsibility of the Individual for War Crimes", *Philosophy, Morality, and the International Affairs*(Oxford University Press, 1974), pp.47-70 참조.

22) Richard Wasserstrom, "The Laws of War", Malham M. Wakin ed., *War, Morality, and the Military Profession*, p.392.

하고 “대부분의 공중전은 그 중요성으로 말미암아 법적으로 보장”되어 “뉘른베르크 재판에서도 전쟁범죄로 취급되지 않았다”고 와써스트롬은 말한다.[23] 현행 전쟁법의 불명확성과 그로 인한 비도덕성에 대한 와써스트롬의 이 같은 비판도 오늘날의 군사 과학 기술의 발달에 따른 첨단 무기의 등장으로 말미암아 어느 정도 완화될 수 있을 것으로 여겨지는 것이다.

과학 기술의 발달이 종래의 전쟁윤리에 영향을 미칠 또 하나의 주제는, 아직은 다루기에 성급한 것일지 모르지만 그 파장은 적지 않으리라 예상되는, 컴퓨터를 이용한 사이버 전쟁(cyber war)이다. 『타임』지의 한 기사에 따르면, 대체로 다음과 같은 일들이 사이버 전쟁의 주요 내용으로 소개되고 있다. 상대 국가의 은행이나 주요 건물에 전자파를 발사함으로써 건물 내의 컴퓨터 시스템을 파괴하고, 전자파 총은 물론이요, 전화 교환, 통신 장비 시스템을 무력화시키고, 국영 텔레비전 방송망에 뛰어들어 심리전 방송과 그릇된 정보를 유포함으로써 적 국민의 사기 저하를 유도하며, 항공망이나 교통망 관제 시스템에 로직 폭탄(Logic-Bomb)을 침투시켜 상대국의 비행기나 군수 물자 수송을 임의 조정하는 일들이 그것이다.[24]

만약에 이 같은 사이버 전쟁이 가능하다면 이는 여러 가지 도덕적

---

23) Richard Wasserstrom, “The Responsibility of the Individual for War Crimes”, p.51. 뉘른베르크 전범재판 당시 미국의 수석 법률 고문이었던 테일러(Telford Taylor)는 뉘른베르크 재판에서 도시 공중폭격이 전범으로 취급되지 않았으며, 그래서 처벌되지 않았던 까닭을 두 가지 이유를 들어 설명하고 있다. 하나는 도시 공중폭격이 연합군 측에 의해서 감행되었기 때문이며, 더 중요한 다른 하나는 공중폭격이 중요한 전쟁 수단으로 인식되고 있었기 때문이다. Telford Taylor, *Nuremberg and Vietnam: An American Tragedy*(A National General Company, 1970), pp.35-37 참조.

24) Douglas Waller, “Onward Cyber Soldiers”, *Time*(Aug. 21, 1995), pp.38-46. 이택호 · 김동식, 앞의 글, p.33 참조.

쟁점을 제기할 것으로 보인다. 왜냐하면 종래의 전쟁은 설사 총력전 혹은 전면전이라 할지라도 전쟁 당사국 간의 전쟁으로서 주로 국가 지도자와 군인들에 의해서 치러진 전쟁이었지만, 사이버 전쟁은 전쟁과는 직접적인 관련이 적을 수도 있는 은행이나 주식시장의 혼란과, 전화나 통신, 교통 및 방송 시설 등의 전면적 마비를 일으킴으로써 교전 상대국은 물론이요 인접 국가나 우방 국가 모두에게 총체적으로 피해를 줄 것으로 보이기 때문이다.

만약 적대국에서도 사이버 전쟁을 일으킬 능력이 있다면 교전 상대국에 똑같은 보복을 할 것이며, 그로 인해 무수히 많은 무고한 사람들이 피해를 입을 수 있을 것이다. 전쟁이 발발하면 교전국들은 승리가 목표이고, 그 경우 목적 달성을 위한 어떤 수단과 방법도 가능하다고 주장할 수도 있는 것이다.

그러나 이미 언급하였듯이 전쟁에서의 윤리나 도덕 문제를 논의하는 까닭 자체가 비록 전쟁 상황이라 할지라도 도덕이 설 땅은 있어야 한다는 것이었다. 그래야만이 전쟁의 참 의미와 가치가 살아남을 수 있는 것이다. 이런 점을 고려한다면 승리가 목적인 전쟁이라 할지라도 전쟁 수단에 대한 정당성은 논의되어야 할 것이다. 그렇다면 이와 같은 행태가 예상되는 사이버 전쟁도 마치 화생방 무기처럼 사용 금지 규제가 필요하다는 논의가 제기될 수도 있는 것이다. 화생방 무기가 금지된 이유는 그 행태가 무자비하고 비인간적이기 때문이듯이, 사이버 전쟁 역시 그 못지않게 비인간적인 문제를 야기할 가능성이 크다고 할 것이기 때문이다.

첨단 과학무기의 등장으로 인하여 전쟁윤리에 영향을 미칠 또 하나의 주제는 토플러가 제시하고 있는 반전쟁의 양상에서 제기되는 문제들이다.

토플러는 시대의 변화에 따라 전쟁의 양상이 달라져 온 것처럼 그

시대의 전쟁 양상에 걸맞은 평화형도 변화해 왔다고 말한다.[25] 토플러에 의하면, 예컨대 고대에는 폭력에 의한 무고한 사람들의 희생을 최소화하기 위해 대표자들의 일대일 결투 결과로 분쟁을 타결하였다. 다윗과 골리앗의 싸움, 그리스의 메넬라오스와 트로이의 파리스의 결투가 그러하였다.

제1물결 문명인 농업사회에서는 패배자를 죽이기보다는 노예로 삼음으로써 "잉여 식량의 생산"에 활용하였고, 제2물결 문명인 산업사회에서는 교전 양국 간의 조약과 협정 등 "계약"이 평화형의 핵심 요소였다. 그리고 이제 제3물결 문명인 정보화사회에서는 "데이터, 정보 및 지식의 교환"이 평화형의 도구라고 토플러는 말한다.[26] 제2물결 전쟁에서 군비 경쟁이 모두 전쟁으로 귀결되지 않고 오히려 냉전을 유지하는 데 도움을 주었던 것처럼, 제3물결 전쟁에서는 대량 파괴 무기의 확산 저지와 반전쟁을 위한 정보 획득과 상호 교환이 평화 유지에 기여할 것이라는 주장이다. 이를 위해 토플러는 아이젠하워가 흐루시초프에게 제안하였던 '오픈 스카이(Open Skies)'를 상기하며[27]

25) 앨빈 토플러, 앞의 책, 제6부 참조.

26) 같은 책, p.333.

27) 'Open Skies'의 구상은 군사정보의 상호 개방으로 말미암아 상대 국가에 대한 의혹을 줄이고 당사국들에게 위협적인 사태 발전을 충분히 경고해 줄 수 있다는 점에서, 1955년 7월의 미소 정상회담에서 아이젠하워 미 대통령이 소련의 흐루시초프에게 제시한 구상이다. 당시 소련은 이를 거부했지만 선진국들은 상대국의 정보 수집에 노력하였고 점차 데이터 수집을 수락하는 나라가 늘어났다. 1989년에 부시 미 대통령은 미국은 물론 캐나다와 유럽까지를 대상으로 하는 군사시설의 현장 사찰까지도 수락을 제안했으며, 소련도 여기에 동의하기에 이르렀다. 토플러는 제3물결의 전쟁에서는 이에 걸맞은 전쟁에 위협이 될 수 있는 모든 정보를 상호 교환하고 획득함으로써 전쟁을 미연에 방지할 수 있다고 믿는다. 따라서 이를 위해서는 지금보다도 더 많은 수의 정보 획득을 위한 인공위성이 하늘에 펼쳐져야 하며, 이에 필요한 비용은 광범위하게 공유되고 분담되어야 할 것을 주장한다. 같은 책, pp.331-333 참조.

정보 획득 및 교환의 중요성을 강조한다.

그러나 토플러의 표현에서 볼 수 있듯이 반전쟁을 위한 이 같은 정보 획득과 교환은 그 자체에 도덕성을 위협하는 위험 요소를 많이 지니고 있다. 이는 동시에 과학 기술의 발달에 힘입은 무기 체계의 진보에서 피할 수 없이 야기되는 문제이기도 하다.

예를 들면, 토플러는 반전쟁 활동의 일환으로 카네기 국제평화재단이나 유엔, 나아가 국제원자력기구(IAEA)가 전 세계를 상대로 핵 밀수나 무기 확산에 관한 신빙성 있는 증거 구입에 1백만 달러의 현상금을 건다면 많은 내부 밀고자를 끌어들일 수 있을 것이며, 이 같은 제안은 세계를 핵 공포로부터 보호하고 있는 사찰 제도보다도 더 큰 효과가 있을 것이라고 말한다.[28)]

그러나 이 같은 제안은 도덕적으로 문제가 있는 제안이 될 수도 있다. 벼락부자가 되기 위하여 자국의 정보를 팔아넘기는 사람을 비난하지 않을 사람은 없을 것이기 때문이다. 물론 그에게는 세계평화를 위한 행위였다는 명분이 있을 수 있겠지만, 만약 그에게 진정 그와 같은 명분이 있다면 현상금과 상관없이도 정보를 제공할 수 있을 것이다. 또한 군비 경쟁이 가속화되고 있는 각국의 현실 속에서 자국의 생존을 위한 무기 확산을 세계평화와 바꾼다는 것이 합당한 것인지도 검토해 보아야 할 것이다.[29)] 따라서 현상금을 걸고 정보를 획득하고자 하는 토플러의 제안은 도덕적으로 바람직한 것이라고 보기는 어려

---

28) 같은 책, p.335 참조.

29) 이에 대해 자국이 아닌 타국의 핵무기나 무기 확산에 대한 정보 제공은 다르지 않느냐는 반론이 제기될 수도 있겠다. 이 경우에는 더 심각한 다른 도덕적 문제를 야기할 수도 있다. 가령, 어떤 사람이 자국이 아닌 타국의 무기 확산 정보를 유엔에 팔아넘겼을 경우, 그가 그 정보를 획득한 과정의 도덕성도 문제가 될 수 있지만, 그 경우 정보 유출의 가능성이 있는 모든 요인들에 대한 테러나 암살 등의 문제도 발생할 수 있을 것이기 때문이다.

울 것 같다.

과학 기술의 발달이 가져오리라 예상되는 또 다른 전쟁도덕의 문제는 특정 무기 사용을 방지하거나 혹은 제한할 목적에서 수출용 비행기나 로켓 발사기, 탱크, 미사일 등에 자동 파괴 칩을 내장함으로써 결정적인 순간에 폭파시키거나 불발되도록 프로그램화하는 방법에 관한 것이다.[30] 이 같은 일은 결코 불가능한 일이 아니다. 미국 방위산업체의 한 고위 간부의 말에 따르면, 미국이 판매하는 모든 비행기들을 암호화하거나, 비행기를 작동시키는 칩에 인식표를 내장하여 어느 순간에 고장 나게 하는 일은, 쉬운 일은 아니지만 불가능하지는 않으며, 실제로 미국은 그렇게 하고 있다는 것이다.[31] 구매자가 내장된 부품을 찾아내 역이용할 수도 있겠지만 과학 기술의 발전에 따른 미래의 무기 거래는 이렇듯 비도덕성이 개재되는 고도의 지식 전쟁이 될 수도 있는 것이다.

전쟁과 관련하여 과학 기술의 발달이 가져올 수 있는 그 밖의 비도덕적인 문제들 중에는 토플러가 지적하고 있듯이 무기 체계에 관여하고 있는 고급 두뇌의 소유자들에 대한 암살 가능성도 있다. 또한 매스미디어를 이용하여 특정 국가, 특히 종교적 분쟁의 소지가 있는 국가들 사이에 전쟁을 일으키는 것도 가능한 일이라 하겠다.[32]

---

30) 앨빈 토플러, 앞의 책, p.336.

31) 같은 책, pp.336-337 참조.

32) 토플러는 발칸 지역에서 보스니아, 크로아티아, 세르비아 간에 일어난 전쟁은, 유고슬라비아의 공산당 간부들이 지속적인 정권 유지를 위해 마르크스주의 이데올로기를 버리고 종교 및 종족주의자로 변신함으로써 미디어를 이용, 고의적으로 일으킨 사례라고 말한다. 미디어의 발달이 없었다면 일어날 수 없는 전쟁이었다는 것이다. 같은 책, pp.340-341 참조.

4. 맺는 말

20세기의 전쟁은 흔히 전면전 혹은 총력전의 개념 아래 이루어졌던 까닭에 "전쟁에서는 모든 것이 정당화된다"는 입장이 전쟁 당사자들 간에 있어 왔음이 사실이다. 그러나 많은 철학자와 법학자들이 규명하고자 노력해 왔듯이 전쟁 자체가 인간의 고귀한 가치를 보존하기 위한 목적에서 이루어지는 것인 만큼 비록 전쟁 중이라 할지라도 도덕이 들어서야 할 여지는 있어야 한다. 인간의 가장 고귀한 가치의 하나인 도덕을 무시한 전쟁은 바로 전쟁 자체의 의의를 말살하는 결과를 가져올 것이기 때문이다. 인간의 가치를 보존하고 인류의 공멸을 방지하며 평화를 유지하기 위하여 사람들이 머리를 맞대고 만들어낸 것이 전쟁에서의 도덕규범인 전쟁규칙 혹은 전쟁법이다.

한편, 앞으로 다가올 미래의 전쟁은 과학 기술의 발달에 힘입어 무차별 공격만이 가능했던 재래식 무기와는 달리 차별적 공격이 가능한 고도의 지식 집약 형태로 변화해 가고 있다. 핵무기의 출현으로 인류 공멸의 위협을 항상 느끼고 있었으나, 새로 등장하는 무기는 더욱 정교하고 파괴력이 강하면서도 공격 목표를 차별화시킴으로써 인명 피해를 최소화하는 방향으로 발전해 가고 있다. 이미 살펴보았듯이 과학 기술의 발달에 힘입은 첨단 무기는 종래의 전쟁윤리에서 논의의 한 쟁점이었던 "무고한 사람들의 죽임"이라는 문제를 해소할 수 있는 가능성을 제시하였다.[33)]

---

33) 전 육군사관학교 철학 교수인 장용선 박사는 필자의 이 같은 주장에 대하여, 전쟁이 궁극적으로는 "기술의 문제가 아니라 의지의 문제"임을 들어 전쟁으로 인한 인도주의 원칙의 파괴 가능성은 항상 있을 수 있다고 지적하고, 따라서 우리에게 더 필요한 것은 인간 존중과 평화 수호에 대한 지속적인 윤리교육이라고 말한다. 장교수의 지적대로 전쟁이 '의지'의 문제인 한, 고도의 과학 기술의 발달이 이루어진다 할지라도 전쟁에서 인도주의 원칙의 파괴 가능성은

그러나 그와 동시에 과학 기술의 발달에 힘입은 새로운 무기 체계의 등장과 전쟁 양상의 변화는 종래의 전쟁에서는 상상하기 어려웠던 또 다른 도덕적 문제들을 야기하고 있다. 이는 현행의 전쟁규칙에도 변화가 있어야 함을 시사하고 있다고 해야 할 것이다.

가령, 1899년 7월에 헤이그 만국평화회의에서 '독가스 사용 금지'에 관한 선언을 한 이래, 1907년의 헤이그조약, 1945년의 샌프란시스코에서의 국제연합헌장 채택, 1949년의 제네바협약이 있었고, 이후 제네바에서 1977년, 1979년에 특정 재래식 무기 사용을 제한할 것을

항상 열려 있다고 해야 할 것이다. 가령 베트남전 당시 미라이 사건에서 볼 수 있듯이, 미군들의 비인도적인 잔학상 같은 것은 좋은 예가 될 것이다. 미라이 대학살의 경우는 첨단 무기 소유 여부와는 상관없이 이루어진 만행이기 때문이다. 그런 점에서 장교수의 지적은 적절하다고 하겠다.

그럼에도 불구하고 과학 기술의 발달은 인도주의 원칙의 실현에서 큰 의의를 갖는다고 해야 할 것이다. 왜냐하면 과학 기술의 발달은 인도주의 원칙을 준수하고자 하는 정책 결정자들의 의지가 있을 때 그것을 가능하게 해줄 것이기 때문이다. 종래의 재래식 무기에 의한 전쟁에서는 인도주의 원칙을 준수하고자 하는 의지가 있다 할지라도 그렇게 할 수가 없었다. 그렇지만 오늘날, 나아가 미래의 전쟁에서는 고도의 정밀성을 지닌 첨단 무기의 등장으로 인도주의 원칙의 준수 의지가 있는 한 그 실현도 가능하다고 보는 것이다. 첨단 과학무기의 보유로 인명 살상을 최소화하면서도 전쟁을 승리로 이끌 수가 있다면 결코 대량살상이라는 비인도적 방법을 선택하지는 않으리라 여겨지는 것이다. 동시에 인명 살상을 최소화할 수 있음에도 불구하고 대량살상을 '의지'하였다면, 그 의지는 명백한 전쟁범죄 행위로서 훗날 이에 대한 처벌이 가능할 것이다.

또한 전쟁의 발발은 장교수의 지적대로 '기술'의 문제라기보다는 '의지'의 문제일 수 있지만, 그러나 전쟁의 종료는 '의지'의 문제만은 아닌 것 같다. 아무리 더 싸워 이기고 싶은 '의지'가 있다 할지라도 '기술'에서의 차이로 인해 전쟁을 끝낼 수밖에 없는 경우가 있을 수 있기 때문이다.

이런 점을 고려해 본다면 과학 기술의 발달에 따른 새로운 전쟁 무기의 등장은 인도주의 원칙의 실현에 여전히 긍정적인 측면이 크다고 말할 수 있겠다. 김용정, 『기술 문명에 대한 철학적 반성』(철학과현실사, 1998) pp.174-179 참조.

결의하였듯이, 정보화사회에서의 전쟁 무기 체계 발달을 고려한 새로운 도덕적 협약이 있어야 할 것으로 보인다. 1925년에 제네바에서 독가스 및 세균전을 금할 당시의 의정서를 보면, 이들 사용의 금지 이유를 "문명 세계의 일반 여론에 의하여 정당히 비난되고 있는 까닭"이라고 밝히고 있다.[34] 같은 이유에서, 앞에서 다루었던 사이버 전쟁이나 첨단 과학 요인의 암살, 전투기 등의 무기에 특수 목적을 위한 특수 칩 내장, 허위 정보 유포 등도 제한하거나 금지할 필요가 있다고 보는 것이다.

전쟁규칙의 근본적 존재 이유는 고귀한 인간의 생명과 가치의 보존에 있다. 전쟁의 정당성에 관한 협약이 주를 이룬 1907년의 헤이그조약을 비롯하여 전쟁 포로 및 민간인 보호에 관한 규약이 주가 된 1949년의 제네바협약 등 많은 전쟁규칙의 밑바닥에는 인간의 생명과 가치 파괴를 최소화하자는 인도주의적 원리가 흐르고 있다. 전쟁에 임하는 군인들의 희생을 최소화하고 전투에 참여하지 않는 민간인들의 생명을 최대한 보장하고자 하는 이 인도주의적 가치를 실현시킬 수 있는 도덕원리가 과연 어떤 것인가 하는 논의는 전쟁이 시작된 이래 끊임없이 전개되어 왔다. 앞에서 살펴보았듯이 공리주의와 의무론의 대립은 이 논의의 핵심이었다. 그리고 이 논의는 미래의 전쟁에서도 끊임없이 제기될 것이다.[35]

그렇지만 과학 기술의 발달에 따른 첨단 무기의 등장으로, 걸프전

---

34) 임덕규의 저서 『전쟁과 국제법』에서 전쟁 일반에 관한 부록 중 "질식성, 독성 또는 기타의 가스 및 세균학적 방법을 전쟁에 사용함을 금지하는 의정서" 참조. 『전쟁과 국제법』(법문사, 1985), p.235.

35) 가령 '포로의 학살'과 같은 문제는 인도주의적 입장에서 전쟁법 자체에서는 불법 행위로 인정하고 있지만, 테일러의 지적에서 보듯이 전쟁법의 실제 적용에서는 군사적 필요성의 원칙에 의거 정당화되고 있는 까닭에, 이와 같은 문제는 첨단 과학무기의 등장과는 상관없이 논의가 지속될 성질의 문제다.

과 코소보전, 아프간전, 이라크전에서 그 일단을 보았듯이, 미래의 전쟁이 더 정교하게 만들어져 목표물을 차별화할 수 있는 무기들에 의해서 치러진다면, 저 논의의 대립에는 상당한 진전이 있을 것으로 보인다. 물론 앞서도 지적했던 것처럼 첨단 과학무기의 개발과 사용에 따른 또 다른 도덕적 문제가 제기될 수 있으며, 이에 대한 대처 방안이 필요하다는 것도 분명한 사실이다. 하지만 첨단 무기의 보유국이 인도주의적 입장에 서 있다는 소박한 전제 아래에서라면, 과학무기의 개발과 보유는 전쟁에서의 승리뿐만 아니라 전쟁을 통한 최소한의 인명 희생이라는 우리의 도덕적 염원도 이루어줄 수 있다고 여겨진다.

물론 이 같은 낙관적인 생각이 위험하기 짝이 없는 견해라는 주장도 가능하다고 본다. 우선 그와 같은 첨단 무기를 보유하고 있지 않은 국가는 전쟁의 승리를 위해서 무차별적인 재래식 무기를 사용할 것이고, 그 경우 과거와 똑같은 인명의 희생과 가치 파괴가 예상될 수 있으며, 나아가 첨단 무기를 보유하고 있는 국가의 국제적인 횡포와 독재도 예상하기 어려운 일은 아닐 것이기 때문이다. 그러나 첨단 무기의 사용은 재래식 무기에 의한 전쟁을 단기간에 끝낼 수 있다는 점에서 희생을 최소화할 수 있을 것이다.

문제는 오히려 국제사회에서 첨단 무기 보유국의 독재나 횡포가 우려된다는 점이다. 그러나 전쟁이 "자국의 뜻을 관철시키기 위한 정치의 또 다른 수단"이라는 클라우제비츠의 관점에서 본다면 이는 어쩔 수 없는 현실이다. 우리가 바랄 수 있는 것은 첨단 과학무기를 기획하고 생산하는 근본 이유를 전쟁에서의 승리를 위해서만이 아니라 인도주의 원칙의 실현이라는 도덕성에 두어야 한다는 점이다. 그러므로 과학 기술의 발달에 부합하는 새로운 전쟁윤리의 모색은 앞서 제기되었던 문제들은 물론이요, 이러한 문제들까지 해소할 수 있는 방향에서 이루어져야 할 것이다.

제 2 부

리더의 특질과 덕목

제 6 장 리더의 의무와 덕목*

1. 들어가는 말
2. 충성
3. 진실성
4. 책임성
5. 용기
6. 명예
7. 맺는 말: 다섯 덕목들의 상관관계

[부록] 복종의 팔로워십과 그 한계

* 이 글은 필자의 저서 『전쟁과 리더』, 『위대한 사람들의 위대한 정신』에 수록된 글을 수정 보완하여 다시 쓴 것이다.

1. 들어가는 말

리더에게 필요한 의무와 덕목은 보는 이의 가치관과 시각에 따라 너무나 다양하다. 리더십에 관한 서적이 특히 많은 까닭이 여기에 있다. 따라서 어떤 의무와 덕목들이 리더에게 필요한 것이라고 일률적으로 말할 수는 없을 것이다.

이 장에서는 필자 나름의 관점에서 리더에게 반드시 필요하다고 생각되는 다섯 가지 덕목만을 중점적으로 다루고자 한다. 그것들은 충성, 진실성, 책임성, 용기, 그리고 명예다.[1] 이 장에서는 이 덕목들의

---

1) 필자가 이 다섯 가지를 리더의 덕목으로 선택한 이유는 필자 개인의 기질과 경험에 입각한 주관적인 것이기도 하지만, 또 한편으로는 미군이 리더의 덕목으로 강조하는 일곱 가지에 기초하고 있다. 일곱 가지 덕목이란 LDRSHIP, 즉 충성(loyalty), 의무(duty), 존중(respect), 헌신(selflessness), 명예(honor), 진실성(integrity), 용기(personal courage)다. 이 가운데 헌신은 그 의미가 충성에 부합하고 존중은 진실성에서 비롯되는 것이기에 이 둘을 포괄하여 다섯 가지로 축약하고, 의무는 책임성으로 달리 표현한 것이다. *US Army FM* 22-100,

참 의미가 무엇인지를 밝히고, 이 덕목들이 리더에게 필요한 근거가 무엇인지, 그리고 가장 중시해야 할 부분이기도 하지만 이 덕목들에게서 드러나는 공통적인 특질은 무엇인지를 살펴보고자 한다.

2. 충성

조직의 리더에게 있어서 충성의 덕목만큼 중요한 것은 없다. 어떤 조직이건 조직은 목표를 갖고 있으며, 그 목표 달성을 위해 강조되는 가장 중요한 덕목이 충성이기 때문이다. 하지만 리더가 아니라 평범한 구성원이라 할지라도 충성의 덕목은 필요하다. 조직의 목표를 성공적으로 달성하는 데 있어서는 리더뿐만 아니라 구성원들의 충성이 절대적인 힘을 발휘할 것이기 때문이다.

그렇지만 충성은 그 의미를 정확하게 이해하지 못한다면 조직을 위험에 빠뜨릴 수도 있다. 잘못 오해된 충성으로 말미암아 무조건적인 충성이 강요된다면 충성병이 만연할 수도 있고, 그로 인해 조직의 윤리 자체가 와해될 수도 있기 때문이다.

이 절에서는 충성의 참다운 의미가 무엇인지, 그 특징과 대상은 무엇인지, 충성의 근거는 무엇인지를 살펴보고, 참다운 충성이 아니라 그릇된 충성을 불러일으키는 조직의 잘못된 가치 현실에 대해 군 조직을 중심으로 비판적 관점에서 고찰하고자 한다.

가. 충성의 의미와 특질

모든 조직에서도 그렇지만, 충성은 특히 군인에게 있어서 가장 중

Army Leadership: Be, Know, Do(1999.6), 도표 참조.

요한 덕목이다. 군의 존재 이유가 궁극적으로는 전쟁의 승리에 있기 때문이다. 군대가 만약 충성심이 없는 군인들로 구성된다면 전쟁에서 승리할 수 있겠는가? 결단코 그럴 수는 없다. 충성이 군에서 강조되는 까닭이 여기에 있다. 그렇다면 충성은 구체적으로 무엇을 의미하는가?

국어사전을 보면 '충성(忠誠)'은 "참 마음에서 우러나는 정성"이라고 되어 있다. 이것은 중국 유학자인 주자(朱子)의 말에서 유래한 것으로 보인다. 주자는 진기지위충(盡己之謂忠)이라고 하였다. 즉 "자기 자신의 정성을 다하는 것이 충성"이라는 것이다. '충(忠)'이 본래 정성을 다한다는 뜻이고 '성(誠)'이 참된 마음을 의미하니까, "참된 마음으로 정성을 다하는 것"이 충성이라는 것이다. 하지만 충성의 이와 같은 해석은 문제가 있다. 충성을 바쳐야 할 대상이 무엇인지에 대해 아무런 언급이 없기 때문이다.

이런 점에서 충성의 의미 연구에 많은 노력을 기울였던 미국의 철학자 로이스(Josiah Royce)의 견해를 살펴볼 필요가 있다. 로이스는 충성에 대해 정의하기를 "대의명분을 위해 자기 자신을 기꺼이 헌신하는 것"이라고 말한다. 이때 대의명분이란 로이스에 따르면 참다운 가치(real value)다. 즉 참다운 가치를 위해서 기꺼이 헌신하는 것, 그것이 충성이라는 것이다.

그런데 충성의 뜻을 이렇게 본다면 충성은 한 가지가 아니라 여러 가지가 될 수도 있다. 왜냐하면 참다운 가치를 갖고 있는 대상은 여러 가지가 있을 수 있기 때문이다. 내가 존경하는 상관은 참다운 가치를 가진 대상이다. 내가 몸담고 있는 부대나, 내가 살고 있는 국가도 물론 참다운 가치를 가진 대상이다. 내가 믿고 있는 종교도 참다운 가치가 있고, 인류가 바라는 세계평화도 분명 참다운 가치가 있는 대상이다. 결국 참다운 가치가 있다는 점에서는 똑같겠지만 대상이 무엇이냐에 따라서 충성도 여러 가지가 있을 수 있다는 말이 된다.

이것이 충성의 특징인데, 문제는 대상이 여럿이다 보니 때에 따라서는 '잘못된 충성'도 생긴다는 것이다. 물론 참다운 가치를 대상으로 삼는 충성은 '참다운 충성'이겠지만 실제로 우리 사회에는 잘못된 의미의 충성도 적지 않게 존재한다고 해야 할 것이다. 예를 들어보자.

1980년대 중반에 조직폭력배들 간에 집단 패싸움이 일어났고 여러 사람이 죽었다. 그런데 그때 사용됐던 흉기가 이른바 '사시미' 회칼이었기 때문에 당시 이 사건은 사회적으로 큰 물의를 일으켰다. 사람을 회칼로 무자비하게 난도질했다는 점에서 사람들의 관심이 집중된 것이다.

그때 살해 용의자로서 한 조직의 행동대장이 체포됐는데, 그 사람을 TV에서 지켜본 많은 사람들은 놀라움을 금치 못했다. 그 행동대장의 태도 때문이었다. 그 사람은 회칼로 사람들을 잔인하게 죽이고도 검거됐을 때 조금도 반성이나 후회의 빛이 없어 보였다. 오히려 보스의 명령에 따른 행위였기 때문에 자신으로서는 마땅히 해야 할 의무를 다한 것으로 당당하다는 태도였다. 법정에서도 그는 자신의 행위가 조직과 두목에게 충성을 다한 것이었고, 그래서 조금도 후회가 없다고 진술하였다.

이 사람의 경우는 어떠한가? 과연 그는 충성의 덕목을 지니고 있는 인물이라고 할 수 있는가? 어떤 사람은 그를 보고 남자답고 멋있다고 할지도 모른다. 갱스터 무비나 폭력소설을 즐겨 읽는 일부 청소년들은 그와 같은 인물을 충성심이 강한 사람이라고 생각하기도 할 것이다. 그리고 그를 사나이다운 의리의 소유자로 생각해 본받고 싶다고 여길지도 모른다.

하지만 이 사람의 충성은 결코 참다운 충성이 아니다. 잘못된 충성, 그릇된 충성이다. 충성의 참 의미는 참다운 가치를 위해 자기 정성을 다하는 것인데, 폭력조직이나 그 두목이 참다운 가치가 있는 존재라고는 말할 수 없기 때문이다. 폭력조직은 불법적인 집단이고, 따라서 그 보스 또한 범죄조직의 일원으로서 사회로부터 지탄받는 대상이기 때문이다. 그럼에도 불구하고 청소년들이 그 같은 인물을 충성스러운 인물로서 본받고자 한다면 사회의 심각한 문제가 아닐 수 없다.

반면에 하얼빈에서 이토 히로부미를 사살한 안중근 의사의 경우는 어떠한가? 똑같은 살인 행위였지만 안의사의 행위는 조국을 위한 애국적인 충정에서 비롯된 것으로서 참다운 충성의 사례라고 할 것이다. 비록 일제의 강점에서 수난을 당하고 있었을지라도 대한민국은 합법적인 국가로서 참다운 가치를 지닌 존재이기 때문이다. 조직폭력배의 살인 행위와 안의사의 저격 행위는 근본적으로 다르다. 폭력배의 행위는 참다운 가치를 대상으로 삼고 있지 않은 잘못된 의미의 충성이요, 안의사의 행위는 참다운 가치를 대상으로 삼고 있는 참다운 충성인 것이다.

요컨대, 참다운 충성이냐 아니냐 하는 것은 그 대상이 참다운 가치를 가졌느냐 아니냐에 달려 있다는 것이다.

이처럼 충성은 반드시 대상을, 그것도 참다운 가치를 지닌 대상을 필요로 한다는 특징을 가지고 있다.

이것 이외에도 충성은 또 다른 특징을 갖고 있는데, 그것은 충성은 마음에서 우러나오는 것이지 결코 강요에 의해서 이루어지는 게 아니라는 것이다. 가령, 어떤 사람에게 충성을 다한다고 할 때, 자신의 정성을 다해 그 사람을 위하는 것이 충성인데, 그때 그 정성이 강요나 강제로 이루어질 수 있겠는가 하는 것이다. 그것은 결코 불가능하다. 참마음에서 정성을 다하는 것이 충성의 속성인데 어떻게 강제나 강요가 있을 수 있겠는가?

바로 이 점에서 충성은 복종과는 다르다. 흔히 충성과 복종은 같은 개념으로 쓰인다. 충성스러운 부하라면 복종 잘하는 부하다. 상관의 말을 따르지 않는 부하를 어떻게 충성스럽다고 하겠는가? 그래서 충성과 복종은 일반적으로 같은 뜻으로 사용되고 있다.

하지만 이것은 잘못된 일이다. 충성과 복종은 다른 개념이다. 복종은 우러나오는 복종도 있지만 강압적인 복종도 가능하다. 군에서 가장 강조되고 있는 복종의 의미도 실제로는 강압적인 것이 대부분이다. 하기 싫어도 어쩔 수 없이 따르는 것, 그것이 군에서의 복종인 것이다. 안 하면 처벌받게 되니까 할 수 없이 따르는 것, 그것이 군대건 사회건 복종의 실제 의미라 해도 과언이 아닐 것이다.

하지만 충성은 그렇지 않다. 강요된 충성이란 있을 수가 없다. 강요된 충성이란 용어부터가 잘못이다. 충성은 오직 우러나오는(inspired) 충성만이 있을 뿐이다. 만약에 충성과 복종이 같이 쓰일 수 있다면 강요된 복종이 아닌, 우러나오는 복종의 경우만이 정당하다 하겠다. 스스로 우러나오는 복종의 경우만이 충성과 같은 의미라고 할 것이다.

나. 충성의 대상들

충성의 참 의미는 참다운 가치를 위해 정성을 다하는 것이라 하였고, 그 특징은 대상이 있어야 한다는 것이며, 그리고 오직 우러나오는 것이어야 한다고 하였다.

그렇다면 이제 참다운 가치를 갖는 충성의 대상에는 어떤 것들이 있는지 살펴보자. 참다운 가치를 갖고 있는 대상들이야 우리 주변에 무수히 많겠지만 군대의 관점에서만 생각해 보기로 한다.

가령 군에서 정성을 바칠 참다운 대상들에는 무엇이 있을까? 우선 나 자신이 있다. 내가 맡고 있는 직책이 있고, 또 동료나 상관, 부대, 국가 등을 꼽을 수 있을 것이다. 그런데 여기서 나 자신이나 직책, 동료에 대한 충성은 조금 달리 취급될 수 있겠다. 충성은 강압이 아니라

우러나와서 하는 복종과 같은 뜻으로 사용된다고 했는데, 가령 나 자신에게 복종한다거나 직책에 복종한다는 것, 또 동료에게 복종한다는 건 좀 이상해 보인다. 따라서 충성과 관계되는 대상은 크게 상관과 부대, 국가, 이 세 가지라 하겠다.

충성의 대상을 상관, 부대, 국가로 나누어 보았는데, 사실 일반적인 의미에서는 모두 하나다. 상관에 대한 충성이 곧 부대에 대한 충성이고, 그것이 또한 국가에 대한 충성이기 때문이다. 따라서 부하의 입장에서는 가장 가까운 상관, 흔히 직속상관이라고 하는데, 직속상관에게 충성할 때 부대에도 충성하는 것이고, 나아가 국가에 대해서도 충성하는 것이 된다.

그런데 문제는 상관의 명령이 부대 이익이나 국가 이익에 반할 때, 그래서 양자가 서로 대립할 때 생긴다. 상관에게 충성해야 하는가, 아니면 부대나 국가에 충성해야 하는가 하는 딜레마가 생길 수 있다는 것이다. 사실 이런 일은 군에서 결코 있어서는 안 될 일이다. 하지만 역사에서 보듯이 간혹 개인적 야망이나 공명심에 사로잡힌 상급자가 있을 수도 있다. 그런 경우 그는 자신의 개인적인 야망이나 목적을 위해 부대 이익이나 국가 이익에 반하는 명령을 내릴 수도 있는 것이다.

이 경우 참다운 충성은 무엇이겠는가? 당연히 더 큰 것, 즉 국가 이익을 좇는 것이 참다운 충성이다. 다시 말하면 국가에 대한 충성만이 절대성을 갖는다는 것이다. 그 까닭은 대의명분에 있다. 국가 이익보다 더 크고 중요한 것이 없다는 것이다.

예를 하나 들어보자. 롬멜은 제2차 세계대전 당시 사막전의 영웅이라 불린 독일군 장군이다. 비록 적군이긴 했지만 연합군의 많은 장병들도 그에게 찬사를 보냈던 인물이다. 그런 롬멜이 그의 직속상관이자 총통이었던 히틀러의 암살 계획에 동참했다. 어떻게 롬멜 같은 인물이 총통의 암살 계획에 참여했겠는가? 직속상관인 히틀러에게 계속 충성하는 것이 국가에 대해서는 불충이라고 생각했기 때문이다. 국가에 대한 충성을 더 높이 평가했기 때문에 직속상관에 대한 충성을 버린 것이다. 이미 전세가 기울었고 독일의 패망이 눈앞에 보이는데도 국민의 고통은 외면한 채 자신의 정치적 야심만을 위해 끝까지 전쟁을 고수했던 히틀러가 오히려 독일과 국민에게는 문제가 됐던 것이다. 이 계획은 실패했지만 오늘날까지도 롬멜은 위대한 군인으로 역사 속에 기록되고 있다.

국가에 대한 충성이 최고의 가치를 갖는다는 것은 다른 예에서도 찾아진다. 가령 중국에서 목화씨를 붓대 속에 감춰 온 행위는 어떤가? 분명 불법 행위지만 우리는 이를 애국적인 행위로 받아들인다.

또한 전쟁이 나면 군인들은 적을 향해 총을 쏴야 한다. 살인 행위임에도 불구하고 더 많은 적군을 죽일수록 위대한 전쟁영웅으로 추앙된다. 그 행위 자체가 국가에 대한 충성에서 비롯된 것이기 때문이다. 국가는 최고의 가치로서 절대적이 아닐 수 없다.

물론 이처럼 국가지상주의 또는 국가 중심적 사고에도 문제가 없는 것은 아니다. 국제정치나 스포츠에서 볼 수 있듯이 자국중심주의는 사실상 매우 심각한 문제를 일으킬 수도 있다. 우리나라 선수들과 외국 선수들이 축구경기를 할 때, 우리 선수가 하는 것은 태클이고 외국 선수가 하는 건 반칙이라는 사고방식은 분명 잘못된 일이다. 그럼에도 불구하고 어느 나라에서나 홈 어드밴티지라 해서 묵인해 주고 있다. 이것이 현실이다. 따라서 오늘날과 같은 국제적 현실 속에서는 국가가 대상인 한에 있어서, 충성의 의미는 언제나 참된 가치라는 것을 인정해야 할 것이다.

다. 국가에 대한 충성의 근거

국가가 최고의 가치인 까닭에 국가에 대한 충성은 절대성을 갖는다고 했는데, 여기서 아주 중요한 질문 하나가 제기된다. 그것은 내가 왜 국가에 대해 충성해야 하는가, 내가 왜 목숨까지 희생하면서 국가에 충성해야 하는가 하는 근본적인 물음이다.

이에 대한 대답은 두 가지 관점에서 가능하다.

하나는, 국가가 위기에 빠지고 그래서 멸망하게 된다면 국가의 소멸과 더불어 내 존재도 사라지게 된다는 사실이다. 솔직히 말하면 내가 이 나라 이 땅에 태어났다는 것은 내 의지와는 전혀 상관없는 일이다. 극히 우연일 뿐이다. 그런데 문제는 내 의지와는 상관없는 그 우연으로 말미암아 내 운명이 결정돼 버렸다는 것이다. 국가가 바로 내 운명의 주인이라는 말이다.

우리나라의 역사를 한번 되돌아보자. 우리는 참으로 많은 외침을 받은 민족이다. 한국전쟁에 이르기까지 무수히 많은 전쟁을 치른 나라다. 게다가 일제강점기에는 치욕의 세월을 36년이나 보내기도 했다. 내가 이 땅에 태어났다는 사실은 내 의지와는 상관없는 일이면서도 나는 그것을 부정할 수가 없다. 이 땅에 태어난 조상들 모두가 어쩔 수 없이 이 나라와 운명을 함께했던 것이다. 나라가 잘될 때는 나도 생존할 수 있지만, 나라가 위기에 빠졌을 때는 죽음도 치욕도 가능하다는 이야기다. 그래서 대한민국 사람인 우리는 대한민국을 '조국'이라고 부르는 것이다. 조국과 나는 바로 운명공동체, 공동운명체가 아닐 수 없다. 이것이 내가 국가에 충성해야 하는 첫째 이유다.

그렇지만 이 이유는 국가에 대한 충성의 근거로서 조금은 소극적이라 하겠다. 좀 더 적극적인 이유는 내가 이 나라를 사랑하고 있다는 사실에 있다.

이것은 얼핏 이해가 되지 않는 논리처럼 보인다. 내가 이 나라를 사랑하고 있다는 사실이 실감되지 않기 때문이다. 하지만 사랑의 참 의미와 그것이 생겨나는 과정을 생각해 본다면 쉽사리 이해될 것이다.

생각해 보라. 우리는 우리가 진정 사랑하는 사람에게는 무엇이든지 주고 싶고 또 베풀고 싶어 한다. 영화나 소설 속 얘기가 아니더라도 진짜 사랑하는 사람을 위해서는 뭐든지 할 수 있다. 헤엄도 못 치는 어머니가 물에 빠진 자식을 구하기 위해 물속으로 뛰어드는 일은 결코 드문 일이 아니다. 이것을 무엇으로 설명할 수 있겠는가? 오직 하나뿐, 자식에 대한 사랑이 아니라면 설명이 불가능하다.

영화나 소설 속에 등장하는 희생이나 봉사의 이유가 그 대상에 대한 사랑인 예는 너무나 많다. 『가을의 전설』은 어떤가? 아버지를 향해 날아오는 총탄을 아들이 몸을 던져 막아낸다. 아버지에 대한 사랑이 아니라면 설명할 길이 없다.

똑같은 논리로, 위기에 빠진 이 나라를 구하기 위해 수많은 젊은이들이 전쟁터에서 목숨을 잃었다. 이것을 무엇으로 설명할 수 있는가? 나라에 대한 사랑, 바로 애국심 아니고는 불가능한 일이다.

결국 나라를 위해 목숨을 바친 수많은 선열들은 나라를 사랑했기 때문에 그러한 행동을 할 수 있었다는 말이 된다. 그런데 여기서 의구심이 하나 생긴다. 그런 논리라면 만약 이 땅에 전쟁이 일어나 내가 나라를 위해 목숨을 바치게 된다면 나도 나라를 사랑하기 때문이라는 말이 될 것이다. 그런데 문제는 아무리 생각해 봐도 지금 내가 나라를 사랑하는지 어떤지에 대한 확신이 없다는 것이다. 나는 정말 대한민국이라는 나라를 사랑하고 있는가?

이 물음에 대한 대답은 사랑이 생겨나는 과정을 보면 가능할 수도 있다.

충성이 강요에 의해서 생기는 것이 아니듯, 사랑도 결코 강요에 의해서 생겨나는 것이 아니다. 사랑은 어떻게 형성되는가? 사랑이 형성되는 데는 두 가지 길이 있다. 하나는 자신의 의지에 의해서 생겨나는 것이고, 다른 하나는 자신도 모르는 사이에 저절로 생기는 경우다. 마음에 드는 사람을 만나 사랑하게 됐다면 그것은 의지적인 사랑이다. 하지만 이보다도 훨씬 많은 건 자신도 모르게 생겨나는 사랑이다. 단지 좋아하는 감정만 있다고 생각했는데 어느새 사랑에 빠지는 경우도 있고, 심지어는 싫은 감정만 있다고 생각했는데 그 사람이 눈앞에서 사라지자 그때서야 사랑하고 있었다는 사실을 깨닫게 되는 경우도 있다.

『바람과 함께 사라지다』의 여주인공 스칼렛 오하라가 그 경우다. 그녀는 남편 레트 버틀러가 자기 곁을 떠나기 전까지는 그에 대한 사랑을 깨닫지 못한다. 레트가 떠나고 나서야 비로소 자신이 진정 사랑했던 사람이 그였다는 사실을 깨닫고 뒤늦게야 눈물을 흘린다.

국가에 대한 사랑이 이와 같다. 내가 이 땅에 살고 있는 동안에는 느끼지 못하던 감정(곧 나라 사랑의 마음)이 국가를 떠나 있게 되거나, 혹은 국가가 위기에 빠지게 되면 물밀듯이 솟아오르게 된다는 것이다. 흔히들 외국에 나가면 모두 애국자가 된다고 하는데 그 이유가 여기에 있다. 나라를 떠나 있어 보면 그때서야 나라의 소중함을 알게 된다는 것이다.

내가 나라를 진정으로 사랑하고 있는지에 대한 물음은 아직은 확신이 없을지라도 알게 모르게 내 안에 싹터 있다고 대답해야 할 것이다. 지금 내가 깊이 깨닫지 못하고 있을 뿐, 나라가 위기에 처하게 되면 나라 사랑의 마음이 활화산처럼 터져 위기 극복을 위해서는 내 목숨마저도 아끼지 않게 될 것이다. 내가 국가에 충성해야 하는 적극적인 이유가 여기에 있는 것이다.

라. 상충하는 충성들과 충성병

지금까지 우리는 충성은 "대의명분 혹은 참다운 가치를 위해 참마음으로 기꺼이 자신의 정성을 다하는 것"이며, 군에서 충성의 대상이 되는 것으로 국가, 부대, 상관, 세 가지를 들고 그 가운데서도 최고의 가치는 국가라고 하였다.

군의 존재 이유는 국가 보위에 있다. 따라서 국가에 대한 충성은 군인이 구비해야 할 최고의 의무요 덕목임은 당연하다. 부대에 대한 충성, 상관에 대한 충성도 궁극적으로는 국가에 대한 충성의 연장선상에 있음은 물론이다.

그런데 상관에 대한 충성은 명령에 대한 절대적인 복종을 함축한다. 군의 상관들은 하급자의 불복종을 불충(不忠)이라 여긴다. 그러나 하급자의 불복종이 반드시 충성심의 결여를 의미하는 것은 아니다. 외적으로는 충성심의 결여로 여겨질지 모르지만 사실은 불복종이 상관에 대한 사랑과 국가에 대한 충성에서 비롯되는 경우도 있을 수 있다. 그릇된 판단에 기초하여 불법적이거나 비도덕적인 명령을 내리는 상관의 경우, 그에 대한 복종은 상관과 하급자 자신을 범죄자로 전락시킬 수가 있는 것이다. 이 경우 충성과 복종의 덕목은 상호 충돌할 수가 있다.

복종의 덕목 역시 충성과 더불어 가장 훌륭한 군인의 덕목 가운데 하나임을 부인할 수는 없다. 그러나 그것이 오도된 충성심에 기인한 것으로서 참다운 충성과 대립하는 복종이라면, 이러한 복종은 오히려 군대윤리를 타락시킨다. 오도된 충성심에서 요구되는 복종과 참다운 충성심에 기인하는 복종은 상호 대립한다. 바꾸어 말하면 그릇된 충성과 올바른 충성 간의 대립, 혹은 잘못된 충성심에서 비롯되는 복종과 참다운 충성이 요구하는 복종 간에는 충돌이 일어나는 것이다.

충성과 복종 사이에 야기되는 갈등을 필립 플래머(Philip M. Flammer)는 군 체제의 모순성에서 찾고 있다.2) 명령에 대한 무조건적인 복종은 군에서는 매우 필요한 것이지만, 군인들이 신이 아닌 이상 무조건적인 복종으로 말미암아 군 스스로가 만든 군대윤리에 거역하는 결과를 초래할 수가 있다는 것이다. 「상충하는 충성과 미국의 군대윤리」라는 플래머의 글은 바로 이와 같은 충성과 충성, 충성과 복종 간의 대립을 잘 묘사하고 있다. 그의 논지를 따라 그가 지적하고 있는 몇 가지 충성 간의 대립을 살피기로 한다.

잘못된 충성의 첫 번째 사례는 상관의 권력 남용, 또는 상관의 권력에 대한 하급자의 아첨과 관련된다. 진급에 크게 영향을 미치게 될 하급자에 대한 상관의 평정은 하급자를 옭아매는 하나의 구속이 아닐 수 없다. 지금까지 잘 쌓아온 경력도 단 한 번의 불리한 평정으로 말미암아 물거품이 될 수도 있기 때문이다. 부패한 상관은 이러한 자신의 권력을 이용하여 하급자에게 그릇된 복종을 강요할 수 있다. 복종하지 않는 부하라면 자기 밑에 두지 않을 수도 있는 것이 지휘관의 권한이다. 오도된 충성심은 여기에서 싹튼다. 한편으로는 상관에 대한 공포심에서, 또 한편으로는 자신의 야심에서 비롯되는 것이다. 상관의 비행을 보면서도 어쩔 수 없이 그의 지시에 복종해야 할 때, 하급자는 갈등을 느낄 수밖에 없을 것이다.

이와 같은 상관이라면 앞의 논리로 볼 때, 참다운 가치를 상실한 대상으로서 그와 같은 이들에 대한 충성은 잘못된 충성이다.

두 번째 사례는 '출세주의' 혹은 '경력제일주의(careerism)'에서 나온다. 직업 군인에게 있어서 계급은 성공의 척도일 수 있다. 계급은

---

2) Philip Flammer, "Completing Loyalties and the American Military Ethics" (Wakin), pp.163-178 참조. 잘못된 충성과 충성병 비판은 조승옥 교수의 도움을 많이 받았다. 조승옥 교수께 감사드린다.

보수와 직위를 결정할 뿐만 아니라 스스로의 자존심에 큰 영향을 미칠 수 있다. 단순히 빵을 벌기 위한 수단으로서 군인을 직업으로 선택한 사람이 아니라면 상위 계급으로의 승진은 꿈의 실현이 아닐 수 없다. 야심만만한 사람에게는 더더욱 그러할 것이다. 건전한 '전문 직업인'으로부터 야심에 찬 '출세주의자'로의 변모는 그렇게 이해하기 어려운 것이 아니다.

세 번째 사례는 '완벽주의(zero error mentality)'다. 국가 위기 시에는 상황 판단이나 명령 수행에 있어서 한 치의 오차도 허용되어서는 안 된다는 점에서 완전무결 정신은 군인에게 꼭 필요한 덕목으로 인식되어 왔다. 그리고 이에 대한 강조는 과오를 용납하지 않기 때문에 군 업무수행에 탁월한 효과를 가져온 것도 사실이다.

그러나 대외적인 군의 이미지를 중시하는 야심적인 지휘관들에 의해 이 정신은 왜곡되어 군에 뿌리박기 시작하였다. 군인들도 신이 아닌 이상 실수가 있을 수 있으며, 실수가 아니더라도 불운의 경우도 있기 마련이다. 그러나 야심적인 지휘관들은 실수는 물론이요 불운의 경우도 용납하지 않음으로써 군 내에 허위와 보신(保身)이라는 그릇된 풍조를 낳게 한 것이다. 결함을 용납하지 않는 지휘관들에게 있어서는 실수에 대한 인정보다는 실수에 대한 보고 자체를 더 나쁜 것으로 간주하는 까닭에 군 내에는 허위보고가 암암리에 존재하게 되었고, 또한 실수나 사고를 피하기 위한 소극적인 근무자세가 뿌리 내리게 된 것이다. 요컨대, 충성이라는 덕목의 적극적 실현에서 비롯된 완벽주의는 그것의 참 의미를 잃고 글자 뜻에만 매달림으로써, 그 자체의 모순으로 말미암아, 참다운 충성과는 거리가 먼 파행을 낳게 된 것이다.

참다운 충성은 무조건적인 복종이 아니다. 그럼에도 무조건적인 복종을 요구하거나 강요하게 되면 마침내 '충성병'이라고 말할 수 있는 비합리적인 상황이 도래할 수 있다. 리더가 충성병에 걸리면 어떻게 될 것인가? 슈메이커(David Shoemaker)가 지적하는 '충성병'의 사례를 소개해 보자. 비록 미군들의 윤리적 부패상이긴 하지만, 우리 주변에도 충성병에 걸린 리더들이 적지 않아 보이므로 교훈이 될 수도 있을 것이다.3)

충성병은 자신의 승진만을 추구하는 출세주의 장교에게서 쉽사리 발병한다. 그는 남들의 시선을 집중시켜 점수를 딸 수 있는 행위만을 시도하고 논란의 소지가 있거나 보상이 없는 일은 회피함으로써 자신이나 부대의 전시효과를 높이는 데 힘쓴다. 종종 규정된 책임 계통을 무시하기도 하고 뛰어넘기도 하면서 다른 사람들의 업무관계를 복잡하게 만들기도 한다. 자신의 부대나 군 발전을 위해 최선의 노력을 다하기도 하지만 그것은 자기 경력을 훌륭하게 만들기 위한 방편이다. 지휘관이 싫어하는 보고는 회피하고 좋아하는 말만 골라 하면서 상관에 대한 무조건적인 복종이 최고의 충성이라 여겨 절대적인 '예스 맨(yes man)'이 된다.

충성병이 있는 사람은 상관에게는 절대적인 충성을 바치는 반면, 하급자들에 대한 헌신과 봉사에는 인색하기 짝이 없다. 자신의 이미지 손상을 염려하여 부하들의 실수에는 냉정하고, 군의 발전을 기대할 수 있는 하급자들의 창의력도 실패에 대한 두려움에서 일단 제한한다. 자신을 드높일 수 있는 일에 대해서는 임무 수행을 구실로 하급자들에게 일과 후까지 일 시키기를 마다하지 않지만, 과오를 저질렀을 때 그들의 실수에 대해서 스스로 책임지기는커녕 발뺌하기에 바쁘다. 하급자들의 역할을 명시된 임무와 지향하는 목표에 의해서 규정해 주기보다는 상관의 눈에 잘 들도록 하는 것이라고 정의한다. 주어

---

3) Major David Shoemaker, "Personal Ethics", *Infantry Magazine*(July/August, 1975). Reprinted in MQS1, 9장, pp.23-27 참조.

진 업무를 신속히 처리하는 것이 상관으로부터 점수를 딸 뚜렷한 특징이라 여겨, 일의 우선순위를 무시하고 가시적인 효과가 드러나는 단기적인 일에 하급자들을 내몰아 혹사시킨다. 계급에 부여되는 특권은 임무 수행의 효율성을 높이는 데 있다는 사실을 무시하고, 계급은 계급 자체로서의 특권이 있다고 주장함으로써 계급에 대한 권위만을 내세운다.

문제는 이와 같은 부류의 충성병에 걸린 장교들이, 묵묵히 자신의 업무에 충실했던 장교들에 비해 승진도 빠를 경우가 종종 있을 뿐만 아니라, 또한 능력 있는 장교로 평가되기도 한다는 현실이다. 내려진 명령에 비판 없이 따르고 주어진 업무를 단기간 내에 처리한다는 사실이 상관에게는 뛰어난 능력의 소유자로 평가되는 근거가 될 수 있다는 것이다. 동시에 그와 같은 업무 처리는 충성병에 걸려 있는 하급자들로부터 존중받을 수 있고, 또한 충성병에 걸려 있는 상급자들에게는 더욱 돋보일 수도 있는 것이다. 이 모든 것이 이루어지는 데는 성실한 다른 장교들의 피와 땀과 눈물이 배어 있다는 사실과, 장기적으로 볼 때 이것이 군의 능률을 저하시키는 곰팡이가 된다는 사실을 그들은 망각하고 있는 것이다.

충성병은 결코 참다운 충성이 아니다. 대상 자체가 참다운 가치를 상실했다고 보아야 할 것이기 때문이다. 그래서 충성병이라고 부르는 것이다.

진실로 국가와 상관에 충성하는 사람은 문제를 은폐하거나 왜곡시킬 것이 아니라 있는 그대로 제시할 수 있어야 한다. 자기 자신의 전문분야라면 현명하지 못한 상관의 방책이나 판단에 대해 조언과 비판도 할 수 있어야 한다. 늘 '예스'가 아니라 '노'라고 할 수도 있어야 하는 것이다. 상관의 눈에 들기 위하여 부정한 이익을 제공하거나 실수를 감출 것이 아니라 부정을 거부하고 과오를 인정해야 한다. 참으로 충성스러운 하급자라면 충성병이 상관의 개인 도덕을 파괴할 뿐만 아니라 군대윤리, 나아가 국가의 장래마저도 위협할 수 있는 독버섯이 될 수 있다는 사실을 진언해야 하는 것이다. 충성병에 의한 절대적인 복종은 충성병이 참다운 충성이 아닌 까닭에 진정으로 가치 있는 복종이라고 할 수가 없는 것이다.

3. 진실성

진실성(integrity)이란 정직함, 올바름, 거짓과 기만을 피하는 것, 자신이 한 말에 따라 행동하는 것을 의미한다. 진실한 리더는 진지하고, 정직하고, 솔직하며, 남을 기만하는 행위를 피하는 인격의 소유자다. 다시 말해서 진실성은 말과 생각과 행위가 일치하는 것, 일관성과 거짓 없음을 뜻한다. 맥아더는 진실성을 "미 육군 규정의 본질적 구성요소"라고 말하고 있고, 미 육사에서는 진실성을 "육사 명예제도의 품질보증서"라고 일컫는다. 군이건 학교건 진실성은 가장 중요한 가치요 덕목이라는 것이다.

앞에서 살폈듯이 충성과 복종은 군의 최고덕목이다. 그러나 오도된 충성, 출세주의, 충성병 같은 잘못된 군 현실의 뿌리에는 기실 진실성의 결여가 깔려 있음을 알 수 있다. 진실성을 결여한 충성과 복종은 군대윤리를 무너뜨리고 군의 작전과 업무를 마비시키기도 한다. 진실성의 결여는 신뢰성의 결여로서 동료 및 상하급자 간의 불신으로 이어져 군의 효율성을 저해하기 때문이다. 이런 의미에서 볼 때 진실성은 충성과 복종보다도 더 근본적이며 중요한 덕목이라고 하겠다. 진실성이야말로 참된 충성과 복종을 가능하게 하는 기초덕목인 것이다.

진실성은 신뢰성을 낳는다. 신뢰는 거짓이나 기만에서는 결코 생성되지 않는다. 진실성과 신뢰성은 동전의 양면처럼 두 가지 그림이면서 동시에 하나로서 도덕적 인격의 핵이다. 『논어』에서는 "무신이불립(無信而不立)"이라고 말한다. 신의가 없거나 의심을 받으면 인격을 의심받고 한 인간으로서 설 수 없다는 뜻이다. 신의가 없으면 인간도 아니라는 뜻이니 신의를 가능하게 하는 진실성의 중요성을 일컫는 표현이라 하겠다. 『중용』에서는 "참된 것은 하늘의 도요, 참되고자 하는 것은 인간의 도(誠者天之道, 誠之者人之道)"라고 한다. 참된 것 자체야 하늘의 이치지만, 그것의 실현은 인간이 추구해야 할 도덕임을 밝혀주고 있다. 진실성이야말로 참다운 인간의 기본조건임을 강조한 표현이다.

서구문화권에서도 진실성은 도덕성을 함축한다. 다른 어떠한 잘못도 용서받을 수 있으나 부정직함이나 진실치 못한 언행은 용서받지 못하는 것이 오래된 서양의 전통이다. 미국의 초대 대통령인 조지 워싱턴의 도끼와 벚나무 사건은 유치원 교육의 단골 메뉴다.

손도끼를 선물로 받은 워싱턴이 아담한 벚나무를 보고 손도끼를 시험하다가 벚나무를 망가뜨린다. 그 나무는 그의 아버지가 애지중지하던 나무였는데 화가 난 아버지가 워싱턴에게 사실 여부를 물었을 때, 그가 거짓말하지 않고 자신의 행위임을 정직하게 대답하자 아버지는 그 아들이 자랑스러워 야단은커녕 그의 정직함을 칭찬했다는 이야기다. 미국인들이 얼마나 정직성, 진실성을 소중한 가치로 여기는지를 엿볼 수 있는 일화다.

이처럼 진실성은 한 사람의 인격 혹은 도덕성을 의미한다고 하겠다. 그렇다면 진실한 인격자 혹은 도덕적 인격자는 어떤 사람인가? 우선 인격적으로 진실한 사람은 매사에 성실하다. 그와 같은 사람은 결단과 선택에서 편애나 편견, 개인적 욕망에서가 아니라 객관적이고 공정한 관점에 선다. 그리하여 그가 서명한 보고서는 그에 대한 신뢰를 증명하는 보증서가 된다. 그의 추천서는 언제나 공정하고 믿음이 가는 것으로 존중된다. 성실성에 입각한 신뢰성으로 말미암아 그의 선택과 결단은 확실한 것으로 인정되며, 부하들은 그의 말에 전적으로 공감한다. 리더 혹은 장교는 그와 같은 사람이어야 한다. 미군의 경우지만 "장교의 말은 그의 보증서"라는 표현은 오랜 전통을 지닌 그들의 긍지다. 장교는 신뢰할 수 있는 인격체라는 뜻이다.

인격적 진실성을 가진 사람은 스스로에게 거짓을 말하지 않을 뿐만 아니라 상대를 기만하지 않는다. 자신을 기만하지 않기에 양심에 비추어 거리낌이 없다. 스스로를 속이지 않고 충실하다는 것은 똑같이 타인에 대해서도 그러하다는 것을 함축한다. 남을 속인다는 것은 바로 자기 자신을 기만하고 있음을 의미하기 때문이다. 우리가 '진실하다'고 말할 때 그것은 매사에 거짓이 없고 자기 자신이나 타인에 대해서도 항상 투명함을 말하는 것이다.

인격적으로 진실하다는 것은 자기 자신과 타인에게 진실하고 성실할 것을 요구하는 것이기에 욕구에 있어서 자기 통제라는 특성을 갖는다. 거짓과 불성실은 실상 자기 욕구가 크고 강한 데서 비롯되기 때문이다. 충성병에 걸려 허위 보고나 사실의 은폐 등 군의 도덕성을 타락시키는 장교나 리더들은 욕구에 대한 자기 통제 능력이 부족한 사람들이라 할 수 있다. 요컨대, 진실성이란 욕구에 대한 자기 통제력이 강한 사람에게만 허용되는 덕목이라 할 것이다.

진실성은 또한 말과 생각과 행동의 일치를 뜻한다. 말과 생각과 행동을 일치시킬 힘은 바로 그 말을 한 사람에게 있다. 그가 진실한 사람이라면 말과 생각과 행동을 일치시켜야 할 책임이 있다. 말은 자신의 의견이나 태도를 입증하는 증거로서 작용한다. 말의 목적 자체가 그 사람의 의견이나 태도를 입증하는 증거인 까닭에 사람들은 말을 믿는다. 믿지 못할 특별한 사유가 없는 한, 사람들은 말의 진실성을 믿는다. 그 사람의 말에 대한 의심이 없는 까닭에 그에 대한 신뢰가 형성된다. 진실성의 덕목이 신뢰성의 덕목을 수반하는 까닭이 여기에 있다.

이러한 선의의 신뢰를 악용하는 것이 거짓말이다. 거짓말은 말의 참된 의미를 왜곡시킬 뿐만 아니라, 말에 대한 사람들의 신뢰를 이용해 그들을 기만한다. 그러므로 거짓말은 그 사람의 도덕성에 흠집을 낼 뿐만 아니라 도덕적 인격의 완성에 필수요소인 신뢰성을 파괴한다.

진실성에는 순수성이 깃들어 있고 거짓말에는 비겁함과 배신이 도사리고 있다. 물론 거짓말 가운데도 순수한 거짓말이 있을 수 있다. 이른바 선의(善意)의 거짓말(white lie)이 그것이다. 모든 거짓말은 자기 자신이나 자기 집단의 이익을 위해 이루어진다. 반면 선의의 거짓말은 거짓을 말하는 사람의 이익을 위한 것이 아니라 다른 사람의 이익이나 공익을 위해서 행해진다. 그런 의미에서 선의라고 말하는 것이다. 가령 죽어가는 환자를 위한 의사의 거짓말, 포로의 거짓말 등이 그러하다.

가정이나 사회의 기율이 엄격했던 과거와는 달리 민주적인 분위기 속에서 성장한 오늘의 젊은이들은 관료적이고 권위적인 군의 조직과 운영방식에 대해 종종 회의를 느끼고, 이를 전근대적인 방식이라 비판하기도 한다. 그러나 군에 대해 비판적인 그들에게 있어서도 변함없는 한 가지 사실은 인격적 진실성을 지닌 상관과 부하들을 존경하고 신뢰한다는 점이다. 상급자건 하급자건 그를 존경하고 따를 수 있게 하는 것은 그에 대한 신뢰성이 있을 때만이 가능한 것이다.

그런데 바로 여기서 우리는 중요하고도 의미 있는 하나의 사실을 깨닫게 되는데, 그것은 진실성이 궁극적으로 군의 효율성을 높이게 된다는 사실이다. 지금까지 살펴온 것처럼 진실성은 신뢰성을 가져오게 되고 그 신뢰성이 군사적 효율성을 높이는 데 결정적이라는 것이다. 인격적 진실성과 신뢰성은 뗄 수 없는 상호 함수관계에 있고, 상하급자 간에 신뢰성이 축적되면 궁극적으로는 군사적 효율성을 높이는 계기가 이루어진다는 것이다. 마이클 윌러(Michael Wheeler)의 다음과 같은 표현은 이와 같은 사실을 잘 설명해 준다.

> 신뢰성은 병사와 지휘관 간에 생겨나는 가치상의 간격을 메우는 역할을 할 수 있다. 왜냐하면 신뢰성은 공감할 수 있는 태도를 유발시키고, 그리하여 복종하게끔 하는 성향이 있기 때문이다. 당신이 어떤 사람을 신뢰하면, 그에게서 의심스러웠던 부분마저도 선의로 받아들이게 되고, 그래서 그가 요구하는 바를 따르게끔 된다. 그러므로 민주국가의 군인은 자신의 행위에 대하여 궁극적 책임을 지는 도덕인이며, 동시에 그가 신뢰하는 사람의 명령에는, 그것이 어떠한 것이건 법적, 도덕적으로 옳다는 생각에서, 복종할 수가 있는 것이다.[4)]

진실성과 신뢰성, 그리고 복종 사이의 이와 같은 함수관계를 입증하기 위하여 윌러는 조지 마셜 장군의 실제 사례를 제시한다. 그에 따르면 마셜에게는 사람들로 하여금 그가 지시하는 사항을 반드시 이행하게 하는 특별한 무엇이 있다는 것이다. 그의 명령에 대한 정당성 여부는 고려할 필요조차 없이 하급자들로 하여금 그의 말에 따르게 하는 그 무엇을 윌러는 마셜에 대한 사람들의 신뢰성이라 진단한다. 그리고 이 신뢰성은 마셜의 인격적 진실성에서 비롯되었다는 것이다.[5)]

다시 말하면, 마셜의 하급자들은 그가 도덕적으로 진실한 인격자라는 사실을 알고 있고, 그래서 그를 절대적으로 신뢰하고 있으며, 따라서 그가 내리는 명령에는 그것이 어떠한 것이건 복종하게 되었다는

---

4) Michael Wheeler, "Loyalty, Honor, and the Modern Military", *War, Morality, and the Military Profession*, ed. by Malham M. Wakin(Westview Press, 1986), p.187.

5) 같은 글, pp.181-182 참조.

것이다. 게다가 마셜은 하급자들의 이러한 절대적인 복종을 토대로 마침내 군의 최고 목표인 전쟁에서의 승리를 쟁취하였다는 것이다.[6] 물론 전쟁에서의 승리가 마셜의 인격적 진실성에 의해서만 성취된 것이라 할 수는 없겠지만, 하급자들이 그의 명령에 기꺼이 따랐다는 점에서 도덕적 진실성에 기초한 신뢰가 군사적 효율성을 높이는 데 큰 역할을 했다는 사실을 마셜을 통해 알 수가 있다는 것이다.

요컨대, 마셜의 경우에서 볼 수 있듯이, 진실성과 신뢰성, 그리고 복종(이 경우는 강압에 의한 복종이 아니므로 충성이라고 바꿔 말해도 되겠다)은 상호 함수관계에 있다. 또한 마셜에게 있어서 도덕적 진실성은 인격적 덕목의 차원에서 뿐만 아니라 전쟁을 승리로 이끌었다는 측면에서 군의 효율성을 한층 높인 수단적 가치도 함께 지닌 덕목이라는 것이다. 그러므로 도덕적 인간으로서 뿐만 아니라 승리를 쟁취해야 할 지도자로서도 진실성은 리더에게 반드시 필요한 덕목이라 하겠다.

그렇다면 이와 같은 진실성을 함양하는 방법은 무엇일까? 진실성은 도덕성이고, 도덕성은 인격성이기에 진실성의 함양은 도덕적 인격자로서의 품성을 고양하는 길이기도 하다. 그 가운데 하나로서 미 육군이 제시하고 있는 진실성의 의미와 그 함양 방법을 소개한다. 그것은 다음과 같다.[7]

법적이건 도덕적이건, 옳은 것을 행하라(Do what's right, legally and morally).

(1) 옳은 것과 그른 것을 구별하라(Separating what's right from what's

---

6) 같은 글, p.184 참조.

7) *US Army FM* 22-100, Army Leadership: Be, Know, Do(1999.6)에서 진실성(integrity) 부분 참조.

wrong).

(2) 항상 당신이 옳다고 알고 있는 대로 행동하라. 설사 그 행동으로 말미암아 당신에게 개인적인 불이익이 닥친다 할지라도(Always acting according to what you know to be right, even at personal cost).

(3) 항상 당신은 옳다고 이해하고 있는 대로 행동한다는 사실을 사람들에게 공공연하게 말하라(Saying openly that you're acting on your understanding of right versus wrong).

이 내용은 진실성의 의미에 대한 설명임과 동시에, 진실성을 함양하는 방법이기도 하다. 진실성이란 옳은 것을 행하는 것으로서, 우선 옳고 그른 것을 구별해야 한다. 이것은 당연히 옳고 그른 것이 무엇인지를 알고 있다는 것을 함축하는 것으로서, 진실성이 도덕성에 근거하고 있음을 보여준다.

다음으로 옳다고 알고 있는 대로 행동할 것을 요구하고 있는데, 이것은 매우 중요한 의미를 담고 있다. "설사 개인적인 불이익이 닥친다 할지라도"라는 단서 때문이다. 진실성은 옳은 일을 하는 것을 의미하고, 옳은 일에는 여러 가지 어렵고 힘든 일이 뒤따를 수 있음을 시사하는 것이다. 도덕이라는 것 자체가 욕구에 대한 자기 통제력이고, 자기 통제에는 많은 고통이 수반된다. 진실성은 고독의 길이다. 때로는 사람들의 비난과 따돌림마저도 감수해야 하는 힘든 길인 것이다. 육사 사관생도 신조에 "험난한 정의의 길"이라는 표현이 있다. 정의의 길, 옳음의 길, 진실성의 길은 험난한 것임을 말해 주는 표현이라 할 것이다.

진실성의 마지막 요구는 옳은 것을 행한다는 사실을 사람들에게 공표(公表)하라는 것인데, 이 역시 진실성을 함양하는 매우 의미 있고 효과적인 방법이라 하겠다. 적어도 두 가지 점에서 그렇다. 하나는 옳은 일을 행하겠노라고 사람들에게 공표하면 그 순간부터 자신은 그 말에 대한 책임감에서 그른 일을 할 수 없게 된다는 사실이다. 진실성은 말과 행동의 일치를 의미한다고 했거니와, 사람들 앞에서 한 말에 대한 책임감에서라도 그른 일을 멀리하게 된다는 것이다.

다른 하나는 옳은 일을 하는 사람이라는 공공연한 표현으로 말미암아 잘못된 일을 제의하거나 그른 일에 동참을 요구하는 사람들이 주변에 접근하지 못하게 된다는 사실이다. 일종의 불의에 대한 방패막을 치게 되는 셈인 것이다.

요컨대, 진실성은 옳은 일을 행하는 것으로서, 이를 함양하기 위해서는 옳고 그름을 구별해서, 오직 옳은 것만 행하고, 자신의 그와 같은 태도를 늘 사람들 앞에서 당당히 밝히라는 것이다.

4. 책임성

일반적으로 책임성이란 "맡은 바 임무를 적극적이고 능동적으로 최선을 다해 수행하고, 그 성패에 대한 결과를 떳떳이 수용하려는 태도"를 말한다. 하지만 책임성과 관련해 가장 많이 쓰이는 것은 잘못된 결과에 대한 문책성의 의미다.

우리는 흔히 "그것은 네 책임이다", "일이 잘못될 경우 누가 책임질 것인가?", "사고가 난 이상 누군가 책임질 사람이 있어야 할 것 아닌가?" 등등의 말을 많이 듣고 또 하기도 한다. 이런 의미에서 사용되는 책임도 분명 책임성의 의미이긴 하나, 책임성의 참뜻은 이처럼 소극적이고 피상적인 것만이 아니다.

책임성의 참된 의미는 일에 대한 결과적 책임의 의미보다는 부여된 임무, 자신이 맡은 일의 수행을 위해 자신의 능력을 최대로 발휘하겠다는 의무 의식, 인격적 특성에 있다고 할 것이다. 다시 말하면, 책임성의 의미는 "부여된 임무를 성실히 최선을 다해 완수한다"는 적극적인 측면과, "일이 잘못되었을 경우 그에 따르는 모든 불이익을 감수하겠다"는 소극적인 측면을 모두 지니고 있는데, 진정한 의미에서의 책임성은 전자에 있다고 할 것이다. 그리고 군 장교를 비롯한 리더가 구비해야 할 덕목으로서 책임성은 당연히 전자가 될 것이다.

'임무 수행에 최선을 다하겠다는 의무 의식 및 행동 성향'이 책임성이란 덕목의 참 의미이기는 하지만 그렇다고 소위 '결과에 대한 책임 문제'로서의 책임성이 단순히 소극적인 의미라고 소홀히 다루어져서는 안 된다. 왜냐하면 '주어진 임무에 최선을 다한다'는 적극적인 책임 의식을 갖고 임무에 임하는 사람이 있는가 하면, 그렇지 못한 경우도 있을 수 있기 때문이다.

이처럼 '주어진 임무'의 중대성에 비해 동기 부여가 미약할 경우, 문책성의 의미를 지닌 책임성 역시 또 다른 동기 부여의 한 방법으로서 의미를 가질 수 있는 것이다. 바람직한 것은 아닐지라도 이 경우 도덕적 비난과 법률적 문책이 두려워서라도 주어진 임무를 위해 최선을 다하게 한다면 긍정적인 의미가 될 수 있을 것이기 때문이다. 그러므로 비록 소극적이고 다소 부정적인 의미이긴 해도 '결과에 대한 책임'으로서의 책임성을 살피는 것도 큰 의미를 갖는다 하겠다. 여기서는 문책성의 책임 여부에 관하여 상세한 논의를 전개한 아리스토텔레스의 이론을 소개해 본다.

아리스토텔레스에 따르면, 행위에 대한 책임을 물을 수 있는 경우는 '고의적 행위(voluntary act)'일 때뿐이다. 즉, 행위자의 의지에서 나온 행위만이 책임을 물을 수 있다는 것이다. 따라서 '고의적이 아닌 행위(involuntary act)'는 책임을 물을 수 없다.[8)]

---

8) 아리스토텔레스, 최명관 옮김, 『향연, 파이돈, 니코마코스 윤리학』(을유문화사, 1994), p.219 참조.

이와 같은 주장은 우리에게 의지의 자유가 있다는 전제 위에서만이 가능하

아리스토텔레스에 의하면 '고의적이 아닌 행위'는 다시 두 가지로 구분된다. 그 하나는 '강요에 의한 행위(compulsory act)'이고, 다른 하나는 '무지에 의한 행위(ignorant act)'다. 강요에 의한 행위란 "(행위의) 원인이 외부의 상황 속에 있고 행위자가 그 원인에 조금도 관여하는 바가 없는 행위"를 말한다.[9] 이 경우는 행위자 자신의 의지에서 나온 행위가 아니기 때문에 행위자에게 책임을 물어서는 안 된다는 것이다.

예컨대, 정상인으로서는 도저히 감당하기 어려운 강압이나 고문 같은 것에 굴복해서 나온 행위들이 그러하다. 베트남전 당시에는 포로들을 이용한 러시안 룰렛 게임이라는 도박이 성행하였다. 이는 여섯 발의 총알이 들어갈 수 있는 권총에 단 한 발의 총알만 장전한 채, 한 명의 포로로 하여금 다른 포로의 머리에 권총을 겨누고 방아쇠를 당기게 한 뒤 그 결과에 따라 돈을 챙기는 도박이다. 포로 한 사람이 죽게 될 확률은 6분의 1인 셈이다. 자신의 총알이 다른 무고한 포로를 죽일 수 있다는 것을 뻔히 알면서도 포로들은 방아쇠를 당길 수밖에 없다. 이 경우 아리스토텔레스의 견해에 따르면 그 포로에게는 살인 행위에 대한 책임을 물어서는 안 된다. 그것은 자신의 의사와는 상관없이 이루어진 강요된 행위기 때문이라는 것이다.

결과에 대한 책임을 묻기 어려운 또 하나의 행위는 '무지에 의한 행위'다. 이것은 행위를 저지른 순간의 상황이나 행위의 목적과 결과에 대한 고려나 지식이 전혀 없는 가운데 이루어진 행위의 경우를 말한다. 가령, 아주 나쁜 결과를 초래했다 할지라도 어린아이들의 행동

다. 하지만 우리에게 의지의 자유가 있느냐 없느냐 하는 문제는 또 다른 철학적 논의로 우리를 이끌기에 여기서는 아리스토텔레스의 주장에 따라 의지의 자유를 전제하고 논의를 전개하기로 한다.

9) 같은 책, p.220 참조.

이나 정상인이 아닌 사람들에 의해서 이루어진 행위라면 그 경우는 책임을 물을 수가 없다는 것이다. 설사 정상인에 의해 이루어졌다 할지라도 사정과 상황을 모르고 한 행위 역시 책임을 묻기가 어렵다는 것이 아리스토텔레스의 주장이다. 거기에는 '고의성'이 들어 있지 않기 때문이다. 따라서 정상인의 경우라 하더라도 무지에 의한 행위는 비정상인의 그것과 마찬가지로 취급되어야 한다는 것이다.[10)]

이 경우, 좀 더 까다로운 문제는 '고의성' 여부를 어떻게 확인할 수 있는가 하는 문제다. 이는 행위자의 양심의 문제이기도 하지만, 행위 결과가 엄청난 군사적, 사회적, 경제적 물의를 일으켰을 경우에는 행위자의 양심에만 맡길 수는 없을 것이다. 행위자가 고의성이 없었다고 주장하는 한 이 경우 고의성을 객관적으로 증명할 방법은 없다. 하지만 행위 결과가 너무 클 때, 가령, 비행기 폭파와 같은 엄청난 인명 피해를 초래했을 때는 고의성이 없다는 것만으로 책임을 묻지 않을 수는 없을 것이다. 그 경우라면 고의성 여부를 떠나, 그 정황에 대한 판단을 근거로 추론을 통해서 책임 여부를 결정할 수도 있을 것이다.

영화 『플래툰』에서 볼 수 있듯이, 평소에 증오하던 동료를 전쟁터에서 고의적으로 사살하고는 "고의성이 없었다"고 주장할 경우, 양심에 맡기는 해결 방식은 설득력을 잃는다. 그러나 전장 상황은 우연성과 불확실성이 지배하는 것이어서 사실적 정황에 의거해 책임 여부를 찾아낸다는 것이 결코 쉬운 일이 아니며, 그렇다고 해서 불확실한 정황에 근거한 추론만으로 책임을 묻는 것은 더더욱 해서는 안 되는 일일 것이다. 고의적인 사살 장면의 목격자가 없는 한, 이 경우 올바른

---

10) 그러나 정상인이 술이나 약물에 중독, 마취된 상태에서 혹은 극도의 흥분 상태(화가 난 상태)에서 '몰라서 한 행위(act in ignorance)'의 경우는 무지에 의한 행위(act by reason of ignorance)와는 구별하고 있다. 왜냐하면 이 경우는 무지의 결과로 행위한 것이 아니라 술이나 약물, 혹은 화를 낸 결과로 행위한 것이기 때문이다. 같은 책, p.221 참조.

해결은 기대하기 어렵다. 요컨대, 무지에 의한 행위라는 변명은 그 자체를 객관화하기가 쉽지 않은 까닭에, 이에 대한 책임 문제 해결은 결국 행위자의 양심이나 사실적 정황에 대한 추론에 의존할 수밖에 없는 한계성을 갖는다고 하겠다.

그러나 또 한편, 고의성이 없었다 할지라도 '무지'에 의한 범죄 행위가 무지했다는 그 자체만으로는 면책될 수 없다는 주장도 가능하다.[11] 물론 이 경우에는 범죄자의 신분이나 직위 등이 하나의 고려 요소가 된다. 가령, 어린아이가 무지에 의해서 범죄를 저질렀거나, 어른이라 할지라도 정상이 아닌 사람이 저지른 범죄는 '무지'라는 사실이 면책요건이 되거나, 적어도 정상참작이 가능하다. 왜냐하면 어린아이의 경우는 정상적인 판단을 할 연령에 이르지 못했다고 생각되고, 비정상인의 경우는 그들이 정상이라면 그렇게 행동하지 않았을 것이라고 믿어지기 때문이다.

그러나 중요한 판단을 내려야 하는 직책에 있는 정상인의 경우, 또는 어떤 사실에 대해서 결코 무지해서는 안 되는 직책에 있는 사람의 경우는 설사 그가 무지해서 범죄를 저질렀다 할지라도 결코 그의 무지가 면책의 사유가 될 수는 없다. 가령, 전쟁범죄의 경우 지휘관이나 고급 장교는 바로 이와 같은 직책이나 여건에 있는 사람들이다. 따라서 군 장교의 경우에는 설사 고의성이 없었다 할지라도 무지에 의해서 이루어진 범죄 행위로부터 면책되는 사례는 거의 없다고 해야 할

11) 아리스토텔레스는 "모든 사악한 사람은 자기가 무엇을 해야 하며 또 무엇은 해서는 안 된다는 것을 알지 못한다. 사람들이 의롭지 못하게 되고 일반으로 악하게 되는 것은 이런 문제에 있어서의 과오 때문이다"라고 말한다. 이것은 얼핏 사람들의 사악함이 무지에서 비롯되는 것이라는 데 대한 변호처럼 보이지만, 실제로는 사람은 누구나 마땅히 알아야 할 시비선악의 보편적 원리가 있는데 이를 모르는 것은 앞의 무지와는 달리 응당 그 무지에 대한 책임을 져야 한다는 것으로 무지가 모든 행위의 면책 요건이 아님을 주장하는 것이라 하겠다. 같은 책, p.221.

것이다. 오히려 무지했다는 사실 자체가 그에게는 무책임하다는 오명이 될 것이고, 근무 태만 등의 가중처벌까지도 가능한 것이다. 병사와는 달리 리더인 군 장교에게 건전한 상식과 일정 수준의 교육이 필요한 까닭이 여기에 있다.

그렇다면, 이러한 책임성의 덕목은 어떻게 함으로써 더욱 강하게 확립시킬 수 있을까? 체스터 바나드(Chester Barnard)에 의하면, 책임성의 덕목을 구비하는 첫째 요건은 강한 도덕적 성향을 함양하는 일이다. 왜냐하면 책임성이란 "반대의 행동을 하고 싶은 강한 희망 또는 충동이 있을지라도 개인의 행동을 규제하는 특수한 개인적 도덕준칙, 또는 각자에 내재하는 도덕성이 행동에 나타나게 하는 각자의 자질"을 의미하기 때문이다.[12] 다시 말하면, 바나드에 따르면, 한 개인이 책임성이 있다고 말할 때, 그것은 그가 자신의 도덕적 준칙에 어긋나는 충동이나 욕망을 버리고 그 준칙에 합당한 욕망이나 관심으로 지향하게 하는 자질의 소유자임을 의미하는 것이다.

사실 도덕이라는 것도 그렇다. 많은 경우에 도덕적 준칙은 일반적인 욕구 성향에 반대되는 행위를 할 것을 요구한다. 가령, 남의 물건을 탐내지 말라는 도덕적 준칙은 남이 갖고 있는 좋은 물건을 볼 때 누구나 그것을 갖고 싶어 하는 사람들의 일반적인 욕망에서 벗어날 것을 요구한다. 또한 질서를 지키라는 도덕적 준칙은 누구나 급할 때 새치기하고 싶어 하는 사람들의 일반적 욕구에 반대되는 행동을 요구한다. 하지만 도덕적인 사람은 그와 같은 일반적인 욕구 성향을 자신의 내적 통제력으로 자제하는 사람이다.

같은 논리에서 책임성이 강하다는 것은 그 일에서 벗어나고 싶은 욕구, 임무 완수에 따르는 고통과 아픔에서 자유롭고 싶은 욕구를 내

12) 신종순 · 장을병, 『공직의 윤리』(박영사, 1965), p.237에서 재인용.

적 통제력으로 다스려 주어진 임무를 완수해 내는 것을 말한다. 그러므로 바나드에 따르면, 책임성은 바로 도덕준칙의 지배를 받는 사람, 곧 도덕적인 사람에게 주어진다. 도덕적 성품이 높은 사람은 그만큼 책임성 또한 강한 사람이며, 따라서 책임감을 강하게 확립시키는 길은 그 사람의 도덕적 품성을 고양하는 데 있는 것이다.

5. 용기

일반적으로 용기는 "씩씩하고 굳센 기운", "사물을 겁내지 않는 기개"로 정의된다. 이는 분별력이 있어 미혹당하지 않는 지혜로운 사람을 지자(智者)라 하고, 근심 걱정 없는 인자한 사람을 인자(仁者)라 하며, 기개가 있어 두려워하지 않는 사람을 용자(勇者)라 칭한 공자의 말에서 비롯된 것이라 여겨진다.[13)]

그러나 용기의 참다운 정의가 쉽지 않음은 플라톤의 『대화록』에 수록된 소크라테스와 라케스 간의 대화가 잘 보여준다. 하지만 대화의 끝에 이르면 용기에 대한 확실한 윤곽이 그려지고 있음을 볼 수 있다.

가. 분별력 있는 인내력

플라톤의 『대화록』 중 「라케스」 편에 보면, 소크라테스가 '용기'라는 것을 젊은이들에게 어떻게 가르칠 수 있을까에 대하여 아테네의 유명한 장군 두 사람, 라케스와 니키아스와 함께 대화하는 장면이 나온다. 소크라테스와 이 두 장군 간의 대화를 토대로 용기의 참다운 의미를 찾아볼 수 있다고 생각되어 여기 그 대강을 소개한다.[14)]

---

13) "지자불혹, 인자불우, 용자불구(智者不惑, 仁者不愚, 勇者不懼)", 『논어(論語)』, 「자한(子罕)」 편 참조.

검술 시합을 구경하던 아테네의 두 귀족이 자기 자식들에게 검술을 가르칠 필요가 있겠는가를 알고자 함께 그곳에 있던 두 장군 라케스, 니키아스와 검술 수업 방식에 대해 토의하던 중, 의견이 서로 분분하자 소크라테스를 그곳에 초청한다. 소크라테스는 검술 수업을 통해 얻을 수 있는 덕(德)에 대해 설명하고, 그 덕들 가운데서도 최상이라 여겨지는 용기에 대해 토의할 것을 제의한 뒤, 용기에 대해 충분한 이해를 갖고 있을 것으로 생각된 두 장군에게 용기의 정의를 내려줄 것을 요청한다. 두 장군은 이미 전쟁터에서도 용감히 싸우고 진두지휘한 사람들이므로 서슴없이 대화에 응해 용기의 정의를 내린다.

라케스 : 용기의 정의는 별로 어렵지 않다. 그것은 "전열에 머물러 서서 적에 대항하고 퇴각하지 않는다면 그 인물은 용감하다"고 말할 수 있다.
소크라테스 : 그 대답은 나의 질문과 다르다. 전열에 머물러 적과 싸우는 사람은 분명 용감하지만, 만일 퇴각하면서 싸우는 사람은 어떠한가? 퇴각의 명인이라 불리는 아이네이아스 장군은 용감한 사람이 아닌가? 또한 보병만이 아니라 기병에 있어서 용감한 사람은 어떠한가? 물러서지 않고 싸우는 자만이 용감한 것인가? 그뿐만 아니라, 전쟁에서가 아니라 해난(海難) 때 용감한 사람들, 질환이나 빈곤과 국정(國政)에 있어서 용감한 사람들은 어떤 사람들인가? 또한 고통이나 공포에 대해 용감한 사람들, 그뿐만 아니라 욕망과 쾌락에 대해서 용감한 사람들은 어떠한 사람들인가? 분명히 이러한 사항에 대해서도 용감한 사람이 있는 것 아니겠는가?
라케스 : 확실히 그렇다.
소크라테스 : 그러니까 이 사람들은 모두가 용감하지만, 어떤 자는 쾌락, 어떤 자는 불쾌, 어떤 자는 욕망, 어떤 자는 공포에 대해서 용감한 태도를 취하는 것이다. 반대의 태도를 취한다면 비겁한 자라고 말할 것이다. 그런데 실상 내가 묻고자 하는 것은 쾌락에 대해서건 불쾌에 대해서건,

---

14) 고트프리트 마르틴, 김여수 옮김, 『소크라테스 평전』(삼성문화재단, 1974), pp.167-188 참조.

기타 용감한 태도가 인정되는 예로서 우리가 들고 있는 모든 사항에 걸쳐 동일한 것으로서의 용기라는 것은 어떤 힘인가 하는 것이다. 즉 용감한 모든 행위에 포함되고 있는 어떤 힘은 무엇인가 하는 것이다.

라케스 : 모든 경우에 대하여 인정되는 것이라면, 용기는 혼(정신)의 어떤 인내력이라 여겨진다.

소크라테스 : 그러나 모든 인내력을 용기라고 말할 수는 없을 것이다. 예컨대 무분별한 인내력은 악하고 해로운 일일 것이다. 용기는 가장 훌륭한 것 중의 하나일 텐데 악한 것을 훌륭한 것이라 여기지는 않을 테니까. 그렇다면 당신은 분별 있는 어떤 인내력을 용기라고 말하고자 하는 것인가?

라케스 : 그런 셈이다.

소크라테스 : 그렇다면 그것은 어떤 종류의 일에 한해서 분별 있는 인내력인가, 아니면 모든 일에 관해서 분별 있는 인내력인가? 가령 어떤 사람이 투자에 의해 이득을 보는 것을 알고 있고, 그 투자에 관해 분별 있는 인내심을 발휘한다면 그는 용기 있는 사람이라 말하겠는가?

라케스 : 제우스에 맹세하고 그렇게 말하지는 않을 것이다. …

이 대화록의 끝은 결국 라케스나 니키아스처럼 전쟁터에서 큰 공을 세운 장군도 소크라테스 자신과 마찬가지로 용기에 관해서 실상은 정확히 알고 있지 못하다는 사실을 보여준다. 그러나 대화의 흐름을 눈여겨보면 진정한 용기에 관한 정의가 세 단계로 발전하고 있음을 알 수 있다.

라케스에 의해서 내려진 첫 단계에서의 정의는 그저 용감한 것들의 나열이다. 두 번째 단계는 용감한 것들의 공통된 힘으로서의 분별 있는 인내력이다. 그리고 세 번째 단계에서는 용기가 모든 종류의 분별 있는 인내력일 수는 없음을 시사하고 있다.

용기에 대한 정의를 내리고자 하였던 소크라테스와 라케스의 대화를 토대로 할 때, 우리는 다음과 같은 세 가지 중요한 요소가 용기라는 개념에 포함되어 있음을 알 수가 있다.

첫째, 용기는 모든 용감한 행동에 담겨 있는 공통된 특질로서의 정신적인 어떤 인내력이다. 둘째, 모든 종류의 인내력이 아니라 분별 있는 인내력이다. 왜냐하면 용기는 훌륭한 것이기 때문이다. 셋째, 분별 있는 인내력이라 할지라도 그것이 지향하는 바가 개인적인 사소한 이익을 위한 것이어서는 안 된다.

그렇다면 이들의 대화 속에서 이끌어낼 수 있는 용기의 참 의미는 "대의(大義)를 위한 분별 있는 인내력"이라고 할 수 있겠다. 대의는 정의(正義)와 맥을 같이한다. 따라서 용기는 대의 혹은 정의와 불가분의 관계 속에 있으며, 분별없는 용기, 정의와 관계없는 용기는 참다운 용기가 아님을 알 수 있는 것이다.

나. 정의를 위한 인내력

한편, 아리스토텔레스는 덕이란 일반적으로 지나침과 모자람이 없는 중용이라고 보았는데,[15] 용기란 덕은 만용이라는 지나침과 비겁(비굴)이라는 모자람의 중용이라는 것이다. 용기란 결코 어떠한 위험이나 위기를 알지도 느끼지도 못하는 철모르는 청소년의 객기와 같은 만용이 아니다. 용기란 또한 당면한 위기 상황에 압도되어 쉽사리 굴복해 버리는 비겁함도 아니다. 용기란 닥쳐온 위기와 위험 상황을 분명히 인지하고 있기에 공포를 느끼면서도 그것을 극복하려는 힘으로서의 행동적 기질이요, 정신적 특성인 것이다. 더욱이 덕이란 도덕적 선(善)과 정의에 기반한 것이므로 참다운 용기는 선과 옳음 혹은 정의로부터 벗어난 것이어서는 안 되는 것이다.

---

15) 아리스토텔레스, 최명관 옮김, 『향연, 파이돈, 니코마코스 윤리학』(을유문화사, 1994), pp.231-235.

요컨대, 참다운 용기는 소크라테스건, 아리스토텔레스건, 정의 혹은 옳은 것을 위한 행동이나 정신에 깃들어 있는 것임을 알 수가 있다.

이와 유사한 관점을 우리는 『논어』에서도 발견한다. 「술이(述而)」 편을 보면 "포호빙하(暴虎馮河)"란 말이 나오는데 이는 공자의 용기에 대한 개념을 살펴볼 수 있는 좋은 예다.

> 하루는 공자가 제자 안연(顔淵)과 더불어 얘기하는 중 "조정에 등용이 되면 나아가 도를 행하고, 해임되면 물러가서 초야에 묻히는 것이 군자의 도리인데, 이는 너와 나만이 할 수 있을 것이다"라고 하였다. 이를 옆에서 듣고 있던 자로(子路)가 "만약 선생께서 삼군을 거느리고 전쟁터에 나가신다면 누구와 더불어 하시겠습니까?"라고 물었다. 이때 공자는 스스로 용기 있음을 과시하고자 하는 그의 뜻을 알고 말하기를 "맨손으로 범을 때려잡으려고 덤비거나 큰 강을 배 없이 건너다가 죽어도 후회하지 않겠다는 자와는 더불어 일하지 않는다. 반드시 어떤 일에 임하여 조심하면서 계획을 잘 세워 성사시키는 자와 더불어 할 것이니라"고 하였다.[16]

공자는 이처럼 참된 용기를 '포호빙하'하려는 무모하기 짝이 없는 저돌적 만용과 구별했을 뿐만 아니라, 또한 그것이 지향하는 바가 정의로워야 함을 일깨워준다. 공자는 다음과 같이 말한다.

> 의를 보고도 행하지 않는 것은 용기가 없는 것이다.[17]

> 군자가 용기가 있으되 정의감이 없으면 난을 일으키게 되고, 소인이 용기가 있으되 정의감이 없으면 도둑질을 하게 된다.[18]

---

16) "포호빙하(暴虎馮河)", 『논어(論語)』, 「술이(述而)」 편 참조. 맨손으로 범을 때려잡겠다거나 큰 강을 배도 없이 건너겠다고 하는 무모함을 일컬음.

17) "견의불위무용야(見義不爲無勇也)", 『논어(論語)』, 「위정(爲政)」 편 참조.

참다운 용기는 도(道)와 정의(正義)를 위해서는 자기의 이익이나 목숨마저도 희생할 수 있는 기개라는 것이 용기에 대한 공자의 생각인 것이다.

소크라테스와 아리스토텔레스, 그리고 공자의 이와 같은 논의를 종합해서 용기를 정의해 본다면 다음과 같이 말할 수 있겠다. "참다운 용기는 위기 앞에서도 대의(정의)를 위해 인내하고 극복해 내는 정신의 힘이다."

다. 육체적 용기와 도덕적 용기

『대화록』에서도 언급된 것처럼, 용기는 여러 가지 종류가 있을 수 있으나, 일반적으로 육체적 용기와 도덕적 용기로 구분하고 있다.[19)]

육체적 용기란 육체적 공포를 극복하고 자신의 의무(참다운 가치로서의 대의 혹은 정의를 위하는 일)를 수행하는 것을 말한다. 인명을 구하기 위해 불에 뛰어드는 소방관, 전장에서 물러서지 않고 싸우는 군인 등 생명의 위협을 무릅쓰고도 자신의 임무를 완수하는 육체적 행동들이 여기에 속한다. 도덕적 용기란 도덕적 비난, 명예의 실추, 경력상의 불이익 등을 무릅쓰고서도 자신의 의무를 수행하는 정신적 힘이다. 그것은 자신에게 닥칠 모든 위험을 각오하고 참다운 가치, 도덕원칙, 신념에 따라 행동하는 것을 말한다. 일반적으로 말할 때 진정한 용기는 이 두 가지를 모두 포함한다.

따라서 용기 있는 사람은 정의를 위해 육체적으로 뿐만 아니라 도

---

18) "군자유용이무의위란, 소인유용이무의위도(君子有勇而無義爲亂, 小人有勇而無義爲盜)", 『논어(論語)』, 「양화(陽貨)」 편 참조. "무의위란(無義爲亂)"에 대해서는 신정근, 『마흔, 논어를 읽어야 할 시간』(21세기북스, 2011), pp.313-315 참조.

19) FM22-100, *Military Leadership*(1990), p.23.

덕적으로도 강한 사람이라고 할 것이다. 생명의 위협 속에서도 "지구가 돈다"는 진리를 위해 끝까지 자신의 신념을 굽히지 않았던 갈릴레이, 자유와 인권의 도덕적 원칙과 신념을 위해서 식민주의와 인종차별주의에 대항해 비폭력투쟁을 벌였던 간디와 킹 목사, 나라와 민족의 독립을 위해 일본 제국주의자들을 단죄한 안중근과 윤봉길 의사, 자신의 생명을 던져 부하들의 목숨을 구했던 강재구 소령의 기개는 진정 용기 있는 사람의 표본이 아닐 수 없다.

참된 용기는 때로는 상급자와의 견해 대립에서도 발휘된다. 약자와 하급자에게는 필요 이상으로 권위주의적이고 강압적이면서도, 강자와 윗사람 앞에서는 직언은커녕 자신의 소신마저도 밝히지 못하고, 윗사람 말이라면 무조건 받아들이는 '예스 맨' 같은 사람은 결코 용기 있는 사람이라고 할 수 없다. 자신이 정의임을 확신하고 상대가 불의임을 알게 된 경우에는, 그가 아무리 상급자라 할지라도 정당한 절차를 거쳐 자신의 의견을 직언함으로써 불의를 막는 것이 용기 있는 사람의 행동일 것이다.

미 ROTC 교범에 나와 있는 도덕적 용기의 예는 상급자와 의견 대립이 생길 가능성과, 그럴 경우 어떻게 행동하는 것이 참된 용기로서의 도덕적 용기를 구현하는 것인지를 잘 보여준다.

> 모든 지휘관들은 군 생활 중 상관과 의견이 다를 경우가 있을 수 있다. 그럴 때 군은 상급자에게 반대 의견을 제시할 수 있는 도덕적 용기를 하급자가 가질 것을 기대한다. 개인 간 의견 차이를 조정하는 것은 정상적인 인간의 태도이지만, 이것이 원칙의 타협을 의미하는 것은 아니다.

미국 남북전쟁 당시 남군 총사령관 리(R. E. Lee) 장군의 휘하에 롱스트리트(J. Longstreet) 장군이 있었다.[20] 그는 당시에 이미 앞서가는 전술과 전략적 비전을 지닌 인물이었다.

최후의 격전지였던 게티즈버그 전투에서 그는 남군의 전투 배치 상황을 보고 리 장군에게 자신의 견해를 피력했다. 그의 전략적, 전술적 관점에서 볼 때, 비교적 고지대에 참호를 파고 남군과 대치하고 있는 북군에 비하면 남군의 위치가 불리해 보여, 그대로 전투를 벌일 경우 패배가 예상되었기 때문이다. 그래서 롱스트리트는 현재의 전선을 포기하고 좀 더 나은 위치를 차지할 수 있는 곳으로 남군을 후퇴시킨 다음 전투할 것을 리 장군에게 요청했던 것이다.

하지만 후퇴를 수치로 생각하는 구시대적 전술 개념을 갖고 있던 예하 지휘관들을 설득할 수 없었던 리 장군은 롱스트리트의 충고와 건의를 수용하지 못하고 처음의 전투 대형을 유지한 채 적과 싸울 것을 명령하였고, 롱스트리트는 명령에 복종하여 그대로 싸웠다. 결국 그의 예상대로 전투 첫날부터 막대한 사상자를 내면서 남군은 결국 게티즈버그 전투에서 패하고 말았다.

전투에서 패하자 롱스트리트에게 비난의 화살이 돌아왔다. 처음부터 패할 것을 알았다면 끝까지 자신의 주장을 관철해서 리 장군과 예하 지휘관들을 설득했어야 하는데 중도에 왜 포기했느냐는 비난이었다. 그날 저녁 그를 찾아온 리 장군은 자신의 잘못된 결정을 인정했지만 자신도 어쩔 수 없었음을 말하고, 그에게 계속적인 복종과 헌신을 부탁하였다.[21]

---

20) 롱스트리트 장군의 사례는 육군사관학교 재직 당시 장용선 교수가 발굴한 내용이다. 그것을 토대로 필자가 재작성하여 수록하였다. 장용선 교수께 감사드린다.

21) George Lucas, Jr., "The Mathematical Equation", *Dissent, Obedience, and Courage, Integrity Development Seminars: Facilitator's Guide*, 1997-1998 (Second Edition, U.S. Naval Academy: McGraw-Hill, 1997), pp.63-75.

롱스트리트는 남군의 전투 배치 상황과 작전 계획이 잘못되었음을 알고, 그 결과를 예견했기에 사령관에게 자신의 의견을 건의하였다. 그 점에서 그는 참으로 용기 있는 군인이었다. 하지만 그는 끝까지 자기의 전략적 원칙과 통찰력을 고집하지는 않았다. 상관에 대한 복종과 충성심 때문이었다.

그렇다면 이 경우, 용기는 충성과 복종의 덕목에게 상위 자리를 내주어야 하는 하위 덕목인가? 충성과 복종이 군인에게 중요한 덕목임에는 틀림없지만 그렇다고 용기가 그보다 하위 덕목이라고 할 수는 없다. 그릇된 명령에 대하여 복종을 거부하게 하는 것은 진정한 용기이기 때문이다. 하지만 이 경우라면 용기는 충성과 복종에 비해 하위 덕목이라고 하겠다. 상관의 명령 자체가 불법적인 명령이 아니라 정당한 명령이기 때문이다. 비록 전략적, 전술적 견해 차이는 있었지만, 리 장군의 명령 자체는 절대 복종해야 할 정당한 명령이었던 것이다.

군인에게 육체적, 도덕적 용기는 계급의 고하를 막론하고 누구에게나 요구되는 덕목이지만, 대체로 하급 장교 및 병사들에게는 육체적 용기가 요구되는 반면에, 계급과 직위가 올라갈수록 도덕적 용기가 더욱 강조된다. 그렇지만 군인의 참된 용기는 주로 전장에서 발휘된다고 할 것이다. 6・25 전쟁 당시 조국을 위해 목숨을 초개처럼 던진 육탄 10용사의 예가 그러하고, 고지 사수의 명령을 따라 죽음을 각오하고 끝까지 진지를 사수한 무명용사들의 투혼에서 우리는 그 용기를 찾아볼 수 있다.

그러나 무엇보다도 참된 용기의 진수(眞髓)는 이순신 장군의 용기가 아닐까? 그는 전쟁 중에 여러 차례 모함을 받고 삼도수군절제사의 막중한 자리에서 해임되었지만 백의종군(白衣從軍)하였다. 백의종군 자체도 존경스럽지만 12척의 전함으로 133척의 왜군에 맞서는 용기를 발휘했고 또 승리를 거뒀으니, 세계사에 이보다 더 위대한 승리가 있겠는가? 이순신의 참다운 용기가 낳은 쾌거라 할 것이다. 이순신의 용기는 나라와 민족에 대한 뜨거운 사랑, 대의를 위해 목숨까지 아끼지 않았던 것으로서 참된 용기의 귀감이라 하겠다.

라. 용기처럼 보이지만 참다운 용기가 아닌 것들

일반적으로 용기는 두려움이 없는 기개라 하였다. 두려움에 굴하지 않고 의무를 다하면 용기 있는 것이고, 두려움 때문에 도망치면 용기 없는 것이다.

그런데 공자는 호랑이를 앞에 두고 맨손으로 덤비면 만용이라 했는데, 그렇다면 호랑이를 보고 도망치는 것은 비겁한 행위인가, 아닌가? 지금까지 살펴본 내용에 따르면 호랑이를 보고 도망치는 것을 비겁한 행위라고 할 수는 없겠지만, 그 또한 용기 있는 행위는 결코 아닐 것이다.

그런데 만약 정말 중요한 임무 수행을 앞두고 호랑이와 마주쳤다면 어떻게 해야 할 것인가? 호랑이를 죽일 총도 칼도 없는 상황에서 호랑이를 죽이지 않고서는 임무 수행이 불가능할 때, 그때는 과연 어떻게 하는 것이 참다운 용기일까? 아리스토텔레스는 만용과 비겁의 중용으로서의 덕이 용기라 하였는데, 이 경우 참다운 용기는 과연 무엇일까? 비록 맨손일지언정 호랑이와 맞서 싸우는 건 정말 만용인가?

대답하기 곤란한 이 물음에 대한 답을 얻기 위해 아리스토텔레스가 제시하고 있는 사례들, 진정 용기 있어 보이는 행위들이지만 결코 참다운 용기라고 할 수 없는 사례들을 살펴보자. 그는 두려움을 극복함으로써 용기 있는 행동처럼 보이는 다섯 가지의 예를 제시하고 있다.[22]

첫째, 어떤 병사가 모두가 보기에 참으로 용감한 행동을 하였지만,

그것이 그 행동을 하지 않았을 때 돌아올 법적 제재나, 사람들의 비난, 혹은 그 행동을 통해서 자신에게 돌아올 명예를 기대하고 행해진 것이라면 그것은 결코 참다운 용기에 의한 것이 아니다. 특히 군에서 이루어지는 용감한 행동들에는 이와 같은 것들이 많이 있어서 종종 용기 있는 행동으로 취급되지만, 실상 이 행동들은 참다운 용기에 의한 것이 아니다. 그 까닭은 법적 제재나 비난, 기대되는 명예라는 조건들이 없었다면 그 병사가 그와 같은 행동을 하지 않았을 수도 있기 때문이다.

둘째, 어떤 장교나 병사가 전투에서 두려움을 극복한 행동을 했는데 그것이 상대와 대등한 관계를 벗어나서 이루어진 것이라면 그 행동은 참다운 용기의 사례라고 할 수 없다. 예를 들어 자신은 무기를 지녔지만 상대는 비무장이거나, 둘 다 무기를 가졌다 해도 그가 상대에 비해 훨씬 우수한 성능의 무기를 가졌거나, 혹은 자신은 프로인데 상대는 아마추어일 때, 그때 그가 발휘하는 두려움의 극복, 곧 용기는 결코 참다운 용기라고 할 수 없다. 그 까닭은 상대가 자신과 똑같은, 혹은 그보다 우수한 성능의 무기를 가졌거나 훈련된 정예군이라고 한다면 그 자신도 두려움을 이겨내는 용기를 발휘하지 못했을 수도 있기 때문이다.

셋째, 격정(激情)에서 두려움을 극복한 행동은 그 결과가 아무리 용기 있는 행동처럼 보인다 할지라도 참된 용기는 아니다. 술에 취한 경우처럼, 격정이 종종 사람들로 하여금 두려움을 무릅쓰고서도 위험한 일을 하게끔 하고, 그래서 평상시는 할 수 없는 일들을 하게도 하지만, 참된 목적과 선택이 없는 격정적 행동은 결코 용기 있는 행동이

---

22) 아리스토텔레스, 최명관 옮김, 『니코마코스 윤리학』(서광사, 1984), 제2권, 제8장, pp.100-104 참조. 여기 소개되는 다섯 가지 사례는 아리스토텔레스의 표현을 직접 인용한 것이 아니라 필자의 이해를 토대로 요약 서술된 것이다.

아니다. 격정의 순간이 아니면 그와 같은 결과를 가져오지 못할 수 있을 뿐만 아니라, 참다운 용기는 참된 목적과 선택 위에서 발휘되어야 하는 것이기 때문이다.

넷째, 과거의 경험에 비추어 낙관론에서 비롯된 두려움의 극복은 참다운 용기라고 할 수 없다. 물론 과거에 있었던 경험이 두려움을 극복하는 중요한 하나의 요인임에는 틀림없지만, 그 경험이 가져온 결과에 근거해서 두려움을 극복한다는 것은 참다운 용기와는 거리가 있다. 경험은 산출할 결과를 계산하게 하고 그래서 예측 가능하게 하지만, 용기가 발휘되어야 할 상황은 늘 예측 가능한 경우만이 아니다. 참다운 용기는 돌발적인 상황에서도 요청되는 것이고, 돌발 상황에서 두려움을 극복하게 하는 것은 예측 결과가 아니라 그 사람의 성품, 곧 덕이기 때문이다.

다섯째, 위험에 대해 알지 못한 상황에서 발휘된 두려움의 극복은 참다운 용기에서 비롯된 것이라 할 수 없다. 무식하면 용감하다는 표현도 있지만, 그것은 한갓 우스갯말일 뿐 정작 위험한 상황이라는 것을 알게 되면 그 상황에서 도망치는 비겁자가 될 수도 있기 때문이다.

이처럼 아리스토텔레스는 다섯 가지 상황에서 발휘된 두려움의 극복은 참다운 용기와는 거리가 멀다고 말한다. 그에 따르면 참다운 용기는 두려움을 알고, 두려움에 굴하지 않고, 두려움을 이겨내는 중용의 덕이다. 법적 제재나 비난 때문도 아니고, 고통에서 벗어나고자 하는 격정에서도 아니요, 오직 그 행동이 자신에게 주어진 의무이기에, 그 이유 하나만으로 그것을 선택하는 의지, 그것이 참다운 용기인 것이다. 진정한 용기는 성품, 곧 덕에서 비롯되는 것이다.

그렇다면 호랑이와 마주친 상황에서의 용기는 무엇인가?

이 경우라 할지라도 그가 군인인 이상, 도망치는 것은 임무 수행을 저버리는 비겁한 행위가 될 것이다. 그렇다면 맨손으로라도 싸워야 하는가? 그것이 참다운 용기인가? 앞서 살폈던 아리스토텔레스의 다섯 가지 예들을 이 물음에 적용해 보자.

(1) 임무 수행을 하지 못했을 때 돌아올 법적 제재나 비난이 두렵다. 그래서 용기를 내어 호랑이와 싸운다. (2) 호랑이를 물리칠 총이나 칼, 활도 없는 불리한 상황이다. 하지만 용기를 내어 호랑이와 싸운다. (3) 호랑이를 만나 너무나 놀란 나머지 격정적인 상태가 되었다. 격정에서 오는 고통이 너무 크다. 이 고통을 피하기 위해 용기를 내어 호랑이와 싸운다. (4) 과거에 호랑이와 싸워본 경험도 없다. 그야말로 예측 불가능한 돌발 사태다. 그래도 용기를 내어 호랑이와 싸운다. (5) 호랑이에게 물려 죽을 수도 있다는 걸 잘 안다. 무섭고 두렵지만 그래도 용기를 내어 호랑이와 싸운다.

이상 다섯 가지 정황을 살펴볼 때, 그 어느 것도 맨손으로 호랑이와 싸우게 하는 합당한 이유는 없다. 그럼에도 불구하고 호랑이와의 싸움을 선택했다면 그것은 참다운 용기가 아니라 만용에 불과하다.

그렇지만 위의 다섯 가지 정황에서도 호랑이와 맨손으로 싸우는 것이 만용이 아니라 참다운 용기임을 보여주는 선택이 있다. 그 선택이란 바로 임무 수행이라는 숭고한 의무감이다. 법적 제재나 비난도 아니고, 무기도 아니고, 격정도, 경험도, 무지도 아닌, 오직 임무 수행의 의무만이 맨손으로 호랑이와 싸우는 행동을 용기 있는 행위로 만들어 주는 것이다.

그가 진정한 군인이라면, 중요한 임무 수행을 위해 맨손일지언정 호랑이와도 죽기를 각오하고 싸우는 것, 그것이야말로 참다운 용기다. 그의 싸움이 참된 용기인 까닭은 목적과 선택이 정의롭고 분명하기 때문이다. 법적 제재나 비난 때문이 아니고, 무기가 있어서, 격정적이어서, 경험이 있어서, 무지해서가 아니라, 임무 수행이라는 숭고한 목적과 올바른 선택에서 비롯된 것이기에 맨손으로 호랑이와 싸우는 행위도 참다운 용기가 되는 것이다.

그렇다면 숭고한 목적과 올바른 선택은 무엇에서 비롯되는가? 아리스토텔레스에 따르면 그것은 성품, 곧 덕이다. 그러므로 참다운 용기는 어떤 다른 조건이나 이유가 아니라 오직 성품, 곧 덕에 있다는 것이 그의 주장의 핵심인 것이다. 아리스토텔레스가 직접 그렇게 표현한 것은 아니지만, 그의 주장에 비추어볼 때, 임무 수행의 목적이 정의롭고 분명하다면 맨손일망정 죽음을 무릅쓴 호랑이와의 싸움도 결코 만용이 아니라 숭고한 용기(덕)의 발휘인 것이다.

6. 명예

가. 명예의 일반적 쓰임과 의미

명예의 사전적 의미는 "남의 존경과 인정을 받으면서 이름과 평판이 높은 것"이다. 이는 자신의 지위나 하는 일의 업적에 대해 사회로부터 얻을 수 있는 좋은 평판과 존경을 의미한다고 하겠다. 맥아더 원수가 모든 해외 근무를 마치고 귀국하여 뉴욕 브로드웨이를 행진할 때, 미 국민들은 공중에 색종이를 뿌리며 아낌없는 박수와 찬사로써 이 노원수를 맞았다. 이것이 우리에게 친숙한 명예 개념이다.

아리스토텔레스도 "신들에게 우리가 돌리는 것, 높은 지위에 있는 사람들이 가장 절실하게 희구하는 것, 가장 고귀한 행위에 주어지는 상"이 명예라고 말하고 있다.[23] 즉, 명예란 '고귀한 행위에 주어지는 상'으로서 타인과 집단, 사회로부터 주어지는 외적 찬사라는 측면이 있음을 말하는 것이다.

---

23) 아리스토텔레스, 최명관 옮김, 『향연, 파이돈, 니코마코스 윤리학』(을유문화사, 1994), p.254.

명예는 또한 “자신의 행위나 일에 대해 스스로 만족하고 보람을 느끼는 내적 심리 상태”를 의미하기도 한다. 흔히 “하늘을 우러러 한 점 부끄러움이 없는 것”을 명예롭다고 말하기도 하는데, 명예는 바로 이와 같은 마음가짐을 지칭하기도 하는 것이다. 이것은 자신의 양심이나 긍지에 비추어볼 때 조금의 거리낌도 없는, 스스로의 마음가짐이 떳떳한 상태임을 말하는 것으로 일종의 내적인 도덕성을 가리킨다고 하겠다.

아리스토텔레스도 또한, 명예란 긍지 있는 사람이 추구하고 긍지 있는 사람에게 돌려지는 것이라고 말한다.[24] 바로 내적 긍지로서의 도덕성을 갖춘 사람, 그와 같은 사람이 명예로운 사람이라는 것이다.

이처럼 일반적으로 사용되는 명예의 의미는 크게 두 가지, 즉 사람들로부터 받는 찬사로서의 외적인 의미와, 스스로의 긍지와 양심에 비추어 거리낌이 없는 도덕성으로서의 내적인 의미를 담고 있다고 하겠다.

그런데 우리는 또한 명예의 의미를 다음과 같이 사용하기도 한다. 가령 “이 일에 내 명예를 걸겠다”라든지 혹은 “이건 내 명예와 직접 연관된다”, 또는 “내 명예를 먹칠하는 그 말에 책임져야 할 것이다”라는 표현들이 그것이다. 이때 사용되고 있는 명예의 의미는 무엇일까? 분명 위에서 들었던 명예의 의미 가운데 어느 것 하나만을 지칭하는 것이 아님은 분명하다. 이때의 명예는 위에서 들었던 명예의 두 가지 의미를 모두 함축하고 있다고 할 것이다.

지금까지 명예의 일반적 쓰임과 의미를 살펴보았는데, 다음의 예를 생각해 보자.

24) 같은 책, pp.253-255.

나. 잘못된 명예

『이오지마의 영웅』25)이라는 오래된 미국 영화가 있다. 이 영화는 도덕성에 기초하지 않는 명예가 얼마나 헛된 것인지를 잘 보여주는 영화라 하겠다.

전투가 한참 치열하게 전개되고 있을 때 겁에 질린 병사 하나가 동료들로부터 이탈한다. 산비탈 동굴 속에 숨어 오들오들 떨고 있던 그는 아군이 이겼다는 함성이 들리자 슬그머니 동굴 밖으로 기어 나와 고지로 오른다. 고지 정상에 올라온 그는 바로 옆에 전사한 전우 손에 들려 있던 성조기를 산등성이에 꼽고 환호성을 외친다.

그런데 공교롭게도 그때, 바로 그 순간을 종군기자는 카메라에 담았고, 성조기를 휘날리며 포효하는 이 병사의 모습은 다음 날 신문에 크게 보도되면서 병사는 일약 전쟁영웅으로 떠오르게 된다.

전투의 승리자로서 뭇 사람들의 존경과 찬사를 한 몸에 받게 된 병사의 삶은 그야말로 탄탄대로였다. 전투 당시의 모험담을 이야기한 강연과 인터뷰 등으로 그는 큰돈을 벌었고, 아름다운 여인의 사랑도 얻게 된다. 부(富)와 사람들의 찬사 속에서 그는 평생을 행복하고 명예롭게 살 수가 있게 된 것이다.

하지만 이 전쟁영웅의 삶은 그렇지가 못했다. 사람들과의 즐거운 파티에서도 끊임없이 그를 괴롭히는 것은 비겁했던 자신의 참모습이

---

25) 원제는 *The Outsider*. 1961년에 제작된 영화로서, 제2차 세계대전 막바지에 일본군에게는 최후의 보루라고 할 이오지마(Iwo Jima, 유황도)에서 벌어진 미군과 일본군의 치열한 전투를 배경으로, 스리바치 산에 성조기를 꼽았던 여섯 명의 전쟁영웅들의 개인적 삶을 조명한 작품이다. 실존 인물인 인디언 병사 '아이라 헤이즈'의 왜곡된 삶을 통해 전쟁영웅의 허상을 고발한 작품으로서, 몇 년 전에는 똑같은 주제를 담고 있지는 않지만 『아버지의 깃발(*Flags of Our Fathers*)』이라는 제목으로 리메이크되기도 하였다.

었고, 진정으로 용감하게 싸우다 전사한 동료 전우들의 얼굴이었다. 심적 괴로움을 견디기 힘들었던 그는 술과 약을 찾았고, 방탕한 생활을 하다가 마침내는 스스로 목숨을 끊고 만다.

명예와 관련해서 이 영화가 담고 있는 메시지는 무엇인가? 그것은 분명하다. 사람들로부터 아무리 외적인 찬사를 크게 받는다 할지라도 내적인 긍지나 도덕성을 갖추지 못할 때, 그 명예는 허명(虛名)에 불과하다는 것이다. 즉 참다운 명예가 아니라 거짓 명예, 잘못된 명예에 불과하다는 것이다. 여기서 알 수 있는 것은 참다운 명예의 진정한 조건은 외적인 찬사가 아니라 내적인 긍지나 도덕성이라는 사실이다.

그렇다면 내적인 긍지나 도덕성만 갖추면 참다운 명예라고 할 수 있을 것인가? 다음과 같은 예를 생각해 보자.

산속에서 홀로 살아가는 기인이 있다. 그는 산비탈 움막에 살면서 자급자족으로 연명하지만 그의 삶은 걸인이나 다름없다. 하지만 그는 자신의 삶에 긍지를 느끼며, 매일매일 도덕적인 원칙에 따라 살고 있다. 자신의 양심에 비추어 한 점 부끄러움이 없고, 그 자신 누구에게 거짓을 말하거나, 이간질을 하지도 않으며, 남의 물건을 훔치지도 탐내지도 않으면서 누구에게도 해를 끼치지 않는 삶을 살아간다. 그래서 스스로 도덕적인 사람이라고 생각한다.

이 사람의 삶은 어떤가? 위에서 들었던 명예의 일반적 의미에 비추어볼 때 하늘을 우러러 한 점 부끄러움이 없고, 누구에게도 해악을 끼치지 않는 그야말로 도덕적인 삶을 영위하고 있기에 그를 명예로운 사람이라고 말할 수 있는가? 아마도 그렇게 칭하기 어려울 것이다. 그를 도덕적인 사람이라고 말할 수는 있겠지만 명예로운 사람이라고 할 수는 없을 것이다. 누구도 그의 삶을 주목하지 않을뿐더러 그와 같은 삶을 바람직한 삶이라고 찬사를 보낼 사람은 별로 없을 것이기 때문이다.

요컨대 내적인 긍지와 도덕성을 갖추었다 할지라도 명예의 외적인 요소로서 사람들의 부러움과 찬사가 없을 때는 이 역시 참다운 명예라고 할 수 없는 것이다. 참다운 명예는 내적 긍지와 외적 찬사를 모두 갖추었을 때만이 가능한 것이다.

다. 명예의 외적 조건으로서의 찬사

그렇다면 사람들로부터 받는 찬사는 무엇을 말하는가? 그것은 글자 그대로 무엇인가를 잘할 때, 잘 해냈을 때, 그 결과 얻게 되는 사람들의 부러움과 칭찬이다. 가령 올림픽 금메달리스트들, 전쟁영웅들, 위대한 정치인들, 은막의 스타들, 세계적인 음악가들 등 어떤 분야에서건 최고의 위치에 오른 사람들에게 우리는 열광하고 그들을 부러워하며, 그리고 그들이 일구어낸 업적에 찬사를 보낸다. 그들이야말로 참다운 명예의 한 부분으로서 외적 찬사를 갖춘 사람들이다. 그렇다면 우리는 왜 이와 같은 사람들에게 열광하며, 찬사를 보낼까?

아리스토텔레스의 관점에서 그 이유를 찾아보자.

아리스토텔레스는 신들마저도 갖고 싶어 하고 부러워하는 외적 찬사를 "덕에 대한 보상"이라고 말한다. 덕이란 무엇인가? 덕이란 '아레테(arete)'로서 존재의 본질이다. 즉 그 존재의 쓰임새인 것이다. 가령 연필 깎는 칼은 그 본질, 즉 쓰임새가 연필을 깎는 데 있다. 그런데 그 칼이 연필을 잘 깎지 못하면, 그 칼은 찬사를 받기는커녕 비난을 받고 쓰레기통에 처박힌다. 하지만 그 칼이 연필을 잘 깎을 때 사람들은 그 칼을 좋아하고, 아주 잘 깎이는 칼이라고 칭찬한다. 칼은 그것의 본질, 즉 '아레테', 바꾸어 말해 칼의 '덕'이 잘 발휘될 때 좋은 칼이라는 칭찬을 받는 것이다.

같은 논리로, 군인의 경우 그 덕은 전쟁에서의 승리이고, 마라토너의 경우 그 덕은 잘 달리는 것이다. 따라서 전쟁에서 승리한 군인은 그 덕을 최대로 잘 발휘한 것이고, 올림픽에서 금메달을 획득한 마라토너는 자신의 덕을 최대로 잘 발휘한 것이다. 그리고 그들에 대한 사람들의 찬사는 그들이 자신들의 덕을 최대로 잘 발휘한 것에 대한 '보상'인 것이다. 이순신 장군이나 손기정 선수에 대한 사람들의 찬사는 곧 그들이 자신의 덕을 최대로 잘 발휘한 것에 대해 사람들이 보내는 외적 보상이라는 것이다.

그렇지만 덕의 발휘에 대한 보상으로서의 외적 찬사만으로 이순신 장군과 손기정 선수가 참다운 명예를 이루었다고 말할 수는 없다. 이들의 명예가 참다운 것이 되기 위해서는 스스로의 내적 긍지와 도덕성이 또한 요구되기 때문이다.

라. 명예의 내적 조건으로서의 긍지

그렇다면 명예의 내적 조건으로서의 긍지란 무엇인가?

긍지란 자부심을 일컫는다. 아리스토텔레스에 따르면 긍지 있는 사람은 스스로가 큰일에 합당하다고 생각한다. 큰일에 쓰일 수 있을 만큼의 큰 그릇이라 자부하는 마음가짐이 바로 긍지라는 것이다. 한 번 더 아리스토텔레스의 표현을 빌려보자. 그는 실제로는 작은 그릇이면서 큰 재목인 양 떠드는 사람을 '속없는 사람'(허풍선이)이라고 하고, 스스로가 큰 그릇임에도 자신을 과소평가하는 사람을 일컬어 '속 좁은 사람'(야심 없는 사람)이라고 말한다. 물론 스스로가 큰 재목임을 알지만 드러내지 않는 사람은 겸손한 사람이다.

그런데 이 자부심, 긍지는 어디서부터 오는가? 그것은 스스로의 아레테, 곧 덕으로부터 나온다. 다시 말하면 내적 긍지는 자신의 덕에 대한 자부심이다. 가령 음악에 뛰어난 덕이 있음에도 그것을 모르고 달리기에 자신 있다고 달리기만을 고집한다면 그 사람은 속없는 사람이다. 반면 음악에 뛰어난 덕이 있음에도 불구하고 음악에 자질이 없다고 포기하는 사람은 속 좁은 사람이다. 음악에 덕이 있는 사람이 음악에 대한 자부심을 갖고, 달리기에 덕이 있는 사람이 달리기에 대한 자부심을 가질 때, 그들은 내적인 긍지를 갖춘 사람들이다.

그런데 또 한편 아리스토텔레스에 의하면 내적 긍지는 그대로 내적 도덕성과 연계된다. 그의 표현을 따르면, "긍지 있는 사람은 가장 선한 사람이다." 그 까닭은 무엇일까? 그것은 긍지 있는 사람의 뜻풀이로부터 그대로 도출된다. 즉 긍지 있는 사람은 스스로가 큰 재목임을 자부하는 사람인데, 스스로가 큰 재목이라고 믿는 사람이 남을 속이거나 남에게 해를 끼치는 일을 할 수는 없다. 더욱이 큰일을 꿈꾸는 사람이 작은 이익에 연연하여 뇌물을 받거나 도덕적으로 문제가 있는 일을 하지는 않을 것이다. 참으로 긍지 있는 사람은 선한 자가 아닐 수 없다는 것이 아리스토텔레스의 논리인 것이다.

이렇듯 참다운 명예란 크게 두 가지의 조건을 구비해야 한다. 객관적(외적) 조건과 주관적(내적) 조건이다. 객관적 조건은 남들이나 사회로부터 인정과 칭찬 등 상을 받는 '보상적 명예(honor-paid)'다. 주관적 조건은 남으로부터 받는 명예가 아니라 '스스로 주는 명예(honor-felt)'로서 자신의 내부에서 나오는 자긍심, 곧 긍지다.

이순신 장군과 손기정 선수를 다시 생각해 보자. 그들은 일단 외적 보상으로서의 찬사는 어느 누구보다도 크게 받았다고 할 수 있다. 그렇다면 그들의 내적 긍지는 어떤가? 이순신 장군은 스스로의 긍지가 누구보다 크고 높았던 분이었다. 군인으로서의 자긍심이 컸기에 늦은 나이에 이를 때까지도 좌절하지 않고 군인의 꿈을 키워왔기 때문이다. 그뿐만 아니라 나라에 충성하고 자신의 도덕적 청렴성에 충실함으로써 빚어진 윗사람들의 미움과 모함으로 말미암아, 지은 죄가 없음에도 두 번씩이나 백의종군(白衣從軍)하였던 모습을 볼 때, 군인으로서의 자긍심은 물론이요, 도덕적 품성도 누구보다 높았던 인물임을 알 수가 있다.

손기정 선수는 어떠했는가? 달리기에 대한 열정과 일장기를 달고서도 금메달을 획득하였던 불굴의 의지로 볼 때, 자신의 덕에 대한 높은 긍지를 지니고 있었음을 알 수 있다. 그뿐만이 아니다. 조국이 해방되기 이전에도 자신이 한국인임을 널리 알리고자 하였고, 해방된 이후부터는 죽을 때까지 자신의 금메달이 일본이 아니라 대한민국의 것임을 밝히기 위해 끝까지 노력했던 모습을 볼 때 높은 도덕성을 지닌 인물임을 알 수가 있다.

자신의 덕에 대한 긍지와 자부심으로 그 덕을 닦아, 위대한 구국의 영웅이요, 뮌헨 올림픽 마라톤 금메달리스트로서의 명성을 널리 떨쳤던 이순신 장군과 손기정 선수. 그들은 또한 내면적 도덕성에 있어서도 높은 인격으로 사람들의 찬사를 받았으니, 이들이야말로 참다운 명예에 걸맞은 인물들이라 할 것이다.

참된 명예는 스스로의 긍지, 즉 자신의 덕에 대한 자부심으로 큰일을 해낼 수 있다는 자긍심(honor-felt)뿐만 아니라 실제로 큰일을 성취해 내야 한다(honor-claimed). 그것도 부정한 방법이나 일시적인 눈속임이 아니라 정당하고 도덕적인 자세로 성취해 내야 하는 것이다. 그럴 때만이 그에게 보내는 사람들의 찬사나 열광이 허명이 아니라 참다운 명예가 되는 것이다.

요컨대 진정한 명예는 '요청되는 명예(honor-claimed)'요, 그에 대한 '보상적 명예(honor-paid)'요, 동시에 '스스로가 인정하는 명예(honor-felt)'인 것이다. 아리스토텔레스의 표현처럼 명예는 '가장 고귀한 행위'에 주어지는 상이기 때문이다. 그래서 참다운 명예는 '가장 큰 가치를 지닌 사람', '가장 선한 사람'으로서의 긍지 있는 사람에게 주어지는 것이다.

이처럼, 자신의 내적 도덕성과 긍지를 갖고 큰일을 해낸 사람들에게 우리가 영광과 명예를 부여하는 까닭은 무엇일까? 그 까닭은 그들의 삶과 행위와 업적이 평범한 사람들과는 달리 고귀하고 헌신적이기 때문이다. 그들은 자신의 생명을 바쳐서까지 이웃과 동료, 국가와 인류를 위험에서 구하고, 진리와 정의, 행복과 복지를 위해 봉사와 헌신을 아끼지 않기 때문인 것이다. 따라서 진정한 명예의 내용으로 요청되는 고귀한 행동이란 정의를 실현하고, 이웃과 사회, 나아가 인류의 선을 증진시키고자 하는 보편적 사랑에 입각한 행동일 것이다.

오늘날은 다원화, 다가치의 시대다. 따라서 고귀한 행동의 종류도 다양하다. 그것들 중 어느 것 하나에만 높은 가치를 부여하는 것은 바람직하지 않을 것이다. 생업이나 자신의 임무에 성실하여 나름의 성공에 도달하는 것은, 비록 그것이 사회정의와 이웃의 행복에 크게 기여를 못한다 할지라도 가치 있고 명예로운 일이라 해야 할 것이다. 올림픽에서 금메달을 획득하는 일뿐만 아니라 어떤 분야에서 '달인' 혹은 '장인'의 경지에 오르는 일 등은 모두 사람들의 찬사를 이끌어내는 일이기에 명예롭고 가치 있는 것임에 틀림없다.

하지만 아리스토텔레스가 말하는 참다운 명예, 즉 "신들에게 돌리는 것, 고귀한 행동에 주어지는 상"으로서의 명예는 도덕적 가치, 윤리적 가치가 포함되어야 한다.[26] 그것은 정의를 바로잡고 평화를 위

26) 이러한 견해는 미국의 유명한 저술 속에 많이 발견된다. 특히 웨이킨은 이 점을 매우 강조하고 있다. Malham M. Wakin, "The Ethics of Leadership", *War, Morality, and the Military Profession*(Westview Press Inc., 1986), p.434 참조.

미 육군의 *Army Officer's Guide*도 "명예로운 사람은 옳고 그름을 가릴 줄 아는 지식과, 옳은 것을 확고히 지키는 용기를 지닌다"고 하고, 여기서의 명예는 좁은 의미의 도덕을 함축한다고 기술하고 있다. p.31 참조.

해 자신의 생명도 내던질 수 있는 고귀함과 숭고함이 내재된 명예다. 금메달리스트의 명예도 훌륭하고, 달인의 경지도 충분히 찬사를 받을 수 있는 명예임에 틀림없지만, 이순신과 안중근, 강재구는 물론이요, 자신의 생명을 희생함으로써 동료를 구하고, 부대를 구하고, 나라를 구했던 무명의 병사에 이르기까지, 헌신적인 군인들의 삶에서 찾아지는 명예는 그보다 숭고하고 고귀하다고 해야 할 것이다. 군인의 길을 일컬어 명예로운 길이라고 말하는 까닭이 여기에 있다.

7. 맺는 말: 다섯 덕목들의 상관관계

지금까지 필자는 리더에게 반드시 필요한 덕목으로서 충성, 진실성, 책임, 용기, 명예 등 다섯 가지를 제시한 뒤, 이것들의 참 의미를 규명하고, 그것이 리더에게 필요한 근거가 무엇인지를 살펴보았다. 그런데 이 다섯 가지 덕목들의 참 의미를 들여다보면, 이 덕목들이 상호 밀접한 관련을 맺고 있으며, 그 중심에는 진실성의 덕목이 자리하고 있음을 알 수 있다. 진실성이야말로 다른 모든 덕목들을 가능하게 하는 기초 덕목이라는 것이다.

충성과 진실성은 상호 함수관계에 있다고 하였다. 진실성은 신뢰성을 수반하고, 신뢰성에 기초하여 충성심(자발적인 복종심)이 고취되기 때문이다. 진실한 사람은 남들로부터 신뢰를 얻게 되고, 신뢰하는 사람의 말은 누구나 믿고 따르게 된다. 마셜의 예에서 볼 수 있듯이 마셜에 대한 충성은 부하들이 마셜을 신뢰했기 때문이고, 그 신뢰는 마셜이 인격적으로 진실한 인물이라는 데서 비롯된 것이었다.

책임성과 진실성의 관계는 책임성을 함양하는 과정에서 볼 수 있었다. 바나드의 견해에서 보았듯이 책임성을 높이는 방법은 그 사람의 도덕성을 함양하는 데 있다. 도덕성의 기반은 진실성이다. 따라서 인격적 진실성을 갖춘 리더라면 책임성 또한 큰 인물이라 할 것이다. 진실성이야말로 책임성의 기반이 되는 덕목인 것이다.

용기와 진실성의 밀접한 관계는 더 쉽게 이해된다. 소크라테스에 따르면 참된 용기는 정의 혹은 대의를 위한 분별 있는 인내력이다. 곧 참다운 용기란 오직 정의에 기반해야 하는 것이다. 공자도 진정한 용기는 정의와 함께 할 때라고 하였다. 정의란 무엇인가? 그것은 진실성에 다름 아니다. 진실성에 기초하지 않은 정의란 있을 수 없기 때문이다. 용기의 기초 덕목 역시 진실성이 아닐 수 없다.

명예와 진실성의 관계 또한 어렵지 않게 찾아진다. 아리스토텔레스에 따르면 참다운 명예는 외적 조건으로서 사람들로부터 받는 찬사와, 내적 조건으로서의 긍지가 필수적이라 하였는데, 내적 조건인 긍지는 진실성에 다름 아니기 때문이다. 자긍심은 도덕성에 기반한다. 그리고 도덕성의 기초는 인격적 진실성인 것이다.

이처럼 리더에게 필수적인 다섯 가지 덕목은 모두 궁극적으로 진실성에 기초하고 있음을 볼 수 있다. 웨이킨의 표현처럼 진실성은 다른 모든 덕목이 참다운 덕목으로 거듭나게 하는 기초요, 오직 "그것 위에서만이 다른 덕목들이 존재할 수 있게 하는" 제1덕목이 아닐 수 없다.[27] 그리고 이 모든 덕목들을 두루 갖추어 리더로서 성공적인 목표를 달성했을 때(가령, 군인이라면 전쟁에서의 승리, 정치인이라면 정권의 창출, 사업가라면 부의 획득 등 각자 분야에서의 성공), 그에게 주어지는 사람들의 찬사가 명예다.

요컨대, 진실성은 이 모든 덕목들의 기반이요, 명예는 이 모든 덕목들에 의해서 얻어질 수 있는 최고의 왕관이라 하겠다.

---

27) Malham M. Wakin, 앞의 책, p.209.

[부록] 복종의 팔로워십과 그 한계

1. 들어가는 말

지금까지 리더에게 필요한 덕목으로서, 충성과 진실성, 책임성과 용기, 명예 등 다섯 가지 덕목을 제시하고 이 덕목들의 참다운 의미와 이것들이 리더에게 필요한 이유를 살펴보았다.

한편, 복종의 덕목은 조직사회에서 대단히 중요한 의미를 갖는다. 상급자의 명령에 대한 복종이 제대로 이뤄지지 않는다면 조직 자체가 와해될 것이기 때문이다. 그런 점에서 복종은 팔로워들에게 가장 중요시되는 덕목으로서 강조되어 왔다. 특히 명령이나 지시의 이행 여부가 촌각을 다투는 군에서는 복종은 하급자에게 필요한 단순한 덕목을 넘어 의무로서 확립되어 왔다. 따라서 명령에 대한 복종이 이뤄지지 않을 때는 명령 불복종 혹은 항명으로 여겨 법적인 책임까지 부과하고 있는 것이다.[28)]

하지만 누구나 처음부터 리더일 수는 없다. 현재 리더의 위치라 할지라도 중간 간부라면 동시에 하급자로서의 역할도 해야 한다. 대부분의 리더가 그와 같은 위치에 있음을 고려한다면 복종의 덕목은 반드시 팔로워에게만 요구되는 건 아닐 것이다.

의미상 복종은 분명 하급자에게 필요한 덕목이다. 하지만 중간 단계의 리더는 상급자이면서 동시에 하급자인 까닭에 앞에서 살펴본 다섯 가지 덕목 이외에도 복종에 대한 참다운 이해가 필요하다.

일반적으로 복종은 명령에 대한 이행을 뜻하기에 그 의미를 이해하는 데 큰 어려움은 없다. 하지만 명령에 대한 복종이라 해서 그것이

---

28) 군형법 제44조 및 47조 참조. 상세한 내용은 이하 관련 각주 참조.

모든 명령에 대한 복종, 무조건적인 복종을 의미하는 것은 아니다. 명령에 대한 복종이라 할지라도 그 수행이 절대성을 갖는 것은 아니기 때문이다. 어떤 명령에 대해서는 불복종이 정당화되는 경우가 있는 것이다. 이른바 복종의 한계가 그것이다. 군인의 경우 "명령에 따라 살고 명령에 따라 죽는 것"이 의무요 명예라고 말하지만, 결코 복종이 수행되어서는 안 되는 경우도 있는 것이다. 이 절에서는 명령에 대한 복종의 절대성과 한계에 대해 살펴봄으로써, 참다운 복종은 무엇인지를 규명하기로 한다.

2. 명령에 대한 복종의 절대성

국가 안보의 의무와 책임을 지고 있는 군의 업무와 기능은 매우 다양하고 복잡하며 따라서 이를 수행하는 군의 조직도 방대하다. 더욱이 군의 임무 수행은 대체로 고도의 긴박성과 신속성을 요구한다. 대규모의 조직인 군대에서 작전과 임무 수행 시 요구되는 것은 신속하고도 일사불란한 움직임이다. 그리고 군을 신속하고도 일사불란하게 움직이게 하는 것은 군인들의 충성과 복종의 덕목이다. 그중에서도 특히 군인들의 명령에 대한 복종의 덕목은 군을 유지해 가는 가장 기본적인 덕목이다. 명령이나 지시만 있고 이를 수행하게 하는 복종이 없다면 군이 어떻게 일사불란하게 임무를 수행할 수 있겠는가?

더욱이 급박한 전시 상황에서 지휘관의 명령에 부하들이 절대 복종할 것이라는 확신이 없다면 어떻게 작전이 가능하며 어떻게 승리할 수 있겠는가? 복종이 없다면 군대의 기능 자체가 마비되고 말 것이다. 따라서 "명령에 대한 복종은 그것 없이는 군대 조직이 기능을 발휘할 수 없게 되는 하나의 규범"인 것이다.[29] 그러므로 명령에 대한 복종의 의무는 군대윤리의 초석이라 할 것이다. 모든 조직이 그러하겠지만 군에서 특히 상급자의 지시나 명령에 대해 절대 복종이 요구되는 까닭이 여기에 있다. 이른바 복종의 팔로워십(followership)이다.

이처럼 명령에 대한 복종의 의무는 군인에게 절대 중요한 요소이며, 따라서 명령에 대하여 즉각적이고 능동적으로 복종하는 것은 군인에게 최고의 선(善)이다. 복종의 덕목이 군인의 필수 요소임에 틀림없지만 그렇다고 해서 하급자는 상급자의 모든 명령에 대해 무조건적으로 복종해야 하는 건 아니다. 왜냐하면 명령이라고 해서 모두가 참다운 명령은 아니며, 따라서 무조건적인 복종이 최선이 아닌 경우도 있기 때문이다. 사실상 복잡한 군대 업무의 수행에서 경우에 따라서는 법적, 철학적 성찰이 요구되는 부분들이 생겨날 수 있는데, 그것은 명령에 대한 복종의 중요성을 인정하면서도 그것의 한계가 있다는 사실 또한 수용하기 때문인 것이다.

정당한 명령은 국가 혹은 상관으로부터 내려지는 즉시 복종될 것이 요구된다. 정당한 명령에 대한 복종의 의무다. 그렇다면 이와 같은 명령에 대한 복종의 근거는 무엇인가? 이 경우에 복종의 의무를 부과하는 근거는 법적일 수밖에 없다. 법적인 강제력에 의해서 복종을 끌어내는 것이 바람직한 것은 아닐지 모르나, 정당한 명령들은 반드시 실행되어야 한다. 군은 상급자의 정당한 명령에 복종하지 않을 경우 강력한 처벌 규정을 두고 있다. 가령 군형법 제44조 및 제47조는 명령에 반항하는 경우 및 위반하는 경우에 대한 처벌 규정들을 다루고 있다.[30]

---

29) 니코 케이저, 조승옥 · 민경길 옮김, 『군대 명령과 복종』(법문사, 1994), p.73.

30) 군형법 제44조를 보면, 상관의 정당한 명령에 반항하거나 불복종한 경우, 적전인 경우에는 사형, 무기 또는 10년 이상, 전시 사변 또는 계엄지역인 경우에는 1년 이상 7년 이하, 그리고 그 밖의 경우에는 2년 이하의 징역에 처한다는 내용이 명문화되어 있다. 또한 제47조에는 정당한 명령을 위반한 경우 2년 이하의 징역이나 금고에 처한다는 규정이 나와 있다.

하지만 법적 강제력이 아닌 도덕적 의무의 관점에서도 국가나 상급자의 정당한 명령은 실행되어야 한다. 가브리엘은 이를 전문 직업인의 도덕적 의무라고 말한다. 즉, "전문 직업에 종사하는 사람은 때에 따라서는 자신의 이익이 아닌 고객의 이익에 따라 행동해야만 하는 불가피한 상황이 있을 수 있다"는 것이다. 군인의 경우 고객은 국가이고, 따라서 군인은 국가의 명령에 복종하는 것이 의무라는 것이다. 설사 그 명령의 수행이 자신의 목숨을 희생하게 하는 것이라 할지라도 그것을 수행하는 것이 그의 도덕적 의무라는 것이다.[31] 정당한 명령에 대한 복종의 절대성이다.

3. 명령에 대한 복종의 한계

정당한 명령에 대한 지체 없는 복종이 군인에게 가장 중요한 덕목이라는 데 대해서는 두말할 나위가 없다. 그렇지만 정당하지 않은 명령에 대해서까지 복종이 요구되는 것은 아니다. 이제는 명령에 대한 불복종의 허용 가능성, 곧 명령에 대한 복종의 한계에 대해 살펴보고자 한다. 여기서는 헌팅턴(Samuel Huntington)과 케이저(Nico Keijer), 두 학자의 견해를 소개하기로 한다.

헌팅턴에 따르면, 복종의 한계에 관한 논의는 두 가지로 분류된다. 하나는 복종과 군사 전문 능력이 충돌할 때에 관한 것이고, 다른 하나는 복종과 비군사적 가치가 대립할 때에 관한 것이다. 전자는 복종이 군사작전 및 교리와 충돌할 때로 다시 나뉘며, 후자는 복종이 정치적 지혜(혹은 기술), 군사적 능력, 법, 도덕 등과 대립할 때로 다시 세분화된다. 헌팅턴의 주장을 간략히 요약해 보면 다음과 같다.[32]

---

31) Richard A. Gabriel, 앞의 책, pp.159-160 참조.

32) Samuel P. Huntington, 앞의 글, pp.40-44 참조.

가. 헌팅턴의 견해

(1) 복종이 군사 전문 능력과 대립할 때

① 군사작전과의 대립 : 상관이 내린 명령에 복종할 경우 군사적 재난이 예상될 것을 믿고 있는 경우 부하는 그래도 명령에 복종해야 하는가, 아니면 불복종해도 괜찮은가? 헌팅턴에 의하면 이 경우에는 복종해야 한다. 그 까닭은 불복종으로 인해 야기될 조직의 와해는 복종이 가져올 어떤 이득보다도 큰 손실을 가져오기 때문이다. 그러므로 작전, 특히 전투에서의 즉각적인 복종은 절대적이다.

② 교리와의 대립 : 무조건적인 복종은 부하들의 새로운 창조적 아이디어를 저해할 수가 있다. 따라서 복종이 교리와 대립할 때는 불복종이 정당화될 수 있다. 단, 불복종으로 말미암아 군사적 효율성을 현저하게 증진시킬 수 있을 때 한해서이다.

(2) 복종이 비군사적 가치와 대립할 때

① 정치적 지혜(기술)와의 대립 : 국가적 재난을 초래할 정책 결정을 따르라고 정치가가 명령했을 때, 군 장교는 이 명령에 복종해야 하는가, 아니면 불복종해도 괜찮은가? 이 경우 군인은 복종해야 한다. 그 까닭은 정치가의 정치적 판단은 군 장교의 그것보다 훨씬 포괄적이기 때문이다. 군사적 식견과 지혜는 구체적이고 객관적이지만 제한적인 반면, 정치적 지혜와 식견은 다소 주관적이고 모호하되 무제한적인 것이다.

② 정치인의 군사적 간섭과의 대립 : 반대로, 정치가가 군인의 군사적 전문성에 반하는 명령을 내린다면 불복종이 가능할 것인가? 헌팅턴에 의하면 이 경우 불복종은 정당화가 가능하다. 군사적 전문 능력에서의 전문가는 정치가가 아니라 군인이기 때문이다. 예컨대, 제2차

세계대전 말기에 히틀러가 전방의 연대까지 지휘하는 명령을 내렸을 때, 그것은 군의 전문성을 위협하는 결과를 초래하였던 것이다.

③ 법과의 대립 : 이미 살펴본 바처럼 군인은 합법적인 명령에만 복종할 의무가 있다. 정치인이든 상급 지휘관이든, 그의 명령이 불법적인 것이 분명할 때, 군 장교의 불복종은 정당화된다.

④ 도덕과의 대립 : 상급자가 점령 지역 사람들의 대량학살이나 소멸을 명령한다면 어떻게 해야 하는가? 도덕성을 내세워 불복종해야 하는가, 아니면 그래도 복종해야 하는가? 참으로 판단하기 어려운 경우다. 헌팅턴은 "군인으로서는 복종해야 하고, 인간으로서는 복종해서는 안 되는" 경우이지만, 군인이 국가적 이익과 복종의 의무를 무시하고 도덕적 양심에만 따르는 것을 정당화하기는 어렵다고 말한다.

이상 헌팅턴의 견해를 요약하면, 세 가지 경우만 불복종이 정당화된다. 불복종이 교리상 현저하게 군사적 효율성을 제고시킬 수 있을 때, 정치인이 군사적 전문 능력의 영역을 침범했을 때, 그리고 상급자가 불법 명령을 하달했을 때가 그 경우들이다.

나. 케이저의 견해

케이저는 그의 저서 『군대 명령과 복종』33)에서 복종의 한계를 법 위반, 법들의 충돌 등으로 구분한 뒤 많은 판례를 통해 이를 기술하고 있다. 복종이 법 위반을 초래하는 경우는 '적법성 여부'가 문제 해결의 궁극적 기준이 되고, 법들의 충돌에서는 '군사적 필요성'과 '군사적 효율성'이 기준으로 작용한다. 그러나 어느 경우에서든 부하의 입

33) 니코 케이저, 앞의 책.

장에서 상관의 명령이 '의심스러울' 때는 불복종이 정당화되기가 어려운 까닭에 복종하는 것이 현명하다고 케이저는 제언한다.[34)]

(1) 법 위반의 경우

① 군사적 직무 목적을 벗어난 명령 : 상관의 명령이 군 직무 목적과 관계없는 경우 복종해야 하는가의 문제다. 가령, 상관이 자가용 승용차를 세차하라고 명령했을 때의 경우와 같다. 그 경우, 명령은 사적(私的)인 것이기에 구속력이 없다. 하지만 실제는 이런 명령이라 해도 불복종할 하급자가 어디 있겠는가? 그렇지만 이 경우는 복종하지 않는다고 해도 법적 처벌은 불가하다.

② 직무상 지휘권이 없는 상관의 명령 : 직무상의 권한이 없는 상급자가 명령을 내렸을 경우 하급자는 복종할 의무가 있지만 그 명령에 법적인 구속력은 없다. 예를 들어 함상의 경리 장교는 경리과 부하라 할지라도 그에게 닻을 올리라는 명령을 내릴 수 없다. 그것은 함장 고유의 권한이기 때문이다. 따라서 그 경우 경리 장교의 명령은 법적 구속력이 없는 것이다.

③ 규정이나 훈령에서 벗어난 명령 : 상급자의 명령은 법규범을 준수하여 내려져야 한다. 가령, 레이더 감시병의 경우 일정 시간 이상 근무하지 않도록 하는 내규가 있을 수 있다. 그런데 상관이 일정 시간 이상의 근무를 명령했다면 그 명령은 구속력이 있는가? 이 경우는 두 가지 해석이 가능하다. 법에 따르면 구속력이 없지만, 상황의 실용성을 따르면 구속력이 있다. 임무 수행의 최종 책임자는 상관이기에 이 경우의 결정권은 상관에게 있다고 할 것이다.

④ 법 위반을 요구하는 명령 : 군인에게 가장 어려운 경우가 상관

34) 같은 책, 제2장(법규범의 위반), 제3장(법익들 간의 충돌) 요약.

이 위법한 명령을 내렸을 때다. 명령에 따르지 않는다면 불복종이 될 것이고 명령에 따른다면 법을 위반하게 될 것이기 때문이다. '항명'과 '범죄' 간의 갈등으로서 "복종하지 않으면 군사 법원의 판결에 따라 총살을 당하고, 복종하면 일반 법원의 판결에 따라 교수형을 당하는" 진퇴유곡의 딜레마가 이 경우다. 이런 경우 하급자는 명령의 위법성에 대한 파악은 물론이요 위법의 경우 복종해서는 안 된다는 의무가 있다는 사실도 함께 알아야 한다. 그렇지만 많은 경우에 군인들, 특히 병사들은 명령 자체가 합법적인 것인지 불법적인 것인지도 파악하기 어려운 것이 사실이다. 만약 명령이 위법한 것이라면 하급자의 불복종은 죄가 되지 않는다. 그러나 여건상 불복종할 상황이 아니어서 복종하게 된다면 행위에 대한 책임에서 자유로울 수는 없다.

(2) 법들 간 충돌의 경우

① 사정이 변경된 경우 : 명령을 수행하는 순간의 상황이 그 명령이 내려진 상황과 달라졌을 때라면 하급자는 명령에 불복종해도 될 것인가? 이 경우라면, 일단 상황 변경 사실을 상관에게 신속히 보고함으로써 명령을 유보하거나 취소시켜야 할 것이다. 그러나 상급자와 상의할 수 없는 상황이라면 스스로의 판단에 의해 결정해야 하는데, 사정 변경이 분명하고 상급자가 이를 안다고 할 경우 명령의 유보나 취소가 틀림없다고 확신할 때라면 명령을 이행하지 않는다고 해서 불복종이 되지는 않는다. 그러나 상황이 분명하지 않을 때라면 복종해야 한다고 케이저는 말한다. 즉, 직무상의 이익이 현저히 제고될 수 있다면 불복종은 정당화될 수 있다는 것이다.

② 직무상의 이익에 해가 되는 명령 : 명령을 수행할 경우 직무상의 이익을 심각하게 해칠 것이라고 판단된다면 명령에 불복종해도 될 것인가? 이 경우 역시 현명한 방법은 하급자의 판단을 상급자에게 신

속히 보고함으로써 명령의 취소를 유도하는 길이다. 그러나 그렇지 못할 경우 스스로의 판단에 의존해야 하며, 이 경우는 스스로 책임질 수밖에 없다. 이 경우의 불복종은 '항명'이 될 수도 있고 '훈장감'이 될 수도 있는 것이다. 접근 병력에 대한 발포 명령에 대해 그 병력이 아군일 수도 있다는 판단 아래 명령을 거부했던 켈러만 대위의 경우가 그러한데, 훗날 그는 올바른 상황 판단의 공로를 인정받아 훈장을 받기도 하였다.

③ 상충하는 명령 : 두 개 이상의 명령들이 충돌하여 명령 수행이 곤란할 때, 하급자는 어떤 명령을 따라야 하는가? 이 경우 역시 상급자와의 의견 교환이 최선일 것이다. 그러나 그것이 불가능할 경우, 우선 부여받은 명령들이 여러 상급자들로부터 내려진 것이라면, 계급이 높은 상급자의 명령을 따르는 것이 첫 번째 해결 방안이다. 동일한 상급자로부터 상충되는 명령들을 수령했을 때는 나중의 명령을 따라야 할 것이다. 좀 더 실질적인 방법은 직무상의 이익이 어느 쪽이 더 높은가를 고려하여 결정할 일이다.

④ 개인의 권익을 침해하는 명령 : 상급자의 명령 수행이 하급자 자신의 권리나 개인적 이익을 침해하게 될 때, 명령을 거부할 수 있을 것인가? 이 경우는 일률적으로 평가할 수는 없다. 예컨대, 전시의 경우라면 개인적인 이익의 침해가 아무리 클지라도 불복종이 정당화되기는 어렵다. 전시가 아닌 평시라 할지라도 직무상의 목적 달성을 위해서는 어느 정도의 사적 권한의 침해는 가능할 수도 있을 것이다.

다. 종합적 분석

이상에서 헌팅턴과 케이저의 견해를 살펴보았는데, 이들에게서 드러나는 불복종 정당화의 공통점은 궁극적으로 명령 자체의 '명백한 위법성'과, 불복종으로 인하여 '군사적 혹은 직무상 효율성'의 기대가 확실할 때뿐이다.

그러나 실제에서는 군사적 효율성의 제고라는 기준은 물론이요, 불법 명령이라 할지라도 군인에게서 불복종을 기대할 가능성은 그리 크지 않다. 대다수의 군인들은 상급자가 어떤 명령을 내리건 우선 복종하고자 하고, 또 그렇게 하는 것이 군인으로서의 도리라고 굳게 믿고 있기 때문이다.

무엇보다도, 앞서도 언급하였듯이 명령을 수행해야 하는 하급자들에게는 명령 자체에 대한 합법성 여부를 명백히 판단할 수 있는 상황정보가 미약하고, 또한 명령에 대한 불복종으로 인하여 현저한 군사적 효율성을 기대할 수 있다는 데 대한 확신도 그리 높지 않을 것이기 때문에 상급자의 명령에 복종하게 되는 것이다. 많은 사례들이 보여주듯이 명령의 수행이 가져올 직무상의 현저한 불이익을 짐작하면서도 대다수의 군인들은 상급자의 명령에 따라 묵묵히 실천하고 만다. 그들은 그것이 군인으로서의 의무라고 믿고 있는 것이다.

4. 맺는 말

지금까지 살펴본 것을 토대로 팔로워십의 확실한 가치를 다시 정리한다면 다음과 같다.

첫째, 군에서 복종의 팔로워십이 최고의 가치와 효율성을 가질 수 있는 경우는 오직 국가나 상급자에 의해 정당한 명령이 내려졌을 때다. 이 경우 하급자는 자신의 생명을 바쳐서라도 절대적인 복종을 해야 한다. 그것은 군인으로서의 의무이고 명예이며 동시에 법적인 구속력이기도 하다. 따라서 이 경우 복종의 팔로워십을 견지하지 못했다면 그는 법적, 도덕적 책임을 면치 못하게 된다.

둘째, 군에서 복종의 팔로워십이 의미를 상실할 경우도 없지는 않은데, 그것은 크게 보아 두 가지 경우뿐이다. 하나는 상급자가 정당하지 못한 명령을 내렸을 때다. 불법적인 명령의 경우는 복종 자체가 범죄가 된다. 다른 하나는 불복종으로 말미암아 현저한 군사상의 이득을 가져올 경우 불복종은 정당화가 가능하다. 오직 이 두 가지 예외적인 경우에만이 복종의 팔로워십은 의미를 상실한다.

셋째, 이 두 가지 경우 이외에도 팔로워십의 의미에 제한을 가할 수 있는 경우들도 있을 수 있는데, 가령 직무상 이외의 명령이나 사적인 명령 등 법적 구속력이 없는 명령의 경우가 그러하다. 그러나 이 경우 불복종은 법적 구속력은 가해지지 않을 수 있지만 그로 인한 인간관계의 경직이나 원활하지 못한 근무 여건 등의 문제가 유발될 수 있으며, 그 책임은 하급자에게도 부여될 수 있다. 그와 같은 명령을 내린 상급자의 책임이 누구보다도 크지만 그 정도도 감수하지 못해 상황과 여건을 경직시킨 책임에서 하급자도 자유로울 수는 없을 것이기 때문이다.

넷째, 비합리적인 명령과 비도덕적인 명령의 경우는,[35] 명령의 내용상 참다운 명령이라 할 수 없지만, 이는 불법적인 명령과는 달리 취급될 필요가 있다. 불법적인 명령은 복종 자체가 범죄이므로 불복종이 의무가 되지만, 비합리적인 명령은 복종했다고 해서 범죄 행위가 되는 것은 아니기 때문이다.

하지만 비도덕적인 명령의 경우는 또 다른 경우다. 비도덕적인 명령은 복종 자체가 범죄가 될 수도 있고 아닐 수도 있기 때문이다. 헌

35) 케이저가 들고 있는 예들, 가령 직무 목적을 벗어난 명령, 지휘권이 없는 명령, 규정에서 벗어난 명령, 사정이 변경된 명령, 상충하는 명령 등은 군에서 종종 볼 수 있는 명령들이지만, 엄격히 말하면 모두가 비합리적인 명령에 포함된다고 할 것이다. 수행에 있어서 합리성이 결여된 명령들이기 때문이다. 헌팅턴이 제시한 도덕과의 대립은 비도덕적인 명령의 예다.

팅턴의 표현처럼 군인으로서는 복종해야 하지만 인간으로서는 복종해서는 안 되는 경우이기 때문이다. 군인에게 가장 난감한 상황을 부여하는 이 문제를 해결할 방법은 없다.[36] 명령을 내리는 상급자에게, 그가 군인이든 민간인 지도자든 간에, 이런 명령을 내리지 않도록 요청할 수 있을 뿐이다.

하지만 이 모든 이론적 접근에도 불구하고 팔로워에게 필요한 것은 올바르게 상황을 파악하고 결단할 수 있는 판단력과 용기다. 판단력이 필요한 것은 명령이 정당한 것인지 아닌지를 판별해 낼 줄 알아야 하며, 또한 어떤 선택이 최고의 선인지를 구별해 낼 줄 알아야 하기 때문이다. 용기가 필요한 것은 자신의 판단력에 대한 확신을 바탕으로 신속한 결단에 이르기 위함이요, 또한 자신의 선택이 가져올 수 있는 결과에 대해 의연히 책임질 줄 알아야 하기 때문이다.

결론적으로, 사태를 올바르게 파악할 줄 아는 판단력과, 자신의 판단에 대한 확신에서 결과에 대해 책임질 줄 아는 용기를 기초로 한다면, 복종의 팔로워십은 군과 같은 조직에서 강조되는 어떤 덕목보다도 더 큰 가치와 의미를 지닌 덕목이라 하겠다.

---

36) 이른바 '비극적 딜레마'에 대한 객관적인 해결책은 없다. 오직 당사자의 주관적 해결책밖에 없지만 이에 대한 정당성 확보를 위한 노력은 가능하다고 본다. 필자의 경우는 그 가능성을 '역사적 통찰력'에서 찾고 있다.

제 7 장 역사적 통찰력, 리더의 최고 덕목*

* 이 글은 필자의 저서 『전쟁과 윤리』에서 최초로 선보였고, 이후 수정된 글이 『열린 군대와 리더 윤리』, 『전쟁과 리더』에 수록되었는데, 이번에 미비한 부분을 보완하여 다시 쓴 것이다.

1. 들어가는 말: 행위와 덕목

등산 중이던 두 친구가 미끄러져 절벽에 매달려 있는 경우를 생각해 보자. 그중의 한 사람은 밧줄에 매달려 있고 다른 한 사람은 그 친구의 발목을 잡고 있다고 가정해 보자. 그리고 그 밧줄이 두 사람의 몸무게를 감당하기에는 버거운 상태라고 해보자. 보기에도 안쓰럽고 처절한 이 상황에서 밧줄을 잡고 있는 사람은 어떻게 해야 할 것인가? 그가 만약 자기 발목을 흔들어버린다면 친구는 떨어져 죽겠지만 자기 목숨은 구할 수 있을 것이다. 그러나 그냥 버티고 있다가는 둘 다 죽을 것이 분명하다. 친구를 죽이고 자기만 살 것이냐, 아니면 함께 죽을 것이냐 하는 것이 바로 그가 처한 상황이다.

이 상황에서 밧줄을 잡고 있는 사람에게 어떻게 할 것이냐를 묻는 한, 이에 대한 해결책은 있을 수 없다. 그가 어느 쪽을 선택하든 문제를 야기할 것이기 때문이다. 하나는 친구를 죽이는 일이요, 다른 하나는 둘 다 죽는 경우다. 이 딜레마에서 벗어날 해결책은 밧줄을 잡고 있는 사람이 아니라 발목을 잡고 있는 동료에게 있다. 앞서 상정했던 상황이 변하지 않는 한, 열쇠는 그가 쥐고 있는 것이다.

그 열쇠는 스스로 친구의 발목을 놓는 일이다. 그것이 이 상황에서 가능한 최선의 해결책이다. 밧줄을 잡고 있는 사람이 살기 위해 친구를 발로 차버리는 행위는 자기 보존의 정황은 이해할 수 있으되 결국 살인 행위가 될 것이다. 그러나 동료의 발목을 잡고 있는 사람이 스스로 손을 놓는다면 그 행위는 친구를 위한 희생이 된다. 같은 죽음이지만 하나는 살인 행위요, 다른 하나는 자기희생인 것이다. 그러므로 어느 쪽이 더 바람직한 선택인가는 자명하다고 본다. 그렇지만 그가 과연 스스로 발목을 놓을 수 있을 것인가? 문제는 여기에 있다.

행위 당사자가 어떤 행위를 선택할 것인가 하는 문제는 그의 인격과 밀접히 연관된다. 그리고 인격은 그 사람의 덕성, 즉 도덕적 품성이다. 바꾸어 말하면 그가 어떤 덕성을 가지고 있느냐에 따라 그의 행위가 결정된다는 것이다. 예를 들면 용기의 덕성을 갖고 있는 사람은 용감하게 행동할 것이며, 성실의 덕성을 갖고 있는 사람은 거짓을 말하지 않을 것이다. 따라서 행위의 선택은 그 사람의 인격적 덕목과 깊은 상관관계를 갖고 있다.

그렇다면 발목을 잡고 있는 사람이 둘 다 죽더라도 끝까지 발목을 놓지 않겠다는 하나의 선택과, 스스로를 희생함으로써 친구를 살리겠다는 또 하나의 선택 중에서 자기희생의 길을 택하게 하는 것은 어떤 덕목인가? 이 경우라면 친구에 대한 사랑, 바로 우정일 것이다. (물론 우정 이외의 다른 덕목일 수도 있겠지만 여기서는 우정이라고 해보자.) 그렇다면 우정의 덕목을 갖고 있는 사람은 위와 같은 상황에서, 다른 조건이 변하지 않는 한 자기희생의 길을 선택할 것이라고 말할 수 있겠다. 그렇다면 적어도 위와 같은 딜레마를 실현 가능한 최선의 관점에서 해결할 수 있는 길은 사람들에게 우정의 덕목을 갖게 하는 것이라고 말할 수 있을 것이다.

그러나 우리가 당면할 수 있는 딜레마 상황은 위와 같은 경우만 있는 것은 아니다. 해결하기 곤란한 또 다른 딜레마 상황들이 있을 수 있고, 그때는 또 다른 덕목들이 요구될 수도 있을 것이다. 가령, 박정희 대통령 시해 사건의 주모자였던 김재규 당시 중앙정보부장의 심복이었던 박흥주 대령의 경우를 생각해 보자. 충성과 반역, 불충과 죽음의 딜레마 속에서 그의 선택을 결정하게 한 덕목은 직속상관에 대한 복종이었다. 그렇다면 딜레마 상황마다 그것의 해결을 위해서는 서로 다른 덕목들이 필요한 것인가?

만약 그렇다면 그 모든 덕목들을 모두 포괄할 수 있는 하나의 덕목은 없을까? 다른 모든 덕목들이 그것에 기반하고 있고, 다른 모든 덕목들이 그것으로부터 이끌어져 나올 단 하나의 덕목, 바로 최고의 덕목은 없는가? 다시 말하면 모든 딜레마에서 행위 당사자의 행동을 결정하는 데 궁극적인 요인이 될 최고의 덕목은 없는가? 있다면 그것은 무엇인가? 만약 우리가 이 최고의 덕목을 찾아낼 수만 있다면 딜레마 상황에서의 선택 문제는 해결의 실마리를 얻게 되는 셈이다. 이 장의 첫 번째 주제는 딜레마 상황에서 문제 해결의 실마리를 제공해 줄 최고 덕목은 무엇인가 하는 것이다.

딜레마 속에서의 행위 당사자가 어떤 선택을 할 것인가 하는 것은 그의 도덕적 덕목에 의해 결정될 것이라고 하였다. 이제 남아 있는 문제는 그 결정이 정당한 것이었느냐에 관한 것이다. 조금 어려운 문제가 될 수도 있는 이에 대한 대답을 얻고자 하는 것이 이 장의 두 번째 주제다. 가령, 앞에서 예로 들었던 등산객들의 경우, 우리의 관점을 밧줄을 잡고 있는 사람으로부터 그의 발목을 붙잡고 있는 사람에게로 옮길 것을 제안하였다. 그리고 문제 해결의 열쇠는 발목을 붙잡고 있는 사람에게 있으며, 그 상황에서 찾을 수 있는 최선의 길은 스스로 친구의 발목을 놓는 것이라고 했다. 그리고 그 이유를, 동일한 결과(자기의 죽음)에 대해서 친구의 경우라면 살인 행위가 되고 자신의 경우라면 자기희생이 되는 까닭에 후자가 더 바람직한 것이라는 데서 찾았다. 이 예의 경우, 우정의 덕목에 의한 자기희생의 선택은, 이것이 가장 바람직한 선택이었으므로 정당한 선택이라고 말할 수 있을 것이다. 그렇다면 우리는 이제 이렇게 말해도 될 것이다. "딜레마 상황에서 최고 덕목에 의한 선택은 바로 정당한 선택이다."

이 장에서는 리더로서의 중견 간부 혹은 고급 간부들이 딜레마 상황에서 어떤 덕목에 의거하여 문제를 해결하는 것이 최선인지를 검토해 보고자 한다. 이른바 군 리더의 최고 덕목은 무엇인지에 대한 탐구다. 여기서 필자가 제시하는 최고 덕목은 "역사의식에 입각한 도덕적 판단"이라고 정의될 수 있는 '역사적 통찰력'이다. 이 장에서 필자는 이 덕목의 의미와 역할을 제시하고, 그것이 최고 덕목으로서의 역할을 훌륭히 수행할 수 있음을 여러 사례를 통해 입증할 것이다.

2. 기존의 최고 덕목들과 역사적 통찰력

가. 충성, 복종, 진실성[1)]

군대는 국가의 공복으로서 국가 안전에 대한 책임을 부여받고 있다. 그런 점에서 군인은 물론이요 많은 학자들은 군사적 효율성을 대단히 중시하고 있으며, 따라서 군 최고의 덕목으로는 충성과 복종이 선정

1) 최고 덕목으로 꼽힐 수 있는 덕목들에는 여러 가지가 있을 수 있다. 필자는 미군의 일곱 가지 덕목들을 다섯 가지로 줄여 충성, 진실성, 책임성, 용기, 명예를 리더에게 필요한 덕목으로 삼았고, 이에 대해서는 앞 장에서 이미 다루었다. 이들 가운데 최고 덕목의 후보를 꼽는다면, 단연 충성(복종)과 진실성이다. 그 이유는 다음 세 가지다. 첫째는 충성(복종)과 진실성이 다른 학자들에 의해

되어야 한다고 주장한다. 가령, 헌팅턴(S. Huntington)과 스미스(T. V. Smith) 같은 학자가 그 대표적인 경우다.2) 그들에게 도덕은 군인의 첫 번째 고려 대상이 아니다. 전문 직업 군인에게 가장 중요한 일은 정치 지도자에 의해서 주어진 목표를 달성하는 것일 뿐, 임무 수행에 관한 정당한 명분을 추구하는 일이나 임무 자체에 대한 책임 문제는 군인들의 일이 아니라는 것이다. 따라서 정치 지도자에 의해서 주어지는 명령을 충실히 수행해야 하는 위치에 있는 군인들에게 최고의 덕목은 오직 충성과 복종인 것이다.3)

서 최고 덕목으로 꼽혀 왔기 때문이다. 헌팅턴과 스미스는 충성(복종)을, 웨이킨과 월러는 진실성을 택했다. 둘째는 다른 덕목들 가령, 책임감, 용기, 명예는 충성과 진실성에 기초해서 설명이 가능하다는 이유 때문이다. 이미 살폈듯이 책임감, 용기, 명예는 진실성이 없이는 참다운 덕목이라 할 수 없다. 셋째는 이 글의 주제인 도덕적 딜레마를 극복하는 길의 모색이라는 관점에서 볼 때 충성과 진실성이 책임감이나 용기, 명예 등에 비해 더 유리하다고 판단되었기 때문이다. 이에 대한 상세한 이해를 위해서는 다음 논문을 참조. 이민수, 「도덕적 딜레마와 군 지휘자의 최고 덕목에 관한 연구」(화랑대연구소, 1999), p.11, 각주 8 참조.

여기서 다루고 있는 충성과 복종, 진실성은 그 내용상 아주 간략하다. 이미 앞 장에서 상세히 다루었기 때문이다. 충성, 복종, 진실성에 대하여 좀 더 자세한 내용을 보고자 한다면 이 책 제6장의 충성, 진실성, 복종에 관한 내용을 참조할 것.

2) Samuel Huntington, *The Soldier and the State*(Harvard University Press, 1957); T. V. Smith, "Ethics for Soldiers of Freedom", *Ethics*, Vol. 60, No. 3(1950).

3) 충성과 복종을 함께 다루고 있는 부분에 대해서도 설명이 필요할 것이다. 헌팅턴과 스미스는 충성과 복종을 군인의 최고 덕목으로서 별 구분 없이 같은 개념으로 사용한다. 하지만 이들은 분명 서로 다른 덕목이다. 충성은 "참 마음에서 우러나는 정성"으로서 속성상 강요된 충성이란 있을 수가 없다. 하지만 복종은 자발적인 복종은 물론이요 강요된 복종도 가능한 것이다. 헌팅턴과 스미스가 충성과 복종을 같은 개념으로 이해하는 것이 타당하다면, 오직 자발적인 복종의 개념일 때뿐이다. 자발적인 복종은 우러나오는 복종으로서, 충성의 의미에 부합하기 때문이다. 그럼에도 불구하고 여기서는 헌팅턴과 스미스의

헌팅턴이나 스미스와는 달리 군에서 도덕의 역할과 중요성을 강조하는 웨이킨이나 윌러 같은 학자는 군 리더의 최고 덕목으로서 진실성의 덕목을 내세운다.[4] 그들은 군대의 무력 사용에 대한 책임은 정치 지도자에게만 있는 것이 아니라고 주장한다. 군대의 무력 사용에 대해서는 군인도 부분적인 책임을 져야 하는 까닭에, 상급자에 의해서 주어진 명령의 정당성 여부를 따지는 것 자체가 군인들의 의무라는 것이다. 더욱이 주어진 목표 달성에서도 강제적인 복종보다는 자발적인 복종에 의존할 때 더 효과가 클 것이므로, 도덕적 진실성의 강조는 군사적 효율성에도 크게 영향을 미친다는 것이다. 따라서 웨이킨이나 윌러에 의하면 진실성이야말로 전문 직업 군인이 구비해야 할 최고의 덕목이다.

충성과 복종 또 진실성의 덕목 모두 군에서 가장 중요시되는 덕목임에는 틀림이 없다. 문제는 이 덕목들이 딜레마에 처한 군 리더에게 문제 해결의 단초를 확실하게 제공해 줄 수 있는가이다. 결론부터 말하면 충성과 복종, 진실성, 그 어느 덕목도 딜레마 해결의 단초로서는 미흡하다는 것이다.

충성과 복종의 경우, 한 나라에 정당성을 부여받고 있는 두 개의 정부가 있다면, 가령 법적 지위를 부여받고 있는 하나의 정부와 국민의 지지를 받고 있는 또 하나의 정부가 대립하고 있다면, 군 리더는 어느 정부에 충성과 복종을 해야 할 것인가? 충성과 복종의 덕목은 이 딜레마 해결에 실마리를 제공하지 못한다. 충성의 대상으로서 가장 큰

견해에 따라 충성과 복종을 함께 사용하기로 한다. 이에 대한 상세한 논의는 이 책 제6장의 충성에 관한 내용을 참조할 것.

4) Malham M. Wakin ed., *War, Morality, and the Military Profession*(Westview Press, 1986); Michael Wheeler, "Loyalty, Honor, and the Modern Military", *War, Morality, and the Military Profession*, ed. by Malham M. Wakin (Westview Press, 1986).

가치는 국가인데, 그 국가가 두 개의 정부로 나뉘어 있는 한 어느 정부에 대한 충성도 정당화될 것이기 때문이다. 그것은 군의 분열을 초래할 수 있다.

하지만 도덕적 진실성의 덕목은 이 문제 해결에 단초를 제공할 수 있다. 무엇이 도덕적으로 더 진실한 존재인가를 판단함으로써 선택할 수 있을 것이기 때문이다.

그렇지만 진실성의 덕목은 또 다른 딜레마의 경우 대답이 명쾌하지 못하게 된다. 가령, 병원 시설물의 경우 공중폭격이 금지되어 있지만 그 병원에 히틀러가 체류하고 있다는 정보를 입수했을 때 폭격 명령을 내려야 할 것인지를 결정하는 경우가 그럴 것이다.5) 만약에 도덕적 진실성이 최고 덕목으로서의 역할을 할 수 있다면 군사적 효율성의 원칙과 인도주의 원칙 간의 갈등은 더 이상 존재할 수 없게 될 것이다. 도덕적 진실성에 입각한 인도주의 원칙의 우위로 말미암아 갈등은 해결될 것이기 때문이다. 하지만 아직도 이 두 원칙 간의 갈등은 군과 정치에 있어서 여전한 숙제가 되고 있다. 도덕과 군사적 효율성이 상충하고 있는 현실에서 군사적 효율성을 버리고 도덕을 선택할 군 리더는 드물 것이라는 사실이 도덕적 진실성을 최고 덕목으로 내세우기 어렵게 만드는 것이다.

따라서 충성과 복종, 도덕적 진실성 등 이들 모두는 군 리더의 주요 덕목으로서 강조되어야 마땅하지만, 딜레마 해결의 최고 덕목으로서는 미흡한 부분이 있다고 해야 할 것이다. 이 같은 결론은 이들 덕목 이외의 또 다른 덕목을 최고 덕목으로서 필요로 한다. 그렇다면 딜레마에 처한 군 리더에게 문제 해결의 단초를 제공해 줄 수 있는 최고 덕목은 무엇인가? 그것은 역사적 통찰력이다.

---

5) Jonathan Glover, *Causing Death and Saving Lives*(Penguin Books, 1977).

나. 역사적 통찰력

그렇다면 역사적 통찰력(historical insight)이란 무엇인가?

이는 다음과 같은 세 가지 관점에서 이해될 수 있다. 그 첫째는 판단력의 관점이다. 판단이란 주어진 의무들 가운데서 먼저 수행해야 할 의무들을 올바르게 찾아내는 능력이다. 그러기 위해서는 행위와 행위의 결과도 예측할 수 있어야 한다. 판단은 올바르게 선택할 수 있는 하나의 기준인 것이다. 역사적 통찰력이 하나의 판단이라는 관점은 바로 올바르게 선택할 수 있는 기준이라는 의미를 갖는다.

두 번째 관점은 도덕성이다. 아무리 전시라 할지라도 군의 지휘에서 도덕적 평가를 위한 여지는 있어야 한다. 전쟁이 하나의 사회적 창조활동인 이상 도덕적 평가로부터 벗어날 수는 없기 때문이다.[6] 따라서 전시 행동이라 할지라도 도덕적 평가를 받아야 한다. 어떤 행위도 도덕적 평가를 떠나서는 정당화될 수가 없는 것이다. 전쟁법과 전쟁규칙이 존재하는 이유다.

세 번째이자 가장 중요한 관점은 역사에 대한 인식(knowledge of history), 즉 역사의식이다. 가령, 아름다운 예술의 도시 파리를 불태워 버리라는 명령을 받은 한 장교가 있다고 상상해 보자. 또 무고한 시민들이 거주하고 있는 히로시마에 원자폭탄을 투하하라는 명령을 받은 한 장교가 있다고 가정해 보자. 전시에 이 같은 명령을 받은 장교는 참으로 힘들고 위험한 상황에 빠지게 될 것이다. 그의 결정과 행동은 훗날 역사가들에 의해서 어떤 식으로든 평가받게 될 것이기 때문이다. 그의 결정과 행동이 훗날의 역사 발전에 큰 영향을 미치게 된다는 것이다. 만약 파리를 불태워 버리라는 명령을 받은 장교가 명령의 비도

---

6) Willard C. Frank, Jr., "The Agony of Our Choosing: Military Power and Human Values", p.170 참조.

덕성에도 불구하고 명령을 수행했다면 오늘날 프랑스의 역사는 어떻게 바뀌었을까? 만약 히로시마에 핵폭탄을 투하하라는 명령을 받은 장교가 그 명령의 비도덕성을 근거로 이를 수행하지 않았다면 세계사는 어떻게 바뀌었을 것인가?

이 같은 명령들은 가정이 아니라 실제로 있었던 일들이다. 파리를 불태우라는 명령은 준수되지 않았지만, 히로시마의 원폭 투하는 이루어졌다. 그 같은 명령을 받은 그 장교들은 어떻게 해서 그와 같은 결정에 도달하였을까? 파리를 불태우라는 명령을 받은 장교는 왜 그 명령을 거부했을까? 그가 신봉하는 도덕관 때문이었는가? 그렇다면 히로시마를 폭격하여 무고한 시민의 무수한 희생을 가져온 명령을 그 파일럿은 왜 거부하지 않았을까? 명령에 대한 복종의 중요성 때문이었는가?

명령에 대한 복종의 중요성은 군인에게는 아무리 강조해도 지나치지 않으며, 동시에 비인간적이고 비도덕적인 행위의 금지에 대한 강조도 군인에게는 절대 필요하다. 그렇다면 이 두 가지가 갈등을 일으키고 있는 전쟁의 현실 속에서 그와 같은 명령을 받은 군인들에게 선택에 대한 부담감을 덜게 하는 것은 무엇일까? 바꾸어 말하면 어느 쪽도 자유롭게 선택할 수 없는 딜레마 속에서 궁극적인 하나의 선택을 정당화시키는 원리나 기준이 있다면 무엇이겠는가?

그것은 바로 역사에 대한 올바른 인식, 즉 역사의식이다. 좀 더 완전하게 표현한다면 역사적 인식에 입각한 도덕적 판단이다. 이 판단에 의거한 선택이야말로 그와 같은 딜레마를 해결할 수가 있다고 보는 것이다. 이것이 바로 역사적 통찰력이다.

이처럼 역사적 통찰력은 판단력, 도덕적 관점, 역사의식에 의해서 설명될 수가 있는데, 이를 한마디로 정의한다면 다음과 같이 표현될 수 있겠다.[7] "역사적 통찰력은 역사적 인식에 기반한 도덕적 판단 혹은 도덕적 판단을 통한 역사의식이다."

따라서 역사적 통찰력을 지닌 군인이라면 판단력과 도덕성 그리고 역사에 대한 이해를 모두 구비하고 있다고 할 것이다.

3. 최고 덕목으로서의 역사적 통찰력

이제 역사적 인식에 기반한 도덕적 판단으로서의 역사적 통찰력이 딜레마에 처한 군 리더에게 어떻게 해결의 길을 제시해 줄 수 있는지 역사상 실제 있었던 사례들의 분석을 통해 살펴보도록 하자.

가. 사례 제시

[사례 1] 1944년 8월 23일, 다음과 같은 내용을 담은 한 통의 전문이, 프러시아 동부 지역에 위치하고 있는 독일군 최고 사령부의 히틀러(Adolf Hitler)로부터 파리에 주둔해 있는 독일군 사령관 콜티츠(Dietrich von Choltitz) 장군에게 전달되었다.

> 교두보로서의 파리를 방어하는 것은 군사적으로 뿐만 아니라 정치적으로도 대단히 중요함. 파리를 잃게 되면 연안 평야 전체를 잃게 됨. … 역사상 파리를 잃고서도 프랑스 전체를 장악한 예는 없었음. … 파리는 어떠한 희생을 무릅쓰고라도 강력하게 방어되어야 함. … 파리는 적의 손아귀에 들어가서는 안 되며, 만약 그럴 경우에는 잿더미로 만들어서 넘겨주어야 함.8)

---

7) 이에 대한 좀 더 상세한 설명을 위해서는 이민수, 『전쟁과 윤리』(철학과현실사, 2005), pp.192-197 참조.

8) Larry Collins and Dominique Lapierre, *Is Paris Burning?*(New York, 1966) 참조.

[사례 2] 1945년 8월 6일, 당시 29세의 미 공군 조종사였던 폴 티베츠는 히로시마에 핵폭탄을 투하하라는 명령을 하달 받았다. 원폭 투하 장소로서 히로시마가 선택된 까닭은 그곳이야말로 "가능한 한 많은 거주민들에게 깊은 심리적인 타격을 줄 수 있는 곳"이었기 때문이었다.9)

[사례 3] 1968년 3월 15일, 베트남전쟁이 한창일 때 미 보병 소대장이었던 캘리 중위는 중대장 메디나 대위로부터 장차 작전을 위해서 통과해야만 하는 미라이 지역의 모든 집과 농작물, 식료품은 물론이요 거주민까지도 모조리 불태우고 파괴해 버리라는 특수 명령을 하달 받았다.10)

[사례 4] 1951년 12월 18일, 한국전쟁이 진행 중일 때 공군 제10

---

9) Gar Alperovitz, "Why the United States Dropped the Bomb", *Technology Review*(August/September, 1990), p.28.

10) Lt. Gen. W. R. Peers, *The My Lai Inquiry*(W. W. Norton & Company, 1979), pp.169-170 참조. 피어스에 따르면 비전투원이었던 거주민까지 파괴 대상에 포함시키는 문제에 관해서는 중대장과 캘리를 포함한 다른 소대장들 간에 의견이 일치된 것은 아니었다고 한다. 따라서 캘리가 중대장으로부터 민간인들까지 모두 죽이라고 명령받았다고 주장하는 데에는 의심의 여지가 있을 수 있다. 그렇지만 피어스도 추측하고 있듯이, 어쩌면 메디나가 그 지역에 있는 모든 것을 죽이거나 파괴하도록 하는 분위기를 만들었을 가능성은 큰 것으로 보인다. 왜냐하면 메디나는 "그 지역에는 민간인이란 거주하지 않는다고 말하고, 만약 민간인이 있을 때는 어떻게 해야 하는지에 관해서는 아무런 언급도 하지 않았기 때문이다." 피어스에 따르면, 메디나는 한 술 더 떠서 "그들(미군들)은 적의 지뢰와 부비트랩 등에 의해 수명의 동료를 잃었는데, 이 작전은 적들에게 빚을 갚을 수 있는 기회로서 일종의 보복전"이라는 사실을 소대장들에게 상기시켰다는 것이다. 이러한 이유를 근거로 필자는 편의상 캘리가 메디나로부터 미라이 지역에 있는 모든 것을 죽이거나 파괴하라고 명령받았다고 가정하고 논의를 전개해 나갈 것이다.

전투비행전대 지휘관인 김영환 대령은 공비 은신 지역의 폭격 임무를 띠고 출격했는데, 미 제5공군 정찰대로부터 공비 은신지로 선정된 지역이 공교롭게도 팔만대장경이 보존되어 있는 합천 해인사였다.[11)]

[사례 5] 1952년 5월, 육군참모총장이었던 이종찬 장군은 직선제 개헌을 반대하는 데모대 진압을 위해 전방에 있는 2개 대대 병력을 부산으로 파견하라는 명령을 국방부 장관을 통해 이승만 대통령으로부터 하달 받았다.[12)]

나. 사례 분석

위에서 제시한 다섯 가지 사례에서 나타난 명령은 모두가 끔찍하고 잔혹한 것들이다. 이 같은 잔인한 명령을 상급자로부터 하달 받은 장교들이라면 누구나 어려운 상황에 직면하게 될 것이다. 그들의 마음속에서는 군인으로서 명령에 복종해야 한다는 의무와, 인간으로서 양심을 따라야 한다는 의무 간에 갈등이 일어날 것이다. 군인으로서의 국가에 대한 충성과 인간으로서의 도덕에 대한 충성 간의 갈등인 셈이다. 위 사례에서 보인 모든 명령들은 잔인하고 비도덕적인 것들이지만, 그 명령을 하달 받은 군 장교들의 결심은 실제 서로 다르게 나타났다.

먼저 세계에서 가장 아름다운 도시 가운데 하나인 파리를 파괴하라는 히틀러의 명령은 수행되지 않았다. 이 야만적인 명령을 받은 콜티츠 장군이 이의 수행을 거부했던 것이다. 명령에 불복종한 것이다.

반면에 두 번째 사례인 히로시마의 폭격은 원자폭탄을 실었던 비행

11) 이민수, 『위대한 군인정신』(봉명, 2001), 제1권, pp.353-354 참조.

12) 같은 책, pp.390-393; 강성재, 『참 군인 이종찬 장군』(동아출판사, 1986) 참조.

기인 에놀라 게이(Enola Gay)의 조종사였던 티베츠에 의해서 수행되었다. 명령에 대한 그의 복종은 무수히 많은 민간인들의 희생을 가져왔지만, 제2차 세계대전을 조기에 종식시키는 데 결정적인 영향을 미쳤다.

세 번째 사례인 미라이 부락에 대한 공격은 캘리 중위에 의해서 수행되었고, 그곳에 거주했던 400여 명의 민간인들을 모조리 학살함으로써 베트남전에서 발생한 가장 잔혹한 전쟁범죄 행위 중의 하나가 되었다.

네 번째 사례인 해인사 폭격 명령은 김영환 대령이 미 정찰대의 명령을 거부하고 가야산 주변만 폭격하고 돌아옴으로써 우리 문화재인 팔만대장경과 해인사는 고스란히 보존될 수 있었다.

다섯 번째 사례인 대대 병력의 파견 명령은 이종찬 장군이 이승만 대통령의 명령을 거부함으로써 이루어지지 않았다. 국군 통수권자인 대통령의 명령을 군인의 정치적 중립성을 이유로 거부함으로써 이종찬 장군은 그로부터 몇 개월 후 결국 총장직에서 해임되었다.

이상 다섯 가지 사례를 분석해 볼 때, 필자의 견해로는 똑같이 주어진 비도덕적인 명령에 대해 서로 다른 결정에 도달한 콜티츠와 티베츠의 입장은 정당화될 수 있지만, 캘리의 결정은 정당화될 수 없다고 여겨진다. 또한 김영환 대령과 이종찬 장군의 명령에 대한 불복종은 그 자체가 정당한 것이었다고 생각된다.

그들의 결정이 정당한 것이었느냐 아니냐를 가름해 주는 것은 그들의 충성심과 복종심, 진실성이 아니라 바로 역사적 통찰력이다. 다시 말해 만일 그들의 결정이 정당한 것이었다고 한다면 그것은 충성이나 복종, 진실성의 덕목에 의해서 그렇게 평가되는 것이 아니라, 역사적 통찰력에 의해서 그렇게 평가된다는 것이다.

국가에 대한 충성의 덕목은 티베츠의 결정을 정당화시켜 준다. 김영환 대령의 결정도 정당화시켜 줄 수 있을 것이다. 국가에 대한 충성은 대의명분, 즉 국가의 더 큰 이익에 충실할 것을 요구하며, 티베츠와 김영환 대령은 그렇게 했다고 여겨지기 때문이다.

그렇지만 국가에 대한 충성의 덕목이 콜티츠와 이종찬 장군의 결정까지 정당화시켜 줄지는 매우 의심스럽다. 국가 최고 지도자이자 군 최고 통수권자인 총통과 대통령의 명령을 거부하는 일이 어떻게 국가에 충성하는 일이겠는가? 상황에 따라 달리 평가될 수는 있겠지만, 일반적인 관점에서는 결코 용납될 수 없는 일이라 하겠다. 더욱이 그들은 명령에 따라 살고 명령에 따라 죽는 것이 의무인 군인들인 것이다.

물론 이미 앞 장에서 살폈던 것처럼, 이들이 처한 충성의 의미가 참된 가치를 가진 대상에 대한 충성이었느냐는 의문이 제기될 수도 있을 것이다. 히틀러의 명령은 개인적인 야망에서 비롯된 것이요, 이승만의 그것은 사사로운 정치적인 이익을 위한 명령이기에 정당한 것이 아니라는 주장들이 그것이다. 이는 쉽사리 답할 수 있는 문제가 아니다. 총통과 대통령은 국가를 대표하는 합법적 권위의 직책으로서 참다운 가치를 지니며 그 명령은 절대적으로 수행되어야 한다. 다만 그 명령의 의미가 국가를 위한 것이냐, 아니면 사사로운 것으로서 반국가적인 것이냐에 대한 평가는 결코 쉬운 것이 아니기 때문이다. 이에 대한 평가는 결국 역사의 몫이다. 바로 그런 점에서 역사의식의 필요성이 제기되는 것이다. 콜티츠와 이종찬의 선택이 정당화되는 까닭이기도 한 것이다.

상급자의 명령에 대한 복종의 덕목도 티베츠의 입장을 잘 설명해준다. 그렇지만 복종의 덕목이 콜티츠나 김영환 대령, 이종찬 장군의 입장을 설명하기는 어려워 보인다. 그들은 명령에 복종한 것이 아니라 거부했던 사람들이기 때문이다. 게다가 복종의 덕목은 캘리의 경우 상황을 더욱 악화시킨다. 그는 명령에 복종함으로써 군인으로서의 의무에는 충실했지만 무고한 민간인을 400여 명이나 학살했을 뿐만 아니라, 그 학살에 동참했던 소대원들까지도 평생을 회한과 죄책감의 고통 속에서 살게 만들었던 것이다.[13)]

콜티츠와 김영환, 이종찬의 불복종은 도덕적 진실성의 덕목에 의해서 설명될 수 있다. 비록 전쟁 중이라 할지라도 인간과 사회의 제반 가치를 존중하는 도덕적 관점을 그들 모두에게서 찾아볼 수 있기 때문이다. 그렇지만 캘리의 경우는 물론이요, 히로시마의 원폭 투하라는 잔혹한 명령에 복종했던 티베츠의 입장은 도덕적 진실성의 덕목에 의해서는 설명되기 어렵다.

이렇듯 충성과 복종, 진실성의 덕목은 이 다섯 가지의 사례에 비추어볼 때 부분적인 설명이 가능할 뿐 모든 사례를 통틀어 설명하지는 못하는 것이다.

하지만 역사적 통찰력의 덕목에 의해서는 이들 사례 모두를 동일한 관점에서 설명할 수가 있다. 다섯 가지 사례에서 두 명의 장교는 명령에 복종했고, 다른 세 명은 복종하기를 거부했다. 그렇지만 역사적 통찰력의 덕목에 비추어 보면, 이들의 결단이 정당한 것이었는지 아닌지를 판별할 수가 있는 것이다. 앞서도 평가하였듯이 콜티츠와 티베츠, 김영환, 이종찬의 경우는 정당한 결단이었고, 오직 캘리만이 그릇된 결단이라는 것이다. 이제 필자가 그렇게 주장하는 근거를 살펴보자.

먼저 콜티츠나 티베츠에 의한 명령 수행은 도덕적 관점에서 설명될

---

13) 이 부분에 관해서는 「미라이 대학살(*Massacre at My Lai*)」이라는 제목의 다큐멘터리를 참조하기 바람. 미국 전역의 중산층 가정에서 평범한 시민들로 살던 젊은이들이 미라이 작전에 참가해 살인마로 돌변했다가 전쟁이 끝난 후 회한과 죄책감 속에서 제대로 된 삶을 이끌지 못하는 비극적 현실이 생생하게 묘사되어 있다.

수 있다.[14] 콜티츠의 결정은 인간으로서 차마 행할 수 없는 의무의 실현이었고(의무주의), 티베츠는 무고한 사람의 희생이 뒤따랐지만 전쟁을 조기에 종식시킴으로써 더 큰 희생을 막을 수 있었던 것이다(공리주의). 군인의 길과 인간의 길을 달리 표현했던 헌팅턴의 말에 따라 정리해 본다면, 콜티츠는 군인의 길을 포기하고 인간의 길을 택함으로써 명령에 불복종하였고, 티베츠는 인간의 길보다는 군인으로서의 길에 충실함으로써 복종을 선택하였다. 그렇지만, 두 사람의 입장은 모두가 역사적 통찰력의 관점에서는 정당화된다는 것이다. 두 사람의 선택은 하나는 의무론이요, 다른 하나는 장기적인 공리의 원칙이라는 도덕적 관점 위에 서 있으면서도, 동시에 훗날의 역사가 그들의 행동을 모두 정당한 것으로 평가하고 있는 것이다.[15] 콜티츠의 불복종은 아름다운 도시 파리를 불바다로부터 구해 냈다는 점에서, 그리고 티베츠의 복종은 전쟁의 장기화를 막았다는 점에서, 모두 도덕의식과

---

14) 이처럼 잔인한 명령을 수령한 장교들은 그 명령의 수행 여부에 대하여 심각하게 고민할 수도 있겠고 실제로는 별로 고민하지 않을 수도 있을 것이다. 『파리는 불타고 있는가?(*Is Paris Burning?*)』라는 책을 보면, 콜티츠 장군이 이 야만적인 명령을 수령한 뒤 밤새 고뇌하는 장면이 나온다. "어떻게 해야 하는가? 이를 수행해야 할 것인가 말 것인가?(What shall I do? What shall I do?)" 하며 그는 그 밤을 꼬박 지새운다. 반면, 히로시마에 원폭을 투하한 티베츠는 정반대 입장이다. 원폭 투하라는 잔혹한 명령을 하달 받았을 때 주저하는 마음이 없었느냐는 질문에 대해 티베츠는, 원폭 투하는 자신과는 상관없는 일이며 또한 자신이 책임질 일도 아니라고 말한다. 그는 또한 전쟁이 다시 일어나 그때와 똑같은 임무가 주어진다 해도 그때처럼 원폭을 투하할 것이라며 그것이 "전쟁의 논리"라고 말하고 있다. Greg Mitchell, "The Victim and the Pilot", *The Progressive*(August, 1989), p.28 참조.

15) 도덕적 관점은 다양할 수 있지만 의무주의(의무론)와 공리주의(목적론)가 대표적인 관점으로 인식되고 있다. 의무주의는 인간으로서 반드시 지켜야 할 의무들이 있으므로 그 의무를 따르는 것이 도덕적인 행위라는 입장이고, 공리주의는 최대의 선으로 이끄는 행위가 도덕적인 행위라는 입장이다. 이에 대한 더 상세한 논의는 이 책, 제1장 「리더와 결단, 그 정당성」 참조.

역사의식이 있는, 즉 역사적 통찰력의 덕목을 지닌 군인으로 평가될 수 있는 것이다.

물론 콜티츠의 경우는 이해하지만, 티베츠의 경우마저도 도덕의식과 역사의식이 있다는 필자의 주장에 대해 반론이 제기될 수도 있겠다. 티베츠는 역사적 통찰력에서가 아니라 그저 명령에 복종했을 뿐인데 어떻게 그가 도덕의식과 역사의식이 있었다고 할 수 있겠느냐는 반론이다. 앞서도 밝혔듯이[16] 필자 역시 티베츠가 역사적 통찰력에 입각해서 명령에 따랐다고 생각하지는 않는다. "전쟁의 논리"를 말하는 그의 입장을 살펴볼 때 그는 역사적 통찰력이라기보다는 복종에 충실했을 것으로 보인다. 다만 훗날의 역사가 그의 행동을 공리주의적 관점에서 정당한 것으로 평가하고 있으므로 그의 행동을 역사적 통찰력의 관점에서 정당한 것으로 말하고자 하는 것이다.

김영환 대령의 경우와 이종찬 장군의 경우도 역사적 통찰력에 의거한 결정이라 해야 할 것이다. 해인사는 그 자체로도 우리나라의 국보일 뿐만 아니라 750년간이나 보존되어 온 우리 민족의 값진 문화유산인 팔만대장경이 소장되어 있는 곳이다. 공비 토벌도 국가를 위해 중요한 임무임에는 틀림없지만 해인사의 파손은 우리나라에 막중한 손실을 가져오는 일이었던 것이다. 따라서 장기적인 공리의 관점에서 볼 때 김영환 대령의 결정은 정당한 것이었고, 훗날의 역사 또한 그의 결단에 찬사를 보내고 있는 것이다.

이종찬 장군의 경우는 이보다 훨씬 어려운 결정이라 할 것이다. 국군의 최고 통수권자는 대통령이고 대통령의 명령을 거부하는 것은 곧 국가에 불충하는 것으로서 자신의 목숨을 내거는 행위이기 때문이다. 하지만 이종찬 장군의 판단은 당시 대통령의 명령이 군대를 사병화

16) 앞의 각주 14) 참조. 이에 대해서는 아래(역사적 통찰력에 관한 의문)에서 다시 언급되고 있음.

(私兵化)하고 군의 정치적 중립 원칙을 깨뜨리는 것으로서 역사에 오점을 남기게 된다는 것이었다. 단기간의 이득보다는 장기적인 관점에서의 국가 이익과, 훗날의 역사적 판단을 고려했다는 점에서 그의 결단 역시 도덕의식과 역사의식을 모두 갖춘 결정이라 할 것이다.

그러나 한편으로 캘리의 경우는 도덕적 관점뿐만 아니라 역사의식의 관점에서 본다 할지라도 정당화되기 어려워 보인다. 물론 캘리의 경우, 군인에게 반드시 필요한 명령에 대한 복종의 관점에서 본다면, 적어도 캘리는 이 점에서 훌륭했다고 말할 수도 있겠다.[17] 그러나 웨이킨과 윌러가 지적하듯이, 전문 직업 군인으로서의 장교인 캘리는 그에게 주어진 명령에 대해 반성을 해보았어야 했다.[18] 바꾸어 말하면, 캘리가 하달 받은 명령의 경우는 "포로의 대우에 관한 법적, 도덕적 문제들과도 엉켜 있는 명령이었던 까닭에" 그 명령의 정당성에 대하여 고려해 보았어야 한다는 것이다.[19]

이런 점에서 볼 때 캘리 중위의 경우는 전문 직업 군인으로서의 군 장교에게 요구되는 법적, 도덕적 반성 능력이 결여되어 있었다고 하

---

17) 실제로 훗날에 열린 군사재판에서 캘리는 그의 행동에 대한 비난과 처벌이 선고되었을 때, 그는 단지 상급자인 메디나의 명령에 따라 행동했을 뿐이라고 주장했다. Michael Walzer, *Just and Unjust War*(Basic Books, 1977), pp.310-311 참조.

18) 윌러는 군 장교의 무조건적인 복종이 가져오는 문제들에 대하여 신랄하게 비판하고 있다. 윌러에 의하면 설사 전투 상황이라 할지라도 명령의 수령과 시행 사이에는 어느 정도의 간격이 있기 마련이며, 이 간격 동안 군 장교들은 주어진 명령에 대하여 돌아볼 수 있다는 것이다. "이 명령이 내려진 까닭은 무엇인가? 어떤 목적을 달성하기 위하여 이 명령은 하달되었는가?" 등에 관하여 생각해 보아야 한다는 것이다. 웨이킨도 같은 입장에서 전문 직업 군인으로서의 장교는 그에게 주어진 명령에 대해 반성해 볼 것과, 그것의 정당성을 검토해 볼 것을 강조한다. Michael Wheeler, 앞의 글, p.181 및 Malham M. Wakin ed., 앞의 책, p.207 참조.

19) Malham M. Wakin ed., 앞의 책.

겠다. 즉, 도덕의식이 없었던 것이다.

캘리의 경우는 또한 역사의식도 갖추지 못했다고 해야 할 것이다. 그는 그의 행동이 훗날 어떤 결과를 가져올지, 또한 장차 어떤 평가를 받게 될지에 대해서는 별반 고려하지 않았던 것 같다. 훗날의 역사적 평가에 대해 무심했던 것이다. 캘리 스스로가 인정하고 있듯이, 당시 그는 부하들의 목숨을 빼앗아 간 적군에 대한 적개심과 복수심, 그리고 소대원들의 목숨을 지키고자 하는 소대장으로서의 사명감 이외의 어떤 것에도 관심을 가지지 않았던 것이다.[20)]

만약에 캘리가 역사적 통찰력의 덕목을 지니고 있었다면, 그래서 그의 행위가 가져올 장차의 결과에 대하여 도덕적으로 심각하게 고려해 보았더라면, 그는 적어도 그 명령의 정당성에 관하여 검토해 보았을 것이고, 따라서 민간인들까지 모조리 학살하는 그토록 잔인한 명령을 부하들에게 하달하지는 않았을 것이다. 캘리에게 그와 같은 명령을 내렸던 중대장 메디나에게도 똑같은 가정이 적용될 수 있다. 그들은 모두 도덕에 대한 고려도, 또한 역사에 대한 인식도 가지고 있지 않았다. 그들 모두는 역사적 통찰력이라는, 군 리더에게는 반드시 필요한 덕목을 결여하고 있었던 것이다.

---

20) 부하들의 원한을 풀겠다는 복수심과 부하들의 생명을 지키겠다는 소대장으로서의 사명 의식은 높이 평가되어야 마땅하다. 이런 점에서 캘리는 훌륭한 리더였다. 그러나 자신의 명령에 따라 수백 명의 민간인을 고의적으로 살해하게 된다는 현실에서 그는 더욱 냉정해져야 했다. 도덕의식은 물론이요, 자신의 행동이 가져올 역사적 평가까지 고려할 만큼 냉철한 판단 위에서 행동했어야 했다. 군의 리더에게 역사적 통찰력이 강조되어야 하는 까닭이 여기에 있는 것이다.

다. 역사적 통찰력에 관한 의문

(1) 사례에 대한 의문

캘리의 입장을 이렇듯 역사적 통찰력이 없었던 것으로 평가함으로써 그의 결정이 잘못된 것이라는 주장에 대해 다음과 같은 질문이 제기될 수도 있겠다. 티베츠의 경우, 그 스스로도 말하고 있듯이 단 한 번의 재고도 없이 명령을 수행했다고 하는데 캘리와 티베츠가 다른 점이 무엇이냐 하는 질문이다. 이 질문은 매우 의미가 있다. 티베츠의 경우, 무고한 인명을 고의로 살상하게 될 가공할 명령에 대하여 재고해 본 적이 있었느냐는 질문에 대해 그는 훗날 이렇게 말하고 있기 때문이다.

> 이렇게 얘기하면 사람들은 아마도 화가 날 겁니다. 그렇지만 폭탄 투하는 개인적인 것과는 상관없는 일입니다. 나는 원자폭탄이라는 무기에 대해 아무런 책임도 없습니다. 내가 그걸 발명한 것도 아니고, 그걸 사용하라고 명령을 내린 것도 아닙니다. 나는 단지 그 저주받을 무기를 투하했을 뿐입니다. … 만약에 전쟁이 오늘 다시 발발하여 1945년 8월 6일과 같은 임무가 내게 주어진다면 나는 똑같이 다시금 원자폭탄을 투하할 것입니다. 이게 전쟁의 논리죠.[21]

티베츠의 이 같은 대답을 살펴볼 때 그에게서 어떤 도덕적인 반성이나 역사적 평가에 대한 고려를 찾아보기는 힘든 것 같다. 그는 명령에 대한 복종이라는 군인으로서의 역할에만 충실했던 것으로 보인다. 그런 점에서 볼 때 역사적 통찰력이 없기는 티베츠나 캘리 모두가 마찬가지라고 해야 할 것이다. 그럼에도 불구하고 한 사람의 행위는 정

21) Greg Mitchell, 앞의 글, p.28.

당화되고 다른 한 사람의 행위는 정당화되지 못했다. 그 까닭은 무엇인가?

이 경우 두 사람의 차이는 엄격히 말한다면 사람에 있지 않고 사건에 있었기 때문이다. 그렇지만 만약에 두 사람이 모두 역사적 통찰력의 덕목을 구비하고 있었다고 가정한다면 결과는 달라질 수가 있다. 우선 티베츠의 경우 그가 역사적 통찰력의 덕목을 갖고 있었다고 할지라도 티베츠는 동일한 결정을 내렸을 것이다. 그의 경우 장기적인 공리의 원칙에 따라 작은 희생으로 더 큰 희생을 막아낼 수 있는 방법에 표를 던졌을 것이기 때문이다. 그러나 캘리의 결정은 달랐을 것이다. 그가 만약 역사적 통찰력이 있었다면 민간인의 살해가 전쟁법에 어긋난다는 사실을 들어 메디나에게 명령 수행에 대한 재고를 요청했거나 아니면 민간인을 그토록 무자비하게 학살하는 가공할 명령을 자기 부하들에게 내리지는 않았을 것이다.

만약에 티베츠나 캘리 모두에게 역사적 통찰력이 없는 상황에서 그들의 임무가 바뀌었다면 그들 각각의 결정은 어떠했을까? 아마도 지금까지 알려진 자료만을 토대로 상상해 본다면 실제의 결과와 다르지 않았을 것이다. 캘리는 주저 없이 비행기를 몰고 히로시마로 날아갔을 것이고, 티베츠는 미라이 부락의 민간인들을 학살한 전쟁범죄자로서 군사재판에서 유죄를 선고받았을 것이다. 같은 논리로 만약에 콜티츠가 아닌 티베츠나 캘리가 파리를 불태우라는 명령을 받았다고 한다면 오늘날의 파리는 역사에서 사라졌을지도 모를 일이다.

결국 우리에게 중요한 것은, 사건은 다를 바 없으되 그 사건을 이끌어나가는 사람들이 역사적 통찰력을 가졌느냐 그렇지 않느냐에 따라 결과는 전혀 다를 수도 있다는 것이다. 바로 이 같은 사실은 전문 직업 군인으로서의 군 장교에게 역사적 통찰력이 얼마나 중요한 덕목인가를 확실히 보여준다고 하겠다.

(2) 이론에 대한 의문

역사적 통찰력에 대한 또 하나의 의문은 역사적 통찰력이 도덕의식과 역사의식을 강조하여 이 두 가지 의식을 갖출 때 역사적 통찰력에 의한 판단이 가능하리라고 생각되지만 실상은 이 두 의식이 서로 충돌할 수도 있지 않느냐 하는 더 근본적인 문제다. 이 물음은 역사적 통찰력이 도덕적 관점이라는 점에서 매우 중요한 의미를 갖는다. 이 질문을 좀 더 분석해 보자.

먼저 도덕의식이다. 필자의 주장에 따르면 도덕의식의 정당화는 그것이 의무론이거나 공리주의에 근거한 것이었다. 다음 역사의식이다. 역사의식의 정당화 역시 의무론적 입장이거나 공리주의적 입장에 근거한 것이었다. 그렇다면 필자가 주장하는 역사적 통찰력이란 것은 결국 다음 네 가지 가운데 하나의 입장에 입각해서 행위를 선택하는 것이라 말할 수 있을 것이다.

① 의무론적 도덕의식과 의무론적 역사의식에 입각한 선택
② 의무론적 도덕의식과 공리주의적 역사의식에 입각한 선택
③ 공리주의적 도덕의식과 의무론적 역사의식에 입각한 선택
④ 공리주의적 도덕의식과 공리주의적 역사의식에 입각한 선택

이렇게 보면 ①의 역사적 통찰력은 의무론적 선택과 다를 바 없고, ④의 역사적 통찰력은 공리주의적 선택과 다를 바 없다. 이미 제1장에서 다루었던 내용이다.

여기서 생기는 첫 번째 의문이다. 결국 ①과 ④는 의무론과 공리주의적 선택인데 굳이 역사적 통찰력이라고 부를 이유가 무엇이냐는 것이다. 이와 같은 주장은 매우 설득적이다. 하지만, 그럼에도 불구하고 이것들을 역사적 통찰력에 의한 선택이라고 말할 수 있는 까닭이 있

다. 그것은 이들에 의한 선택의 정당화가 현재의 시점이 아니라 훗날의 역사적 관점에 의해서 이루어진다는 것을 행위 당사자들이 염두에 두고 있다는 사실에 있다. 곧 이들의 선택은 역사의식에 입각한 결단이라는 것이다. 따라서 비록 ①은 의무론적 선택이요, ④는 공리주의적 선택이라 할지라도, 이들 모두는 역사의식에 입각한 선택인 까닭에 역사적 통찰력에 의한 선택이라고 말해야 된다는 것이다.

이제 남은 것은 ②와 ③이다. 이것들은 좀 더 복잡한 의미를 갖게 될 역사적 통찰력이다.

여기서 우선 생길 수 있는 의문은 ③에 대한 것으로서, 공리주의적 도덕의식과 의무론적 역사의식에 입각한 선택은 논리적 모순 아닌가 하는 지적이다. 의무론에 입각한 선택은 '장차 일어날 것'이 아니라 '현재 행하고 있는 것'이다. 따라서 의무론적 선택은 장차 일어날 결과에 의해서가 아니라 현재의 행동 자체가 의무냐 아니냐에 따라 선택이 결정되는 것이다. 그런데 역사의식은 미래의 역사적 관점에 대한 의식이기에 이미 결과에 대한 고려를 전제하는 것이고, 그렇다면 의무론적 역사의식이란 주장은 그 자체 논리적인 모순이 아니냐는 지적인 것이다.

하지만 이런 주장은 역사의식에 대한 오해로부터 비롯된 것이다. 공리주의는 행위의 결과가 가져올 최대 선에 주목하지만 역사의식은 반드시 선의 최대치에 의존하는 것은 아니다. 비록 선의 최대치는 아닐지라도 훗날 역사의 관점에서 그 행동이 올바른 선택(의무)이었다고 한다면 그것은 결과에 상관없이 옳은 선택이라는 것이 역사의식에 입각한 선택이기 때문이다. 따라서 역사의식이 반드시 공리주의적 입장을 함축하는 것은 아닌 것이다. 이 경우라면 역사의식에 입각한 선택이지만 공리주의가 아닌 의무주의에 따른 선택인 것이다.

가령, 한일합방에 동조했던 이른바 을사오적(乙巳五賊)의 행동을 생각해 보자. 당시 이들의 행동을 이끈 것은 국민의 행복을 위한다는 명분이었다.22) 그들의 주장을 믿는다면, 그들의 선택은 공리주의적 입장이라 할 수도 있을 것이다. 하지만 역사는 그들의 선택을 잘못된 것으로 규정하였고 그들은 역사의 죄인으로 남아 있다. 바꾸어 말하면 을사오적은 역사적 통찰력이 없었거나 부족했다고 할 수 있는 것이다.

이제 남아 있는 역사적 통찰력의 선택은 ②의 관점, 즉 의무론적 도덕의식과 공리주의적 역사의식에 입각한 것 하나뿐이다. 그리고 이 관점이야말로 필자가 주장하는 역사적 통찰력의 의미를 가장 잘 담고 있다고 하겠다. 현재 선택해야 하는 입장에서 의무가 무엇인지를 성찰하고, 그 선택이 과연 최대치의 선을 결과할 것인지에 대한 반성이다. 지금의 선택이 의무에 부합하고, 그 결과가 최대 선이라면 누구나 그 선택에 공감할 것이고, 그 선택은 옳은 것, 바람직한 것으로서 정당화될 것이기 때문이다.

이제 지금까지 다루었던 사례들 가운데 역사적 통찰력에 의해서 선택됐다고 할 수 있고 또 훗날의 역사에 의해 정당화될 수 있다고 결론 내렸던 사례들을 ②와 ③의 관점에서 다시 평가해 보자.

먼저 콜티츠는 어떤가? 총통의 명령을 거부하고 파리를 구했던 그의 선택은 어떤 도덕의식과 역사의식에서 이루어졌다고 할 수 있을 것인가? 콜티츠의 경우는 그가 군인의 길에서 복종을 택했건 인간의

22) 을사오적(乙巳五賊)은 이완용(학부대신), 이근택(군부대신), 이지용(내부대신), 박제순(외부대신), 권중현(농상공부대신) 등 조약 체결에 찬성했던 5인을 지칭한다. 반면에 조약 체결에 적극적으로 반대했던 한규설(참정대신), 민영기(탁지부대신) 등은 애국자로 신봉되고 있다.

그런데 당시 농상공부대신이었던 권중현은 자신이 국가를 위해서 해야 할 일은 국민들을 배불리 먹이고 편안하게 잠재우는 것인데, 일본과의 조약을 체결함으로써 그렇게 된다면 반대할 이유가 없지 않느냐고 말하고 서명에 참여한 것으로 알려져 있다. 『한국민족문화대백과사전』(한국정신문화연구원 편, 웅진출판사, 1991) 17권, '을사조약' 참조.

길에서 불복종을 택했건, 모두 의무론적 관점에서 설명이 가능하다. 명령에 복종하는 것은 군인의 의무요, 파리를 구하는 것은 인간의 의무이기 때문이다. 의무와 의무 간의 대립이었기에 그의 선택은 의무론적 관점에서 해석된다. 반면 역사의식의 관점은 공리주의적 선택이었다. 아름다운 파리의 문화를 파괴하는 것은 명령 불복종에서 오는 불이익에 비한다면 인류에게 너무나 큰 손실이라 평가될 것이기 때문이다. 요컨대, 콜티츠의 선택은 ②의 관점이라 하겠다.

하지만 이와 같은 결론에 대해 반론이 있을 수 있다. 그것은 명령 수행이 전쟁에서 독일의 승리를 가져오는 결정적인 것이었다면 과연 그렇게 쉽사리 단정할 수 있을 것인가라는 반론이다. 이에 대한 대답은 두 가지 관점에서 가능하다. 하나는 전쟁의 승리를 위해서는 파리의 파괴가 불가피한 선택이라는 주장이다. 그렇다면 콜티츠의 선택은 잘못된 것이고, 그는 역사의 죄인으로 남을 것이다. 하지만 이와 같은 주장이 설득력을 갖기 위해서는 과연 파리의 파괴가 독일에게 승리를 가져다주었을 것인가 하는 물음에 '그렇다'라는 답이 가능할 때뿐이다. 하지만 역사가 보여주듯이 이를 입증한다는 것은 거의 불가능한 일이다.

또 하나의 대답은 콜티츠의 도덕의식과 역사의식이 모두 공리주의적이었다는 관점이다. 그가 갈등한 것은 복종의 의무냐, 파리 보전의 의무냐가 아니라, 명령에 대한 복종이 가져올 큰 악을 막기 위해서 불복종을 선택했다는 관점이다. 바꾸어 말하면 콜티츠는 철저한 공리주의자라는 대답이 그것이다. 하지만 이 대답 역시 콜티츠의 선택에 대한 참다운 설명은 아닌 것으로 보인다. 그가 파리의 모든 주요 시설에 폭탄을 설치해 놓고 밤새워 고민한 것은 아름다운 파리의 파괴가 가져올 참혹한 결과뿐만 아니라 그와 같은 명령의 복종 자체가 인간으로서 차마 할 수 없는 것, 다시 말해 불복종이 자신에게 주어진 의무임을 깨달았기 때문이었을 것이다. 그런 점에서 콜티츠의 선택은 여전히 ②에 입각한 것이라 하겠다.

다음 티베츠는 어떤가? 그 역시 ②의 관점에서 설명이 가능하다. 복종의 의무를 선택했고, 그 선택으로 전쟁의 조기 종식을 가능하게 했기 때문이다. 티베츠 역시, 의무론적 도덕의식과 공리주의적 역사의식에 입각한 선택이었다고 하겠다. (콜티츠가 진정 도덕의식과 역사의식에서 그처럼 행위했는지에 대한 의문에 대해서는 이미 앞에서 살펴보았다.)

다음 김영환은 어떤가? 그 역시 복종의 의무와 문화재 보호의 의무 간의 갈등에 직면해 있었기에 의무론적 도덕의식에 입각한 선택이었다. 반면, 역사의식의 경우 그의 관점은 의무론과 공리주의 모두의 관점에서 설명이 가능하다. 팔만대장경과 같은 문화재 보호에 대한 의무는 아무리 전쟁 중이라 할지라도 지켜져야 함이 마땅할 뿐만 아니라, 그것이 파괴됐을 때의 손실은 불복종이 가져올 불이익에 비해 더할 나위 없이 클 것이기 때문이다. 따라서 김영환의 선택은 의무론적, 공리주의적 역사주의 관점을 모두 충족시킨다 할 것이다. 요컨대 김영환의 선택은 ①과 ②의 관점이라 하겠다.

그렇지만 명령 수행이 전쟁의 승패를 결정지을 만큼 결정적인 상황이라면, 문화재 보호의 의무가 가져올 선의 최대치는 복종이 가져올 선에 비할 바가 아닐 것이다. 그와 같은 경우라면, 김영환의 경우와는 달리 공리주의적 역사의식에서 명령에 복종하는 것이 역사적 통찰력의 선택일 것이다.

마지막으로 이종찬의 경우는 어떤가? 대통령의 명령에 대한 복종 의무와 시민 보호의 의무 사이에서 그는 후자를 택했다. 역시 의무와 의무 간의 대립적 갈등이었기에 그의 도덕의식은 의무론적 입장이었다. 하지만 그의 역사의식은 결코 공리주의적 관점만은 아니었다. 이종찬의 '육군훈령 217조'가 보여주듯이 "군이 정치적 상황에 편승해 경거망동(輕擧妄動)하는 것은 천추의 한"이 될 것이기 때문이다. 군의 정치적 중립은 그것이 가져올 결과와 상관없이 군인으로서의 의무라는 것이 그의 신념이었던 것이다. 물론 이종찬의 선택은 공리주의적 관점에서도 설명이 가능하다. 군이 정치적 중립을 벗어난 선례(先例)는 훗날의 군 역사에도 반복이 가능할 것이고, 그런 군이 국가를 제대로 보위할 수 없다는 것은 당연한 일이기에 불복종이 정당화된다는 주장이 그것이다. 하지만 이종찬의 경우는 공리주의적 역사의식보다는 군의 정치적 중립이라는 의무론적 역사의식의 의미가 더 컸다고 판단된다. 요컨대, 이종찬의 선택 근거는 ①과 ②가 모두 가능하지만 ①의 관점이 더 강하다고 하겠다.

역사적 통찰력에 대한 필자의 주장에 대해 제기되는 또 하나의 물음은 역사적 통찰력과 규칙 공리주의와의 차이가 무엇이냐 하는 것이다. 결론부터 말하면 역사적 통찰력에 의한 선택과 결단은 상당 부분 규칙 공리주의의 그것과 같다. 위에서 들었던 예를 본다면 선택 ②의 '의무론적 도덕의식과 공리주의적 역사의식에 입각한 선택'은 그대로 규칙 공리주의의 입장이다. 하지만 그것뿐이다. 이미 살펴보았듯이 역사적 통찰력에 의한 선택은 ②만이 아니다. ①②③④ 모두가 역사적 통찰력에 입각한 선택인 것이다. ①이 의무주의와 같고, ④가 공리주의와 같다 할지라도, 여전히 ②와 ③은 역사적 통찰력에 입각한 선택이다. ②는 규칙 공리주의와 같은 결과를 가져올 수 있지만, ③은 결코 규칙 공리주의와 같은 결과를 가져오는 것이 아니다. 이런 점에서 역사적 통찰력은 의무주의와 공리주의, 특히 규칙 공리주의에 의한 선택까지도 포괄하는 선택과 결단을 가능하게 한다. 필자가 역사적 통찰력을 리더의 최고 덕목이라고 주장하는 또 다른 이유다.

4. 군 리더의 도덕적 딜레마와 역사적 통찰력

가. 비도덕적 명령의 수행 문제

역사적 통찰력은 역사의식에 기초한 도덕적 판단이라고 하였다. 이제 역사적 통찰력과 관련하여 군인이 처할 수 있는 도덕적 딜레마와 그 해결에 관해 논의하고자 한다. 전시나 평시에 군인, 특히 군 리더가 부딪힐 수 있는 도덕적 딜레마는 여러 가지가 있겠으나 여기서는 가장 심각한 딜레마라고 여겨지는 다음 두 가지 경우만 다루어 보기로 하겠다.

그 첫째는 상급자로부터 비도덕적인 명령을 받은 군인이 이를 따라야 하느냐 말아야 하느냐에 관한 것이다. 지금까지 필자가 제안해 왔던 것처럼 전문 직업 군 장교가 역사적 통찰력을 최고의 덕목으로 구비하고 있다면 이 문제는 이제 더 이상 어려운 문제가 아닐 것이다. 역사적 통찰력이 있는 군인이라면 역사의식에 기초한 도덕적 판단을 통해 결정할 수 있을 것이기 때문이다. 그리고 역사적 통찰력을 바탕으로 선택된 그의 행동은 훗날 역사에 의해 정당화될 수 있을 것이다.

물론 그렇다고 해서 그 결정의 결과에 대한 개인적인 도덕적 책임마저 면제되지는 않을 것이다. 설사 그 도덕적 책임이 개인적인 희생을 요구한다 할지라도 딜레마에서 한쪽을 선택한 것이었기에 그는 이를 감수해야 할 것이다. 그것은 딜레마 상황에 놓인 군인으로서 어쩔 수 없는 일이다.

앞 절에서 다루었던 사례에서 콜티츠의 경우, 비도덕적 명령에 대하여 불복종을 선택함으로써 파리를 구했고, 그래서 그의 결정은 정당한 것으로 훗날의 역사가 인정하였지만, 명령에 불복종한 그는 군인으로서의 자신을 희생한 셈이었다. 군인으로서 명령에 대한 불복종의 책임에서 자유로울 수는 없었던 것이다.

티베츠의 경우도 마찬가지라 하겠다. 그는 복종을 선택함으로써 세계대전을 조기에 종식시키는 데 기여하였고, 그래서 그의 결정은 정당한 것으로 역사가 인정하였지만, 무수히 많은 무고한 인명을 죽인 대가로 그는 오랜 세월 동안 적지 않은 고통 속에서 살아야 했다.[23] 군인으로서의 역할에는 충실했지만 인간으로서의 죄책감에서 오는 고뇌마저 부정할 수는 없었기 때문이었다. 콜티츠와 티베츠 모두에게 복종이든 불복종이든 어느 쪽의 선택도 그들에게는 비극일 수밖에 없었던 것이다.

가장 바람직한 것이라면 그와 같은 비극적 상황에 빠지지 않는 일일 것이다. 하지만 전문 직업 군인으로서의 군 장교였던 그들에게 그와 같은 상황은 부딪힐 수밖에 없는 운명이었다고 하겠다. 이른바 '비극적 딜레마(tragic dilemma)'가 그것이다. 그리고 이 지구상에 전쟁이 종식되지 않는 한 제2, 제3의 콜티츠와 티베츠는 앞으로도 계속 나올 수밖에 없을 것이다. 역사적 통찰력이 군 장교에게 가장 중요한 덕목이라고 말하는 까닭이 여기에 있다.

---

23) 물론 티베츠의 실제 경우는 앞서 설명하였던 것과 같은 이유로 정말 별 죄책감 없이 살아왔을지도 모른다. 그러나 그런 이유가 아니었다면, 그리고 그가 도덕적인 맹인(moral blind)이 아닌 한, 그 역시 고통 속에 살아왔을 것임에 틀림없을 것이다. 그런 점에서 티베츠도 고통 속에 살아왔을 것이라고 표현한 것이다. 하지만 필자의 생각으로는 티베츠가 정말 아무런 고통 없이 살아왔을 것인가 하는 점에서는 아직도 의심의 여지가 많다고 생각된다. 무조건 명령에 따랐을 뿐, 그것은 결코 개인적인 문제가 아니라고 한 다음에 나온 그의 말은 "나는 그저 저주받을 그 무기를 투하했을 뿐이다(I dropped the damed thing)"였다. 그의 이 짧은 표현 속에서 필자는 자신의 행동에 대한 적지 않은 회한과 자신에게로 쏠린 사람들의 비난으로부터 벗어나고자 하는 그의 어떤 안간힘이 느껴진다. 그것은 티베츠가 스스로는 인정하고 싶지 않지만 어쩔 수 없이 느끼는 죄책감의 또 다른 표현이 아닐까 생각되는 것이다.

나. 상관과 국가의 서로 다른 명령 수행 문제

두 번째 문제는 헌팅턴이 제기했던 것처럼 정당하게 형성된 두 개의 정부가 군대로 하여금 복종할 것을 요구할 때 군은 어느 쪽을 선택해야 하는가의 문제다. 이 경우에도 둘 중의 하나를 선택해야 할 군 장교가 역사적 통찰력이 있는 사람이라고 한다면 그 덕목에 의해 선택을 결정할 수 있을 것이고, 또한 그의 선택은 정당화될 수 있을 것이다. 그리고 이 경우 역시 어떤 쪽의 선택이었다 할지라도 그는 자신의 목숨을 잃을 수 있다는 희생을 각오하지 않으면 안 될 것이다. 중요한 것은 역사적 통찰력은 훗날의 역사에 의한 객관적인 평가인 까닭에 결코 자신의 목숨을 구할 수 있는 길에 연연하여 선택을 요구하지는 않을 것이라는 점이다. 자기 자신의 안전이나 이익을 염두에 둔 선택이 역사적 통찰력에 의거해서 나오지는 않을 것이기 때문이다.

물론 역사에 의하여 정당한 것으로 평가받을 수 있는 길을 선택한다는 것이 말처럼 그렇게 쉬운 일은 아닐 것이다. 또한 선택을 해야 하는 시간이 촉박할 수도 있을 것이다. 콜티츠는 자신이 내려야 할 결정을 하는 데 꼬박 밤을 지새웠다. 나폴레옹 사원을 비롯한 파리의 모든 주요 건물에 폭약까지 설치하였지만 파리에서 철수하는 마지막 순간에 그는 군인의 길이 아니라 인간의 길을 택했다. 그만큼 선택이 어려웠던 것이다.

두 개의 정부 중 하나를 선택해야 하는 문제와 관련해서는 1979년 10월 26일에 있었던 박정희 대통령 시해 사건을 한번 생각해 보자. 물론 이 사건이 두 개의 정부 중 하나를 선택해야 하는 문제와 동일한 것은 아닐 것이다. 당시 사건의 주모자였던 중앙정보부장 김재규를 비롯한 관련자들은 모두 실형에 처해졌지만, 그것이 또 하나의 정부를 꾀하는 반란이었느냐, 우발적인 사건이었느냐, 아니면 민주화를 위한 우국충정의 거사였느냐에 대해서는 아직까지도 서로 다른 논의들이 존재하기 때문이다. 따라서 여기서 다루어 보고자 하는 것은 사건의 핵심이었던 김재규의 행동이 아니라 그의 휘하에서 명령을 따라야만 했던 당시 비서실장 박흥주 대령과 의전과장 박선호 예비역 대령의 행동이다. 그들의 입장에서는 직속상관인 중앙정보부장의 명령에 복종하는 것과, 무고한 경호원들을 살해하고 국가에 반기를 들어서는 안 된다는 선택에서 갈등할 수밖에 없었을 것이기 때문이다.

우리나라 역사의 흐름을 바꾼 이 사건에서 박흥주와 박선호에게 주어진 임무는 대통령의 경호원들을 처단하는 것이었다. 대통령의 경호원을 죽인다는 것은 무고한 시민의 살해라는 것 이외에도 국가에 대한 반역 행위였다. 그러나 그것은 또한 직속상관인 김재규의 명령이기도 했다.

상관의 명령에 따라 반역 행위에 가담해야 할 것인가, 아니면 명령에 불복종함으로써 반역이라는 불명예를 벗어야 할 것인가? 그들은 명령을 받는 순간부터 괴로워했을 것이다. 비극적 딜레마였던 것이다. 어느 쪽을 선택하든 그들은 명령을 받은 그 순간부터 살아날 수 있는 길이 없었다. 복종은 반역 행위에 대한 가담이요, 불복종은 군인이자 정보부 요원으로서의 의무에 대한 포기였다. 어느 쪽이든 죽음 이외에는 길이 없었다.[24] 고뇌 끝에 그들은 직속상관의 명령에 복종하는

---

24) 물론 박흥주와 박선호의 선택이 쿠데타를 꾀한 것이었다면 살아남을 길이 전혀 없는 것은 아닐 것이다. 역사에서 볼 수 있듯이 성공한 쿠데타는 새로운 정부의 탄생을 가능하게 하고 나아가 새로운 정부에서 요직을 맡아 새 인생을 살았을 수도 있을 것이기 때문이다. 하지만 이 사건에 대한 해석은 35년이 지난 아직까지도 결정된 게 없다. 따라서 쿠데타로 단정할 수 없으며, 만약 이 사건이 쿠데타였다면, 이 장에서 다루고 있는 박흥주와 박선호에 대한 평가는 여러 가지 점에서 달리 이뤄져야 할 것이다. 쿠데타의 정당성 문제라는 훨씬 더 큰 평가의 문제가 뒤따를 것이기 때문이다. 그러나 쿠데타건 아니건 주어진 비극적 딜레마 상황에서 역사적 통찰력의 덕목은 행위자의 결단에 결정적

길을 선택하였다. 그것은 곧 반역의 길이였고 그 대가로 그들은 결국 형장의 이슬로 사라졌다.

이제 필자가 제기하고자 하는 질문은 박흥주와 박선호는 과연 역사적 통찰력의 덕목을 구비한 사람들이었는가 하는 점이다. 물론 이에 대한 대답은 쉽지 않을 것이다. 왜냐하면 그 사건 이후 우리의 정국은 엄청난 변화와 굴곡을 겪었으며 이 모든 것에 대한 평가는 향후 30년으로도 부족할 수 있을 것이기 때문이다. 그러나 한 가지 분명한 것은 그들은 자신의 행동에 대한 도덕적 책임을 각오했다는 사실이다. 그들의 행위 자체에 대한 평가는 더 많은 세월이 흐른 뒤 좀 더 객관적인 역사적 사실에 비추어 그 정당화 여부가 결정될 것이다. 그렇지만 그들은 그들이 고뇌 속에 내린 결정이 가져올 여파에 대해서는 충분히 검토하였고, 그에 대한 도덕적 책임을 지겠다는 각오를 한 것으로 보인다. 법정에서 보여준, 결코 비굴하거나 두려움이 없었던 그들의 말과 행동에서 그 일단을 엿볼 수가 있다. 그런 점에서 그들은 그들 나름대로의 역사의식과 도덕의식을 지니고 있었다고 보아야 할 것이다.

그들의 역사의식이 정당한 것이었느냐를 평가하는 것은 아직 이르다고 하였다. 하지만 그들이 행위에 앞서 가졌던 도덕의식은, 그들이 그저 아무렇게나 행동한 것이 아니고, 죽음을 각오하고 내린 결단이었다는 점에서 그들을 도덕적 존재로 이끌어간다. 요컨대 박흥주와 박선호의 경우 행위 전반에 대한 평가는 훗날의 역사가 내려주겠지만, 적어도 그들은 자신의 행동에 대한 책임을 질 각오를 하고 있었다는 점에서 도덕적 존재였다고 말할 수 있는 것이다.

이것은 무엇을 말해 주는가? 이는 딜레마에 부딪혀 문제 해결에 어

인 역할을 할 것이라 생각되며, 어떤 경우든 역사적 통찰력에 의한 결단은 훗날의 역사에 의해 그 정당화가 이루어질 것이라고 믿는다.

려움을 겪을 때는 행위에 앞서서 자신의 행위를 역사의식과 도덕의식에 비추어서 판단하고 결단하라는 것을 의미한다. 그렇게 할 때, 행위에 대한 정당화 여부는 훗날의 역사가 판결해 줄 것이지만, 행위자는 자신의 행위에 대한 책임을 회피하지 않겠다는 도덕의식을 가진 자로서 평가될 수 있다는 것이다.

어느 쪽도 회피할 수 없는 죽음의 딜레마에서 가장 자유로울 수 길은 스스로의 역사의식과 도덕의식 위에서 자신의 선택에 의미를 부여하는 것이다. 자신의 선택과 결단에 의미를 부여한다는 것은 그 결과에 대한 책임을 떳떳하게 지겠다는 것을 뜻한다. 그렇게 할 때, 그의 행동과 결단의 정당화 여부는 훗날의 역사가 평가해 줄 것이지만, 스스로 자신의 행동에 책임을 부여하고 있다는 점에서 그는 그 어려운 순간에서도 자유로운 도덕적 존재가 될 수 있는 것이다.

5. 맺는 말

> 도덕적으로 훌륭한 인격을 지닌 사람들은 비록 옳은 일을 선택함으로써 개인적으로 혹독한 고통을 겪게 된다 할지라도 도덕적으로 올바른 선택을 한다.[25)]

웨이킨의 이 말은 도덕적으로 훌륭한 인격자들이라면 자신에게 돌아올 불이익과 고통을 감수하면서도 도덕적으로 올바른 길을 선택한다는 것이다. 이 같은 태도는 딜레마에 빠져 있는 보통 사람들은 물론이요, 야만적인 명령에 대한 복종과 불복종 간의 선택 문제로 곤경에 빠진 군인들에게도 적용된다. 도덕적 인격을 갖춘 군인이라면 곤경에

---

25) Malham M. Wakin, "Wanted: Moral Virtues in the Military", *Hastings Center Report*(October, 1985), p.25.

서도 옳은 쪽을 선택한다는 것이다. 이미 살펴보았듯이 콜티츠가 그러했고 김영환, 이종찬 장군이 그러했다.

그렇다면 군인들에게는 어떤 인격이 바람직한 것인가? 바꾸어 말하면 어떤 덕목을 갖추는 것이 군인들에게 요구되는가? 아마도 많은 덕목들이 군인들, 특히 군 장교들에게 필요하다고 말할 수 있을 것이다. 가령 협동정신, 명예, 용기, 충성, 희생, 책임성, 복종, 도덕적 진실성 등의 덕목들이 그러하다. 그렇지만 우리는 군인이 처한 딜레마에서 도움을 줄 수 있는 덕목으로서의 최고 덕목, 즉 다른 모든 덕목들이 그에 뿌리를 두고 그로부터 파생되어 나올 수 있는 최고의 덕목을 찾고자 하였다. 그 까닭은 덕목들 간에 갈등과 대립이 있을 때 그것을 해소할 수 있는 길은 최고의 덕목에 비추어 판단하는 길일 것이기 때문이다.

필자는 역사의식에 기초한 도덕적 판단으로서의 역사적 통찰력을 최고 덕목으로 제시하고, 이 덕목이 군 리더의 결단과 선택에서 기초 역할을 할 수 있다고 하였다. 특히 전쟁의 승패를 좌우할 수 있는 대단히 중요한 작전이나, 승리를 위해 인류에게 결코 지워지지 않는 범죄를 야기할 수 있는 작전을 검토하게 될 수도 있는 리더에게는 역사적 통찰력의 덕목이 절대적으로 필요하다고 하였다. 무엇보다도 역사적 통찰력의 덕목은 군인들이 처할 수 있는 딜레마들, 가령 비도덕적 명령에 대한 복종과 불복종 간의 대립이나 도덕적 책임의 문제, 그리고 두 개의 정부 중 하나를 선택해야 하는 문제에 당면했을 때 문제를 해결할 수 있는 길이 될 수 있다고 하였다.

이를 입증하기 위해 필자는 다섯 개의 역사적 사례를 분석하였고, 사례 속 군인들의 선택과 결정에 대한 정당성 여부를 검토해 봄으로써 도덕의식과 역사의식에 입각한 역사적 통찰력이야말로 딜레마에 빠진 리더에게는 가장 필요한 최고 덕목임을 밝히고자 하였다. 또한 역사적 통찰력에 의거한 리더의 결단과 행동은, 역사적 정당성의 입증이 쉽지 않은 경우라 할지라도 자신의 결단이 가져올 결과에 대해 스스로 책임질 것을 결심하고 있다는 점에서 도덕적인 것임을 보여주고자 하였다.

제 8 장 정의로운 군의 실현을 위한 이론적 모색*

1. 군의 존재목적
2. 군의 특성에 부합하는 정의이론
3. 군에서의 정의의 실현
4. 맺는 말

---

* 이 글은 계간지 『철학과 현실』에서 특집으로 다루었던 사회정의 주제 중 군의 정의에 관한 필자의 글을 『전쟁과 리더』에 수록했다가, 이번에 다시 수정 보완하여 쓴 것이다.

1. 군의 존재목적

『손자병법』으로 유명한 손자(孫子)는 "병자 국지대사 사생지지 존망지도(兵者 國之大事 死生之地 存亡之道)"라 하였다. "군은 국가의 주요기관으로서 국민의 삶과 죽음을 결정하는 지반이요 국가의 존망을 가름하는 척도"라는 것이다.[1] 또한 정약용은 "병가백년불용 불가일일무비(兵可百年不用 不可一日無備)"라 하였다. "군대는 백 년 동안 한 번도 사용하지 않을지언정 단 하루라도 준비되어 있지 않으면 안 된다"는 것이다.[2]

그뿐만이 아니다. 플라톤도 그의 『국가론』에서 "군인이 해야 할 일을 제대로 수행하는 것보다도 더 중요한 일이 있는가?(Is there anything more important than that the work of the soldier should be well done?)"라고 묻고 있다.[3] 군인의 역할이 잘 이루어지는 것보다

1) 김광수 역해, 『손자병법』(책세상, 2003), p.18 참조.

2) 정약용, 『목민심서』, 兵典 3조 참조, 『與猶堂全書 5』, p.493.

국가에 더 중요한 일은 없다는 것이다.

이 같은 주장들은 국가에서 군이 차지하는 중요성과 비중을 함축적으로 표현한 것들이다. 더욱이 오늘날처럼 국가의 의미가 그 어느 때보다도 중요한 시대에서 군의 존재와 역할은 국가의 그것에 비할 만큼 크고 강력하다 할 것이다.

이들의 표현이 시사하듯, 군의 존재목적은 국가의 안전보장에 있다. 국가를 안전하게 하는 첫째 길은 국가가 전쟁이나 기타 외부의 위협에 놓이지 않도록 군사 대비 태세를 확립함으로써 전쟁과 같은 위기를 미연에 방지하는 일이다. 그 둘째 길은 전쟁 억제에 실패하였을 때, 전쟁에서 승리함으로써 국가를 보위하는 일이다. 국가안전보장이라는 이 고귀하고도 숭고한 사명을 위해 군은 존재하며, 군인은 이를 위해 때로는 자신의 목숨을 바치기도 한다. 그것은 군인의 직무이자 의무이기도 한 것이다.4)

이처럼 군은 확고한 목표를 가지고 존재한다. 바로 이와 같은 특성을 갖는 군에서의 정의(justice)는 어떻게 실현되어야 할 것인가?

이 글에서는 먼저, 플라톤과 아리스토텔레스, 공리주의와 롤즈 등 군의 특성과 부합하리라 예상되는 네 가지 관점의 정의에 대한 이론들을 전개하고, 이들 주장 가운데 어떤 이론이 군의 정의 실현에 가장 적합할 것인지를 논의할 것이다. 그런 다음, 필자는 이들 가운데 아리스토텔레스의 이론이 군에서의 정의 실현에 가장 적합하다는 주장을 펼칠 것이다. 그리고 이와 같은 필자의 주장이 갖는 근거는 무엇인지, 이를 토대로 할 때 군의 정의 실현은 어떻게 이루어질 수 있는 것인

---

3) Richard A. Gabriel, *To Serve With Honor*(Green Wood Press, 1982)에서 재인용.

4) E. M. Adams, "The Moral Dilemmas of the Military Profession", *Public Affairs Quarterly*, Vol. 3(1989), pp.1-2 참조.

지 등의 논의가 뒤따를 것이다. 끝으로, 아리스토텔레스의 이론적 틀 위에서 군의 정의 실현에 있어서 매우 중요하다고 인식되고 있는 군의 인사문제를 사례로써 제시해 볼 것이다. 이와 더불어 군 최고 지휘관들의 역할과 영향력을 고려해 볼 때 군의 정의 실현을 위해 이들에게 요구되는 덕은 무엇인지, 또한 이 덕이 갖는 의미는 무엇인지 등을 논의할 것이다.

2. 군의 특성에 부합하는 정의이론

가. 플라톤

플라톤의 정의(正義)에 대한 견해는 오늘날 논의되는 정의와는 차원이 다른 것이라 할 수 있다. 그는 정의를 이성과 용기, 절제의 조화로 보고 있으며, 그 조화는 사람에게 있어서나 사회에 있어서도 똑같이 필요한 가치로서 인식하고 있기 때문이다. 가령, 정의로운 사람은 지혜(이성)의 덕과 용기의 덕, 그리고 절제의 덕을 고루 갖추고 이들을 적절히 조화롭게 이끌어 가는 사람이다. 이들 덕목을 적절히 조화시킬 수 있는 사람, 곧 도덕적 인격자는 정의로운 사람인 것이다.

개인에게 있어서 정의가 이러하듯, 플라톤에 의하면 사회정의도 다를 게 없다. 지혜가 필요한 통치자 계급은 이성의 덕을 발휘하고, 기개를 필요로 하는 무사 계급은 용기의 덕을 갖추고, 욕정에 휘둘리기 쉬운 생산자 계급은 절제의 덕을 갖춰야 한다. 그리고 각각의 계급이 각 계급에 걸맞은 덕을 발휘하여 조화를 이룰 때, 바로 그때 사회정의가 실현된다. 다시 말하면, 각 개인이 자신의 계급에 걸맞은 덕을 갖추고 각자의 역할을 제대로 해낼 때, 그 사회는 조화로운 사회로서 정의로운 사회가 된다는 것이다.

각자가 자신의 역할과 직분에 충실할 때 사회정의가 실현된다는 플라톤의 생각은 일견 그럴듯해 보이지만, 그의 이런 견해는 오늘날 만인평등의 관점에서 보면 크게 주목을 끌지 못한다. 통치자, 무사, 생산자 계급이 결정되어 있고, 그들 각각에게만 고유한 덕목이 있다는 생각은 자칫 평등주의 사상과 배치될 것이기 때문이다.[5)]

그럼에도 불구하고 여기서 플라톤의 생각을 되새겨 보는 것은 그의 정의론의 핵심인, 정의는 "다양한 부분의 질서와 균형"이고, "전체성의 원리로서 다양성의 통일"[6)]이라는 견해가 군에서 논의되는 정의와 무관하지 않기 때문이다. 군은 장교와 부사관, 병으로 구분되어 있으며, 군에서 강조되는 것은 각자에게 주어진 임무의 완벽한 달성이다. 이는 전쟁이 발발했을 때 승리하기 위한 준비 조건이다.

장교, 부사관, 병 모두가 자신에게 요구되는 덕목에 충실하여 소임(所任)을 다하면 효율적인 군대를 이룰 것이고, 효율적인 군대라고 한다면 전쟁에서 패배할 리가 없을 것이다. 이를 플라톤의 관점에서 설명해 보면 다음과 같이 말할 수 있다.

장교, 부사관, 병 모두가 각자에게 요구되는 덕목에 충실하여 소임을 다하는 것은 "다양한 부분의 질서와 균형"이고, 효율적인 군대를 이루어 전쟁에서 승리를 거두는 것은 "전체성의 원리로서 다양성의 통일"로 정의의 실현이다. 더욱이 전쟁에서의 승리는 군의 목적을 달

---

5) 하지만 플라톤의 생각을 계급에 따른 불평등의 용인이라 하여 무작정 배척할 수만은 없다. 비록 이상론(理想論)에 불과하지만, 그에 따르면 그 불평등은 출발선의 평등에서 비롯된 불평등이기 때문이다. 평등의 원초적 출발점에서 동일한 교육의 기회를 주고 일정 기간이 지난 뒤 탈락자를 생산자 계급에, 다시 일정 기간의 교육 후 탈락자를 무사 계급에 배치하고, 이 모든 교육을 통과한 자만이 지배 계급을 이루며, 이들 가운데서도 가장 탁월한 자가 통치자가 된다는 이상국가를 플라톤은 꿈꾸었기 때문이다. 이른바 철인왕(Philosopher King)이 그렇다.

6) 조요한, 「그리스 철학의 정의관」, 『정의의 철학』(대화출판사, 1977), p.103.

성하는 것이다. 이와 같은 군이 어찌 정의로운 군이 아닐 수 있겠는가? 플라톤의 정의에 관한 이론을 군에 적용할 경우, 군의 정의는 이렇게 이루어질 것이다.

나. 아리스토텔레스

아리스토텔레스는 정의에 대하여 광범위하게 논의하고 있지만, 일반적으로 많이 인용되는 개념들은 '적법', '균등', '배분(配分)', '시정(是正)', 그리고 '목적에의 적합성' 등이다.

정의로운 사람은 법을 지키는 사람이며, 불법을 행하거나 법을 거스르는 사람은 부정의한 사람이다(적법성). 사회정의는 일차적으로 평등의 실현이지만(균등성), 모든 사람의 가치는 선천적으로 동일할 수가 없기에 각자의 가치에 따라 '각자의 몫'을 갖게 해주는 것이 정의의 실현이다(배분성). 또한 사람과 사람 간의 거래에 있어서 부당한 부분이 있으면 그만큼 되돌려 주도록 조치하는 것이 정의다(시정성). 무엇보다도 모든 존재는 목적을 갖고, 목적을 향해 나아가는 존재이기에 권리나 영광은 그것의 목적에 적합하게 부여될 때 정의롭다(목적 적합성).7)

이 가운데 군과 관련해서 가장 주목될 수 있는 정의의 개념은 목적 적합성이다. 마이클 샌델에 의하면, 아리스토텔레스의 정치철학의 핵심은 권리나 영광이 주어질 때 정의로워야 하고, 그 정의는 목적성에 적합해야 한다는 것이다. 가령, 최고의 플루트는 최고의 플루트 연주자에게 돌아가는 것이 플루트의 목적성에 적합하다. 그 까닭은 플루트의 목적은 뛰어난 음악을 만드는 데 있기 때문이다.8)

---

7) 아리스토텔레스, 최명관 옮김, 『니코마코스 윤리학』(서광사, 1984), 제5권 참조.

그렇다면 같은 논리로, 최고의 바이올린으로 일컬어지는 스트라디바리우스의 걸작은 최고의 가격을 제시한 경매자가 아니라 최고의 바이올리니스트에게 돌아가는 것이 목적에 적합할 것이다.

하지만 현실은 그렇지 못하다. 스트라디바리우스의 바이올린은 최고가를 제시한 경매자에게 낙찰되어 그의 거실에 전시될 수도 있는 것이다. 그렇다고 이것이 정의롭지 못하다고 할 것인가? 결코 그렇게 말할 수는 없다. 경매의 원리는 최고가를 제시한 사람에게 물품이 낙찰되도록 되어 있고, 그것은 결코 부정의한 일이 아니기 때문이다. 이는 목적의 혼란, 즉 바이올린 제작의 목적이냐, 시장경제원리를 앞세운 삶의 권리의 목적이냐 하는 혼선이 빚어낸 일이다. 이 같은 혼선은 목적에 대한 확고한 믿음이 있을 때 극복된다.

군의 존재목적은 어떠한가? 그것은 확고하고 분명하다. 국가안전보장 이외의 그 어떤 것도 군의 존재목적이 될 수 없기 때문이다. 그렇다면 적어도 다음과 같은 결론이 가능할 것으로 보인다. "정의를 목적적합성에서 찾는 아리스토텔레스의 견해를 견지할 때, 군에서의 정의의 실현은 가능하다. 군의 모든 일을 국가안전보장이라는 목적에 비추어 수행하면 될 것이기 때문이다."

다. 공리주의

벤담과 밀로 대표되는 공리주의(utilitarianism)는 흔히 "최대다수의 최대행복"이라는 슬로건으로 더 유명하다. 공리주의는 행위의 결과가 행위에 관계되는 사람들 가운데 최대의 인원에게, 혹은 그들 모두에게 최대의 선을 가져다줄 때 그 행위가 옳다고 주장한다. 이 주장은

---

8) 마이클 샌델, 이창신 옮김, 『정의란 무엇인가』(김영사, 2010), pp.262-264 참조.

심각한 상황에서 더 쉽게 선택의 가능성을 열어준다는 점에서 많은 학자들로부터 바람직한 윤리적 이론으로 인정되어 왔다. 즉 행위의 결과가 '최대다수'에게 최대의 선을 주거나 혹은 행복의 총량에서 최대치를 가져온다면 그 행위는 다른 행위에 비해 훨씬 바람직한 행위라는 것이다.

이처럼 행위의 결과를 고려해서 최대치의 행복을 가져오는 행위가 옳은 행위요 바람직한 행위인 까닭에, 공리주의에 따르면 그 행위는 당연히 정의로운 행위이기도 하다. 바꾸어 말하면, 공리주의의 입장에서 볼 때, "정의란 공리나 행복 극대화, 즉 최대다수의 최대행복을 추구하는 것"이다.9)

이와 같은 공리주의적 주장은 군에서 널리 통용되어 왔는데, 이는 그리 놀랄 만한 일이 아니다. 군에서는 항상 소수보다는 다수가 중시되기 때문이다. "대를 위해 소가 희생해야 한다"는 주장은 군에서는 거의 원칙에 가깝다. 군에 다녀온 사람 치고 이 말을 들어보지 않은 사람은 없을 것이다. 이뿐만이 아니다. 한 중대의 경우, 중대원은 150여 명에 가깝지만, 지휘관인 중대장 한 명의 결정만이 중요하다. 사단장 한 사람의 결단이 1만여 명이 넘는 사단 전체 병력의 의견보다 중요하다. 그 까닭은 지휘관 한 사람의 결정에 따라 부대가 일사불란하게 운용될 때 행복의 최대치가 결과하리라는 믿음 때문이다. 이것이 군의 정의다. 이와 같은 군의 특성에 입각한 정의를 공리주의가 잘 설명해 주고 있는 것이다.

더욱이 오늘날 공리주의는 벤담과 밀의 고전적 공리주의(행위 공리주의, act-utilitarianism)의 문제점을 보완한, 좀 더 발전된 형태의 규칙 공리주의(rule-utilitarianism)가 중시되는 추세다. 이것은 장기적인

9) 같은 책, p.360.

관점에서 거두어질 행복의 총량은 규칙이나 원칙을 준수할 때 달성된다는 주장으로서 오늘날 군의 특성에 더 잘 부합되는 이론이라 하겠다.

라. 롤즈

마지막으로 검토할 존 롤즈의 정의론은 다음 두 가지 원칙으로 요약된다.

(1) 모든 개인은 다른 사람들의 같은 자유와 양립할 수 있는 가장 광범위한 기본적 자유에 대하여 동등한 권리를 가져야 한다.
(2) 사회적 및 경제적 불균등은 다음 두 조건을 만족시키도록 조정되어야 한다.
① 그 불균등이 모든 사람들을 위해서 이익이 되리라는 것을 합리적으로 기대할 수 있다.
② 그 불균등의 모태가 되는 지위와 직무는 모든 사람에게 공개되도록 한다.10)

하나는 자유에 대한 동등한 권리로서 평등의 원리이고, 다른 하나는 경제적, 사회적 차등(불평등)의 원리다. 두 번째 원리는 정의로운 불평등에 관한 것으로서, 그 불평등으로 말미암아 사회의 모든 사람이 이익을 얻을 수 있고, 또한 그 기회는 누구에게나 열려 있어야 한다는 조건 위에서만 불평등이 정당화될 수 있다는 것이다. 요컨대, 자유에 대해서는 누구나 평등해야 하지만, 사회적 혹은 경제적 관점에

---

10) John Rawls, *A Theory of Justice*(Harvard University Press, 1971), p.60, 김태길, 「사회정의, 그 이념과 현실」, 『정의의 철학』(대화출판사, 1977), p.19에서 재인용.

서는 전제조건이 선행되어야 하되 불평등도 정의로울 수 있다는 것이다.

롤즈의 이 두 원칙은 공리주의가 가져올 수 있는 정의의 문제점들, 가령 소수의 권익이나 인권 침해 혹은 경제적 대가를 이유로 한 개인의 자유 침해 가능성 등의 문제를 해결해 줄 수 있는 대안적 정의론으로서 오늘날 우리 사회의 변화에도 큰 영향을 끼쳐왔다.

그간 우리 군도 많은 변화를 겪어왔는데, 특히 병사들의 인권존중 문제는 과거 1970년대와 비교하면 놀라울 만큼의 변화를 보이고 있다. 2000년대에 들어서면서 존중은 군의 최고 가치 중의 하나로 자리매김했고,[11] 이 가치가 들어서면서 군의 변화는 더욱 두드러졌다.[12] 그리고 이와 같은 변화는 다수라는 이름으로 소수 권익의 희생을 정당화했던 공리주의에 대하여, 소수 권익 존중의 이론적 기반으로서 한때 우리 사회 여러 곳에 확산됐던 롤즈의 정의관, 특히 자유와 인권에 대한 존중의 영향이 아니었다면 불가능했을 것이다.

이상에서 필자는 군의 정의 실현의 가능성을 높여줄 것으로 기대되는 네 가지 고전적인 정의이론들을 살펴보았다. 정의는 통일의 원리로서 조화이기에 각자는 각자의 의무를 다할 때 사회정의가 구현된다는 플라톤, 정의는 대상의 존재목적에 적합할 때 실현된다는 아리스토텔레스, 정의는 공리 혹은 최대다수의 최대행복에 있다는 공리주의, 그리고 자유와 인권의 평등성이 정의이되, 사회적, 경제적 불평등도 정의가 될 수 있는 길을 열어주었던 롤즈의 정의론이 그것들이다.

이미 언급하였듯이 이 이론들은 모두 군 사회의 정의를 구현하는

---

11) 예컨대, 2000년도 초반에 제정된 「육군 5대 가치」는 충성, 용기, 책임, 창의, 존중이다.

12) 가령, 2000년대에 신병영문화의 하나로 전군에 확산되었던 가혹행위 금지, 욕설 금지, 병상호간 존칭 사용하기 등은 그 일환이라 하겠다.

데 크게 기여할 수 있는 것들이다. 따라서 군의 특성에 따라 이 이론들을 적절히 활용한다면 군의 정의 실현에 도움이 될 것이다. 하지만 필자의 견해로는, 군에 가장 의미 있는 정의론은 아리스토텔레스의 목적 적합성이다. 그 근거는 군의 존재목적의 확실성에 있다. 아리스토텔레스의 관점에서 볼 때, 군은 국가안전보장이라는 존재목적이 분명한 까닭에, '국가안전보장의 목적 적합성'이라는 기준에서 모든 군무가 수행된다면 그 군은 정의로운 군이 될 것이다.

이제 필자는 이와 같은 아리스토텔레스의 이론적 토대 위에서 우리 군의 정의가 실현될 수 있는 길을 필자 나름의 관점에서 모색해 보고자 한다.

3. 군에서의 정의의 실현

군은 국가안전보장을 목표로 존재한다고 했다. 우리 군에서 정의를 논의할 수 있는 분야는 크게 두 가지다. 하나는 전쟁과 연계된 정의이고, 다른 하나는 평시의 정의다. 전쟁과 연계된 정의의 논의는 전쟁의 발발과 전쟁 수행 시의 정의인데, 전쟁의 발발에 관한 것은 정의로운 전쟁론에 관한 논의로서, 국가 통수권자를 위시한 정치인의 영역이기 때문에 군의 역할은 군사적 조언 기능밖에 없다. 따라서 여기서 이 문제를 논의할 필요는 없다고 본다.[13]

또한 전쟁 수행 시의 정의에 관한 논의는 전쟁도덕의 한 분야로서 군이 정리해야 할 매우 중요한 부분이지만, 이는 우리 군만이 아닌 타국과의 관계, 심지어는 적국과의 관계 속에서 논의되어야 할 사안이

13) 정의로운 전쟁론에 관해서는 이민수, 『전쟁과 윤리』(철학과현실사, 2005), 제1장 「전쟁도덕」 참조. 또한 『철학연구』(철학연구회, 2005년 봄), 제68집에 특집으로 수록된 「정의로운 전쟁은 가능한가?」 참조.

기에 이것 역시 여기서는 다루지 않기로 한다.[14)]

이제 남아 있는 정의에 관한 논의는 전시가 아닌 평시의 우리 군의 정의 실현에 관한 것이다. 이를 아리스토텔레스의 정의론의 관점에서 정리해 보자. 우리 군의 정의는 어떻게 구현할 수 있을까? 핵심은 두 가지 개념이다. 앞서 언급했듯이, 군은 확고한 존재목적을 갖고 있는 사회이고, 존재목적은 국가안전보장이라는 사실이다. 바꿔 말하면, 정의의 실현은 목적 적합성에 있으므로, 우리 군의 정의는 국가안전보장의 목적에 적합하게 운용될 때 실현된다는 것이다. 이는 구체적으로 무엇을 말하는가?

가. 국가안전보장에 적합한가?

어떤 사안이 국가안전보장이라는 군의 목적에 적합한가 아닌가를 가리는 문제는 결코 쉬운 일이 아니다. 무엇이 국가안전보장을 위한 길인지에 대한 논의 자체가 다양할 수 있기 때문이다. 가령, 조선 인조시대 때 청나라의 침입 시, 척화파(斥和派)와 주화파(主和派)는 청나라와의 화친을 거부하느냐 받아들이느냐로 갈렸지만, 오늘날 양자는 모두 국가안전보장의 관점에서 애국적 행위로 평가되고 있다. 서로 다른 관점에 서서 충절이냐 아니냐로 싸웠지만 애국이라는 관점에서는 하나였던 것이다. 이렇듯, 국가안전보장이라는 목적에서는 일치하지만, 그 실현에서는 서로 다른 주장들이 가능할 수 있기에 목적 적합성을 기준으로 삼는 것도 말처럼 쉬운 일은 아닌 것이다.

하지만 국가안전보장의 목적을 좀 더 세분하고 구체화해서 견해가 다를 수 있는 여지를 최소화한다면, 그리고 그에 대한 공감이 확산된

14) 이 부분에 대해서도 같은 책 참조.

다면 목적 적합성은 정의 실현에 가장 바람직한 기준이 될 수 있다고 생각된다.

하나의 예를 들어 설명해 보자. 가령, 군의 인사문제는 매우 민감한 것이어서 모든 군인의 관심사다. 그런 만큼 인사가 이루어질 때마다 그에 대한 평가가 뒤따른다. 인사 결과가 많은 사람들의 기대에 부응할 때는 '잘된 인사, 공정한 인사'라 평하지만 그렇지 못할 때는 '잘못된 인사, 불공정한 인사'라는 비판이 따른다. 이때 '잘된' 혹은 '공정한'의 기준은 무엇인가? 그 사람의 인격인가, 능력인가, 사람들의 평판인가? 물론 이것들이 기준이 될 수 있다. 하지만 이런 기준이라면 논란에 휘말릴 수도 있다. 왜냐하면 이 기준들은 사람들의 가치관에 따라 서로 다를 수 있기 때문이다.

그런데 '목적 적합성'에 따른 인사라면 그 기준은 '국가안전보장 적합성', 즉 '국가안전보장에 적합한 인사'이라는 의미가 된다. 물론 이것 역시 결코 쉬운 일은 아니겠지만 적어도 인격이나 능력, 평판보다는 더 객관적인 기준이 될 수 있을 것이다.

이를 좀 더 구체적으로 살펴보자. '국가안전보장에 적합한'이라는 표현은 그 외연(外延)이 넓어 불분명할 수가 있다. 하지만 가령, 오늘날 우리 군의 분위기를 고려해 본다면, '국가안전보장에 적합한'은 현재 국방부가 강조하고 있는 '전투형 군대'와 직결되며, 이 개념을 적용하게 되면 '국가안전보장에 적합한'의 외연은 많이 축소된다. 결국 현재 우리 군의 분위기에서 정의로운 인사는 "전투형 군대를 만들고 이끌어 갈 인사가 추천되고 선발될 때"를 의미한다고 할 수 있는 것이다.

물론, 이것은 하나의 예에 불과하다. 천안함 피격과 연평도 폭침과 같은 불행한 사건들이 발생하지 않았고, 과거 '햇볕정책'이 중시되던 시대였다면, 지금과 같은 '전투형'이 아니라 다른 기준이 적용될 수도 있을 것이다. 그런 점에서 '국가안전보장에 적합한'이라는 목적의 실현 기준도 달라질 수 있으며, 따라서 목적 적합성도 실제 적용에 있어서는 절대적이지 못하다는 지적이 가능한 것이다. 하지만 오늘날과 같은 다변화 시대에는 국가 정책도 바뀔 수 있고 정책이 바뀌면 군도 바뀌는 게 당연한 일이다. 국가 정책의 변화에 따라 운용되는 것이 군의 속성이기 때문이다. 그렇다 할지라도 국가안전보장이라는 군의 궁극적 목적은 변함이 있을 수 없다. 이는 군의 속성이 아니라 본질이기 때문이다. 따라서 '국가안전보장에 적합한'이라는 목적 적합성은 그 적용이 시대에 따라 변화할 수 있으되, 군의 운용에 있어서 가장 중시되어야 할 기준이라고 할 것이다.

이처럼, 하나의 예로 들었던 진급이나 보직 등의 인사관리는 물론이요, 작전, 행정, 정보, 군수, 더 나아가 봉급이나 수당 지급 등 세부사항에 있어서도 군의 존재목적인 '국가안전보장에 적합한'이라는 기준에서 군이 운용된다면, 적어도 아리스토텔레스의 관점에서 군은 그만큼 정의로운 군에 가깝다고 말할 수 있는 것이다.

요컨대 군의 정의는 아리스토텔레스의 '목적 적합성'에 의거, 우리 군의 목적인 "국가안전보장에 적합한가?"라는 관점에서 운용될 때 이루어질 수 있다고 보는 것이다.

나. 군 최고 지휘관들과 정의의 실현

군의 정의 실현에서 또 하나 중시될 수 있는 것은 군 리더와 정의 실현과의 관계다. 어느 사회나 마찬가지겠지만, 특히 군에서 가장 중시되는 것은 최고 지휘관들과 그들의 역할이다. 그 까닭은 앞서도 언급하였듯이, 사단장 한 명의 결단이 1만여 사단 장병의 의견보다 중시되는 곳이 군이기 때문이다.

따라서 군에서의 정의 실현에 가장 큰 역할과 영향력은 당연히 군의 최고 지휘관들로부터 나온다고 할 것이다. 문제는 군 지휘관의 어떤 특성이 군의 정의 실현에 가장 바람직할 것인가 하는 것이다. 고래(古來)로 군 리더에게 요구되는 덕들은 여러 관점에서 다양하게 제기되어 왔다.[15] 하지만 여기서 그것들을 모두 열거할 필요는 없을 것이다. 우리의 관심이 군의 정의 실현에 있는 까닭에, 군의 정의 실현에 결코 없어서는 안 되는 핵심적인 덕이 무엇인가를 생각하면 될 것이다.

군 지휘관에게 필요한 여러 덕들 가운데 정의 실현에 핵심적인 덕을 찾아내는 절차와 작업도 쉬운 일은 아닐 것이다. 하지만 필자의 견해로는 그 핵심적인 덕은 이기심의 배제, 즉 사심(私心) 없는 마음(selflessness)이라 하겠다. 그 까닭은 이기심 혹은 사심이 배제되지 않는 한 정의의 실현은 불가능할 것이기 때문이다. 정의란 대의(大義)이지 결코 사사로운 것에 연연하는 것이 아니다. "사회정의의 실현을 위하여 우리가 첫째로 힘써야 할 것은 사람들의 이기성(利己性)을 극복하기 위한 인간교육"[16]이라는 김태길 교수의 제안은 필자의 주장과 맥을 같이한다.

군의 정의 실현을 위해 필요한 지휘관의 핵심 덕이 '사심 없는 마음'이라는 필자의 주장은 군에서 정의를 실천해 왔다고 평가되는 몇몇 위대한 리더들의 실제 사례 속에서도 찾아볼 수 있다. 제2차 세계대전 당시 미국의 육군참모총장을 역임하면서 전쟁의 승리에 결정적인 역할을 했던 조지 마셜[17]과 유럽 지역 연합군 최고 사령관으로서

---

15) 손자의 지신인용엄(智信仁勇嚴)을 비롯하여, 충(忠), 의(義), 예(禮), 인(忍), 책(責), 성(誠) 등이 그 대표적인 덕들이라 하겠다.

16) 김태길, 앞의 글, p.34.

17) 마셜은 개인적인 특성에 있어서 이기적인 인물을 극도로 싫어한 것으로 유명하다. 진급 심사 과정에서 이기적인 인물을 누락시킨 사례는 물론이요, 인사

노르망디 상륙작전을 성공으로 이끌었던 아이젠하워,[18] 그리고 무엇보다도 백척간두의 위기에서 조선을 구했던 이순신 장군의 예가 그러하다.[19] 여기서는 마셜의 사심 없는 마음가짐에 대해 살펴보고, 그것이 끼치는 영향력에 대해 생각해 보고자 한다.

마셜은 1939년, 제2차 세계대전이 발발하자 참전을 결심한 루스벨트 대통령에 의해 많은 선배들을 뛰어넘어 육군참모총장에 전격적으로 발탁되었다. 마셜의 능력과 인격을 높이 평가했던 루스벨트 대통령의 선택이었지만, 그것은 현명했고 또 탁월한 것이었다. 연합군에서 미군의 규모가 가장 컸고, 또한 미군 가운데서도 육군의 역할이 가장 큰 것임을 고려한다면, 연합군의 승리는 곧 마셜의 승리라 해도 과언이 아닐 것이기 때문이다.

1943년 노르망디 상륙작전을 목표로 연합군이 최종적으로 결성됐을 때, 처칠을 비롯한 연합국의 수뇌들은 물론이요, 루스벨트마저도 연합군 최고사령관으로서 마셜을 꼽았다. 누구도 마셜이 최고사령관으로 임명될 것이라는 데 대해 의심이 없었다. 그런데 정작 마셜을 유럽으로 보내려고 하자 루스벨트에게 변화가 생긴다. 미국에서 마셜을

청탁의 압력을 행사했던 한 상원의원에게 "그를 진급자 명단에 들게 하는 가장 좋은 방법은 그의 이름을 내게 말하지 않는 것"이라고 답했던 사례는 유명한 일화다. 이민수, 『멋－멋있는 사람, 아름다운 세상』(영림카디널, 2002), p.255 참조.

18) 아이젠하워 역시 부하를 기용할 때 선택의 기준을 단연 '사심 없는 마음'에 두었다고 말하고 있다. 에드거 퍼이어, 이민수 · 최정민 옮김, 『영혼을 지휘하는 리더십』(책세상, 2005), p.474 참조.

19) 이순신 장군의 백의종군은 '사심 없는 마음'의 표본이다. 그는 자신의 출세를 위해 친척인 율곡을 찾으라는 유성룡의 제안을 거절했고, 거문고를 만들기 위해 병영에 있는 오동나무를 베어 오라는 직속상관의 제안도 거절하였으며, 진급 후보자 서열을 바꿔달라는, 당시로서는 관행이었던 상급자의 청탁도 단호히 거부하였다. 그로 인해 그는 지방의 한직(閑職)으로 좌천되었다가 얼마 후 파직되기까지 했다. 조승옥 외, 『군대윤리』(봉명, 2003), pp.362-364 참조.

빼내려고 하자 미국의 안보가 걱정되어 잠을 이루지 못하게 된 것이다. 결국 루스벨트는 마셜에게 계속 총장으로서의 역할을 해줄 것을 요청하고, 최고사령관으로 아이젠하워를 보낸다.

이 대목이 매우 중요하다. 루스벨트가 마셜을 불러 최고사령관직에 대한 그의 의중을 물었을 때, 그가 만약 자신을 발탁해 줄 것을 요청했다면 훗날의 역사는 바뀌었을 것이다. 그동안 마셜로부터 많은 도움을 받았던 루스벨트로서는 마셜의 청을 거부하지 않았을 것이고, 처칠과 스탈린 등 다른 나라의 수반들이 모두 원했던 것처럼 마셜이 유럽 지역 최고사령관이 되었을 것이기 때문이다. 역사에 가정(假定)이란 무의미하지만, 그랬다면 훗날 아이젠하워가 일구었던 대통령직은 마셜의 몫이었을 수도 있는 것이다.

하지만 마셜은 자신의 진로에 결정적일 수 있는 바로 그 선택의 순간에 자신을 내세우지 않았다. 그는 자신의 내면을 비치지 않고 묵묵히 대통령의 뜻만 좇았던 것이다. 왜 그랬을까? 에드거 퍼이어는 마셜의 이와 같은 특성을 "사심 없는 마음"이라고 말한다. 마셜은 매사에 자신을 내세우는 경우가 없었고, 자기를 버리고(selfless) 공직에만 충실했다는 것이다.[20] 퍼이어는, 한 걸음 더 나아가 마셜은 "이기심 없는 마음"의 덕목을 자신만이 아니라 그의 참모나 예하 지휘관에게까지 확대해서 적용하였고, 따라서 그의 주변에는 오직 헌신적인 군인들만으로 둘러싸여 있어서 세계대전의 승리라는 최고의 영예를 얻을 수 있었다고 이야기한다.

이처럼 마셜의 사심 없는 인격적 특질은 그의 주변 인물들에게로 확대되고, 더 나아가 당시 주요 보직에 있었던 군인들, 정치인들, 기자들에게까지도 영향을 미치고 있음을 볼 때, 훌륭한 리더가 끼칠 수

20) 에드거 퍼이어, 앞의 책, pp.474-485 참조.

있는 인격적 파장의 힘이 얼마나 큰지를 마셜을 통해 엿볼 수 있는 것이다.

요컨대 군에서의 정의의 실현은 무엇보다도 사심 없는 마음의 덕을 갖춘 군 최고 지휘관들의 역할과 영향력이 절대적이라 할 것이다.

4. 맺는 말

정의의 실현은 우리 사회의 가장 큰 희망 중 하나다. 사회정의가 실현될 때 법과 질서가 확립되고 사람들의 도덕의식도 높아지고, 경제적, 사회적 불평등도 해소되어 계층 간의 갈등과 반목도 사라져 모두가 꿈꾸는 더 나은 사회가 될 것이라 믿기 때문이다.

군대사회도 같은 희망을 꿈꾼다. 군에 정의가 구현되면 잘못된 인사나 보직도 사라지고, 학연, 지연, 혈연 등의 줄서기도 사라지고, 공정하고 균등한 기회 속에서 정정당당히 겨뤄 승자에게 박수를 보낼 수 있는 그런 군이 될 것이라 믿기 때문이다.

필자는 군에서의 정의 실현을 위한 이론적 근거를 마련하기 위해 군의 특성과 잘 연계된다고 생각되는 플라톤과 아리스토텔레스, 공리주의와 롤즈의 정의에 대한 이론들을 살펴보고, 그중 아리스토텔레스의 정의론이 군의 정의 실현에 가장 적절하다고 판단하였는데, 군은 존재목적이 확고한 사회인 까닭에, 정의는 '목적 적합성'이라는 그의 주장이 군의 정의 실현에 가장 잘 부합한다고 생각되었기 때문이다.

아리스토텔레스의 이론적 틀 위에서 본다면 군의 정의 실현은 군의 존재목적에 대한 적합성, 곧 "국가안전보장을 위해 적합한가?" 하는 물음에 대한 실천이 모든 군무 수행에 있어서 최고기준이 될 때 달성되는 것이었다. 특히 군의 정의 실현에 있어서 가장 첨예하고도 중요한 '인사'에 있어서 이 이론이 적용된다면 그 결과는 공정한 인사, 정의로운 인사라는 평가를 가져오는 것일 수 있음을 역설하였다.

군의 정의 실현의 관점에서 고려된 또 하나는 군의 특성상 최고 지휘관들의 역할과 영향력이 크다는 사실이다. 이에 입각하여 군 리더들에게는 이기심이나 사심 없는 마음의 덕이 절대적으로 필요하다는 주장이었다. 그 까닭은 정의의 본질 자체가 이기심이나 사심과는 거리가 먼 것이어서 리더들의 마음가짐이 그 같은 상태가 아니고서는 정의는 결코 실현될 수 없을 것이기 때문이다.

어느 사회건 정의의 실현이 결코 쉬운 길은 아닐 것이다. 하지만 군 사회처럼 확고부동한 목적에 의해 정립된 사회라면, 정의는 '목적 적합성'이라는 아리스토텔레스의 이론적 틀을 기초로 삼고 그 위에서 공리주의, 롤즈 등 정의에 대한 다양한 이론들의 도움을 받아 그 사회의 정의 실현을 모색해 볼 수도 있을 것이다.

제 9 장 영혼을 지휘하는 리더십*

마셜, 맥아더, 아이젠하워, 패튼을 중심으로

1. 들어가는 말
2. 사관생도 시절의 비교 분석
3. 위관, 영관 장교 및 장군 시절의 리더십 비교 분석
4. 성공적인 군 지휘관 리더십의 공통적인 특질들
5. 맺는 말

---

* 이 글은 필자의 저서 『열린 군대와 리더 윤리』, 『전쟁과 리더』에 수록된 글을 수정 보완하여 다시 쓴 것이다.

1. 들어가는 말

"사자가 이끄는 한 무리의 양떼가 양이 이끄는 사자떼보다도 훨씬 강하다."[1] 널리 알려져 있는 서양의 이 격언은 조직에서 리더의 중요성을 단적으로 설명해 주는 말이다. 『글래디에이터』라는 영화를 보면 이 말은 더욱 실감난다. 황제와 수많은 로마 시민들이 지켜보는 원형 경기장. 로마 최고의 장군에서 한낱 검투사로 전락한 막시무스는 오직 칼 한 자루밖에 없는 노예들을 이끌고서도 전차와 갑옷, 칼과 활 등으로 완전 무장한 로마 정예군을 그간 전장(戰場)에서 익힌 리더의 탁월한 전투 감각으로 패배시킨다. 불가능을 가능으로 이끌었던 이 힘, 그것은 막시무스라는 리더가 없었다면 결코 발휘될 수 없는 것이었다.

1) Edgar F. Puryear, *19 Stars: A Study in Military Character and Leadership*, p.367. 이 책은 육군사관학교 이민수 · 최정민 교수에 의해 『영혼을 지휘하는 리더십』(책세상, 2005)이라는 제목으로 번역 출간되었다.

조직에 있어서 리더의 역할과 중요성을 볼 수 있는 또 하나의 예는 군이 아니라 일반 사회에서도 찾아진다. 일본의 항구도시 요코하마는 1860년 메이지 유신 때부터 서양 문물을 최초로 받아들인 도시로서 당시 최고의 전성기를 누렸지만 150여 년의 세월이 흐르면서 거의 폐허가 되다시피 퇴보했던 도시다.

하지만 10년 전, 나카타 히로시라는 인물이 이 도시의 시장으로 부임하면서 역사적 도시로서의 영광을 되찾고, 오늘날 일본 최고의 문화 예술 도시로 거듭나게 된다. 나카타는 요코하마의 불이 꺼진 건물들을 문화 예술을 사랑하는 일본 전역의 모든 사람들에게 무상으로 분양하고 그들 스스로 건물들을 리모델링하게 함으로써 요코하마를 새로운 문화 예술의 공간으로 거듭나게 만들었던 것이다. 오늘날 요코하마는 일본 최고의 화보 촬영지, 문학, 영화, 음악 등 예술적 공간은 물론이요, 최고의 신혼여행지로서 그로부터 얻는 경제적 수입도 엄청난 도시로 탈바꿈하였다. 단 한 명의 창의적인 리더가 일구어낸 결실이다.

이처럼, 탁월한 능력과 창의성을 지닌 리더는 절대 이길 수 없는 전투도 승리로 이끌고, 죽어가는 도시도 살아 숨 쉬는 공간으로 재창조할 수 있는 것이다.

그런데 흔히 "리더는 만들어지는 것이 아니라 태어난다(Leaders are born, not made)"고 말한다.[2)] 이는 곧, 리더란 타고난다는 뜻이다. 이것은 과연 참인 것일까? 리더란 타고난다는 이 말을 그대로 받아들일 경우 그것은 리더가 될 사람은 이미 정해져 있다는 말이 된다. 이것은 평범한 사람들에게는 듣기에 따라 유쾌하지 못한 표현이 되기도 할 것이다. 평범한 사람들은 결코 리더가 될 수 없다는 뜻이 되기 때문이

2) 같은 책, p.ix.

다. 하지만 이 말은 많은 학자들이 인정하듯이 어느 정도 사실이다. 왜냐하면 어떤 사람들은 아무리 노력하고 훈련을 쌓는다 할지라도 결코 성공적인 리더가 되지 못하는 반면, 어떤 사람들은 결코 리더처럼 보이지 않지만 리더로서의 역할이 주어진 어느 순간 훌륭한 리더십을 발휘하는 경우가 종종 있기 때문이다. 리더로서의 자질을 타고난 사람과 그렇지 못한 사람의 차이라고 할 수 있다.

하지만 그럼에도 불구하고 훌륭한 리더십을 발휘했던 많은 리더들은 그들이 리더로서 타고났다는 사실을 인정하려 들지 않는다. 어떤 부분에서는 타고났다는 사실을 받아들인다 할지라도 리더가 되기 위해 쏟아 부었던 그들의 준비와 인내와 노력을 간과하고 싶지 않은 것이다. 예컨대, 제2차 세계대전에서 연합군의 승리에 큰 공헌을 한 미국의 헤이슬립(Wade Haislip) 장군은 자신이 리더로서 성공했다고 평가한다면 그 까닭은 "리더란 타고나는 것이지 만들어지는 것이 아니라는 일반적인 속설"을 깨뜨리고 싶어서 공부하고 노력한 덕분이라고 말한다.[3] 자신은 결코 리더로서의 자질을 타고났다고 생각하지 않는다는 것이다. 따라서 누구든지 열심히 공부하고 노력하면 훌륭한 리더가 될 수 있다는 것이다.

역시 제2차 세계대전의 영웅 가운데 한 사람이었고 훗날 미국의 육군참모총장까지 지냈던 클라크(Mark Clark) 장군도 대부분의 훌륭한 리더는 태어난다기보다는 만들어진다는 데 동의하고 있다.

미국 공군 조종사 겸 공군사관학교 교수를 역임했던 퍼이어(Edgar F. Puryear)는 『영혼을 지휘하는 리더십(*19Stars: A Study in Military Character and Leadership*)』이라는 책에서 리더란 타고나는 것만도 아니고 또한 만들어지는 것만도 아니라고 말한다. 리더로서의 자질을

3) 같은 책, p.xi.

타고난 소수의 사람이 있을 수는 있지만, 그들 역시 공부하고 노력하지 않았다면 결코 성공적인 리더가 될 수 없었다는 것이다. 바꾸어 말하면 리더는 '타고난 부분(native ability)'과 '만들어진 부분(environmental elements)'이 함께 이루어낸 공동 작품이라는 것이다. 이 공동 작품을 그는 리더십이라고 부른다. 가령 건강, 체력, 정신력, 호기심, 지적 욕구 등은 선천적인 능력이라 할 수 있지만, 자신감과 결단력 같은 것은 환경에 의해서 얻어지는 후천적인 능력이라는 것이다. 그러므로 리더십이란 궁극적으로 말한다면 '성장하면서 만들어지는 것'이라고 할 수 있다.

그렇다면 리더십은 도대체 어떻게 만들어진다는 것인가?

이 질문에 대답하기 위해 퍼이어는 제2차 세계대전의 성공적인 지도자들 가운데 능력이 가장 출중한 것으로 평가되고 있는 네 사람의 장군을 선정한 뒤, 이들 네 장군들의 리더십이 어떻게 만들어져 갔는지를 설명하고 있다. 그들 네 장군들은, 제2차 세계대전 중인 1939년부터 1945년까지 미 육군참모총장이었고 전쟁이 끝난 뒤에는 국무장관과 국방장관을 역임했던 조지 마셜(George Marshall) 장군, 당시 극동군 사령관이었고 전쟁 후 일본 지역 점령군 사령관으로서 전후 일본의 복구에 이바지했으며 그 후 발발했던 한국전쟁 당시에는 유엔군 총사령관을 역임했던 더글러스 맥아더(Douglas MacArthur) 장군, 그리고 제2차 세계대전 당시에는 연합군 총사령관으로서 노르망디 상륙작전의 성공을 이끌었고 이 성공을 바탕으로 훗날 미국 제34대 대통령에 선출됐던 드와이트 아이젠하워(Dwight Eisenhower) 장군, 마지막으로 유럽 공격 당시 독일군에게 공포의 대상이었던 미 제3군을 이끌었던 3군사령관 조지 패튼(George Patton) 장군이다.

이 책을 통해 퍼이어는 제1차, 제2차 세계대전에 참여했던 수많은 군인들을 대상으로 이들 네 사람의 리더십에 관해 직접 인터뷰한 뒤,

이들 네 명의 위대한 장군들의 리더십을 토대로, 리더란 타고난 천부적인 능력뿐만 아니라 노력으로 만들어진 후천적인 능력이 결합될 때만이 참다운 리더십을 발휘할 수 있다는 사실을 입증하고 있다.

이 장에서는 먼저 퍼이어의 서술 과정에 따라 이들 네 지휘관들의 리더십이 만들어지는 초기 과정으로서의 사관생도 시절과 위관 및 영관 장교 시절, 그리고 이들 리더십의 완성 단계라 할 장군 시절로 구분하여 이들 각자 리더십의 특질들을 비교 분석한 다음, 마지막으로 이들 리더십의 특질 속에 공통적으로 담겨 있다고 생각되는 요소들을 추출하여 성공적인 군 지휘관 리더십의 요체로 제시할 것이다.

2. 사관생도 시절의 비교 분석[4]

가. 조지 패튼

패튼의 사관생도 시절은 매우 독특하다. 패튼의 생도 시절이 독특하다고 말하는 까닭은 그가 평범한 생도들과는 다른 학창 시절을 보냈기 때문이다. 그는 웨스트포인트(미 육군사관학교)를 1909년에 졸업했지만, 사실상 웨스트포인트에 오기 전 1년 동안 버지니아주립사관학교(Virginia Military Institute)에 다녔을 뿐만 아니라, 웨스트포인트에서도 1학년 때 1년을 유급 당함으로써 사관학교를 실제로는 총 6년이나 다녔기 때문이다.

그가 버지니아주립사관학교에 입학한 것은 전적으로 그의 가계(家系)의 영향 때문인 것으로 보인다. 패튼은 전형적인 무인(武人) 집안 출신인데, 그의 할아버지와 아버지가 모두 버지니아주립사관학교 출

4) 이 절은 같은 책, 제1장 "The Early Years: Leadership as Cadets"을 요약한 뒤 필자 나름대로 재구성한 것이다.

신인 탓에 웨스트포인트가 아니라 이 학교로 먼저 진학했던 것이다. 그의 증조부는 미국 독립전쟁 당시 장군으로서 영국군과 싸우다 전사하였고, 그의 조부는 대령으로서 남북전쟁에 참전했다가 전사했으며, 그의 아버지도 사관학교 출신이어서, 패튼의 경우는 어려서부터 무인으로 성공하겠다는 야망이 컸던 듯하다.

실제로 그가 1년 후 웨스트포인트에 다시 입학했을 당시 그의 부친은 이미 백만장자의 거부였기에 박봉의 험난한 군인의 길로 들어서지 않아도 되었을 터였지만, 패튼은 당당히 육사에 들어왔고 그 이후 단 한 번도 군인이 된 것을 후회하지 않았던 사실로 미루어볼 때, 천부적인 무인으로서의 기질을 엿볼 수가 있다.

무인다운 그의 기질은 그가 사관생도 시절 품었던 세 가지 꿈에 비추어 보아도 드러난다. 그가 웨스트포인트를 졸업하기 전까지 달성하고자 하였던 꿈은 세 가지였는데, 첫째는 훈련 규정(Drill Regulation) 시험에서 1등 하는 것, 둘째는 4학년 때 '부관 생도'에 지명되는 것,[5] 셋째는 사관학교 단거리 육상 기록을 경신하는 것 등이었다. 물론 졸업하기 전 그는 이 모든 꿈을 실현하였다. 그런데 흥미로운 부분이기도 하거니와 무인으로서의 그의 기질을 잘 보여주는 것은, 그가 총점 15점인 훈련 규정 시험에 집중하는 바람에 총점 200점인 수학 시험에 실패하여 1년 동안 유급을 당하게 된다는 사실이다. 동료들의 경고가 있었음에도 불구하고 훈련 규정 시험에만 몰두했던 탓에 그는 이 부문에서는 전체 2등이라는 우수한 성적을 거두었지만 그만 수학에서

5) 부관 생도란 생도 의식(儀式) 시 전체 생도를 대표하는 여단장 생도(first captain)의 지시를 큰 목소리로 하급 제대에 다시 전달하는 것이 주요 임무인 생도 보직으로서 목소리가 우렁차고 행동에도 절도가 있어야 하기 때문에 웨스트포인트에서는 많은 생도들이 선망하는 직책으로 알려져 있다. 패튼이 특히 이 직책을 갈망했던 까닭은, 그의 부친이 버지니아주립사관학교 4학년 생도 때 이 직책을 수행했기 때문이라고 한다.

낙제하고 만 것이다.

1학년을 두 번이나 다님으로써 동기생보다 1년 늦게 졸업하게 되지만 패튼은 4학년 때 마침내 훈련 규정 시험에서 1등을 하고 부관 생도에 지명되었을 뿐만 아니라, 그때까지 여러 차례에 걸쳐 육상 단거리 신기록을 갈아치움으로써 생도 시절 가졌던 꿈을 모두 성취하게 된다. 이는 그의 집념과 야망을 보여주는 부분으로서, 이 같은 집념과 야망이 훗날 그의 리더십에도 그대로 연결되는 것이다.

무인 기질 탓에 패튼은 일반학보다는 군사학에 치중하여 군사학 성적은 남달리 탁월했지만, 일반학 과목에서 뒤처져 그의 졸업 성적은 상위권에 이르지 못한다. 무인 기질 탓에 그는 또한 모든 규정에 철저하고 원리 원칙을 고수하였을 뿐만 아니라 자신에게 엄격한 그 원칙을 남에게도 요구함으로써 동기생들 간에 그리 높은 인기를 끌지 못하게 된다. 그가 일직사관이 되는 날에는 규정을 어긴 동료 및 후배 생도들 명단으로 노트 몇 페이지가 가득 채워질 정도였으니, 그를 좋아할 생도가 별로 없었던 것은 당연한 일이라 할 것이다.

그렇지만 철저한 무인이 되고자 했고, 또한 그 준비에도 만전을 기했던 패튼의 학창 시절이었기에 그의 동료들도 훗날 가장 성공할 것으로 여겨지는 미래 군인의 명단에 그의 이름을 올리는 것을 주저하지 않았던 것이다.

나. 드와이트 아이젠하워

패튼의 이처럼 타고난 무인 기질과는 정반대의 기질을 가진 인물이 아이젠하워였다. 그는 웨스트포인트를 1915년에 졸업하였으므로 패튼보다는 6년 후배였지만, 훗날에는 연합군 총사령관에 보직됨으로써 제3군사령관이었던 패튼의 직속상관이 된다. 엄격히 말하면 패튼을 제3군사령관으로 보직시킨 사람이 바로 아이젠하워 자신이기도 했던 것이다.

아이젠하워 역시 패튼과는 전혀 다른 차원에서 독특한 생도 시절을 보냈던 인물이라 할 것이다. 패튼과는 달리 애초부터 그는 직업 군인을 목표로 웨스트포인트에 들어온 인물이 아니었다. 원래 그는 고교 졸업 후 아르바이트를 하면서 쉬다가 해군사관학교에 먼저 입학했던 친구의 권유로 해사 시험에 응시해 수석으로 합격했지만 연령을 엄격하게 제한했던 해사의 규칙 때문에 실패하고, 그 대신 연령 제한의 폭이 비교적 컸던 육사에 다시 응시해 입학하게 된 것이다.

육사 입학 동기부터가 그러했던 탓인지 아이젠하워는 학창 시절에 공부나 규정에도 그렇게 흥미를 갖지는 않았던 듯하다. 일반학 성적도 신통치 못했거니와 군사학에는 더더욱 관심을 갖지 않았으며, 규정은 심심할 때마다 한 번씩 어기곤 했다. 그가 졸업할 때 가장 많은 규정을 어긴 생도에게 주는 상을 두 개나 받았다는 사실이 이를 입증한다.[6] 규정 준수의 기율에 철저하지 못했던 탓인지 그는 가끔씩 친한 동료 두어 명과 함께 저녁 시간에 훈육 장교의 눈을 피해 학교를 빠져나간 뒤 보트를 타고 허드슨 강 건너편에 있는 상점까지 가서 샌드위치나 커피 등을 사먹고 오기도 했다. 그 거리가 왕복 45킬로미터에 달했으니 그 인내심도 대단하다 하겠지만, 단 한 번이라도 발각되면 퇴교까지도 당할 수 있는 일을 서슴없이 행하곤 했다는 사실이 놀랍기도 하다. 무인 기질을 발휘했던 패튼과는 달리 규정 자체에 큰 의

6) 졸업식에서 아이젠하워는 AB(Area Bird)와 BA(Busted Aristocrat)의 글이 새겨진 두 개의 상을 받았는데, AB는 '연병장 새'라는 말 그대로 규정을 어겨 가장 많이 연병장을 돌았던 생도에게 주는 상이고, BA는 '파산한 귀족'의 의미 그대로 높은 계급을 따냈지만 다시금 강등된 생도에게 주어지는 상이었다. 규정을 그리 중시하지 않았던 아이젠하워의 면모를 그대로 보여주는 상이라 하겠다.

미를 부여하지 않았던 그의 기질을 엿볼 수 있는 부분들이라 하겠다.

일반학 과목에 큰 흥미를 느끼지 못했지만 학창 시절에 아이젠하워의 관심을 끌었던 과목이 전혀 없었던 건 아니었다. 그는 영어 과목에 흥미를 느꼈고 따라서 영어 공부만큼은 철저히 했으며, 그 덕에 4년 내내 영어 과목만큼은 최상위권에 들었다. 자신이 관심을 가졌던 부문에서는 그 역시 최선을 다했던 것이다.

또한 융통성이 별로 없었던 패튼과는 대조적으로 아이젠하워는 규정보다는 인간관계 혹은 의리를 중시했고 그 덕에 그의 주변에는 늘 동료들이 따랐다. 동료가 어려움에 처하면 솔선하여 돕기도 했거니와, 박학하고 다변이면서 유머가 넘치는 그를 모든 동료들이 좋아한 것은 당연한 일일 것이다.

이와 같이 낙천적이고 의리를 지킬 줄 알았고, 그러면서도 자신이 좋아하는 일에는 최선을 다하는 기질 덕분에 4학년 때 그는 가장 인기 있는 생도가 선발되기 마련인 응원단장 직책을 맡았으며, 또한 졸업 성적도 최상위권은 아니지만 164명 가운데 61등을 차지하는 등 비교적 성공적인 학창 시절을 보낸다.

요컨대, 군인이 되고자 하는 타고난 무인 기질은 아니었지만 동료와의 관계와 의리를 중시하고, 자신이 하고자 목표한 것은 달성하는 등 아이젠하워의 유연성과 잠재력을 엿볼 수 있는 학창 시절이라 하겠다.

다. 더글러스 맥아더

패튼이나 아이젠하워와는 또 다른 대조를 보이면서 학창 시절을 보낸 인물이 바로 맥아더였다. 잘 알려진 사실이거니와 맥아더는 필리핀 점령군 사령관이었던 아서 맥아더 소장의 아들로서, 일찍이 부친으로부터 군인 기질을 물려받았을 뿐만 아니라 육사에 입학할 때도 수석으로 합격할 만큼 학업 성적도 탁월한 학생이었다. 게다가 그는 용모도 준수했고 언변도 뛰어나 누구에게서나 최고의 찬사를 받는 인물이었다. 철저한 군인정신과 생활 태도가 몸에 배어 규정도 엄격히 지켰고 일반학은 물론이요 군사학에서도 탁월한 성적을 내어 웨스트포인트 역사상 전무후무한 최고의 평점으로 졸업하는 영광을 누리기도 하였다.

웨스트포인트에서 중요시했던 시험 중의 하나가 구두시험이었는데 맥아더가 치르는 구두시험은 그야말로 매번 하나의 완성품이었다고 동료들은 말한다. 논리 정연하고 설득력이 있으며 한 치의 빈틈도 보이지 않는 완벽한 준비와 답변이었던 것이다. 3학년 때 단 한 번 1등을 놓친 것을 제외하고는 전 학년에서 수석을 차지했던 맥아더의 성적이 두뇌의 명민함에서 온 것만은 아닌 것 같다. 공부를 위해서는 '소등 후 학업 금지'라는 규정에 따라 불빛이 새 나가지 않도록 모포를 뒤집어쓰고 공부하기도 했다는 동료들의 증언에서 보듯이, 두뇌의 우수함 못지않게 피나는 노력도 뒤따랐다는 사실을 발견할 수 있다.

4학년 때 생도 신분으로서는 최고의 계급인 여단장 생도(First Captain)에 발탁되는 영예를 누리기도 했지만, 패튼처럼 맥아더에게도 주변에 많은 친구들이 있지는 않았던 것 같다. 패튼의 경우, 지나친 엄격함과 융통성 없음이 그 이유였지만 맥아더의 경우는 사뭇 다른 이유에서였다. 맥아더의 경우, 동료들도 그의 완벽함에 기가 죽은 듯 그에게는 존경과 경탄의 시선만 보냈을 뿐 애정과 우정의 손길을 보내지는 않았던 것이다. 그는 늘 완벽을 추구했고, 그 자신 완벽한 생도였지만, 최고의 자리가 항상 그렇듯이 고고한 만큼이나 고독한 인물이었던 것 같다.

훗날 아이젠하워와 똑같은 전쟁영웅으로서 국민들의 존경과 지지를 한 몸에 얻었지만 아이젠하워와는 달리 맥아더가 대통령 후보로 지명되지 못했던 까닭이 여기에 있는지도 모를 일이다.

요컨대, 맥아더의 학창 시절은 타고난 무인 기질과 더불어 명석한 두뇌와 철저한 준비로 일반학 및 군사학에서도 최선의 노력을 다했고, 그래서 후배 생도는 물론이요 동료들로부터도 경탄과 존경을 한 몸에 받는 등 최고의 결과를 이끌어낸 기간이라 할 것이다.

라. 조지 마셜

패튼과 아이젠하워, 맥아더가 웨스트포인트 출신임에 비해, 마셜은 버지니아주립사관학교를 졸업하였다. 1880년생으로서 맥아더와 같은 나이였지만, 맥아더보다 2년 먼저인 1901년에 육군 소위로 임관하였기에 마셜은 군 장교 신분으로는 사실상 맥아더의 선배가 된다. 한편 훗날 맥아더가 4성 장군으로 육군참모총장이 되었을 때까지도 마셜은 중령 계급에 머물렀다는 사실은 이 두 위대한 지휘관의 진급 관계를 흥미롭게 만들기도 한다.

어쨌거나 마셜의 학창 시절은 또 다른 의미에서 패튼, 아이젠하워, 맥아더와는 두드러지게 구별된다. 버지니아주립사관학교에 입학할 당시 그는 100명 중 36등으로서 최상위급의 성적은 아니었다. 게다가 큰 키와 마른 체격 탓이었는지 1학년 시절 마셜은 훌륭한 군인 기질을 가진 생도로 인정받지 못했으며, 오히려 굼뜨고 어정쩡한 생도로 동료들에게 각인된다. 하지만 당시 버지니아주립사관학교의 주거 환경이 열악했을 뿐만 아니라 훈련이 엄격하여 동료들이 대거 탈락해 갔음에도 그는 4년간의 혹독한 군사 훈련을 이겨낸 34명의 최종 졸업생 가운데 당당히 이름을 남긴다. 그것도 5등이라는 우수한 성적으로 졸업한 것이다.

2학년 때 군사학 과목에서 탁월함을 인정받으면서 마셜은 서서히 사관학교 생활에 적응해 갔고, 3학년을 지나면서 점점 더 자신감 있게 발전해 가는 모습을 보이더니, 4학년에 이르러서는 활짝 피게 된다. 일반학 성적에서의 비약적 발전은 물론이요 특히 군사학에서는 타의 추종을 불허할 만큼 군인적 자질을 최대로 발휘하게 되어 마침내 사관생도 최고의 영예인 연대장 생도(First Captain)에 오르게 된 것이다. 어정쩡한 1학년 생도의 모습에서부터 활짝 핀 최고 4학년 생도의 모습에 이르기까지 매 학년 꾸준한 성장과 성취력을 보이고 있다는 점에서 마셜은 패튼이나 아이젠하워, 맥아더와는 또 다른 학창 시절의 면모를 보여주고 있다.

하지만 마셜도 아이젠하워처럼 규정에 철저한 생도는 아니었던 것 같다. 연대장 생도 시절에도 담을 넘어 일과 후 금지되어 있는 여자 친구 면회를 종종 하곤 했다는 동료들의 증언이 그와 같은 사실을 입증한다. 보다 못한 동료 참모 생도들이 규정 위반에 대해 충고라도 할라치면 그는 늘 미소로 걱정하지 말라는 사인을 보내곤 했다는 것이다.

요컨대, 군인의 기질이 의심스러워 보이던 하급생 시절을 거쳤지만 최고 학년에 이르러서는 누구도 군인으로서의 성공을 부인하지 않을 만큼의 단계로 발전하는 등 꾸준한 성장력을 보여준 마셜의 학창 시절이라 하겠다.

마. 학창 시절의 비교

이상에서 패튼과 아이젠하워, 맥아더, 마셜 등 훗날 위대한 지휘관으로서 명성을 떨치게 되는 네 인물의 학창 시절에 대해 살펴보았다. 이들의 학창 시절의 특징을 비교해 본다면 공통점보다는 차이점이 더 많이 부각된다. 훗날 이들이 위대한 군인으로서 명성을 날리게 되고, 그 명성에 도달하도록 그들을 이끌어왔던 위대한 리더십을 들여다볼 때 차이점보다는 오히려 공통점이 훨씬 더 많다는 사실을 지적해 본다면 이는 매우 흥미로운 부분이기도 하거니와 그래서 더욱 주목할 필요가 있는 부분이기도 할 것이다.

패튼과 맥아더는 어려서부터 군인 기질이 몸에 밴 탓으로 규정 준수와 기율에 철저한 군인정신의 소유자였던 반면에, 정도의 차이는 있지만 아이젠하워와 마셜은 그렇지 못했던 듯하다. 이미 살펴보았듯이 패튼과 맥아더는 사관학교의 제반 규정을 철저하게 잘 지켰지만 아이젠하워와 마셜은 종종 규정을 위반하기 일쑤였고, 특히 아이젠하워의 경우 그로 인해 많은 벌점을 받기도 하였던 것이다.

패튼과 맥아더, 마셜은 군사학 공부를 매우 중시한 반면, 아이젠하워는 군사학에 별 흥미를 갖지 않았던 듯하며, 맥아더와 마셜은 일반학을 중시하였지만 패튼과 아이젠하워는 일반학 자체의 중요성을 별로 인식하지 못했던 듯하다. 오직 맥아더만이 군사학에서도 일반학에서도 모두 탁월한 성적을 냈던 것이다.

또한 맥아더와 마셜이 졸업 성적에 관심을 갖고 정도의 차이는 조금 있지만 늘 수석을 차지해 온 것에 비하면, 아이젠하워나 패튼은 졸업 성적에는 별로 관심을 기울이지 않았던 것으로 보인다. 패튼이 수학에서 낙제를 했다든지 아이젠하워가 공부보다는 동료들과의 우정에 더 관심을 기울였다는 사실은 졸업 성적이 나쁜 사관학교 졸업생이나 공부에 덜 관심을 기울였던 사람들에게는 희망이 될 수 있는 부분이기도 할 것이다. 우수한 졸업 성적이 리더로서의 성공을 항상 보장하는 것도 아니며, 또한 반드시 필요한 것도 아니라는 사실을 이들이 입증하고 있기 때문이다.

하지만 이들의 학창 시절을 되돌아볼 때 정말 중요한 사실은 이들이 갖고 있었던 공통적인 특질일 것이다. 이들의 학창 시절에서 공통점을 찾는다면 우선 자신이 흥미를 느끼고 성취하고자 하는 과목이나 분야에서는 모두가 탁월한 성적을 내고 있다는 점이다. 패튼과 마셜은 군사학에서 그러했고, 아이젠하워는 영어에서 그러했으며, 맥아더는 전 분야에서 두각을 나타냈던 것이다.

또한 모두에게 공통된 사항으로서 네 사람 모두 체육 활동을 중시했으며, 맥아더를 제외하고는 사관학교 대표선수로서 두드러진 활약을 보여주었다는 점도 간과해서는 안 될 것이다. 패튼은 승마와 펜싱에서 특히 탁월한 기량을 발휘했는데, 이때 가다듬은 실력을 바탕으로 졸업 3년 후인 1912년, 스웨덴의 스톡홀름에서 열린 올림픽 근대 5종 경기(수영, 사격, 육상, 펜싱, 승마 장애물 경기)에 미국 대표로 참가하기도 하였다.[7] 아이젠하워와 마셜은 미식축구 선수로서 대단한 활동을 펼쳤는데 아이젠하워는 미식축구를 하다 크게 다쳤지만 부상만 입지 않았더라면 웨스트포인트는 물론이요 전미 대학의 대표선수로도 손색이 없을 만큼의 명성을 날렸다. 마셜도 남부 리그에서 가장 뛰어난 태클 선수로 칭송을 받을 정도였다. 맥아더는 대표선수로 발탁될 만큼 탁월한 기량을 보이진 않았지만, 그 역시 미식축구와 야구를 좋아했으며, 팀 내에서 매니저로 활동하는 등 나름의 활약을 펼쳤다.

이들에게서 더욱 중요한 것으로 주목해야 할 특질은 생도 시절 이들의 성취 정도가 전반적으로 볼 때 결코 하위로 처지지는 않는다는 점이다. 다시 말하면 이들은 자신이 목표로 삼았던 것은 반드시 성취하고야 말았다는 사실이다. 예컨대 맥아더와 마셜은 열심히 생활하고 노력한 덕분에 성실성과 리더십을 인정받아 여단장과 연대장 등 생도

---

7) 앨런 액슬러드, 유혜경 옮김, 『패튼의 리더십』(자유문학사, 2000), p.44 참조.

로서의 최고 직위에까지 올랐고, 패튼은 그토록 염원하던 부관 생도가 되었으며, 아이젠하워는 동료들에 의해 응원단장으로 선출되었다는 사실이 그것을 말해 준다.

요컨대, 자신의 관심 분야에서는 늘 상위권을 유지했을 뿐만 아니라 자신이 성취하고자 목표로 삼았던 것은 반드시 성취했다는 사실에서 그들은 공통점을 보이고 있는 것이다. 이들의 생도 시절 성취 정도를 도표로 표현해 보면 대체로 다음과 같다.[8]

분야 / 인물	일반학	군사학	규정 준수	성취 정도	전체 평가(개인)
마셜	상	최상	중	상	상
맥아더	최상	최상	최상	최상	최상
아이젠하워	중상	중	하	상	중상
패튼	하	최상	최상	최상	중상
전체 평가(4인)	상	최상	상	상	상

3. 위관, 영관 장교 및 장군 시절의 리더십 비교 분석

앞 절에서는 생도 시절 당시 각 개인의 특성을 따라 비교가 수월하도록 패튼, 아이젠하워, 맥아더, 마셜의 순으로 서술하였지만, 이 절에서는 마셜, 맥아더, 아이젠하워, 패튼 순서로 살펴볼 것이다. 대체로 위관 및 영관 장교 시절과 장군 시절의 리더십이 구분되어 소개되겠지만, 이들 리더십의 공통적 특징이 다음 절에서도 소개될 것이기에

8) 이 도표는 객관화된 자료가 아니라 필자가 임의로 작성한 것이므로 인용할 경우에는 주의를 요한다.

개인에 따라서는 그 구별이 모호할 수도 있을 것이다.

가령 마셜은 군 생활 대부분을 참모직으로 보냈을 뿐만 아니라 무려 23년 동안이나 영관 장교에 머물러 있었기에 이 절에서는 영관 장교 시절의 리더십이 주를 이루는 반면, 위관 및 영관 장교의 전체 기간보다도 더 오랫동안 장군 시절을 보낸 맥아더의 경우는 장군 시절이 주를 이루게 될 것이다. 물론 장군으로서의 마셜의 리더십과 위관 및 영관 장교로서의 맥아더의 리더십은 공통적 특징을 다루는 다음 절에서 다시 엿볼 수 있을 것이다.

가. 마셜: 전문성과 존중의 리더십

먼저 마셜은 1901년 임관 후 소위를 5년, 중위를 9년 동안 달고, 임관 14년 만인 1915년에서야 대위로 진급하게 된다. 마셜이 대위 시절이었던 1917년은 제1차 세계대전 기간이었고, 그때 그는 유럽 원정군 소속의 사이버트(William Sibert) 준장이 사단장으로 있었던 프랑스에서 작전참모직을 수행하고 있었다. 그리고 바로 그곳에서 그는 이후 그의 군 생활에 결정적인 영향을 미칠 두 개의 사건을 경험하게 되는데, 이 사건들은 훗날 그의 리더십 형성에 매우 중요한 역할을 담당하게 되므로 자세히 소개할 필요가 있다.

그 첫째는 당시 유럽 원정군 총사령관이었고 훗날 미 육군참모총장을 역임했던 퍼싱(John Pershing) 장군과의 만남이다. 사이버트 장군 휘하에서 작전참모로서의 마셜이 담당했던 주 임무는 민간인 신병을 군인으로 만드는 일이었는데, 대부분이 무학자(無學者)들이었고 신병 교육을 위한 여건 등이 열악한 탓에 그가 할 수 있는 일은 그저 주어진 여건에서 최선을 다하는 것뿐이었다. 그래서 그는 야전 침대 하나만 훈련장에 갖다 놓고 그곳에서 상주하면서 훈련에 열중했다.

그러던 어느 날, 사령관인 퍼싱이 훈련 상황을 점검하러 나왔다가 훈련 결과가 자신의 기대에 미치지 못하자 그 책임을 물어 사이버트 장군을 호되게 질책하고 있었다. 사단장으로서는 유구무언, 그저 그 질책을 참아내고 있을 뿐이었다. 바로 그 순간 마셜 대위가 사령관 앞에 나서서 감히 한마디 하겠다고 하였다. 사단장 이하 모든 간부들의 얼굴이 흙빛으로 변했음은 물론이요 사령관인 퍼싱 장군 스스로도 놀랐다. 일개 대위가 4성 장군인 군사령관의 질책에 정색을 하고 뛰어들었기 때문이다. 하지만 마셜은 사령관의 질책이 부당하다는 사실을 조목조목 들어가며 일사천리로 자신의 견해를 피력했다. 계급으로 보면 결코 있을 수 없는 일이었지만 마셜의 설명에 사령관은 동의할 수밖에 없었다.[9]

이 일은 퍼싱 장군에게 마셜을 깊이 각인시키는 계기가 되었고, 그 이듬해 마셜이 전시 계급 대령으로 승진하자 그를 불러들여 자신의 4년간 참모총장 재임 기간을 포함하여 군을 떠날 때까지 6년 동안이나 함께 근무한다. 이 사건에서 눈여겨볼 수 있는 마셜의 특질은 자신의 직무 수행에 대한 자신감과 용기다. 자신의 전문 능력에 대한 확신과 자신감이 없었다면, 그리고 사령관의 질책이 부당하다는 사실에 과감히 말할 수 있는 용기가 없었다면 결코 나설 수 없는 일이었다. 이 사건에서 볼 수 있듯이 자신의 군사적 전문 능력에 대한 자신감과 용기, 이것은 마셜의 리더십을 특징짓는 중요한 요소로 떠오르게 된다.

두 번째 사건은 사이버트의 후임인 불라드(Robert Bullard) 장군과의 인연이다. 1918년 1월 마셜이 전시 중령으로서 작전참모직을 마치고 지휘관 근무를 요청하자 불라드는 마셜에게 다음과 같이 말하고 오히려 육군본부 작전참모부로 추천서를 보낸다.

---

9) 오천석, 「노벨평화상을 탄 장군」, 『꽃송이로 가득 찬 작은 가슴』(샘터, 1998).

자네는 지금까지의 역대 참모 중 실질적인 업무에서 가장 폭넓은 경험을 가진 장교로서 참모직에 적격일 뿐만 아니라 현재 이 분야에서 자네를 필적할 만한 사람이 육군에는 없다고 판단되기에 자네의 요청을 들어줄 수가 없네.10)

참모로서 가장 우수한 자이기에 앞으로도 참모로 기용하는 것이 미 육군을 위해 바람직할 것이라는 불라드의 강력한 추천서는 이후 마셜의 보직에 결정적인 영향을 미쳤고, 그리하여 그는 1936년 장군으로 승진할 때까지 무려 23년간의 영관 장교 시절을 오직 참모로서만 근무하게 되었던 것이다.

마셜의 영관 장교 시절의 리더십을 찾아볼 수 있는 또 다른 일화는 그로부터 10년 후 1927년 그가 육군대학 교관으로 근무하게 되었을 때의 일이다. 육군대학이 있던 당시의 포트 베닝(Fort Benning)은 강의실이 낡아 몇 동을 개축해야만 했고 그 일은 마셜에 의해 주도되었다. 그 첫 번째 강의실이 개축되자 마셜은 그 강의실을 '지그 홀(Jigg Hall)'이라 이름 지었다. 강의실 개축이 자신의 주도로 이루어졌지만, 그 일에 가장 큰 공헌을 했던 사람이 지그(Jigg)였기에 그가 비록 계급은 병장에 불과했지만 그 이름을 따 그에게 명예를 돌렸던 것이다.

얼마 후 두 번째 홀이 개축되자 그 홀은 '크리츠 홀(Kriz Hall)'이라 불렸다. 크리츠(Kriz) 역시 두 번째 강의실 개축에 가장 큰 공헌을 한 부사관이었고, 마셜은 그에게 공을 돌려 크리츠라는 이름을 길이 보전시킨 것이었다. 부하의 노력에 대한 보답과 부하를 존중할 줄 아는 마셜의 인간적인 면모가 엿보이는 대목으로서 그의 리더십을 특징짓는 또 다른 측면이라 하겠다.

부하에 대한 애정과 존중이 남다른 또 하나의 일화는 프레이저

---

10) Edgar F. Puryear, 앞의 책, p.48.

(Fraser) 장군과 콜린스(Collins) 장군의 예에서도 찾을 수 있다. 프레이저 장군이 대위였던 시절, 사격 시범이 있던 어느 날, 예정에도 없던 참모총장 맥아더를 비롯하여 육군 수뇌부 장군들이 대거 시범에 참석하자 프레이저 대위는 그만 얼어붙어 지휘조차 못하고 있었다. 그때 마셜 중령이 그에게 다가와 다정하게 속삭였던 말을 프레이저 장군은 평생 잊지 못한다고 술회한다. "프레이저, 이제 임무를 시작해야지. 저 사람들 별 거 아냐. 다 잊어버리고 연습한 대로만 하게나. 자넨 잘 해낼 수 있어." 그제야 정신을 차린 프레이저는 임무를 성공적으로 수행할 수 있었다.

또한 마셜이 보병학교 부교장 시절 함께 근무한 적이 있었던 콜린스는, 무려 17년간이나 계급이 중위에만 머물자 절망에 빠져 1936년 어느 날 마셜에게 서신을 보냈다. 군 생활을 그만두겠다는 내용이었다. 그 편지를 접한 마셜은 그를 위로하며 계속 근무할 것을 권유하는 답신을 보낸다. 마셜이 보낸 편지에는 콜린스와 같이 경험이 풍부한 장교가 육군에는 필요하므로 언젠가 천거될 날이 반드시 올 것이라는 확신이 담겨 있었고, 훗날 참모총장이 되었을 때 마셜은 자신의 확신에 따라 콜린스를 요직에 중용한다. 그때 만약 콜린스가 마셜의 권고를 받아들이지 않았더라면, 1949년에 그가 마셜처럼 미 육군참모총장에 선임되는 일도 없었을 것이다.

또 다른 예는 랜섬(Ransom) 대위와의 일화에서도 찾아진다. 제1차 세계대전이 막바지에 이르렀던 1918년, 제1사단 기관총대대 B중대장이었던 랜섬 대위는 칸티니 전투에서의 공격 지원 임무를 마치고 정비와 휴식을 위해 후방으로 돌아왔다. 밤잠 못 자고 격무에 시달린 중대원들에게 재정비를 위해서는 휴식이 절대적으로 필요한 때였다. 그러나 중대가 후방에 도착하자마자 랜섬 대위는 다시 전방으로 돌아가 칸티니를 고수하고 있는 28연대와 임무 교대하라는 명령을 받았다.

순간적으로 랜섬은 격분했다. 아직 전투에 투여되지 않은 A중대가 있음에도 불구하고 막 전투에서 돌아온 자기 중대를 다시 전방에 배치한 상부의 처사에 노골적으로 불만이 터진 것이었다. 그는 그 길로 사령부로 올라갔다. 사단장에게 자신의 중대 대신 A중대를 배치해 주도록 건의하기 위해서였다.

하지만 사단장을 만나기 전에 그는 참모장인 마셜을 만나야 했고, 마셜의 설명을 들은 뒤 분기탱천하던 마음을 누그러뜨릴 수 있었다. 마셜은 그에게 칸티니의 사수가 얼마나 중요한 것인지를 먼저 설명한 다음, 그 임무에 가장 적합한 부대로서 B중대가 선발되었다는 것, 그리고 B중대만이 이 막중한 임무를 성공적으로 완수할 것이라는 마셜 자신의 확신까지 차분히 설명한 뒤, 휴식이 필요하겠지만 사단의 중요한 임무 완수를 위해 한 번 더 노력해 달라는 당부까지 잊지 않았다. 마셜의 이와 같은 설명에 랜섬은 분노가 아니라 오히려 자신의 중대에 대한 자긍심을 느꼈으며, 그 마음을 중대원들에게도 그대로 전달하였다. 중대원들의 사기는 충천했고 피로를 무릅쓴 채 투입된 전투였지만 전투력은 더욱 빛날 수밖에 없었다. 부하의 자존심을 존중할 뿐만 아니라 그 자존심을 긍지로 승화시켜 목표를 성공적으로 달성했던, 진실로 영혼을 지휘하는 리더십의 전형이라 할 것이다.

마셜이 장군으로 승진한 것은 1936년, 그의 나이 56세의 일이다. 1880년생으로서 마셜과 같은 연배였지만 임관에서는 그보다 2년이나 뒤졌던 맥아더가 장군으로 진급한 것이 1918년, 그의 나이 38세였던 것에 비하면 마셜의 장군 진급은 매우 늦은 것이었다. 맥아더가 참모총장으로서 육군 최고 수뇌부에서 군림하고 있을 때 마셜은 육군 중령에 머물고 있었으니, 같은 나이였음에도 불구하고 두 사람의 계급 간 간격은 매우 큰 것이었다.

하지만 장군이 된 이후 마셜의 승진은 그야말로 초고속이었다. 준장으로서 작전계획부장을 거쳐 참모차장을 역임하는 동안 그의 탁월한 능력과 수완에 매료됐던 루스벨트 대통령은 1939년 제2차 세계대전이 발발하자 추축국(Axis Powers)의 강력한 군사력에 대처할 수 있는 최적임자로 마셜을 꼽았고, 그리하여 그해 4월에 마셜은 준장에서 두 단계의 계급을 뛰어넘어 대장인 육군참모총장직에 오르게 된 것이다.

여기서 1936년 준장 진급 후 제5보병 여단장으로 재직하고 있을 때 마셜이 보여주었던 리더십으로서 부하에 대한 신뢰의 예를 소개해 본다.

앞서도 언급했거니와 마셜은 참모 보직만을 주로 역임했던 터라 보병 지휘관으로서의 근무는 제5보병 여단장이 그로서는 처음이자 마지막 보직이 된 셈이었다. 3년 뒤 참모총장에 오르긴 했어도 참모총장은 지휘관의 권한이 부여된 직책처럼 보일 뿐 엄격히 말한다면 국방장관과 대통령의 최고 참모로서 지휘관 보직이 아니라고 말할 수도 있기 때문이다.

마셜이 여단장으로 부임한 뒤 곧바로 하계 훈련이 실시되었다. 그런데 주둔지 병력의 수효가 터무니없이 모자라 그 까닭을 묻자 부관참모의 대답이, 당시 제5보병 여단은 문제 병사가 70여 명이나 영창에 가 있고 그들의 간수에만 20여 명의 병력이 소요되기 때문이라는 것이었다. 마셜은 간수 2명만 배치하고 18명을 훈련에 합류하게 하라는 지시를 내렸다. 부관 참모가 영창에 있는 문제 병사들 가운데는 흉악범들도 있어 2명만으로는 위험하다고 말하자 마셜은 죄수들을 모두 불러 모았다. 죄수들에게 그는 부대의 현재 상황을 설명하고 간수로 병사 2명만 배치할 것이라는 사실과, 훈련 기간 동안 절대 문제를 일으키지 말아줄 것을 당부하면서 그들에 대한 마셜 자신의 신뢰를 표시하였다. 흉악범들까지 끼어 있는 문제 병사들이었지만 그들에 대한 마셜의 깊은 신뢰는 커다란 반향을 불러일으켰고, 훈련 기간 내내 70여 명의 죄수들은 단 한 건의 사고도 일으키지 않았다. 신뢰의 리더십이 가져온 결과였다.

제5보병 여단장 보직을 마친 1938년, 워싱턴에 입성한 마셜은 1년 후인 1939년에 20여 명의 선배 장군들을 제치고 하버드대학 출신인 우드(Leonard Wood) 이후 두 번째로 비웨스트포인트 출신 참모총장이 되었고, 이후 스팀슨(Stimson) 국방장관과 루스벨트 대통령의 전폭적인 지지와 신뢰를 받을 만큼 탁월한 지도력을 발휘해, 마침내 제2차 세계대전을 승리로 이끈 위대한 지휘관이 되었다. 참모총장으로서 발휘되었던 마셜의 리더십은 다음 절의 공통적인 특징에서 다시 정리될 것이다.

나. 맥아더: 신념과 용기의 리더십

1903년에 임관한 맥아더는 제1차 세계대전 말인 1917년에 소령에서 전시 계급인 대령으로 승진한 뒤 1918년에 준장이 되었고, 이후 제42보병(무지개) 사단장, 육군사관학교 교장을 거쳐 1930년 50세에 육군참모총장이 되었다. 그의 군 생활은 한마디로 '최초(firsts)', '최고(bests)', '최대(mosts)', '유일(onlys)' 등의 수식어가 늘 따라다닐 만큼 화려한 것이었다. 예컨대, 사관학교 개교 이래 최고의 성적으로 졸업했으며, 최연소 준장, 최연소 대장, 최연소 참모총장, 타국의 원수가 된 최초의 미국인 장성, 그리고 장군 계급으로서 제1차, 제2차 세계대전 및 한국전쟁까지 세 번이나 전쟁에 참여한 유일한 장군 등의 찬사가 그것들이다. 위관 및 영관 장교 시절 맥아더가 전쟁터에서 보여준 리더십은 뒤에서 정리될 것이기에 여기서는 참모총장 재임 시의 리더십을 중심으로 설명하기로 한다.

참모총장 재임 기간 동안 맥아더는 두 차례나 군에 대한 정치인들의 공격을 명민하게 피해 나갔는데, 거기서 그의 탁월한 능력과 더불어 참모총장으로서의 리더십을 엿볼 수 있다.

첫째는 의회의 군 감축 계획에 대한 맥아더의 용기 있는 처신이다. 맥아더가 총장으로 재직한 1930년대는 경제적으로 침체된 상황이었고 전시도 아니었기에 미 의회는 군을 감축할 계획을 세웠다. 그러나 이 소식을 접한 맥아더는 의회 연설을 통해 그 계획의 부당성을 소신 있게 밀어붙였는데, 다음의 연설 대목은 그 논리와 핵심을 보여준다.

> 부족한 봉급과 의류, 열악한 주거 환경은 견딜 수 있습니다. 무기나 장비가 부족해도 싸울 수 있습니다. 하지만 임무에 정통해 있고 지도력 있는 장교가 부족하다면 그것은 결코 용납될 수 없는 일입니다. 왜냐하면 전쟁의 승패는 그 나라가 능력 있는 장교를 얼마나 더 많이 보유하고 있느냐에 달려 있기 때문입니다.[11]

맥아더의 당당한 용기와 소신에 찬 이 연설은 의원들을 감화시켰고 의회에서는 군 감축 계획을 철회하였다. 당시 세계 17위에 머물렀던 미국이 오늘날 세계 제일의 군으로 성장한 것은 맥아더의 이 같은 논리가 정치인들을 계속 자극한 덕분이라 할 것이다.

둘째는 경제가 침체되자 생계에 위협을 느낀 제1차 세계대전 참전 용사 300여 명이 상여금 지불을 요구하며 워싱턴 시가지를 점령하고 후버 마을(Hoovervill)을 형성하여 농성을 벌이자, 당시 대통령 후버가 군을 투입하여 이를 해산시킬 것을 지시했을 때의 일이다. 농성하는 사람들이 일반 민간인들이라 해도 군을 투입하여 해결한다는 것이 어려운 일일 터인데, 더구나 그 대상이 함께 전쟁에 나갔던 참전 용사

11) 같은 책, p.115.

들이었으니 맥아더로서는 난감하고 가슴 아프기 짝이 없는 지시였다. 하지만 맥아더는 휘하의 어떤 지휘관이나 참모에게도 이 일을 맡기지 않고 스스로 위험을 무릅쓰고 후버 마을에 뛰어들어 설득과 웅변으로 그들을 해산시켰다. 자신이 하기에도 힘든 일이었기에 부하에게 떠맡기지 않고 스스로 당당하게 맞서서 문제를 해결해 낸 것이다. 군인 맥아더에게서 가장 두드러진 리더십의 특징이라 여겨지는 도덕적 신념과 용기에 의거한 행동이 아닐 수 없다.

맥아더에게서 발견되는 또 하나의 두드러진 리더십은 1936년에 참모총장을 마치고 5성 장군으로서 필리핀 주둔군 사령관의 직책을 수행했을 때 나타난다. 1939년에 제2차 세계대전이 발발하자 맥아더는 필리핀 방어의 중요성을 누구보다도 잘 알고 있었기에 바탄(Bataan) 지역을 사수할 것을 지시했지만, 루스벨트 대통령의 명령으로 바탄에서 철수하게 된다. 그로서는 인정하기 어려운 최초의 패배였던 것이다. 이후 오스트레일리아 주둔군 사령관으로 부임한 그는 바탄에서의 패배를 의식하고 기필코 그곳을 되찾고야 말겠다는 의지를 불태워 사령부 주변의 모든 곳에 '바탄'이라는 글자를 새기고 부하 장병들로 하여금 '바탄' 구호를 외치게 하였다.

맥아더는 그가 철수하면서 남겨진 부하 장병들이 일본군에 의해 포로가 되고 일부가 처형되었다는 소식을 듣자 눈물로 아파했으며, 훗날 다시 마닐라에 입성했을 때 저격의 위험을 무릅쓰고 본대를 뒤로 한 채 앞장서 차를 몰아 맨 먼저 육군병원을 찾았다. 그곳의 부하 장병들을 위로하면서 그가 남긴 말은 다음과 같았다.

> 너무 많은 빚을 졌어. 돌아오겠다는 약속을 너무나 늦게 지켰구나.[12)]

---

12) 같은 책, p.126.

확고한 신념과 강철 같은 의지, 당당하고 의연한 용기, 솔선수범, 뜨거운 부하 사랑 등은 그의 군 생활을 일군 리더십의 요체들이 아닐 수 없다.

다. 아이젠하워: 결단과 조정의 리더십

아이젠하워(애칭 '아이크')는 1915년 임관 후부터 1941년 51세의 나이로 장군이 될 때까지 대부분의 직책을 야전에서 맡았다. 장군이 되기까지 대부분의 군 생활을 참모 보직으로 일관했던 마셜과는 달리 아이크는 육군성 근무를 마다하고 야전에서의 지휘관 직책을 원했고 그것을 또한 즐겼다. 고급 장교가 된 이후 육군성에서 참모 보직을 맡은 기간도 적지는 않지만, 그와 같은 철저한 야전에서의 경험이 훗날 그가 연합군 총사령관으로서의 직책을 성공적으로 이끌게 되는 밑바탕이 되었을 것이다.

하지만 이와 같은 아이젠하워의 지휘력에 대한 영국의 앨런브룩(Alanbrook) 장군의 평가는 색다른 바가 있다. 앨런브룩 장군은 아이크에 대해 이렇게 평가한다.

> 아이젠하워는 사고력이나 기획 능력, 체력, 지도력 등에서 탁월한 지휘관은 아니다. 그는 여러 가지 문제들의 조율에 뛰어난 사교가다. 그의 탁월한 조정 능력으로 말미암아 그는 국제연합국의 협동 체계에 크게 공헌하였다고 생각된다.[13)]

앨런브룩 장군의 평가에 따르면 아이크는 지휘 능력에서의 탁월성보다 조정 능력에서의 수완이 더 뛰어난 군인인 셈이다. 앨런브룩의

---

13) 같은 책, p.170.

평가처럼 아이젠하워가 지휘 능력에서 탁월했든 아니든 간에 그가 조정 능력에서는 다른 어떤 인물보다도 출중했다는 사실은 그가 연합군 최고 사령관으로서 자신의 역할을 성공적으로 수행하게 된 결정적 요소였을 것이다. 아이크에 대한 일반적 평가에서 이 부분에 대해서는 이견(異見)이 없으며, 바로 그런 일종의 정치적 능력이 훗날 그를 미국의 대통령으로까지 이끌 수 있었을 것이라 생각된다.

조정 능력 이외에도 아이젠하워의 리더로서의 탁월성은 신중하고도 명확한 결단력에 있다고 해야 할 것이다. 그는 제2차 세계대전의 가장 중요한 순간이었던 노르망디 상륙 작전 성공에서 가장 위대한 결단을 내렸던 장본인이었기 때문이다. 그의 리더십의 특성으로서 결단력과 조정 능력을 차례로 살펴보자.

원래 연합군 최고 사령관 직책은 아이젠하워가 아니라 영국의 앨런브룩 장군에게 내정되어 있었다. 연합군이 형성될 당시만 해도 미국군보다는 영국군이 더 강력했을 뿐만 아니라 가장 많은 군사력을 투입한 나라가 영국이었던 까닭에 최고 사령관은 애초부터 영국의 몫이었다. 하지만 시간이 흘러감에 따라 전쟁에 투자한 미국의 인력과 물자가 늘어나고 1943년, 마침내 영국보다도 미국의 투입이 훨씬 더 커지자 루스벨트와 처칠은 합의 아래 미국 측 장군으로 최고 사령관을 선정하게 된 것이었다.

하지만 미국 측 장군으로 최고 사령관이 정해졌다 해도 아이젠하워의 이름이 거론된 것은 뒷날의 일이었다. 미국의 여론도 그러했지만 영국과 러시아가 인정한 인물은 마셜이었기 때문이다. 실로 마셜은 국제적으로 명성이 높은 미 육군의 참모총장이었을 뿐만 아니라 연합국 간의 협동과 조정이 중시되는 최고 사령관으로서 전혀 손색이 없는 인물이었던 것이다. 그렇지만 당시 국방장관이었던 스팀슨은 미국 내 마셜의 필요성을 더 강조하였고 이를 받아들인 루스벨트는 마셜이 아닌 제3의 인물로서 아이젠하워를 선택한 것이었다.

1943년 12월, 마침내 연합군 최고 사령관으로 부임한 아이젠하워는 수년 동안 전쟁으로 다져진 베테랑 영국군 장군들의 반발과 도전을 극복하고 이듬해인 1944년 6월 6일, 신중하고도 과감한 결단으로 노르망디 상륙 작전을 성공으로 이끌었고 위대한 역사의 한 페이지를 장식한 인물로 부상하게 된다. 이에 대한 더 상세한 설명은 다음 절에서 다시 언급될 것이다.

리더로서 아이젠하워의 탁월한 능력 가운데 또 하나는 조정 능력, 곧 중재력이었는데, 여기에는 아이크 특유의 끈기와 논리, 그리고 미군의 입지보다는 영국군의 입장을 먼저 고려하는 설득력이 뒷받침되었다. 여기서는 두 가지 사례만 소개하기로 한다.

그 첫째 사례는 영국의 알렉산더(Alexander) 장군과의 마찰을 잘 극복해 낸 일이다. 연합군이 형성된 뒤 미군이 독일군과 벌였던 최초의 전투에서 무기력하게 패배하자 영국군은 미군의 무능력을 호되게 비판하였고, 알렉산더 장군은 이를 신문에 보도함으로써 미군의 자만심에 경종을 울리고자 했다. 영국군보다 높은 봉급으로 영국 여자들에게 인기가 높아 영국군의 자존심을 상하게 할 뿐만 아니라 자신들이 전쟁터에 온 까닭은 오직 영국을 위한 것이라는 허세와 자만심으로 뭉친 미군들이 정작 첫 번째 전투에서 무참히 깨졌으니, 이 사건은 알렉산더로서는 미군의 콧대를 꺾고 영국군의 사기를 북돋울 수 있는 좋은 기회였던 것이다. 하지만 바로 그때, 아이크는 특유의 설득과 논리로써 알렉산더로 하여금 보도를 취하하게 하였다. 넓은 관점에서 보면 얻는 것보다 잃는 것이 훨씬 클 것이라는 아이크의 논리가 알렉산더의 마음을 움직이게 했던 것이다. 만약 보도가 그대로 진행되었더라면 미군과 영국군의 갈등은 더욱 심화되었을 것이고, 그 가운데서 아이젠하워의 입장 역시 크게 불편해졌을 것이다.

또 하나의 사례는 영국군 장군들 사이에 발생한 갈등을 슬기롭게 조정한 일이다. 중요한 작전을 앞두고 세 명의 영국군 장군들 사이에 불화가 생겨 작전에 차질을 빚게 될 위기에 처했을 때, 아이크는 영국군 장군들과 각각 한 시간씩 일대일의 면담을 벌였으며, 그 결과 세 장군 간의 분쟁을 막아냈던 것이다. 긴 시간 동안의 대화를 통해 세 장군의 입장을 모두 경청하고, 조금씩 그 차이점을 좁혀가 마침내 의견의 합치점을 찾아냈던 그 과정은, 아이크의 인내심과 설득력을 기초로 한 조정 능력이 아니었다면 불가능한 일이었다. 그가 만약 세 장군의 조정을 꾀하지 않고 손쉬운 방법으로 그중 하나만 선택했더라면 그는 우군인 두 사람의 유능한 영국군 장군을 잃게 되는 결과를 초래할 수도 있었던 것이다. 아이크의 친화력, 인내심과 설득력에 기초한 조정 능력의 승리라 할 것이다.

라. 패튼: 긍지와 솔선수범의 리더십

1909년에 임관하여 56세인 1941년 장군으로 진급한 패튼은 1944년에 마침내 4성 장군의 반열에 오르기도 했지만, 마셜이나 아이젠하워에 비한다면 군인으로서 일찍 출세할 수 있는 기회를 훨씬 유리한 조건에서 부여받았다고 하겠다. 경제적으로 부유한 집안에서 태어났다는 것 외에도 그는 임관 후 곧바로, 훗날 육군참모총장이 된 우드(Leonard Wood) 장군의 부관이 됨으로써 4년간이나 그 밑에서 배울 수 있는 기회를 얻었을 뿐만 아니라, 이후에도 훗날 국방장관이 된 스팀슨(Stimpson)의 부관으로도 봉직했고, 또한 1917년에는 유럽 원정군 총사령관이었던 퍼싱의 본부대를 맡아 지휘함으로써 1년 만에 전시 계급으로 대령까지 진급하기도 하였기 때문이다. 물론 이러한 행운들이 패튼에게 그냥 찾아온 것은 아니다. 그 기회를 포착하기 위해 무모하리만큼 도전하고 끈기 있게 기다렸을 뿐만 아니라 그 기회를 살릴 수 있는 능력을 꾸준히 연마한 결과였다.14)

제1차 세계대전이 끝난 뒤 원래 계급인 소령으로 복귀한 그는 지휘관으로서의 뛰어난 능력을 인정받았음에도 불구하고 상식 밖의 돌출 행동과 언행으로 동료 및 상관들로부터 외면을 당했고, 급기야는 1941년에 대령 진급 시 백악관으로부터 비토(veto)를 받아 진급에서 누락될 위기를 맞기도 하였다.

하지만 패튼의 탁월한 지휘 능력을 잘 알고 있는 스팀슨 국방장관이 루스벨트 대통령에게 개인적인 특별 서한을 보낸 덕에 대령으로 진급할 수 있었으며, 그해 말에는 장군으로 승진하기도 하였다. 스팀슨 장관에게 패튼이 감사 서한을 보내자 스팀슨은 다음과 같은 내용의 답신을 보냈다.

> 자네를 좋아하고 존경하긴 하지만 그래서 추천 서한을 써 보낸 건 아닐세. 자네야말로 제2기갑사단의 지휘에 가장 적임자라 여겨 추천한 것일세. 나의 기대를 저버리지 말게나.15)

이 서한은 4성 장군으로까지 진급함으로써 전사에 위대한 이름을 남긴 패튼의 리더십의 기반은 결국 군인으로서의 그의 탁월한 능력에

---

14) 패튼은 스팀슨의 부관이 되기 위해 스팀슨이 승마를 즐긴다는 사실을 알아내고 그와 함께 승마를 할 수 있는 기회를 포착하고자 끊임없이 기다리고 노력했으며, 또한 퍼싱 장군의 원정군에서 근무하기 위해 무려 40시간이나 퍼싱 장군의 사무실 밖에서 무모하게 기다리는 배짱과 끈기를 발휘하기도 했다. 물론 스팀슨이나 퍼싱이 그를 받아들인 것은 그의 집념이나 끈기 때문만은 아니고 그의 장교로서의 능력을 높이 샀던 때문이기도 하다. 군인으로서의 전문적 능력에 자신감이 있었기에 그의 무모할 정도의 끈기와 배짱이 빛을 본 셈이라 하겠다. 같은 책, pp.234-237 참조.

15) 같은 책, p.241.

있다는 것을 보여준다.

패튼은 여러 가지 면에서 마셜이나 맥아더, 아이젠하워와 대조되는 인물인데, 여기서는 그의 리더십에서 두드러진 특징 세 가지만 소개하기로 한다.

첫째는 전투에 임할 때 그는 항상 병사들을 상대로 연설을 즐겨했다는 점이다. 연설에서야 맥아더를 따를 자 없고, 설득과 논리에서는 마셜이나 아이젠하워 모두 탁월한 능력을 가진 군인들이지만, 그 누구도 패튼처럼 병사들을 상대로 연설함으로써 그들의 사기를 북돋운 사람은 없다. 패튼이 전투를 앞둔 병사들 앞에서 소리 높여 연설할 때 그는 열정적인 웅변가였고 선동가였다. 한두 가지 예를 들어보자.

> 제군들, 나는 제군들 곁에서 싸우기 위해 이곳에 온 걸 자랑스럽게 생각한다. 당장 독일 놈들의 사기를 꺾어 베를린까지 치고 올라가자.[16]

> 이제 임무가 주어졌다. 힘들고 아주 거대한 임무다. 모두 조용히 무릎 꿇고 국가에 충성할 기회를 주신 하느님께 감사드리자. 우리가 어디로 가게 될진 모르나 우리는 가장 유익한 일을 하게 될 것이다. 그곳에서 저주받을 저 독일 놈들, 배불뚝이 이탈리아 놈들과 싸우게 될 것이다. … 이기지 못한다면 아무도 살아서 돌아오지 말자.[17]

둘째는 늘 깔끔하고 단정하면서도 화려한 복장으로 튀는 외모를 중시했다는 점이다. 맞춤복으로 멋들어진 군복에 어깨의 별은 늘 반짝반짝 빛이 났으며 가슴에는 훈장이 달려 있었고, 그가 신은 긴 기병대 장화는 거울처럼 윤이 났다. 허리에는 금빛 버클이 달린 수공예품 허리띠가 둘러져 있었고, 그 양쪽에는 손잡이가 진주로 장식되고 상아

16) 같은 책, p.244.

17) 같은 책, p.245.

로 만들어진 쌍권총이 꽂혀 있었다. 그가 탄 지프차는 덮개가 열린 채로 그 뒤편에는 50밀리 기관총으로 무장한 부관이 정면을 응시한 채 부동자세로 앉아 있었고, 붉은색이 선명한 특대형 별 네 개가 차의 앞과 뒤에서 빛을 발하고 있었다. 패튼은 이처럼 화려하고 찬란한 외모를 통해 그가 세계 최고의 지휘관으로서 세계 최정예 부대를 지휘하고 있다는 자부심과 긍지를 표현했고, 병사들도 그런 과시를 통해 자신들이 세계 최고 지휘관의 휘하에 있는 최정예 군인이라는 암시를 스스로 받아들였던 것이다.

셋째는 부하 장병들에게 엄격하고 혹독한 훈련을 요구했지만 늘 솔선수범했다는 점이다. 아프리카 사막에서의 전투를 위한 준비 훈련에서 30도가 넘는 무더위 속에서도 그는 부하들에게 수통 하나만 주면서 행군하고 참호를 파게 했으며 지뢰를 묻고 지역을 요새화하게 했다. 그 지옥 같은 훈련의 고통 속에서 패튼 휘하의 병사들은 당연히 지휘관의 엄격함과 융통성 없음에 불평과 원망을 보냈다. 하지만 그 원성에 아랑곳하지 않고 패튼은 장교들에게도 매일 1마일의 뜀걸음을 의무화하였고 정작 자신은 1.25마일씩 뛰었다. 자신을 포함하여 장교들도 죽을힘을 다해 훈련에 임하고 있다는 사실이 병사들에게까지 알려지자 병사들의 불평이 수그러들었다. 하지만 패튼의 이 같은 지옥 훈련이 빛을 본 것은 훗날에 있었던 아프리카의 한 전투에서였는데, 혹독한 훈련으로 강인해진 휘하 장병들 대부분이 무더위와 아수라장의 전쟁터에서 살아남을 수 있었던 것이다.

훈련과 교육 등 모든 일에서 지휘관의 솔선수범을 강조하는 패튼의 리더십은 '스파게티 리더십'이라고 불릴 수도 있겠다. 그 자신이 스파게티를 예로 들어 리더십을 설명하고 있기 때문이다. 젖은 스파게티 조각을 탁자 위에 놓고 손가락 끝으로 뒤에서 밀면 스파게티는 결코 앞으로 나아가는 게 아니라 뒤에서부터 구부러지게 되지만, 만약 앞에서 끌어당기면 말리지 않고 딸려간다는 것이다. 이처럼 지휘란 지휘관이 뒤에서 밀면 그저 밀릴 뿐 앞으로 나아가지 못하지만, 앞에서 지휘관이 솔선수범하여 리드하면 부하들은 저절로 따라온다는 것이 패튼의 리더십 논리인 것이다.18)

솔선수범으로 무장된 패튼의 리더십을 보여주는 또 하나의 사례를 소개해 보자.

전선에서 사령부로 돌아온 패튼이 선임 대령을 불러 지도를 펼친 뒤 지도상의 한 지점을 가리키며 바로 그 지점에서 도하 작전을 펼칠 것을 지시하였다. 이에 대해 선임 대령은 다음과 같이 대답했다. "사령관님, 우린 그 지점에 있는 강의 깊이에 관한 정보를 전혀 갖고 있지 않습니다. 아무래도 주교(舟橋)를 놓아야 도하가 가능할 것 같습니다. 그런데 강기슭의 흙 상태에 대한 정보도 없으니 주교도 가능할지 어떨지 모르겠습니다." 그러자 패튼은 이렇게 말했다. "내가 표시한 그곳으로 건너게. 누구나 걸어서 건널 수 있으며, 강바닥도 탱크가 지나갈 수 있을 만큼 단단하다고 생각하네. 강폭은 넓지만 물은 얕지." 패튼의 설명에 놀란 대령이 그것을 어떻게 아느냐고 되묻자 패튼은 이렇게 대답하였다. "내 바지를 보게나! 물이 얼마나 얕은지. 적에게 들키지 않고 내가 직접 건넜단 말일세!"19)

이상에서 마셜과 맥아더, 아이젠하워와 패튼 등 네 사람의 지휘관들의 특성을 따라 각각의 두드러진 리더십의 내용을 살펴보았다. 요약해 보면, 마셜은 전문성과 존중의 리더십, 맥아더는 신념과 용기의 리더십, 아이젠하워는 결단과 조정의 리더십, 그리고 패튼은 긍지와

18) '스파게티 리더십'이란 용어는 패튼이 직접 사용한 표현이 아니다. 리더십을 설명하면서 스파게티를 통해 시범을 보였기에 필자가 '스파게티 리더십'이라는 별칭을 붙여본 것이다. 같은 책, pp.260-261 참조.

19) 앨런 액슬러드, 앞의 책, p.61 참조.

솔선수범의 리더십을 중시했다고 할 수 있다.

이제 절을 바꿔 이들 네 지휘관의 리더십에서 추출되는 공통적인 특질들을 중심으로 리더십을 살펴보기로 한다.

4. 성공적인 군 지휘관 리더십의 공통적인 특질들

가. 직업과 일에 대한 긍지

군인의 직업은 명예는 있으되 보수는 적고, 힘들 뿐만 아니라 목숨이 위태롭기까지 한 일에 종사하는 일이다. 하지만 마셜과 맥아더, 아이젠하워, 패튼 모두에게서 공통적으로 찾을 수 있는 첫 번째 특징은 자신이 선택한 직업에 대한 긍지와 자부심이 대단히 높다는 것이다. 그들 모두는 자신이 하는 일에 대한 애정과 긍지가 있었기에 늘 당당하였고, 그래서 일을 위하여 자신을 내던지겠다는 각오가 있었기 때문에 리더로서 성공을 거둘 수 있었던 것이다.

마셜의 경우, 5년간의 소위 생활과 9년간의 중위 생활로 결코 경제적으로 윤택한 삶을 누리지 못했다. 제1차 세계대전이 종료된 직후인 1919년, 전시 계급으로 대령까지 승진했지만 전쟁이 끝나 다시 원래 계급인 소령으로 돌아간 그의 연봉은 3천 달러였다. 그 즈음, 그의 탁월한 능력을 인정한 모건(Morgan) 금융 회사가 연봉 2만 달러 조건으로 그에게 전직(轉職)을 제의해 왔다. 무려 일곱 배에 달하는 경제적인 유혹이었지만 그는 박봉일지언정 명예로운 군인으로 남기를 희망하여 그 제의를 물리쳤다.[20)]

아이젠하워의 경우는 마셜보다 더해 그는 군 생활 동안 모두 세 번

20) Edgar F. Puryear, 앞의 책, p.293.

에 걸쳐 유혹을 받았다. 한 번은 1920년 종전 직후 전시 계급 대령에서 원래 계급인 소령으로 되돌아왔던 그는 한 회사로부터 중령 봉급의 두 배를 주겠다는 제의를 받았고, 또 한 번은 1927년 중령 시절, 석유 회사 붐을 타고 그가 전직하면 임원으로 스카우트하겠다는 제의를 받았지만 둘 다 물리쳤다. 그에게 가장 큰 유혹은 중령 계급으로 맥아더 원수를 따라 필리핀에 주둔하던 1936년에 찾아왔다. 한 사업체가 그의 능력을 사겠다는 조건으로 30만 달러의 거액을 제의했던 것이다. 30만 달러라면 지금의 가치로도 거액이었으니 그 당시로는 어마어마한 조건이 아닐 수 없었다. 그렇지만 그는 아내 매미(Mamie)의 조언에 따라 돈보다는 명예를 택하여 그 제의를 거절하였다.21)

맥아더의 경우 38세에 장군이 되긴 했지만 42세까지 독신이었다. 그를 결혼으로 이끈 여인은 아이가 둘 딸린 매력적인 이혼녀였는데, 당시 맥아더가 장군이었음에도 불구하고 그녀는 경제적인 윤택함을 원해 전직을 요청하였고, 맥아더가 동의하지 않자 마침내는 자신을 택하거나 군을 택하거나 둘 중 하나만 선택할 것을 강요하기에 이르렀다. 결국 맥아더는 군을 선택했고 그의 아내는 그를 떠났다. 훗날 진(Jean)이라는 여인을 만나 다시 가정을 꾸리긴 했지만, 맥아더에게 군은 가정보다도 더 소중한 곳이었다.22)

패튼의 경우, 경제적인 문제가 그의 군 생활을 방해한 일은 없었다. 그는 태어날 때부터 백만장자였기 때문이었다. 하지만 그의 동료들이, 그렇게 부자면 편히 지낼 것이지 왜 하필 군에서 힘들게 고생하느냐고 말할 때마다 그는 그 말들을 일축했으며, 오직 군만이 자신이 갈 길이라고 생각하였다.

이들 네 명의 군인들에게는 공통적으로 군인이라는 직업에 대한 자

---

21) 같은 책, pp.293-294.

22) 같은 책, p.294.

부심과 군인의 길을 선택했다는 명예심이야말로 이들을 성공으로 이끌었던 리더십의 한 축이었던 것이다.

나. 인격과 겸손

네 사람의 리더십에서 찾을 수 있는 두 번째 공통적인 특징으로는 인격과 겸손이라는 도덕적 자질을 꼽을 수 있다. 그들 모두는 진실하고 자신을 낮출 줄 알며 남을 해하고자 하는 의도가 없었기에, 부하 장병들로부터 존경을 받을 수 있었던 것이다.

마셜의 경우, 그는 많은 나라들로부터 수많은 훈장을 받았지만 그것들을 달고 다니지 않았다. 타고난 그의 겸손이 자기 현시의 과시욕을 누른 탓이었다. 하지만 훈장을 수여했던 국가들이 자국을 무시하는 것이 아니냐고 오해하자 40여 개의 훈장을 소형화한 뒤 휘장으로 만들어 달고 다녔다. 참모총장으로 재직할 때도 그는 총장 접견 시 예하 지휘관 및 참모들의 도열이나 영접을 극도로 싫어했으며(그는 어떤 경우에도 자신에 대한 도열이나 영접을 하지 않도록 예하 부대에 지시를 내렸다), 인격적으로 진실하여 부하 장병들로부터는 물론이요 타국의 귀빈들, 심지어는 적국인 독일군 장군들로부터도 존경을 받았다. 처칠의 다음과 같은 말은 그가 얼마나 진실한 인격자였는지 잘 설명해 준다.

> 미국의 많은 행정가들과 오랫동안 깊은 교제를 해왔지만 마셜처럼 진실하고 고매한 인격을 지닌 사람은 거의 만나지 못했습니다.[23]

---

23) Michael Wheeler, "Loyalty, Honor, and the Modern Military", *War, Morality, and the Military Profession*, ed. by Malham M. Wakin(Westview Press, 1986), p.183.

아이젠하워의 경우, 노르망디 공습을 앞두고 호텔에 묵게 되었을 때 그는 특급 호텔을 거부하고 평범한 곳에서 숙식하였다. 중요한 작전을 앞두고 전선에 있는 부하 장병들을 생각할 때 사령관이라 해서 자기만 혼자 편히 지낼 수는 없다는 생각에서였다. 연합군 최고 사령관 시절에 예하 함대를 방문했던 어느 날, 아이크가 한 해군 함정에 승선하려고 할 때 함장을 비롯한 승무원들이 경호 문제로 부산을 떨자 그는 그냥 함정에서 내려왔으며, 또한 그가 시찰을 마치고 복귀할 때 비행기로 돌아오면 잠깐일 거리를, 시찰 부대 지휘관이 사령관의 호위 문제로 여러 대의 전투기를 띄우려 하자 비행기를 포기하고 여덟 시간이나 걸리는 차편으로 복귀하였다. 그만큼 아이크는 스스로 겸손하고자 하였던 것이다. 최고 사령관임에도 불구하고 군인으로서 겸손해야 하는 이유를 그는 다음과 같이 말하였다.

> 동료의 피와 희생으로 명예를 얻은 자에게 겸손은 숙명임을 잊어서는 안 된다.[24]

다. 육체적, 도덕적 용기

부하들을 이끌어야 하는 리더에게 용기는 필수 덕목이다. 앞장서고자 하는 용기가 없으면 따르고자 하는 부하도 없을 것이기 때문이다. 전장에서 육체적 용기는 지휘관의 필수 요소이지만, 상급자의 잘못된 판단이나 지시에 대해 직언할 줄 아는 것 또한 용기가 없으면 불가능한 일이다. 이른바 도덕적 용기가 그렇다. 네 사람의 지휘관에서 찾아지는 세 번째 공통적 특징이 바로 이것이다.

맥아더의 경우, 용기는 그의 트레이드마크처럼 여겨진다. 육체적으

---

24) Edgar F. Puryear, 앞의 책, p.308.

로도 도덕적으로도 그처럼 뛰어난 용기의 덕목을 소유한 군인은 정말 드물 것이다. 제1차 세계대전 당시 소령으로서 대대장이었던 그는 적의 기관총이 빗발치는 전선에서 무모하리만큼 앞장서서 나갔다. 그렇게 임무를 완수한 뒤 그런 상황에서 어떻게 그런 용기를 낼 수 있느냐는 질문에 그는 이렇게 대답했다.

> … 나는 병사들을 믿는다. 그들은 결코 나 혼자 외롭게 죽게 하지는 않을 것이다.[25)]

필리핀 주둔군 원수 시절, 일본군 전투기가 맥아더의 집무실에 기습 공격을 가해 집무실 일부가 폭파되는 사고가 발생했다. 부관이 놀라 뛰어들었지만 맥아더는 태연히 아무 일도 없었던 것처럼 일을 보고 있었다. 부관이 "하느님, 감사합니다. 살아 계셨군요"라고 말하자, 맥아더는 "아직은 죽을 때가 아닐세"라고 답변한 뒤, 하던 일을 계속하였다. 또 한 번은 그가 해변에서 오스트레일리아 장교와 지도를 펴놓고 적정을 살피는 동안, 일본군의 기관총이 불을 뿜어대 총알이 옆을 스쳐도 맥아더는 태연하게 지도를 다 보고 난 뒤 장교에게 넘겨주면서, 그제야 일군(日軍)의 기관총을 제압할 것을 지시하였다.[26)]

한국전쟁 시 38선 붕괴 후 남은 부대가 한강 방어선을 지키고 있을 때 극동군 사령관인 맥아더가 도쿄로부터 수원 비행장을 거쳐 한강 방어선까지 시찰을 나왔다. 아직은 연합군의 전쟁 합류가 이루어지지 않은 상황이었기 때문에 한강 방어선은 극도로 위험한 지역이었다.

---

25) 같은 책, p.310. 이 표현은 실상은 맥아더가 신의 가호를 받았다는 내용의 인터뷰 중에 들어 있는 것이지만, 총알이 빗발치는 전투에서 대대장으로서 몸소 앞장섰던 내용이기에 그의 육체적 용기를 보여주는 예로서도 부족함이 없을 것 같아 여기에 인용하였다.

26) 같은 책, pp.369-370.

바로 그때 두 대의 소련 전투기가 아군의 진지를 공습하자 모든 참모들과 수행원들이 강둑으로 피신해 엎드렸지만 맥아더는 그 상태로 꼿꼿이 선 채로 정찰을 마쳤다.27)

맥아더 장군의 용기를 보여주는 하이라이트는 처칠의 표현처럼 자신이라면 결코 할 수 없었을 일을 맥아더가 천연덕스럽게 해냈다는 대목이다. 1945년 8월에 일본이 항복한 후 맥아더는 점령군 사령관으로서 점령 사령부를 설치하기 위해 일본으로 갔다. 아무런 무장도 하지 않은 채 비행기에서 천천히 내리는 그 순간, 아직 무장을 풀지 않은 3백만 일본군에게 자신을 그대로 노출시킨 것이었지만 그는 태연자약했다. 처칠의 눈을 휘둥그렇게 만든 바로 그 장면이었다. 그날 저녁 레스토랑에서 식사를 하기 전 그의 비서실장이었던 휘트니(Whitney) 장군이 음식에 독이 들어 있는지 알아볼 것을 요청하자 맥아더는 "누구든지 영원히 살 수는 없는 것"이라며 태연히 음식을 먹기도 하였다.28)

이처럼 육체적 용기에서 누구도 따르기 어려운 수많은 일화를 지니고 있는 맥아더지만 그는 또한 확고한 신념에서 오는 도덕적 용기에서도 부족함이 없는 군인이었다. 1934년 참모총장 시절, 육군 예산 문제로 대통령과 의견 충돌이 있었을 때 동행했던 국방장관이 입을 다물고 아무런 말도 하지 않자 맥아더가 나서서 대통령에게 다음과 같이 말했다.

> 각하, 전쟁이 발발해 우리 미국 청년들의 가슴에 적군의 총검이 꽂히고 적군 병사의 구둣발이 우리 청년들의 목덜미를 짓밟을 때, 그 저주는 누구에게로 향하겠습니까? 그건 제가 아닙니다. 여기 있는 국방장관도

---

27) 이민수, 『멋－멋있는 사람, 아름다운 세상』(영림카디널, 2002), p.130 참조.

28) Edgar F. Puryear, 앞의 책, p.370.

아닙니다. 그건 오직 대통령 각하의 몫일 뿐입니다.[29]

함께 배석했던 국방장관의 안색은 하얗게 변했지만 맥아더는 자기 확신에 가득 차 있어서 당당할 수 있었다. 그는 옳은 말이면 대통령 앞에서도 피력할 수 있을 만큼 도덕적 용기가 투철한 군인이었던 것이다.

패튼의 경우, 3군사령관 시절인 어느 날 소형 비행기를 타고 정찰에 나섰는데 영국 전투기가 패튼이 탄 정찰기를 독일군 비행기로 오인하여 포탄을 발사하였다. 첫 발이 빗나갔지만 패튼은 그 상황을 피할 길이 없음을 깨닫고서는 죽음을 앞둔 자신의 모습을 사진에나 담아두자고 수행 비서에게 말하고 카메라를 꺼내서 찍기 시작하였다. 다행히 두 번째 사격도 빗나가 운 좋게 목숨을 건질 수 있었지만, 그가 비장한 각오로 죽음을 앞두고 찍은 사진은 현상할 수가 없었다. 왜냐하면 천하의 용장 패튼도 그 순간 긴장한 탓이었을까, 렌즈의 뚜껑을 열지 않고 그대로 촬영했기 때문이었다. 하지만 죽음이 임박한 순간에도 살고자 연연하지 않는 그의 모습 속에서 생사를 초월한 군인다운 용기를 엿볼 수 있는 것이다.[30]

아이젠하워의 경우, 그는 최고 사령관의 지위에 있을 때도 종종 무모하리만큼의 용기를 부하들에게 보여주었다. 그는 늘 강철 헬멧 쓰기를 거부하였고, 안전을 위해 제공된 중무장 차량에 탑승하는 것도 꺼렸다. 예하 부대 방문 시 기상이 나빠 비행이 위험할 때도 그는 머뭇거리지 않고 부대 방문을 감행하였다. 그의 이 같은 용기가 무모해 보이는 한 장면은, 어느 날 험악한 기상에도 불구하고 그가 비행기 탑승을 감행하려 하자 한 영국군 장교가 사령관이 비행기에 오르는 순

29) 이민수, 앞의 책, pp.131-132.

30) Edgar F. Puryear, 앞의 책, p.373.

간 권총으로 쏘아버리겠노라고 협박을 하였던 대목이다. 기상이 오죽 험했으면 사령관에게 그런 농담을 하였겠는가? 하지만 아이크는 자신의 전투 지휘소 방문이 중요한 일이었기에 그런 기상에도 비행을 종종 감행하곤 하였다.

물론 아이크에게도 두려운 부분이 없지는 않았는데 그 두려움이란, 비행을 감행하다가 추락 사고라도 당하면 어쩔 것인가를 우려하던 참모들의 생각과는 달리, 자신의 그런 행위를 언론이 알게 되면 어쩌나 하는 것이었다. "만약 마셜 장군이 아신다면 나를 지옥으로 보내겠지." 그것이 아이크의 농담 섞인 대꾸였다.[31] 주어진 임무 앞에 참으로 생사를 초월한 용기 있는 태도가 아닐 수 없다.

마셜의 경우, 그가 루스벨트 대통령에 의해 육군참모총장으로 선임된 지 얼마 지나지 않은 어느 날, 백악관 회의에 참석했다가 총장 집무실로 돌아오자 비서실장이 "총장님, 회의는 잘 진행됐습니까?" 하고 물었다. 그러자 마셜은 "날 총장이라고 부르지 말게. 내일이면 총장이 아닐 수도 있어"라고 대답했다. 비서실장이 그 연유를 물으니, 그날 회의석상에서 마셜은 루스벨트 대통령과 상충되는 의견을 개진하였고, 당황한 대통령이 화가 난 표정으로 회의를 중단해 버렸기 때문에 자신이 총장직에서 물러날지도 모른다는 것이었다.

하지만 하루 동안 심사숙고한 루스벨트는 결국 마셜의 견해가 옳은 것임을 인정하였고 그 일로 인해 그는 대통령으로부터 더욱 신임을 받게 되었다.[32] 자신의 부하들에게도 '예스 맨'이 되지 말 것을 강조해 왔던 터이기도 했지만, 최고 통수권자인 대통령의 주장에도 '예스'라고 말하지 않았던 마셜의 도덕적 용기가 그의 진가를 더욱 빛나게 한 사례가 아닐 수 없다.

31) 같은 책, pp.375-376.

32) 같은 책, p.89.

라. 결단력

리더에게 결단력은 대단히 중요한 덕목이다. 리더의 결심이 어떻게 내려지느냐에 따라 작전의 성패, 나아가 전쟁의 승패까지도 결정될 수가 있기 때문이다. 따라서 성공한 지휘관들에게서 올바른 판단력과 통찰력을 기반으로 정확한 결단을 내린 사례는 많이 찾을 수 있다.

아이젠하워의 경우, 제2차 세계대전 동안 최대의 고비가 됐던 노르망디 상륙 작전의 결단은 연합군의 승리로 이어져 전쟁을 조기에 끝낼 수 있는 발판이 되었다. 이 작전의 성공은 그가 위대한 지휘관으로 자리매김하는 결정적인 계기였다.

하지만 아이젠하워가 노르망디 작전에서 보여준 결단력에 앞서, 사실 그는 영국군 지휘관들과 의견이 달라 위기에 처한 경우도 몇 차례 있었다. 그 첫 번째 위기가 셰르부르(Cherbourg) 반도에 공수부대 상륙 작전을 결단할 때였다. 아이젠하워의 작전 계획에 대해 말로리(Mallory) 장군은 그 지역이 대공 방어가 강력할 뿐만 아니라 지역도 협소해 공수부대의 낙하에 위험이 따르므로 해변에 착륙하는 것이 낫다는 반대 의견을 냈던 것이다. 하지만 아이크는 자신의 계획대로 작전을 감행했고 결과는 대성공이었다.33) 말로리 장군이 나중에 사과를 한 것은 물론이었다.

두 번째 위기는 라인 강 서부 지역 군사작전을 결단할 때였다. 앨런브룩 장군이 아이크의 계획에 반기를 들었다. 그 지역은 연합군의 분산이 불가피하고 적의 공격에 노출되면 속수무책이라는 것이 반대 이유였다. 아이크는 노련한 베테랑 장군인 앨런브룩의 반대에 고심했지만 결국 계획대로 결단했고 이 작전 역시 성공하였다. 작전이 성공하

---

33) 같은 책, pp.352-353.

자 앨런브룩은 “당신이 옳았소. 나로 인해 고민만 더해 줬소. 당신의 결단에 찬사를 보내오”라고 말했다.[34)]

하지만 정작 노르망디 작전의 결단은 이 두 작전에 비한다면 결정적인 위기라 할 것이다. 왜냐하면 노르망디 작전은 1944년 6월 6일에 시행됐지만, 이미 5월에 선발 부대를 투입한 상황이었기에 후속 부대 투입이 늦어지거나 불가능해지면 선발 부대의 전멸을 가져올 것이고, 그것은 연합군에게 커다란 손실이 아닐 수 없었던 것이다. 그렇다고 해서 본대를 서둘러 투입하다 적의 공격에 분쇄된다면 이는 연합군의 작전 실패로서 전쟁에 패할 수도 있는 결정적인 위기가 될 것이기 때문이었다. 따라서 본대의 투입 시기 결정은 대단히 중요한 일었지만 문제는 나쁜 일기(日氣)였고, 그래서 아이크로서는 본대의 투입 여부와 투입 시기를 결정하는 실로 어려운 문제에 봉착해 있었던 것이다.

각 군 대표들과 여러 차례 회의를 거듭한 결과 아이크는 본대의 투입을 결심했지만, 투입 시기에 대해서는 각 군 대표의 의견이 달라 또다시 고민하지 않을 수 없었다. 공격 일자를 일차적으로 6월 5일로 잡았지만 그날의 기상도 여전히 나쁘자, 공군의 테더(Tedder) 장군은 ‘작전 불가’를 주장했고 육군의 몽고메리(Montgomery) 장군은 ‘진격’을 선택했으며, 해군의 램지(Ramsay) 장군은 중립을 지켰기에, 진격 여부의 최종 결정은 아이크의 결단에 맡겨졌다. 아이크는 공격 연기를 선택했고, 작전은 다음 날인 6월 6일로 미뤄졌다. 그러나 다음 날도 기후 상황은 전날에 비해 조금 나아졌을 뿐 크게 달라지진 않았다. 또다시 고민에 빠져 있던 아이크는 마침내 최종 결단을 내렸고 연합군의 본대는 그날로 진격을 개시했다. 마침내 역사적인 노르망디 상륙 작전이 감행된 것이었다.[35)] 노르망디의 승리는 아이크의 결단력이

34) 같은 책, p.354.

35) 같은 책, pp.354-358.

가져온 승리라 해도 과언이 아닐 것이다.

맥아더의 경우, 우리는 그가 이룩한 인천 상륙 작전에 대해 너무나 잘 알고 있다. 하지만 이 작전에 앞서 제2차 세계대전 당시에도 맥아더는 크고 작은 중요한 많은 결단들을 내려야 했다. 그중에서도 눈여겨볼 만한 것은 태평양 전선에서 이루어졌던 마누스의 하이앤 항 상륙 작전을 들 수 있을 것이다. 마누스 앞에 위치하고 있던 트루크와 라바울 항이 이미 적군의 수중에 들어가 이들 항구를 공격하여 점령하는 것에 엄청난 인적, 물적 손실이 필요하자, 맥아더는 이들 두 항구의 뒤쪽에 위치한 마누스의 하이앤 항(Hyane Harbor) 상륙 작전을 생각해 냈다. 하지만 그 항구는 적의 해군본부에서 그리 멀지 않은 곳이었으며 따라서 그 작전은 적의 심장부로 공격해 들어가는 것이어서 성공하기가 어렵다는 것이 참모들의 일반적인 생각이었다.

하지만 맥아더의 생각은 달랐다. 그는 마누스 지역이 적의 수중에 있는 트루크와 라바울 항 및 적 해군본부의 중간 지점에 위치하고 있기 때문에 다른 지역에 비해 경계가 삼엄하지 않을 것이라고 생각했다. 설마 미군이 적진 깊숙이까지 침투하여 상륙 작전을 펼칠 것이라고는 예상하지 않을 것이기 때문이었다. 마치 맥아더의 참모들이 판단하는 것과 똑같은 이유로 적들도 미군이 그곳으로 상륙 작전을 감행하리라고는 생각하지 않을 것이기 때문에, 그래서 오히려 그 작전은 성공할 가능성이 높다고 맥아더는 판단하였던 것이다.

작전이 실행되기 직전에 열린 마지막 전략회의에서 맥아더의 핵심 지휘관 가운데 한 명은 끝까지 작전의 취소를 요청하며 이 작전은 "딜러인 적에게 카드 한 벌을 더 주는 군사 도박"이라고 하였다. 그러자 맥아더는 "그렇지만 이길 수 있는 카드는 다 쥐고 있는 도박"이라고 응수하며 작전의 성공을 확신하였다. 맥아더의 결정은 옳았고 작전은 성공하였다.36)

마누스의 하이앤 항 상륙 작전의 성공은 그로부터 수년 후 발발한 한국전쟁에서 다시 부활하게 되는데 인천 상륙 작전이 그것이다.

주지하다시피 이 작전은 수세에 있던 아군의 전황을 완전히 공세로 바꿈으로써 서울을 탈환하고 압록강까지 진격함으로써 전세의 주도권을 장악하게 했던 작전이다. 하지만 이 작전 역시 맥아더의 탁월한 식견과 결단이 아니었다면 불가능했을 것이다.

하이앤 상륙 작전 때와 마찬가지로 당시 맥아더의 참모 진영에서는 인천이 상륙 작전 지역으로 적절하지 않다는 결론을 맥아더에게 상정한 상태였다. 인천은 간만(干滿)의 차가 심하고 협소하며 수심이 얕아 군함을 대기 어려울 뿐만 아니라, 악천후여서 성공하기가 어렵다는 참모 보고였던 것이다.

하지만 맥아더는 하이앤의 성공에서와 똑같이 참모들이 불가능하다고 판단했던 바로 그 이유가 오히려 성공할 수 있는 길임을 피력하였다. 자신의 참모들과 마찬가지로 적의 참모들도 똑같은 이유에서 인천을 상륙 작전 불가 지역으로 선정할 것이므로 적의 허점을 찌르자는 것이 맥아더의 판단이었던 것이다. 백악관에서조차 성공보다는 실패를 우려했던 인천 상륙 작전은 맥아더의 예리한 분석 능력과 탁월한 결단력으로 말미암아 전사에 길이 남을 작전이 된 것이다.

마. 전문성과 준비성

기회는 쉽게 오지 않지만 누구에게나 오기 마련이다. 마침내 손에 잡힌 기회를 능력 부족과 준비가 덜된 탓에 날려 보낸다면 그 얼마나 허망하고 안타까울 것인가? 그런 점에서 볼 때 마셜과 맥아더, 아이젠

36) 같은 책, pp.359-360.

하워, 패튼은 자신이 선택한 군인의 길에서 성공하고자 늘 준비하고 있었고, 그 준비로 말미암아 군사 전문 능력에서 탁월성을 발휘한 위대한 지휘관들이었다. 늘 준비하고 있었기에 전문 능력이 있었고, 능력이 있었기에 모처럼 찾아온 기회를 놓치지 않고 살려 성공의 대열에 들어설 수 있었던 것이다.

마셜의 경우, 사관학교에서의 성적이 수석은 아니었지만 임관 후 상급 군사학교에서 그는 항상 최고 수준을 유지했다. 특히 지휘참모대학에서 그는 자신보다 상위 계급의 선배들을 모두 물리치고 수석을 차지함으로써 훗날에도 최고의 참모 장교로 명성을 날리게 된 것이다.

아이젠하워의 경우, 생도 시절의 성적은 중상위권에 속했지만 이후의 군사교육과정에서 대부분 수석을 차지하였다. 특히 영관 장교 시절 리벤워스(Leavenworth) 교육과정에서 수석 졸업하게 된 것은 그의 군사적 전문 능력이 뛰어난 것임을 보여준 계기가 되었고, 이는 그가 훗날 장군으로 승진하는 데 중요한 역할을 하게 된다. 사관학교 졸업 후 전문 직업 군인으로 성장하겠다는 결심을 굳힌 다음부터 그는 늘 연구하고 또 야전에서 실무를 통해 전문 지식을 실천하면서 훗날의 위대한 군사 전문가로 성장할 기반을 다져왔던 것이다.

패튼의 경우, 일반학 성적은 하위권이었지만 그는 생도 시절부터 군사학 분야에서는 탁월한 성적을 내었으며, 이후에도 임관 후 받았던 모든 군사교육과정에서 수석을 차지할 만큼 군사 전문가로 성장할 기반을 늘 닦았다고 하겠다.

맥아더의 경우, 그는 워낙 뛰어난 인물이었기에 임관 후에도 군사학교를 학생 신분으로 다닌 일이 없었다. 오직 교관으로 초빙될 뿐이었다. 그만큼 그는 늘 자신의 분야에서 최고의 전문가임을 스스로는 물론이요 타인들로부터도 인정받았던 최고의 군인이었던 것이다. 그가 이 같은 위치에 오를 수 있었던 것은 생도 시절은 물론이요 그 이후에도 늘 역사서와 더불어 군사 전문 서적을 가까이하면서 생활했던 덕분이었다.

마셜과 맥아더, 아이젠하워, 패튼, 이들 모두는 늘 준비하고 있었기에 전문 능력을 쌓을 수 있었고, 능력을 쌓아왔기에 찾아온 성공의 기회를 놓치지 않았던 것이다.

바. 연설 및 설득 능력

성공한 지휘관들 가운데는 말투가 어눌하거나 발음이 엉성해 똑똑해 보이지 않는 이들도 없지는 않다. 설득의 명수로 유명한 처칠의 경우가 대표적인 예다. 그는 가끔씩 어눌한 말투로 연설하기도 했고, 발음이 분명하지 않은 경우도 더러 있었다. 그럼에도 처칠은 탁월한 웅변가요 연설가의 반열에서 결코 빠지지 않는다. 하지만 마셜과 맥아더, 아이젠하워, 패튼 등 네 명의 지휘관들은 연설이나 웅변, 발표 및 설득 능력에서 타의 추종을 불허할 만큼 탁월한 군인들이었다.

맥아더의 경우, 그는 아직까지도 역대 모든 군인들 가운데 가장 아름답게 말하는 군인, 가장 뛰어난 연설가로 알려져 있다. 아직도 그의 연설 가운데 1951년 미 의회에서 상하 양원을 대상으로 하였던 연설과, 1962년 웨스트포인트에서 사관생도들을 대상으로 하였던 연설은 최고의 명연설로 사람들의 뇌리에 기억되고 있다. "노병은 결코 죽지 않는다. 다만 사라져갈 뿐"이라는 합동 회의장 연설과, "의무, 명예, 조국"을 외치던 웨스트포인트의 연설은 명연설의 대표적인 구절로서 이제는 전설이 되었다.

그는 연설뿐만 아니라 평상시의 대화나 짤막한 축사, 건배 제의 등에서도 아름다운 언어를 구사했는데, 가령 "죽음을 두려워하지 않는 자만이 살 자격이 있다"거나 한 병사의 장례식에서 했던 "나는 그의 탄생이 존엄했는지는 알 수 없지만 그의 죽음이 영광스러운 것임은 잘 알고 있다"는 등의 말은 그 대표적인 예라 하겠다.

그의 연설은 때로는 감미롭고 때로는 우렁찼으며, 때로는 차갑고 때로는 감동적이기도 하였는데, 그의 짤막한 연설 가운데 백미(白眉)는 오스트레일리아 주둔군 사령관으로서 커틴(John Curtin) 수상의 초청 만찬에서 행했던 그의 답사라 할 것이다. 수상의 축사에 이어 등단한 그는 이렇게 말했다.

> 저 멀리 북단까지 뻗친 울창한 숲 속에서 최후의 순간까지 성스러운 전쟁을 펼치다 숨져간 용사들에게 내 마음을 전하고자 합니다. 그들의 싸움이 이 대륙을 구했습니다. 그들의 어제가 있었기에 우리의 오늘이 가능했던 것입니다. 그들은 세계 각국으로부터 이곳에 왔지만 그들의 모국이 어디이건, 하얗고 순결한 십자가 아래 그들은 영원한 오스트레일리아인으로 남을 것입니다.[37]

맥아더의 이 짧은 연설은 커틴 수상의 눈에 눈물이 고이게 했고, 만찬에 참석했던 모든 이들의 심금을 울렸을 뿐만 아니라 연합군 주둔군 사령관으로서의 그에 대한 신뢰를 더욱 굳게 하였다.

마셜의 경우, 그는 맥아더처럼 연설가나 웅변가는 아니었지만, 정확한 기억력을 바탕으로 논리적 설득력이 탁월한 달변가였다. 그가 기자회견을 할 때면 그는 여느 사람들과는 달리 모든 기자들로부터 질문을 한꺼번에 받은 뒤 이를 종합하여 하나의 커다란 줄기로 엮은 다음 그 줄기 속에서 질문들을 하나씩 물 흐르듯이 답변해 나가는 것으로 유명했다. 그것은 그의 탁월한 기억력과 사고의 종합 능력이 아니면 불가능한 일이다. 그가 달변가로서 유명해진 까닭이 여기에 있었

---

37) 같은 책, p.146.

던 것이다.

패튼의 경우, 그의 연설 대상은 대부분 병사들이었다. 맥아더가 병사들과는 일정한 거리를 두고 그들을 대상으로 연설하는 경우가 좀처럼 없었던 것과는 달리 패튼은 병사들을 스스럼없이 대했기에 연설도 그들을 대상으로 한 경우가 많았다. 맥아더의 연설이 아름다운 언어의 구사로 우아하고 품격 있는 것이었다면, 패튼의 연설은 적에 대한 지칭이 욕설과 증오심으로 가득 찬 어조였기에 다분히 선동적인 것이었다. 그런 탓에 맥아더는 부하 장병들로부터 사랑보다는 존경을 받았지만 패튼은 사랑을 받았던 것이다.

사. 훌륭한 스승을 만나는 행운

학문의 역사든 예술의 역사든 걸출한 인물의 등장에는 반드시 탁월한 리더나 스승이 있기 마련이다. 플라톤이 소크라테스를 만난 것을 최고의 행운으로 여긴 것이 그러하고,[38] 설리번을 만나지 못했더라면 헬렌 켈러의 위대함도 불가능했을 것이다. 마셜, 맥아더, 아이젠하워, 패튼 등 위대한 군인으로 성장한 이들 네 사람의 경우도 훌륭한 스승(mentor)이나 후원자(sponsor)를 만나지 못했더라면 그들의 성공 역시 불가능했을지도 모를 일이다. 그것은 정말이지 대단한 행운이 아닐 수 없다.

마셜의 경우, 퍼싱(John Pershing)과 코너(Fox Conner)는 계급의 차이를 뛰어넘어 평생의 스승이요 친구요 동반자였다. 퍼싱이 참모총장

---

38) 플라톤은 자신의 탄생에 주어진 세 가지 행운에 대해서 이야기한 적이 있는데, 그 첫째는 남자로 태어났다는 사실이고, 둘째는 아테네에서 태어났다는 사실, 그리고 셋째이자 가장 중요한 것으로 소크라테스와 같은 시대에 태어났다는 사실을 꼽았다.

으로 재직했던 4년을 포함하여 6년 동안 마셜은 그의 참모로 일하며 많은 것을 배웠고, 코너는 마셜을 미군 장교 가운데 가장 뛰어난 참모로 여겨 그를 적극 후원했다. 특히 코너는 마셜의 군사적 천재성을 일찍부터 발견하고 훗날 그가 군사 지도자로서 크게 성장할 수 있도록 다른 지휘관에게 추천하는 등 그에 대한 관심과 배려를 아끼지 않았다.

맥아더의 경우, 그는 아서 맥아더(Arthur MacArthur)를 부친으로 만났다는 것 자체가 행운이었다. 아버지 덕분에 일찍부터 그는 훌륭한 군인으로 성장할 수 있는 많은 여건을 만들 수 있었다. 제1차 세계대전이 끝난 뒤 마셜이나 아이크, 패튼은 전시 계급 대령에서 본래의 계급이었던 소령으로 복귀했지만 맥아더는 전시 계급 준장에서 그대로 머물렀다. 이는 물론 그의 탁월한 능력에 기인한 것이긴 하지만, 그를 준장으로 있게 한 데는 페이튼 마치(Peyton March) 장군의 덕도 있었다고 해야 할 것이다. 그 당시 육군참모총장이었던 마치는 아서 맥아더가 필리핀 사령관 시절, 휘하에서 참모를 지냈고, 그때 아서 장군의 은혜를 입은 적이 있었기에 그 인연에서 맥아더를 준장으로 유임하도록 윌슨 대통령에게 보내는 건의서에 기꺼이 서명하였던 것이다. 참모총장의 서명이 담긴 건의서가 대통령에게 힘을 실어주었을 것임은 당연한 일이며, 그 일은 이후 맥아더가 남들보다 빠르게 승진할 수 있는 계기가 되었던 것이다.[39]

아이젠하워의 경우, 코너와 맥아더와의 만남이 그에겐 큰 행운이었다. 코너 장군 휘하에서 참모로 재직할 동안 아이크는 군의 역사서를 끊임없이 읽어야만 했다. 역사서를 함께 읽고 토론하기를 즐겼던 코너 장군의 질문에 올바른 답변을 하기 위해서는 단 한순간도 책을 놓

39) Edgar F. Puryear, 앞의 책, p.112.

아서는 안 되었기 때문이다. 가령 남북전쟁에 관한 군사 서적을 읽은 뒤, 코너 장군은 아이크에게 당시의 무장(武裝) 방식은 물론이요 회전 연발총의 등장 시기나 배경 등 세세한 부분까지도 질문을 해왔던 것이다.

아이크가 유럽연합군 사령관으로서 최고의 능력을 발휘할 수 있게 된 데는 특히 코너의 선견지명에 힘입은 바 크다고 해야 할 것이다. 코너는 아이크에게 군사 전문 서적을 읽힐 때마다 훗날의 전쟁은 연합 전쟁이 될 것임을 누누이 강조하면서 그 분야에 대한 관심을 촉구하였다. 아이크를 이처럼 군사서에 해박한 전문가로 만들었던 코너의 생각은 기실 훗날에 있을 세계대전을 예상하고 아이크로 하여금 미리 대비케 한 셈이었던 것이다.[40]

아이크와 맥아더의 첫 만남은 맥아더가 참모총장으로 재직할 당시 이루어졌는데, 이때 맺어진 인연은 맥아더가 필리핀 주둔군 원수로 재임할 때까지 이어졌다. 이 기간 동안 아이크 중령은 휘하 참모로서 탁월한 군사적 리더였던 맥아더로부터 많은 걸 배울 수 있었으리라는 것은 충분히 짐작하고도 남을 일이다.

패튼의 경우, 그는 애초부터 군인적 자질을 풍부히 갖고 태어났다고 할 것이다. 증조부로부터 조부, 아버지에 이르기까지 모두가 무관 출신이었던 덕분에 그의 몸에는 군인다움이 철저히 배어 있었고, 또한 물려받은 막대한 유산 덕에 그는 미국에서 가장 큰 군사 서적 도서관을 개인적으로 소유하는 등 남들이 갖지 못했던 행운을 일찍부터 누릴 수 있었다.

---

40) 같은 책, pp.381-382.

아. 기타: 신앙심, 창의성, 쇼맨십, 용병술, 솔선수범

지금까지 살펴보았던 덕목과 기질 이외에도 이들 네 사람의 지휘관에게서 공통적으로 찾을 수 있는 특질로는 신앙심, 창의성, 쇼맨십, 용병술, 솔선수범 등을 꼽을 수 있다. 모두에게 공통되는 요소이지만 이들 각자의 경우를 모두 소개할 필요는 없을 것이다. 여기서는 특별히 소개할 만한 것들 몇 가지만 선별해서 살펴보기로 하겠다.

(1) 신앙심

먼저 신앙심의 경우, 마셜과 맥아더, 아이젠하워, 패튼, 모두 독실한 기독교 신자들이었다. 전쟁 중에도 그들은 항상 성경을 가까이하고, 끊임없이 기도를 했으며, 특히 위중한 결단이 필요할 때는 신앙심에 의존하였음을 엿볼 수 있다.

전쟁을 겪어본 사람들은 누구나 이구동성으로 전쟁터가 지옥이라고 말한다. 직접 겪어보진 않았다 할지라도 『라이언 일병 구하기』라는 영화 속의 노르망디 상륙 작전의 장면만 생각해 봐도 지옥의 아수라장이 따로 없음을 알 수 있다. 매 순간이 삶과 죽음의 교차점이다. 이런 순간에 사람은 누구나 자신의 유한성과 무력함을 절감하면서 더 완전하고 유력자인 절대자를 찾게 된다.

더욱이 전쟁터에서의 지휘관은 얼마나 외로운 존재인가? 종교가 실제 얼마만큼의 가시화된 힘을 줄 수 있는지는 모를 일이지만 심리적인 위안과 정신적인 힘을 주고 있는 것만은 사실일 것이다. 절대자인 신의 존재나 그 신의 능력에 관해 안다는 것은 불가능할 것이지만, 절대자에 대한 믿음은 유한한 인간에게 자신의 결단과 행동에 확신을 심어주는 계기가 되고, 그 확신으로 말미암아 임무를 성공시킨 사례는 얼마든지 찾아볼 수가 있는 것이다.

그렇다면 결국 전쟁터 같은 지옥의 현장에서 신에 대한 믿음, 신에 대한 확고한 신념으로서의 신앙심을 갖는다는 것은 유한하고 무력한 인간에게 대단한 의미를 부여한다고 할 수 있을 것이다.

맥아더는 지휘관 시절 개인적으로 교회에 나가거나 하지는 않았다. 그가 교회에 가는 경우는 예배를 목적으로 간 것이 아니라 사람을 만나러 간 것이었다. 그래서 어떤 이들은 말하기를 맥아더는 교회를 일종의 로터리 클럽쯤으로 여기는 듯하다고 했다. 그렇지만 그는 스스로의 신앙생활을 즐겼고, 늘 신앙을 생활화하였다. 그의 일과는 매일 아침 성경을 읽고 가족들과 함께 간단한 아침 예배를 드리는 것으로 시작했으며, 잠자리에서도 기도로 하루를 마무리하는 등 경건하고 일관된 생활 태도를 지녔던 것이다.

마셜과 아이젠하워도 경건하고 신앙심 깊은 생활 태도를 견지했으며, 특히 중요한 결단의 순간에는 늘 기도로써 신의 도움을 요청하곤 하였다.

자부심이 넘쳐 자만심과 배짱으로 가득 차 보이는 패튼도 마음속에는 늘 신앙심을 갖고 있었으며, 부대가 출동할 때는 진군에 앞서 항상 군목(軍牧)에게 기도를 부탁하곤 했다.

(2) 창의성

창의성의 경우, 대표적으로 마셜과 패튼의 예를 꼽을 수 있다. 가령 마셜이 참모총장 시절, 루스벨트 대통령에게 육군의 조직 개편에 대해 보고할 때, 그는 루스벨트가 1917년 해군장관 비서관으로 재직한 경험이 있고, 또한 끊임없이 항해를 동경해 바다를 좋아한다는 사실을 알고서는 육군의 조직을 함선에 비유하여 선수(船首)와 본체, 선미(船尾) 개념으로 보고하곤 하였다. 그렇게 함으로써 대통령의 관심을 충족시키기도 하였거니와 육군 조직에 대한 빠른 이해를 유도하기도

하였다. 그로 인해 마셜이 루스벨트로부터 더 큰 신뢰를 얻었음은 당연한 일이다.[41]

패튼은 승마와 펜싱을 취미로 즐겼는데, 펜싱을 하다가 실전에 적합한 검(劍)을 창안해 내기도 하였으며(패튼이 창안해 낸 이 검은 군의 공식 기병검으로 인정을 받아 전 기병대에 보급되어 활용되었으며, 그래서 '패튼 검(Patton Saber)'이라고 불리기도 하였다), 또한 그는 평상시에도 지도 제작에 취미가 있어 여러 가지 지도를 만들어 보다가 마침내 평평한 지도를 3차원의 관점에서 볼 수 있는 새로운 지도를 고안하여 개발하기도 하였다.[42] 창의적인 관심과 아이디어로 군 발전을 도모하고 효율성을 높일 수 있었던 것이다.

(3) 쇼맨십

쇼맨십의 경우, 대표적인 인물로는 맥아더와 패튼을 꼽을 수 있는데, 널리 알려진 것으로서 맥아더는 비스듬한 모자와 파이프, 선글라스를 트레이드마크로 삼았고, 패튼은 특대형 별과 쌍권총, 휘장, 기마장화 등 화려한 외양을 통해 자신의 자부심을 표출했다.

그 가운데서도 맥아더의 쇼맨십을 보여주는 백미는 1945년 9월 2일(일요일) 오전 8시, 일본군 대표단의 항복 조인식에서 있었던 그의 행동이다. 오전 8시가 되자 느릿느릿한 걸음으로 나타난 그는 승자답게 천천히 준비된 항복 문서를 읽은 뒤 조인서(調印書)에 서명하였다.

그런데 흥미로운 일은 조인서 서명을 위해 맥아더가 준비한 펜은 모두 다섯 자루였고, 서명할 때 그는 다섯 개의 펜을 모두 사용한 것이었다. 그는 첫 번째 서명에서 세 개의 펜을 이용해 '더글''러스' '맥아더'라고 사인했고, 두 번째 서명에서도 두 자루의 펜을 사용해 사인

---

41) 같은 책, p.90.

42) 같은 책, pp.383-384.

한 뒤, 조인식에 참석하여 그 장면을 지켜보았던 부하 장군들, 스틸웰(Stilwell), 케니(Kenny), 하슬리(Hasley)에게 각각 한 자루씩 나누어주고, 한 자루는 웨스트포인트 역사자료실로 보냈으며, 그리고 나머지 한 개의 펜은 자신이 소유하였다. 서명은 두 번뿐이었지만 이 역사적인 조인식에 참여했던 사람들에게 모두 펜이 돌아갈 수 있도록 배려한 것이었다. 맥아더다운 뛰어난 발상과 쇼맨십이 아니었다면 불가능한 일이었을 것이다.[43)]

외형적으로 튀는 용모의 쇼맨십 말고도 패튼의 쇼맨십을 보여주는 대표적인 예는 부하 병사들과 함께 진흙구덩이 속에서 고장 난 전차를 보수하던 패튼의 모습이라 하겠다.

비가 내리던 어느 날 오후, 적의 화력에 타격을 입은 전차가 젖은 도로를 지나다가 구덩이에 빠져 멈추자 병사들이 전차 밑으로 들어가 한참 수리를 하고 있었다. 그때 그들은 누군가가 전차 밑으로 기어들어와 옆에서 전차 수리를 돕고 있는 것을 발견했는데, 그 사람은 번쩍이는 제복과 군화가 진흙탕 속에 엉망진창이 된 채 구슬땀을 흘리고 있는 패튼이었다. 4성 장군의 사령관이, 그것도 늘 반짝반짝 빛나던 제복이 진흙투성이가 된 채로 일개 병사들 틈바구니 속에서 전차를 수리하고 있는 모습은 그야말로 일대 사건이 아닐 수 없을 것이다. 무려 25분 동안이나 전차 밑에서 수리를 마치고 자신의 차량으로 돌아오면서 패튼은 부관에게 다음과 같이 말한다. "내일이면 내가 탱크를 수리하느라 진흙더미에 엎어져 있었다는 말이 사령부 전체에 퍼지겠지." 평상시 솔선수범을 강조해 왔던 패튼다운 쇼맨십의 일화라 하겠다.[44)]

---

43) 같은 책, p.142.

44) 같은 책, pp.250-251.

(4) 용병술

용병술(用兵術)에 있어서는 마셜과 맥아더를 꼽을 수 있다. 마셜은 직책 부여의 권한을 남발하거나 남용한 적이 단 한 번도 없었던 것으로 알려져 있다. 그에게는 누가 천거했느냐가 중요한 것이 아니라, 그 직책에 적합한 인물이 누구인가 하는 사실이 중요했다. 참모총장 시절 어떤 한 대령의 장군 승진을 청탁하는 한 상원의원에게 "그 사람을 진급시키는 가장 좋은 방법은 내게 그의 이름을 말하지 않는 것이오"라고 대답한 사실은 그의 곧은 성품과 용병의 원칙을 잘 말해 준다고 하겠다.[45]

제2차 세계대전이 끝난 한 축하연에서 스팀슨 국방장관이 연합군의 승리에서 결코 빼놓을 수 없는 인물로서 참모총장인 마셜의 공헌에 찬사를 보내자 마셜은 자신이 한 일은 오직 직책에 적합한 인물을 선정하여 임무를 부여했을 뿐이므로 그 모든 공헌은 부하들의 몫이라고 말하였다. 이 사례에서는 마셜의 인격적 특질로서의 겸양의 덕을 찾아볼 수 있지만, 또 한편으로는 용병술에 정통하였던 마셜의 면모를 엿볼 수가 있는 것이다.

맥아더 또한 부하를 적재적소에 배치하는 능력에서 탁월했는데, 예를 들면 크루거(Kreuger) 장군은 꼼꼼하고 치밀하여 완벽주의를 추구하는 스타일이었고, 아이첼버거(Eichelberger) 장군은 과감하고 신속히 업무를 처리하는 스타일이었기에 각각의 타입에 어울리는 보직을 줌으로써 용병에 효율성을 꾀했던 것이다.

(5) 솔선수범

솔선수범에서는 마셜과 맥아더, 아이젠하워, 패튼 모두가 뛰어났다.

45) 오천석, 앞의 글, p.235.

마셜은 병사들의 훈련에 직접 참가하여 현장 지도하기를 꺼리지 않았다.

1927년 마셜이 중국에 있는 제15보병연대 부연대장으로 있을 때 그는 휘하 장병들에게 리더십이 무엇인지를 보여주기로 결심하고, 열흘 동안 지속된 부대 훈련에 직접 참가하여 첫 분대부터 마지막 분대까지 모든 부대의 훈련을 지켜보았다. 그리고 한 분대의 훈련이 완료되면 그때마다 그는 시종일관 명확한 요점을 제시해 주면서 병사들이 이해하기 쉽도록 강평을 하였다. 그는 자신이 부연대장의 직책임에도 불구하고 병사들의 훈련에 직접 참여하는 일이 자신의 권위를 실추시킨다고 생각하지 않았으며, 똑같이 반복되는 분대의 모든 훈련을 열흘간이나 지켜보면서 교육시켰던 것이다. 하루쯤 참여해서 지켜보고 나머지는 하급 장교에게 맡겨도 되는 일이었지만 그것은 그의 스타일이 아니었다. 그는 솔선하여 그 모든 일을 직접 해낸 것이었다. 훈련이 진지하고 효율적이며 성공적으로 이루어졌음은 당연하다 할 것이다.[46)]

앞서도 언급하였거니와 맥아더는 초급 장교 시절이건 최고 지휘관 시절이건, 전쟁터에서는 늘 앞장서 나아갔다. 맥아더의 경우 그가 늘 앞장설 수 있었던 까닭은 힘들고 위험하고 궂은일은 누구나가 기피하고 싶어 한다는 생각에 있었다.

『논어』에 보면 "기소불욕 물시어인(己所不欲 勿施於人)"이라는 말이 있다. 내가 하기 싫은 일이면 남들도 하기 싫어하니 남들에게 그 일을 시키지 말라는 말이다. 그러니 어쩌겠는가? 리더가 직접 나설 수밖에. 이것이 맥아더로 하여금 솔선수범하게 하는 이유였다. 그래서 그는 대대장이면서도 총알이 빗발치는 전선으로 앞장서 나아갔고, 참

---

46) Edgar F. Puryear, 앞의 책, p.50.

모총장이면서도 직접 나서서 후버 마을의 보너스 행진 대열을 해산시켰으며, 극동 지역 총사령관이면서도 적의 전투기에서 쏟아지는 기관총 사격도 두려워하지 않고 적진의 정찰을 의연히 마칠 수 있었던 것이다. 그리고 그런 그가 솔선하여 앞장서 나아가는데 따라오지 않을 부하들 역시 없었던 것이다. 솔선수범은 그가 늘 승승장구할 수 있었던 중요한 이유 가운데 하나였다.

아이젠하워도 사무실 책상 앞에 앉아 있기보다는 늘 솔선하여 현장 방문을 즐겼다. 그는 예하 지휘관을 사령부로 불러서 보고받기보다는 자신이 부대를 방문하여 현장에서 직접 상황을 듣고자 하였다. 직책이 높을수록 시간적 여유가 더 많을 것이기에 상급 지휘관이 찾아다님으로써 예하 지휘관들에게 더 많은 시간을 할애해 주어야 한다고 생각했던 것이다.

패튼의 솔선수범에 대해서는 이미 앞에서 충분히 설명하였다.

5. 맺는 말

가. 리더는 만들어진다는 결론의 의미

지금까지 우리는 제1차, 제2차 세계대전에 참여하여 뛰어난 군의 리더로서 활약했고, 그로 인해 탁월한 리더십의 소유자로 널리 알려진 마셜과 맥아더, 아이젠하워, 패튼 등 네 명의 지휘관을 중심으로, 이들의 사관학교 시절과 위관 및 영관 장교 시절, 그리고 지휘관으로서의 리더십이 가장 화려하게 빛을 발했던 제2차 세계대전 당시의 모습을 함께 비교, 분석해 보았다.

사실 군인으로서 리더가 된다는 것은 쉽고도 어려운 일이다. 계급이 높아지면 누구나 지휘자의 역할을 하게 되므로 리더가 되기는 쉽다. 그러나 참다운 리더십을 발휘함으로써 성공적인 지휘관이 되기란 결코 쉬운 일이 아니다. 그런 어려움이 있기에 "리더는 있지만 리더십은 없다"는 자조적인 표현이 군에서도 종종 쓰이는 것이다. 참다운 의미의 리더가 별로 없음을 한탄하는 말이 아닐 수 없다.

리더에게 리더십이 있느냐 없느냐를 평가하는 기준에는 여러 가지 요소가 있을 수 있다. 하지만 무엇보다도 중요한 것은 리더로서 조직의 목표를 성공적으로 달성하느냐 못하느냐 하는 요소일 것이다. 미 육군의 리더십 교범을 보면, 리더십이란 "임무 완수를 위하여 목적과 방향을 제시하고 동기를 부여함으로써 부하에게 영향력을 발휘하는 과정"이라고 되어 있으며, 미 육사의 경우 리더십을, "리더가 부여된 목표를 달성하기 위하여 부하의 행동을 동기화시키는 과정"이라고 정의하고 있다.[47]

따라서 리더가 조직의 구성원들을 잘 이끌고 활용하여 조직의 목표를 성공적으로 달성하면 그 리더는 리더십이 있다고 평가될 것이고, 그 반대라면 리더십이 없거나 부족하다고 평가될 것이다. 우리가 논의의 대상으로 삼았던 네 명의 지휘관은 군의 최종 목표인 전쟁에서의 승리를 일궈낸 이들이기에 바로 그 점에서 리더십을 지닌 탁월한 리더였다고 할 수 있다.

그렇다면 이들은 어떻게 해서 성공적인 리더십을 발휘할 수 있었는가? 우리는 이를 그들의 리더십에서 보이는 개별적 혹은 공통적인 특질에서 찾았는데, 그것들은 자신의 직업과 일에 대한 긍지와 자부심, 인격과 겸손, 육체적 및 도덕적 용기, 결단력과 조정 능력, 전문성과 준비성, 연설 및 설득 능력, 훌륭한 스승을 만나는 행운, 그리고 신앙심, 창의성, 쇼맨십, 용병술, 솔선수범 등이었다.

---

47) 신응섭 외, 『리더십의 이론과 실제』(학지사, 2004), p.23.

이상 언급된 열두 가지의 특질들을 살펴보면 이 가운데서 타고난 능력(native ability)으로 꼽을 수 있는 것은 불과 몇 가지에 지나지 않는다. 가령 육체적 용기, 전문성, 자부심, 연설 능력 등이 그 범주에 들어갈 수 있을 뿐, 나머지는 모두 후천적인 노력에 의해서 습득될 수 있는 것들(acquired abilities)인 것이다. 육체적 용기나 전문성, 자부심, 연설 능력 등도 노력에 의해 습득될 수 있는 것이긴 하지만 이를 타고난 능력으로 분류한 까닭은, 예컨대 선천적으로 허약한 몸을 갖고 태어난 사람은 육체적인 용기를 발휘하는 데는 부족할 수밖에 없고, 타고난 기억력이나 뛰어난 두뇌의 소유자는 전문성이나 연설 능력에서 그렇지 못한 사람에 비해 절대적으로 유리할 것이기 때문이다. 또한 직업에 대하여 긍지와 자부심을 갖는다는 것은 그 일에 대한 소명의식이 높다는 의미에서 환경적 여건보다는 선천적인 요소에 더 많은 영향을 받는다고 할 수 있기 때문이다.

그렇다면 "리더는 태어나는 것이지 만들어지는 것이 아니다"라는 속설은 리더의 참 의미를 보여주지 못한다고 해야 할 것이다. 또한 그 반대 입장인 "리더는 타고나는 것이 아니라 만들어지는 것으로서 누구나 리더가 될 수 있다"는 주장도 리더십을 지닌 참다운 리더를 설명하는 데는 미흡한 부분이 있다고 해야 할 것이다. 리더십의 참 의미를 이해한다면, 누구나 노력만으로 관리자가 아닌 리더로서 만들어진다는 것은 불가능한 일이기 때문이다. 지적 수준이 현저히 뒤떨어지는 사람이거나, 신체적 혹은 정신적 장애로 말미암아 육체적 혹은 정신적 고통을 인내할 수 없는 사람이라면 아무리 노력한다 해도 성공적인 리더가 될 수는 없는 것이다.

하지만 "누구나 리더로 만들어질 수 있다"는 이 주장은 여전히 강한 의미를 갖는다. 여기서 '누구나'가 정상적인 사람을 지칭한다면 적어도 어느 정도의 지적 능력과 신체적, 정서적 균형을 갖춘 보통 이상의 사람을 의미할 것이고, 그렇다면 그들이 어떻게 노력하느냐에 따라 성공적인 리더가 될 수도 있을 것이기 때문이다. 그렇다면 문제는 성공적인 리더가 되기 위해 자신이 얼마나 준비하고 노력할 것인지가 관건이 된다. '타고난 재능과 자질'이란 성공적인 리더가 되는 데 남보다 더 많은 노력을 필요로 하느냐, 아니면 더 적은 노력으로도 가능하냐를 결정하는 요소일 뿐이다.

그런데 여기서 몇 가지 의문이 제기된다. 과연 그러한 노력을 누구든지 다 할 수 있을 것인가 하는 의문과, 또 누구나 그런 노력을 할 필요가 있는가 하는 의문들이다.

리더가 되기 위한 노력을 누구든지 다 할 수 있을 것이란 말은 논리적으로는 가능하되 현실적으로는 불가능한 말이다. 대다수의 보통 사람들은 리더가 되기 위한 준비 과정에서 극복해야 할 고통과 노력을 포기하고 평범한 인간으로서 살아갈 것을 선택하기 때문이다. 그 까닭은 사회가 필요로 하는 리더는 소수에 불과하고, 그 소수의 리더 속에 들어가는 길은 엄청난 고통과 인내가 요구되기 때문이다. 그러므로 그처럼 힘든 노력을 누구든지 다 할 수는 있을지언정 실제로 그렇게 하는 사람은 소수에 불과하다.

또한 누구나 리더가 되기 위하여 준비와 노력을 할 필요가 있는가 하는 의문도 부정적인 관점에서 이해된다. 설사 누구든지 노력만으로 성공적인 리더가 될 수 있다고 할지라도, '누구나 리더가 된다는 것'은 이론상으로도 불가능할 뿐만 아니라 현실적으로도 불필요한 일이다. 누구나 리더가 될 수 있고 또 누구나 리더가 되겠다고 한다면 리더의 휘하에 들어갈 구성원들은 누가 담당할 것인가 하는 문제 때문이다. 조직이란 결국 리더와 조직 구성원들의 결합체인 만큼 리더가 있다면 조직 구성원도 있어야 하는 것이다. 따라서 누구나 리더가 된다는 것은 불가능할 뿐만 아니라 전혀 불필요한 일이기도 하다.

결국 중요한 것은 '타고난 자질'과는 상관없이도 리더가 될 수 있는 길은 누구에게나 열려 있지만 그 길을 선택하는 사람은 누구나가 아니며, 오직 꾸준한 준비와 노력, 인내의 덕목을 지닌 사람들뿐이라는 것이다.

나. 개미 사회의 리더십과 팔로워십

이와 관련해서 흥미 있는 동물 사례 하나를 소개하고자 한다. 개미들의 일하는 모습을 보면 모두가 정말 열심히 일하는 듯이 보인다. 어떤 개미도 움직이지 않고 가만히 있는 모습을 결코 볼 수 없기 때문이다. 쉼 없이 움직이는 개미의 모습에서 우리는, 개미는 대단히 부지런한 존재라고 생각한다.

하지만 개미를 유심히 관찰해 온 한 곤충학자의 견해에 따르면 이것은 잘못된 판단이다. 개미들은 부지런히 움직이지만 실제로 일하는 개미는 전체의 20퍼센트에 불과하다는 것이다. 나머지 80퍼센트는 일하는 것처럼 보일 뿐 실제로는 빈둥거리며 놀기만 한다는 것이다. 다시 말하면 20퍼센트의 진짜 일하는 개미들이 나머지 80퍼센트의 빈둥거리는 개미들의 식량까지도 책임지고 있다는 것이다. 왜 그럴까? 이에 대한 대답은 보류해야 할 것이다. 그것이 자연의 섭리이기 때문이다.

그런데 더욱 흥미롭고 놀라운 것은 만약 개미들 간에 전쟁이라도 터져 많은 일개미들이 죽게 되면 평상시 빈둥거리던 80퍼센트의 나머지 개미들 중에서 다시 일개미가 나타나 전체적으로는 열심히 일하는 20퍼센트가 다시 채워진다는 사실이다. 개미의 관찰을 통해서 얻어진 이 사실은 무엇을 의미하는가? 이것은 자연이 우리에게 주는 하나의 교훈이 아닐까? 누구나 같은 일을 똑같은 비율로 할 수는 없다는 것,

바로 그것이다.

모든 개미가 일개미가 될 수 없듯이 모든 사람이 리더가 될 수는 없다. 또 그렇게 되어서도 안 된다. 누군가는 리더가 아니라 구성원으로서의 역할을 해야 하는 것이다.

그렇다면 우리의 결론은 자명해진다. 누구나가 아닌 오직 소수의 사람만이 리더의 위치에 오를 수 있으며, 또 소수의 리더만이 성공적인 리더의 반열에 이름을 남길 수 있다는 결론이다.

그렇다면 성공적인 리더가 되기 위해서는 어떻게 해야 할 것인가? 그저 조직 구성원으로서의 역할에 만족한다면 리더에게 요구되는 그 힘든 준비 과정과 노력, 인내가 요구되지는 않을 것이다. 하지만 성공적인 리더가 되기를 꿈꾼다면 그는 성공적인 리더의 삶을 살았던 많은 사람들이 그렇게 했던 것처럼 지금을 인내하고 고통을 이겨내며 전문 능력을 쌓을 수 있도록 준비하고 노력해야 할 것이다. 적어도 정상적인 사람이라면 그 길은 누구에게나 열려 있다. 하지만 그 길은 고통과 인내의 힘든 여정일 것이다.

그럼에도 불구하고 그 고통과 인내를 극복하면서 성공적인 리더를 꿈꾸는 자는, 그 모든 여정을 통해서 각자 나름대로의 리더십을 일구어냈던 마셜과 맥아더, 아이젠하워와 패튼의 예에서 성공적인 리더십의 한 전형(典型)을 얻을 수 있을 것이다.

제 10 장 멋과 멋있는 리더*

1. 들어가는 말
2. 멋이란 무엇인가?
3. 멋과 가치, 멋과 미, 멋과 도덕
4. 멋있는 사람, 멋있는 인생
5. 멋있는 삶과 그 기본 요건
6. 맺는 말

* 이 글은 필자의 저서 『열린 군대와 리더 윤리』, 『전쟁과 리더』에 수록된 글을 수정 보완하여 다시 쓴 것이다.

1. 들어가는 말

사람은 누구나 각자의 인생을 멋있게 이끌고 싶어 한다. 남들이 뭐라 하건 “제멋에 산다”는 말도 있지만 ‘제멋’도 역시 하나의 ‘멋’임에는 틀림없듯이, ‘멋있는 인생’ 그것은 누구나 달성하고 싶어 하는 최고의 목표라 할 수 있을 것이다.

그중에서도 리더가 되고자 꿈꾸는 사람이라면 더욱더 멋있는 삶을 가꿔 나가야 할 것이다. 리더란 구성원의 마음과 영혼을 움직여 조직의 목표를 성공적으로 달성해야 하는 존재이기에 리더의 멋있는 행동과 삶의 모습은 구성원들에게 매우 큰 영향을 미칠 것이기 때문이다. 멋있는 리더라면 단연 구성원들의 롤모델이 될 것이고, 구성원들은 그를 벤치마킹해 자신들도 멋있는 행동과 삶을 이끌고자 할 것이다.

그렇다면 멋있는 인생이란 어떤 것인가? 이 질문에 대한 대답을 위해서는 우선 ‘멋’에 대한 이해가 선행되어야 할 것이다. 멋이란 무엇인가? 이 물음에는 참으로 다양한 대답들이 있다. 그야말로 천차만별이다. 멋에 대한 의미가 이렇듯 다양하다 보니 그에 따라서 멋있는 인생의 의미도 사람마다 제각각이다.

그럼에도 불구하고 필자는 멋있는 인생이라고 말할 수 있는 어떤 유형들이 있을 수 있다고 믿고 오랫동안 멋의 의미 규명을 위해 노력해 왔다. 멋의 본질에 대한 탐구라 하겠다. 그러면서 멋의 참다운 의미는 가치와 미(美)를 떠날 수 없으며, 또한 도덕과도 결코 무관한 것이 아님을 깨달을 수 있었다.

멋의 참 의미를 밝힘으로써 멋있는 인생의 유형을 찾고자 하는 것이 이 글의 궁극적 목적이지만, 이를 위해 먼저 다루어야 할 주제가 멋과 가치, 멋과 미, 멋과 도덕과의 관계다. 그리고 그 과정에서 멋은 그 자체로도 큰 의미를 갖지만, 또 하나의 중요한 주제는 멋은 리더로서의 삶을 꿈꾸는 사람들에게는 반드시 필요한 삶의 방식이라는 사실이다. 이 글에서는 먼저 멋에 대한 학자들의 견해를 분석하고, 이를 토대로 멋과 가치, 멋과 미, 멋과 도덕의 관계 규명을 통해 멋의 참 의미를 밝힌 다음, 멋있는 인생은 어떤 것인지, 그리고 왜 리더에게 멋있는 삶의 자세가 요청되는지를 필자 나름의 관점에서 살펴볼 것이다. 필자가 주장하고자 하는 핵심은 멋은 가치와 미의 조화로서, 전체적인 관점이 중요하며, 따라서 정당화될 수 없는 비도덕적인 것은 그 어떤 것도 참다운 멋 속에 들 수 없다는 것이다.

2. 멋이란 무엇인가?

가. 멋은 우리 한국인에게만 고유한 것인가?

1958년에서 1959년 무렵에 국문학자들 간에 '멋'의 의미에 대한 논쟁이 한창 일던 때가 있다. 논쟁에 불을 지핀 사람은 조윤제(趙潤濟)

교수로서, 『자유문학』에 「멋이란 말」을 발표하면서 이희승(李熙昇) 교수의 '멋' 개념에 대한 비판을 가하자, 이교수가 이에 반론을 제기하면서부터 '멋'에 대한 논쟁이 시작되었다.

당시 이희승 교수는 멋을 우리 민족만이 가진 특이한 정서라고 정의하고, "버선코가 뾰족하게 솟아오른 것이라든지 보드랍고 긴 옷고름이 바람에 포르르 날리는 것을 dandy하다고 할 수도 없거니와, 어깨를 으쓱거리고 엉덩춤을 추는 모양을 foppish하다고 표현할 도리가 없는 것처럼 멋은 우리의 풍속 정서와 조형 감각에서만 도출할 수 있는 개념"이라고 정의하였다.[1]

이와는 달리 조윤제 교수는 멋의 개념을 풍정(風情), 흥취, 맵시, 재미, 참, 취미라는 뜻으로 이해하고, 이는 우리 한국인에게만 고유한 것이 아니며, 따라서 한국의 예술과 문화의 특질을 멋이라고 주장하는 이교수의 멋에 대한 이해는 잘못된 것이라고 비판한다.[2] 조교수가 멋을 풍정이나 맵시, 흥취로 이해함으로써 그것이 우리 문화 예술의 특질이라는 주장에 반론을 제기하는 이유 중의 하나는 멋의 어원이 '맛'에서 비롯되었다는 사실에 있다. 우리나라 문화 예술의 특질이 '맛'이라는 것은 어불성설(語不成說)이라는 것이다.[3]

이 같은 주장에 대하여 이교수는 "멋이란 말이 맛에서 생긴 것에는 틀림없지만 '맛'은 주로 감각적인 뜻을 가지고 있고 '멋'은 주로 감성적인 뜻을 가지고 있다"고 말함으로써 '멋'과 '맛'을 동일한 차원에서 이해하는 것은 '멋'의 참뜻을 파악하는 데 부족하다는 취지의 반박을 가하고 있다.[4]

---

1) 최하림 편, 『한국인의 멋』(지식산업사, 1974), p.344.
2) 조용만, 「멋이라는 것」, 『한국인의 멋』(삼중당, 1963), pp.24-25.
3) 같은 글, p.24 참조.
4) 같은 글, p.25 참조.

국문학계의 두 태두(泰斗)라 할 이희승 교수와 조윤제 교수의 멋에 대한 논쟁은 여러 학자들의 관심을 불러일으켰지만 당시의 대체적인 흐름은 멋이 한국의 고유한 특성이라는 이교수의 주장에 동조하는 분위기로 흘렀다 하겠다.

이희승 교수의 견해를 지지했던 문인 중의 한 사람이었던 조용만(趙容萬) 교수는 멋을 단순히 풍정이나 흥취, 맵시, 재미로만 이해하기에는 부족함이 있음을 지적하고, 멋을 여러 가지 관점에서 정의하고자 시도한다. 그는 멋을 "현실적이고 속세적인 이해관계를 떠난 풍치와 여유"이고, "다양하면서도 조화와 통일을 잃지 않은 흥청거림"이며, "아름다움과 참됨을 동경하고 갈망하고 그것을 실현해 보려고 하는 욕정"이고, 나아가 "모든 사물과 현상의 참된 맛, 진골수(眞骨髓) 또는 핵심"이라고 말한다.[5)]

다분히 추상적이고 철학적으로 보이는 이 같은 멋의 개념을 구체화하기 위해 조교수는 목은(牧隱) 이색(李穡)의 시조[6)]와 『춘향전』의 한 대목,[7)] 그리고 하원(夏園) 정지윤(鄭芝潤)의 시(詩)[8)] 속에 나타나 있는 풍정을 멋의 예로 들고 있다.[9)]

---

5) 같은 글, p.28.

6) "백설이 자자진 골에 구름이 머흐레라. 반가운 매화는 어느 골에 피었는고. 석양에 홀로 서서 갈 곳을 몰라 하노라." 같은 글, pp.29-31 참조.

7) "금준미주천인혈(金樽美酒千人血) 옥반가효만성고(玉盤佳肴萬姓膏) 촉루락시민루락(燭淚落時民淚落) 가성고처원성고(歌聲高處怨聲高)." "금잔에 채워진 예쁜 빛깔의 술은 일천 백성의 피요, 옥쟁반에 잘 차려진 안주는 만백성의 기름일세. 촛농 떨어질 때 백성의 눈물 떨어지고, 가락소리 높은 곳에 백성의 원성 또한 높구나." 같은 글, pp.29-31 참조.

8) "수표교상삼주배(水標橋上三酒配) 정시남아득의시(正是男兒得意時)." 같은 글, pp.29-31 참조.

9) 이색의 시조와 『춘향전』의 한 대목이 멋있다고 말하는 조용만의 주장에 대하여 조지훈은 반대 의견을 제시한다. 이색의 시조에서 조용만 교수가 멋을 찾은 까닭은 이 시조가 어깻바람과 신바람을 느끼게 한다는 데 있으나 이 시조

즉, 속세를 떠나 선경(仙境)에 있는 것 같은 아름다움과 여유(이색의 시조), 이몽룡의 쾌남아다운 기상(춘향전), 그리고 고관대작을 꿈꾸고 백만장자를 동경하는 현실적 가치 속에서 외물(外物)에 초연하여 석 잔 술로 불그레해져 수표교 다리 위에서 세상을 바라보고 있는 문인(정지윤)에게서 진정 '멋'다움을 느낄 수 있다는 것이다.

또한 조용만 교수는 "중국 예술의 특징이 양(量)에 있고, 일본의 그것이 색(色)에 있고, 우리의 그것이 선(線)에 있다"는 미술평론가 유종열(柳宗悅)의 표현에 따라, 양이나 색을 특징으로 하는 중국이나 일본의 예술에는 석굴암이나 다보탑에서 드러나는 "조촐하고 아담하고 앙그러진 아름다움"을 찾아볼 수 없다며, 선과 색의 어우러짐으로 절묘와 조화를 이루어내는 아름다움이야말로 우리나라 고유의 멋이라고 말한다. 그리하여 그는 이 나라 백성은 '멋' 속에서 살다가 '멋' 속에서 죽었으며, '멋들어지게 산다'는 것 자체가 우리 조상들의 이상(理想)이었다고 말하고, '멋'이야말로 우리나라 사람만이 느끼고 이해할 수 있는 것이라고 단언한다.[10]

에서 신바람은 느껴지지 않으며 오히려 애수(哀愁)의 기품이 느껴질 뿐이라는 반론이 그것이다. 또한 『춘향전』의 한 대목, 즉 이도령의 시는 스토리가 있는 소설 속에서는 멋있다고 말할 수 있지만 시 자체만 놓고 볼 때는 결코 멋있는 시가 아니라는 것이다. 요컨대, 조지훈의 반론의 핵심은 멋을 고움이나 힘 또는 슬픔 따위와 혼동해서는 안 된다는 것이다. 조지훈, 「'멋'의 연구」, 『한국인과 문학 사상』(일조각, 1982), pp.55-56 참조.

10) 조용만, 앞의 글, pp.32, 35, 37 참조. '멋'의 개념이 한국어에만 있는 독특한 것이라는 주장은 러트의 표현에서도 찾아볼 수 있다. 러트에 의하면 '멋'은 특수한 한국말로 영역하기가 여간 까다롭지 않다. '멋쟁이'라든지 어떤 '멋'이 있는 것을 영어로 말하기는 어렵지 않지만, 가령 사람의 멋, 경치의 멋, 건물의 멋, 글의 멋 등을 영어로 표현하자면 여러 가지의 서로 다른 단어를 사용하지 않으면 안 되므로 결국 '멋'은 한국어에만 있는 고유 개념으로 보인다는 것이다. 그는 "멋은 아름다움도 산뜻한 것도 아니고 풍치스러운 것만도 아니지만, 이 여러 가지 개념과 관련해서 무슨 매력을 풍기고 있다"고 말한다. 리처드 러트, 『풍류 한국』(신태양사, 1974), p.175 참조.

나. 멋은 보편성과 특수성을 모두 갖고 있다

한편, 이희승, 조용만 교수와 같은 입장에서 '멋'은 한국 고유의 정서임을 부정하지 않으면서도 동시에 멋이 우리에게만 고유하다는 주장의 타당성을 입증하기가 쉬운 것이 아님을 지적하는 최하림(崔夏林) 교수는 오히려 멋의 특수성과 보편성에 관한 탐구가 필요하다고 말한다. 그에 의하면 멋은 우리 민족의 고유성뿐만 아니라 우리 사회의 이념과 풍정에도 깊이 연계되어 있다.

가령, 조선 사회의 멋을 보면 얼핏 보기에 양반들에게만 공유될 수 있는 초속적(超俗的) 성질처럼 보이지만 실상은 그렇지 않는 것이다. 멋은 반상(班常)의 차를 넘어서서 학자는 학자대로 범부(凡夫)는 범부대로 자기의 생활 정서를 절조 있게 표현함으로써 나타난다는 것이다. 멋은 "은둔과 한적의 자연에 접한, 생활을 초탈한 정신성"으로서의 양반적 성질을 가졌으면서도 동시에 "산전수전 다 겪은 퇴기(退妓)가 이별한 춘향 신세를 부를 때의 그 꺾어 넘어지는 소리에서도 느낄 수 있고" 또 "추수가 끝난 다음의 마을에서 꽹과리를 두들기는 춤추는 농악대의 율동에서도" 느낄 수가 있다는 것이다.

이처럼 양반적 성질이든 상민적 성질이든, 양자는 우리 민족의 미의 특질로서 멋의 안팎을 이루며, 이는 "사회 배경에 따라 다른 외양을 지니되 동일한 미적 성격을 내포"하고 있음을 보여준다는 것이다.[11] 최교수가 직접적으로 그렇게 표현하고 있지는 않지만 글의 문맥으로 미루어 보건대, 이처럼 외양은 다르되 동일한 미적 성격을 가진 멋이 어떻게 이희승 교수의 주장처럼 우리 민족에게만 고유한 것이라고 말할 수 있겠는가 하는 것이 최교수의 견해인 것 같다. 이런

11) 최하림, 앞의 책, pp.348-349 참조.

점에서 멋은 각 민족에 따라 달리 표현되고 달리 이해될 수는 있으되, 동일한 어떤 미적 성질을 지닌 보편적인 것이라는 것이 최교수가 주장하는 핵심으로 보인다.

그러나 또 한편 최교수에 따르면, 우리의 멋 가운데는 결코 다른 언어로 "번역할 수 없는" 우리네의 참 멋을 느끼게 하는 부분이 있다. 예컨대 멋은 자유분방한 가운데서 감정과 행동이 균형을 이룰 때 가장 잘 드러난다는 사실은 어느 민족에게나 동일할 수 있지만, 가야금 탄주에서 소리가 금선 위에서 격렬하게 튕겨 나올 때보다도 탄주가 정지 상태에 있어도 선들이 저절로 울어대는 부분이라든지, 혹은 무자(舞者)가 신바람 나게 돌아갈 때보다도 동작을 멈추고 그 여운을 어깨에 실어 올렸다 내리는 조용한 움직임에서 느껴지는 멋과 같은 것이 그것들이다. 멋은 격렬함과 멈춤의 조화로서 일종의 중용의 미(美)와 같은 것이라는 주장이다.[12)]

한 걸음 더 나아가 최교수는 우리에게만 고유한 또 하나의 멋은 어찌 보면 중용마저도 뛰어넘는 포괄적인 조화 속에서 찾아진다고 말한다. 가령, 계율을 지켜야 하는 스님이지만 술도 마시고 여색(女色)에도 잠길 줄 알아 세속간사(世俗間事)에 빠져들었던, 그러고서도 의연히 그를 넘어설 수 있었던 원효(元曉)의 무애행(無碍行)에서 보듯이, 규범의 일탈적인 모습에서 나타나는 멋도 오로지 우리에게만 고유한 부분이라는 것이다. 이를 그는 "선적(禪的)인 멋"이라고 표현한다. 중용적인 멋과 선적인 멋은, 멋에 보편성이 있음에도 불구하고 오로지 우리 민족에게만 고유한 특성으로 보아야 한다는 것이다.

---

12) 같은 책, pp.352-353 참조.

다. 파격과 일탈의 멋은 내일을 향한 희망이다

한편, 멋의 개념에 대한 포괄적인 정리를 시도했던 조지훈 교수의 주장에 따르면, 멋의 개념은 다음과 같은 일곱 가지의 내포를 지니고 있다.

첫째, 멋은 맛에서 도출된 것으로, 맛은 미각의 뜻에서 재미란 뜻으로, 또 흥취란 뜻으로 바뀌어 멋에 이르렀다. 둘째, 멋의 바탕은 재미, 흥미, 흥취에 있다. 셋째, 멋은 조화에 있다. 넷째, 멋은 분별에 있다. 규격과 사리에 통하지 않으면 안 된다. 다섯째, 멋은 치장과 솜씨, 행동의 변화, 숙달, 세련의 뜻이 있다. 여섯째, 멋의 단계와 평가 기준은 '멋들었다'에서 '멋있다', '멋지다', '멋떨어진다'[13]로 상승한다. 일곱째, 멋은 자유 방종이 격에 맞는 열락(悅樂)이다. 멋대로는 마음대로, 흥대로, 신(神)대로라는 뜻이니 비규격(非規格), 반형식(反形式)의 일거수일투족이 모두 다 격이 되고 형식이 되는 경지라는 뜻이다.[14]

조지훈 시인의 멋에 대한 정의 자체가 너무나 다양하여 한마디로 요약하기는 쉽지 않지만 핵심은 요컨대, 멋은 흥겨움과 조화, 세련은 물론이요, 무엇보다도 일탈에서 찾을 수 있다는 것으로 보인다.

멋의 마지막 단계를 규격과 형식으로부터의 일탈이라는 측면에서 멋의 의미를 이해한 학자는 조지훈 외에도 윤오영(尹五榮), 한갑수(韓甲洙),[15] 이어령(李御寧)[16] 등이 있다. 윤오영 교수는 규격으로부터

13) 조지훈의 '멋떨어진다'는 표현은 오늘날 사용되는 멋의 의미와는 얼핏 거리감이 있어 보인다. 아마도 "멋이 넘쳐 뚝뚝 떨어진다"는 의미가 아닐까 생각된다. 윤오영의 글에서 "멋이 뚝뚝 떨어진다"는 표현을 찾아볼 수 있기 때문이다.

14) 조지훈, 앞의 글, pp.428-429 참조.

15) 한갑수는 "멋이란 선악(善惡)을 따지지 아니하고 시비(是非)를 가리지 아니하며 유무(有無)에 간섭함이 없이 마음을 안락자재(安樂自在)한 경지에 두고 행

의 일탈로서의 멋은 벅찬 인생의 탈출구요 내일의 창문이라고 말한다. 그의 표현을 인용해 보자.

멋은 그 어느 것을 물론하고 정규에서 약간 벗어나 파격적임을 요한다. 똑바로 눌러쓴 모자보다 조금 삐딱하게 쓴 것이 멋이다. 이것이 곧 벅찬 인생고의 탈출구요, 뚫고 나갈 내일의 창문이기도 하다. 멋쟁이라 할 때 그 멋은 천박한 것이요, 멋지다 할 때 그 멋은 품(品)이 있는 것이요, 멋들어지다 할 때 그 멋은 흐뭇한 것이요, 멋이 뚝뚝 떨어진다 할 때 그 멋은 흐드러진 것이요, 멋있다 할 때 그 멋은 참신한 것이니, 멋도 천층만층이다. 사람들은 원래 다식판에 박은 듯 획일적인 데 만족할 수 없고 꼼짝달싹 빈틈이 없이는 숨이 막히게 마련이다. 이때 한 가닥 해방의 길을 열어주는 것이 멋이요, 안식의 힘을 주는 것이 멋이다.[17]

멋은 파격이되, 이것은 벅찬 인생의 고통에서 벗어나는 길이요 내일을 향한 희망이기도 하다는 윤오영의 주장을 받아들인다면, 멋이 우리 일상생활에서 얼마나 커다란 역할을 하고 있는지 알 수가 있다.

동하는 것을 이르는 말"이라고 함으로써 규정뿐만 아니라 규범으로부터의 일탈 행위마저도 멋이 될 수 있음을 시사하고 있다. 그는 이를 "대덕불관(大德不官), 대도불기(大道不器), 대신불약(大信不約), 대시부제(大時不齊)"한 경지라고 말한다. 즉, 덕(德)이라 여겨지면 착한이든 악한이든 따지지 말고 베풀며, 길(道)이라 여겨지면 가시밭길이라 할지라도 가며, 신(信)이라 생각되면 친하든 원수든 신의를 지키고, 때(時)라고 믿어지면 지체 없이 행동하는 경지가 곧 멋이라는 것이다. 한갑수, 「멋있는 생활」, 『생각하는 실타래』(동아일보사, 1967), pp.88-89 참조.

16) 이어령은 '멋'을 서구의 '스타일'과 비교하면서 두 말은 일반적으로 같은 말로 이해되고 있지만 자세히 분석하면 정반대의 성격을 지니고 있다고 말한다. 그에 따르면 멋이란, "일정한 격식, 특정한 경향 그리고 일반적인 질서와 규칙을 깨뜨리게 될 때" 생겨나는 것인 까닭에 "도리어 스타일을 벗어난 파격성에서 멋이 우러난다고 할 수 있다"는 것이다.

17) 윤오영, 「한국적 유머와 멋」, 『고독의 반추(反芻)』(관동출판사, 1974), pp.194-204.

멋은 우리의 벅찬 인생에서 큰 활력소가 되고 있는 것이다.

라. 멋의 일차적 의미

이상에서 우리는 주로 국문학자들 사이에 제기되어 온 멋의 개념에 관한 여러 주장들을 살펴보았거니와, 이를 종합해 본다면 대체로 다음 세 가지 주장이 가능할 것으로 보인다.

첫째, 멋의 개념이 본래는 '맛'에서 유래된 것이라는 사실이다. 이 부분에 대해서는 학자들 간 이견이 없다. 그러나 말의 의미는 시대의 변화에 따라 바뀔 수 있는 것인 만큼 오늘날 멋의 개념은 맛 개념과는 의미가 다르다고 하겠다.[18] '맛'이 주로 감각적인 것임에 반해, '멋'은 감각적일 뿐만 아니라 감성적이라는 점에서 오늘날 두 개념은 판이하게 다른 의미로 사용되고 있다.[19]

둘째, 멋은 우리 민족에게만 고유한 예술과 문화의 특성이라는 주

18) 최하림에 의하면, 1800년대 말까지는 '맛'은 주로 상류 사회에서 사용된 데 반해, '멋'은 하층 사회에서 서민들에 의해서 사용되었을 것이라고 한다. 그 까닭은 시나 시조와 같은 상류 사회의 언어 속에서는 '맛'이라는 용어가 자주 등장함에 반해 '멋'은 거의 보이지 않으며, 양반 사회의 전도자였던 게일(J. S. Gale)의 사전에서도 멋의 주석에 'See 맛'이라 기재되어 맛이 원말임을 보여주고 있기 때문이라는 것이다. 그러므로 양반 사회에서는 '멋'보다는 분명히 '맛'이 생명 있는 언어였다는 것이다. 최하림, 앞의 책, pp.346-347 참조.

19) '맛'이 감각적임에 비해 '멋'은 감성적이라는 뉘앙스의 차이가 있을 뿐 양자는 비슷한 의미를 지니고 있다는 조윤제 교수의 주장은 오늘날 두 말의 쓰임새를 살펴볼 때 설득력이 약하다. '맛'이라는 개념도 실상은 감성적인 의미가 들어 있다. 가령 연주회를 보고 나서 "이번 연주는 맛이 색다른데"라는 표현에서의 '맛'은 결코 미각(감각)을 의미하는 것이 아니며 연주에 대한 느낌(감성)의 표현이다. '멋'도 분명 어떤 현상에 대한 느낌의 표현이지만 '멋'의 의미는 '맛'과는 전혀 쓰임새가 다른 것이다. 가령, 위의 예에서 "이번 연주회는 멋이 색다른데"라는 말은 일상적으로 사용되는 표현도 아니지만, 굳이 뜻을 이해한다 해도 "이번 연주회는 맛이 색다른데"와는 의미가 전혀 다르다고 하겠다.

장과, 어느 민족에게나 공통된 미적 특질로서의 보편성을 지니고 있지만 한민족(韓民族) 고유의 특수성도 아울러 가지고 있다는 주장이 공존한다는 사실이다.

셋째, 멋은 풍정, 흥취, 맵시에 대한 감각이며, 동시에 속세를 벗어난 듯한 여유, 다양함 속에서의 조화, 아름다움과 참됨의 갈망, 탁월함과 세련됨의 추구에서 오는 감성이지만, 무엇보다도 멋은 규범과 형식으로부터의 일탈과 같은 파격에서 찾을 수 있다는 것이다.

3. 멋과 가치, 멋과 미, 멋과 도덕

가. 멋과 가치

앞에서 우리는 여러 학자들의 견해를 토대로 멋의 일상적 혹은 일반적 의미를 살펴보았다. 그들의 의견을 종합해 볼 때 멋 개념에 대한 몇 가지 특징을 도출해 내는 데 큰 어려움은 없다 할지라도, 이들의 주장은 멋에 대한 보편적인 정의라기보다는 아직까지도 개별적이고 상대적인 정의라는 인상이 짙다. 멋에 대한 학자들의 견해가 서로 다르기도 하거니와 모든 학자들의 입장을 충족시킬 수 있는 멋 개념에 도달한다는 것 자체가 어쩌면 불가능한 일일 수도 있는 것이다.

그럼에도 불구하고 이제 필자는 이들 학자들의 멋에 대한 정의를 토대로 멋 개념에 대한 보편성, 혹은 멋의 본질과 같은 멋의 철학적 의미를 찾아볼 것이다.

멋이 지니고 있는 보편적인 특질로서의 의미를 찾기 위해 필자는 일단 멋있다는 표현이 가능할 수 있는 대상들을 망라해 보고, 그런 다음 그것들이 지니고 있는 보편적인 어떤 것을 찾아보고자 한다.

가령, 멋있는 구두(사물)와 멋있는 풍경(자연)과 멋있는 그림(미술)

을 생각해 보자. 또한 멋있는 영화(영화)와 멋있는 글(문학), 멋있는 연주회(음악), 멋있는 사람(인간), 그리고 어떤 사람의 멋있는 인생(삶)을 생각해 보자. 예로 들었던 대상들에서 '멋'의 의미를 부여하기에 곤란한 것은 없다.

이제 멋있다고 표현된 이 대상들의 공통적 성질을 찾아보자. 무엇보다도 우선적으로 찾아지는 것은 이 대상들이 어떤 '가치'를 지니고 있다는 것이다. 열거했던 대상들의 어떤 것도 가치가 없는 것은 아무것도 없다. 따라서 멋은 적어도 가치 있는 대상들에 대해서만 그 표현이 가능한 것이다. 달리 말하면 가치가 없는 대상은 그것이 무엇이든 멋있다는 표현이 불가능하다는 것이다. 따라서 우리는 일단 이렇게 말할 수 있을 것이다.[20]

---

20) 멋의 보편성과 특수성에 대하여 학자들 간에 논의의 대립이 있었음은 이미 살펴본 바 있다. 여기서 이 부분에 대한 필자의 견해를 밝힌다면, 필자는 멋이 갖는 보편성이 있다는 주장에 동의하고자 한다. 그 까닭은 뒤에서 다시 충분히 설명하겠지만 멋은 반드시 가치, 특히 미적 가치를 지닌다고 믿고 있기 때문이다. 멋은 가치를 함유하며, 가치가 수반되지 않는 멋이란 성립하지도 존재하지도 않는다고 생각되는 것이다. 즉, 가치의 수반이라는 공통적 특질로서의 보편성을 인정하는 것이다. 이런 점에서 외양이나 표현은 다르게 나타날지 모르지만 우리가 일반적으로 '멋'이라고 말할 수 있는 멋을 다른 나라 사람들도 갖고 있다고 생각되며, 따라서 멋이 우리 문화 예술에만 고유한 것이라는 주장에는 동의하기 어렵다고 본다.

"멋은 우리 예술 문화 또는 가치관의 이념으로 분명히 한국적 독자성을 가졌지만", 그렇다고 해서 "멋이 곧 우리 문화의 주체성과 동의어는 아닌 것"이라는 조지훈의 말은 필자의 주장을 뒷받침해 주는 것으로 생각된다. 그렇지만 '멋'이라는 낱말 자체는 우리에게만 존재하는 것으로 이해되어야 할 것이다. 왜냐하면 리처드 러트가 지적하고 있듯이, 우리가 보편적으로 사용하고 있는 멋의 의미를 영어로 번역할 때는 매번 다른 단어를 사용해야 할 것이기 때문이다. 예를 들면, 멋있는 노래는 'a facinating song', 멋쟁이는 'a dandy', 멋있는 집은 'a splendid house', 멋진 연주는 'a standout performance', 멋진 생각은 'a good idea', 멋있는 연설은 'a swell lecture' 등으로 각각 번역된다. 그러므로 필자의 입장에서 볼 때 멋은 그 개념에서는 우리 고유의 것이라 하겠

① 모든 멋있는 것은 가치를 지니고 있다.

멋있다고 말할 수 있는 대상들은 어떤 것이든 가치를 지니고 있다는 이 사실은 멋의 보편적 의미를 찾고자 하는 우리들에게 멋에 관한 제1의 명제가 된다. 동시에 이 명제는 우리를 멋에 관한 두 번째 명제로 이끄는 실마리를 제공한다. '멋'은 반드시 '가치'를 수반한다고 하였지만, 그렇다고 해서 가치 있는 모든 것들을 다 멋있다고 할 수는 없기 때문이다.

가령, 부모 말씀에 순종하고 효도하는 일은 분명 가치 있는 일이지만, 자신의 적성이나 취향마저도 버린 채 부모의 뜻을 좇아 원하지도 않는 대학이나 학과를 찾아가는 행위를 멋있다고 할 수는 없다. 또한 매사를 신중히 처리하고 원리 원칙에 따라 행하는 것은 분명 가치 있는 일이지만, 원리 원칙만 항상 앞세우는 사람을 멋있다고 하기는 어려울 것이다. 원리 원칙을 지키고자 하는 사람이 멋있게 보이는 경우도 물론 있겠지만 매사에 원리 원칙만 따지고 고집하는 사람을 일컬어 우리는 '꽁생원'이라 하기도 하고 또 '멋대가리 없는 사람'이라 하기도 한다.

원리 원칙에 충실한 것은 물론 바람직한 일이지만 세상사라는 것이 원리 원칙에만 의존해서 처리할 때 최선이 되는 것은 아니다. 어떤 경우에는 원리 원칙을 벗어나는 것이 더 바람직할 때도 있는 것이다. 남의 물건을 훔치는 행위에 대해 처벌하는 것은 원칙에 의거할 때 당연한 일이지만 수박 서리나 참외 서리 같은 행위에 대해서까지 원칙대로 처벌한다면 우리의 삶은 너무나 각박해질 것이다.

전교 1등을 달리던 고등학생이 저지른 잘못 하나를 원리 원칙에 입

지만 그것이 갖는 내용에서는 보편성이 인정될 수 있는 것이다. 조지훈, 앞의 글, p.60 참조.

각해 세상은 용서하지 않았고, 학생은 감옥에 다녀온 후 자포자기의 삶을 살다가 결국 자살하고만 실태[21]를 보면서 원리 원칙에 따라 사는 것이 멋있다고 말할 사람이 얼마나 있겠는가? 윤오영의 글에서 볼 수 있었듯이 각박한 세상에서 한 줄기 시원한 바람처럼 청량제가 되고 내일을 위한 희망의 창문이 되는 것이 바로 멋인 것이다. 원리 원칙의 준수가 분명 가치 있는 일이지만 항상 멋있는 것이 아니듯이, 모든 가치 있는 것을 다 멋있다고 말할 수는 없는 것이다.

나. 멋과 미

(1) 멋있는 것은 모두 아름답다

가치가 있는 대상 모두가 멋있다고 할 수 없다면 가치 중에서 일부 가치만 멋과 연계될 수 있다는 말이 되는데, 과연 어떤 가치가 드러날 때 그 대상을 멋있다고 말할 수 있는가?

그것은 외적 혹은 내적 아름다움이라는 가치다. 앞에서 열거했던 대상들을 다시 음미해 볼 때 사물과 자연에서 멋있다는 표현은 그것들이 외적인 아름다움을 지녔기 때문이요, 미술, 문학, 영화, 음악, 인간 그리고 인생에서 멋있다는 표현은 그것들이 모두 외적 혹은 내적인 아름다움을 갖고 있기 때문이다. 적어도 열거된 대상들의 예에서 나타나는 '멋'에는 어떤 것도 아름다움이라는 '가치'를 수반하고 있지 않은 것은 없다. 멋은 바로 미적 가치를 갖고 있는 것이다.

또 다른 예를 들어보자. 고전 서부극에서 보안관인 존 웨인이 죽을 고비를 숱하게 넘기면서도 마침내 악당을 처치하는 모습을 볼 때 우리는 그 보안관을 '멋지다'고 표현한다. 친구를 대신하여 생명의 위험

21) 『조선일보』(2013. 1. 18) 참조.

을 무릅쓰고 감옥 속에 들어간 다몬이나, 그와의 약속을 지키기 위해 폭풍과 격랑을 뚫고 죽을힘을 다해 달려온 피시아스의 모습을 보고 우리는 참 '멋있다'고 말한다. 헤밍웨이의 소설 『누구를 위하여 종은 울리나』의 마지막 장면에서 자기가 사랑하는 마리아와 동지들을 피신시키고 자신은 남아 기관총을 겨누며 적군을 기다리는 '영국 양반' 로베르트 조단은 참으로 멋있어 보인다.

이 경우에서의 멋은 '정의(正義)', '의리', '희생' 또는 '약속 준수'라는 도덕 구현으로서의 가치를 수반한다. 이 예들은 보는 관점에 따라서는 그 행위가 지니고 있는 내적인 아름다움이라는 가치로 이해될 수도 있을 것이다. 바로 도덕적 행위들 가운데 미적 가치의 구현이다. 도덕적 가치를 부여할 수 있는 행위들은 많이 있지만, 그중에서도 멋있다고 말할 수 있는 것들은 이 같은 미적 가치를 담고 있는 행위들이다.

요컨대, 멋있는 대상이나 행위에는 외적 혹은 내적인 아름다움으로서의 미적 가치가 담겨 있다는 것이고, 따라서 멋에 관한 우리의 두 번째 명제는 다음과 같이 표현된다.

② 모든 멋있는 것은 미적 가치를 지니고 있다.

어떤 대상이든 그것이 멋있다고 표현될 때는 외적이든 내적이든 미적인 가치를 가져야 한다는 이 두 번째 명제는 멋 개념의 규명에서 가장 본질적인 것이기에 이에 대해서는 좀 더 살펴볼 필요가 있다.

미적 가치에는 외적인 미적 가치와 내적인 미적 가치가 있다. 다이아몬드 같은 보석이나 미스코리아의 아름다움은 외적 가치가 높다. 외양은 아름답지 못하지만 심성이 좋아 타인에 대한 배려가 크고 타인을 위해 희생하는 사람은 내적 가치가 크다고 할 수 있다. 그렇지만 일반적으로 '가치 있는 삶'이라고 말할 때의 가치는 외적 가치가 아니라 내적 가치에 의해서 평가된다. 삶 혹은 인생의 의미 자체가 그 내용을 중시하는 개념인 까닭에 가치 있는 삶에서 외적 가치는 그다지 중요시되지 않는 것이다.

(2) 외적인 멋과 내적인 멋

멋에도 외적인 멋과 내적인 멋이 있다. 조각처럼 잘생긴 얼굴이나 팔등신 미녀의 허리 곡선은 외적인 멋이 뛰어나다. 그것들은 보는 이의 눈을 즐겁게 하는 아름다움이라는 가치를 갖고 있기 때문이다.

반면에 가슴을 파고드는 바이올린의 연주나 대규모 합창단원이 만들어내는 웅장한 코러스는 내적인 멋이 뛰어나다. 이는 듣는 이의 마음을 감동시키는 미적 가치를 지녔기 때문이다.

실제로 '멋있다'고 할 수 있는 단편적인 모습들은 우리 주변에 너무나 많다. 땀 흘리며 노동에 열중하는 선반공, 흐르는 땀을 닦아내며 타석에 들어서서 투수의 볼을 응시하는 야구 선수, 오른손에 총을 들고 철모에 반쯤 가린 얼굴로 지프차를 타고 가면서 지휘하는 야전 지휘관, 정성을 다해 온몸으로 열창하는 가수 등, 이들의 모습은 확실히 멋있다. 그들이 멋있어 보이는 까닭은 무엇인가? 바로 자기 직분에 온 정열을 바치는 아름다움을 지니고 있기 때문이다. 자신의 일에 최선을 다하는 것은 보기에 아름다울 뿐만 아니라 그 자체로도 매우 가치 있는 일이다. 앞에서도 언급하였거니와 이처럼 멋은 가치, 특히 미적 가치 개념과 더불어 그 의미를 갖는다. 미적 가치가 동반되지 않는 한 멋은 성립할 수가 없는 것이다.

그러나 한편으로 이런 경우들은 어떠한가? 가령 여성 편력이 대단했던 카사노바의 인생을 생각해 보자. 여성의 아름다움에 심취되어 수많은 여인들과 더불어 관능적 쾌락의 삶을 즐겼던 그의 인생은 멋있는 것이 아니었던가? 동의하지 않는 사람도 있을 것이지만, 카사노바의 인생을 멋있는 삶이었다고 말하는 이 또한 많을 것이다.

또 한편, 세상의 부조리를 보면서도 어찌할 수 없는 무력감을 시로써 토해 내면서 인생을 관조한 방랑 시인 김삿갓의 인생은 어떠한가? 그 역시 멋있는 인생을 살다간 사람이라 해야 할 것이다. 이들의 삶을 멋있다고 말할 수 있는 까닭은 무엇인가? 이것 역시 이들의 삶에 미적인 가치가 내재되어 있기 때문이다. 이들의 삶은 낭만과 자유 그리고 관조(觀照)라는 가치 속에서 이루어지고 있고, 낭만과 자유, 관조에는 모두 그 나름대로의 미적 가치가 담겨 있다. 낭만이라는 아름다움, 자유분방함이 갖는 아름다움, 삶이나 자연에 대한 관조라는 아름다움과 결합되어 있는 까닭에 그들의 인생 또한 멋있다고 말할 수 있는 것이다.

카사노바나 김삿갓의 삶이 멋있어 보이는 건 틀림없지만 그들의 삶이 남들에게도 권장할 만큼 바람직한 삶이냐 하는 물음에는 쉽사리 대답하기 어려울 것 같다. 그 까닭은 무엇인가? 그것은 그들의 삶에서 찾을 수 있는 미적 가치, 즉 낭만이나 자유, 관조 같은 가치가 일반적인 도덕적 가치와는 거리가 있어 보이기 때문일 것이다. 참다운 삶의 가치는 도덕적 의미를 부여할 수 있을 때라는 통념이 우리 사회에 만연되어 있는 까닭이다. 하지만 가치에는 도덕적 가치(moral value)뿐만 아니라 도덕과 무관한 가치(nonmoral value)도 있는 것이다. 그리고 카사노바나 김삿갓의 인생은 도덕과 무관한 가치들 위에서 이루어져 있을 뿐, 그렇다고 해서 그들의 삶을 비도덕적인 삶이었다고 말할 수는 없는 것이다.

요컨대, 멋은 가치와는 결코 별개일 수는 없으며, 도덕적 가치와 결합되어 나타나는 멋이 있는가 하면, 낭만이나 관조 같은 일반적인 도덕과는 상관없는 가치와 결합하여 나타나는 멋도 있음을 알 수 있다.

그렇지만 이들 중 어떤 것도 미적 가치가 없는 경우는 없다. 그러므로 멋과 가치와의 관계에서 우리가 내릴 수 있는 결론은, 멋에는 항상 미적 가치, 곧 그것이 외적인 것이든 내적인 것이든, 혹은 도덕적인 것이든 도덕과 무관한 것이든 간에, 미적 가치가 수반된다는 점이다.

필자와 동일한 관점에서 멋과 가치의 관계를 이해하고 있는 것은 아니지만, 멋의 개념을 미적 가치와 연계시키고 있다는 점에서 볼 때 조지훈 시인의 주장도 필자와 유사하다 하겠다. 멋이 미적 가치를 수반하고 있다는 필자의 주장을 더욱 든든히 하기 위해 조지훈 교수의 멋에 대한 견해를 간략히 소개하는 것도 좋을 듯싶다.

'한국적 미의식의 구조를 위하여'라는 부제가 붙은 논문 「'멋'의 연구」에서 조지훈 교수는 우리말에서 사용되고 있는 표현들의 분석을 토대로 멋에 대한 매우 체계적인 연구를 시도하고 있다. 그는 우리말에서 현재 사용되고 있는 미(美)의 가치를 표현하는 어휘로 다음 네 가지 계열을 제시하고 있는데 그것은 '아름다움', '미(美)', '고움', '멋' 계(系)들이다.22) 이 네 가지 계열 중에서 아름다움과 미는 궁극적으로 동일한 의미를 지니는 것이므로 미적 가치의 표현은 아름다움과 고움 그리고 멋이라 하겠다. 이 말은 바꾸어 말하면 모든 아름다운

---

22) 이 가운데 '멋' 계열만 살펴보면 '멋', '멋갈 없다', '멋대가리', '멋대로', '멋대리', '멋들다', '멋멋하다', '멋모르다', '멋없다', '멋쟁이', '멋적다', '멋지다' 등이다. 조지훈은 나아가 멋의 미적 내용으로서 세 가지를 들고 있는데, 형태미로서의 멋과 표현미로서의 멋, 그리고 정신미로서의 멋이 그것이다. 형태미로서의 멋은 멋의 나타난 상태에 대한 관점으로서, 가령 '멋들다', '멋있다', '멋떨어지다'의 표현이 해당된다. 표현미로서의 멋은 멋을 나타나게 하는 구성력 혹은 표현 방법에 대한 관점으로서 '멋내다', '멋부리다', '멋지기다', '멋까리다' 등의 표현이 이에 해당된다. 정신미로서의 멋은 일종의 '무실용성(無實用性)'을 의미한다. 가령 음식 그릇에 그림이나 조각을 새겨 넣지 않아도 되지만 넣음으로써 그릇 자체의 실용성과는 상관없이 표현하는 멋을 말한다. 조지훈, 앞의 글, 멋과 미적 가치와의 관계에 관해서는 pp.397-401 참조, 미적 내용에 관해서는 pp.437-458 참조.

것을 멋있다고 할 수는 없지만, 멋있다고 표현할 수 있는 모든 것은 아름다움을 담고 있음을 함축한다. 이런 점에서 조지훈 교수의 분석은 멋이 외적이든 내적이든 미적 가치를 수반하고 있다는 필자의 주장과 일치한다고 하겠다.

다. 멋과 도덕

(1) 비도덕적인 어떤 것도 멋이 될 수 없다

조지훈 시인의 분석을 원용하여 멋은 그것이 어떤 미적 가치건 아름다움을 함축한다고 하였다. 그렇지만 이제부터 필자는 멋과 미가 밀접히 연계되고 있다는 점에서는 동일한 입장이지만, 조지훈의 주장과는 차별되는 부분에 대해서 언급하고자 한다. 그 차별은 멋은 미적 가치가 필수적이지만, 비도덕성(immorality)이 포함된 것은 결코 멋이라고 말할 수 없다는 필자의 주장에 있다.[23] 이 점을 강조하는 까닭은 멋에 오직 미적 가치만 수반된다고 할 경우 비도덕적인 행위라도 미적 가치만 들어 있다면 멋있다고 표현하는 것이 조지훈에게서는 가능할 수가 있기 때문이다. 더욱이 한갑수 같은 경우는 멋이란 선악(善惡)과 시비(是非)와도 무관하다고 말하고 있다는 점에서 자칫 비도덕적인 행위나 비도덕적인 삶마저도 멋으로 여겨질 가능성이 남아 있기 때문인 것이다.

그러나 필자의 견지에서 볼 때, 멋에 미적 가치의 수반은 필수적이지만, 비도덕적인 것은 어떠한 경우라도 멋있는 행위가 될 수 없다.

23) 여기서 말하는 비도덕성(immorality)은 도덕과 무관함(nonmorality)과는 전혀 다른 표현이다. 도덕과 무관하다는 것은 도덕적 가치와 무관하다는 것이지만 비도덕성은 도덕성이 없는 것, 즉 도덕적 가치를 갖고 있지 못함을 의미한다. 따라서 도덕과 무관하다는 것은 도덕적 비난의 대상이 될 수 없지만, 비도덕성은 도덕적 비난이 뒤따르는 것이다.

동시에 극히 예외적인 관점을 제외하고는,24) 비도덕적인 것에는 미적 가치가 수반될 수도 없다는 점을 강조하고 싶은 것이다. 요컨대, 멋은 외적이든 내적이든, 도덕적이든 도덕과 무관한 것이든 간에 미적 가치를 지녀야 하되, 결코 비도덕적인 경우는 멋이 될 수가 없다는 것이다. 이 주장이 타당하다는 것을 입증해야 할 것이지만, 이것은 뒤로 미루고 일단 지금까지의 논리를 따라 멋에 대한 필자의 세 번째 명제를 제시한다면 다음과 같다.

③ 비도덕적인 것은 어떤 경우에도 멋이 될 수 없다.

이 세 번째 명제의 타당성에 대해 증명해야 하는 것이 필자에게 남은 일일 것이다. 필자는 두 가지 관점에서 이 명제의 정당성을 밝히고자 한다. 하나는 사실에 관한 것이고, 다른 하나는 당위 혹은 요청에 관한 것이다.

사실에 관한 부분은 "비도덕적인 것이지만 멋있다"고 할 수 있는 사례들에 대한 반박이다. 분명 비도덕적이면서도 멋있는 경우가 있다면 세 번째 명제는 타당성을 잃게 될 것이다. 이를 반박하는 일은 그 경우 비도덕적인 것처럼 보이지만 실상은 비도덕적인 것이 아니라는 것을 입증하는 일일 것이다. 이 부분에 관해서는 세 가지 예를 들어 상세히 분석할 것이다.

당위 혹은 요청에 관한 부분은 멋 개념의 위상을 높여야 한다는 관점이다. 만약에 비도덕적인 것도 멋이 될 수 있다면 멋이라는 이름으로 행해질 수 있는 수많은 비도덕적인 행위들에 대해 어떻게 대처할

24) 죽음의 미학이니 자살의 미학, 죽임(killing)의 미학 따위가 그것들이다. 가령, 위트킨이나 키이란의 경우는 미학에서 도덕성을 배제할 것을 주장한다. 이에 대해서는 뒤에서 다시 언급할 것이다.

것인가? 그럴 경우 아마도 참으로 한심한 세상이 되지 않을까 심히 우려되는 것이다. 멋은 분명 우리의 삶을 윤택하게 하고 또 아름답게 만들기 때문에 존중받고 권장되어야 할 개념이다. 그런데 그 멋으로 인해 비도덕적인 행위들이 횡행하고 그래서 세상이 더욱더 험악해진다면 그것은 결코 우리가 바라는 바가 아닐 것이다. 이런 의미에서 멋은 어떤 경우에도 비도덕성과 손을 잡아서는 안 되는 것이다.

비도덕적인 것은 어떠한 것도 멋이 될 수 없다는 필자의 논리는 다음과 같다.

(2) 불가피한 범죄 행위는 비도덕적이라 할 수 없다

1968년에 만들어진 『카운터포인트』라는 영화가 있다. 음악을 사랑하는 한 독일군 장군 쉴러는 체포된 연합군 오케스트라 지휘자인 에반스의 목숨을 살리기 위해 자신의 부하들을 사살하는 범죄를 저지르게 된다. 그의 도움으로 살아남게 된 오케스트라 지휘자에게 거수경례로 존경심을 표한 뒤 홀연히 떠나는 쉴러의 모습이 강한 인상으로 남으면서 참으로 멋있는 군인이라는 생각을 관객들에게 심어준다.

이 경우 독일군 장군의 모습은 어떤가? 부하들을 기만하고 살해한 것은 범죄 행위일 뿐만 아니라 지휘관으로서의 책임을 다하지 못한 행위다. 그는 분명 비도덕적인 행위를 한 것임에 틀림없다. 그럼에도 불구하고 그의 행위는 멋있어 보인다. 예술에 대한 그의 열정과 숭고한 사랑이 커다란 미적 가치를 지닌 것으로 돋보이는 것이다. 그렇다면, 이는 비도덕적인 행위 가운데도 멋있는 행위가 있을 수 있다는 주장이 아니겠는가?

얼핏 보기에 부하들을 죽인 쉴러의 행위는 분명 비도덕적이라고 해야 할 것이다. 그렇지만 좀 더 자세히 사태를 살펴보면 반드시 그렇다고 단정하기는 어렵다는 주장도 가능하다. 이 경우 부하들의 살해는 물론 비도덕적인 행위이지만, 세계적인 오케스트라 지휘자와 그 단원들을 죽음으로 내모는 행위 역시 비도덕적인 행위일 것이기 때문이다. 두 행위 모두가 비도덕적인 범죄인 것이다. 그렇다면 두 개의 범죄 행위 중 하나를 선택할 수밖에 없을 때, 선택의 결과를 비도덕적이란 이름으로 단죄할 수 있겠는가? 이는 더 심각한 윤리적, 도덕적 문제를 불러일으키게 된다. 둘 다 범죄 행위이고, 그중 하나의 선택만이 가능하다면 어떻게 해야 하는가? 이른바 '악마의 선택(devil's choice)'이라는 비극적 딜레마에서 도덕적인 선택은 불가능한 것인가?

하지만 해결책이 없는 것은 아니다. 도덕적 행위의 기준을 공리주의적인 관점(utilitarian point of view)에서 판단한다면, 쉴러의 행위는 비도덕적일지언정 용인될 수 있는 것으로서 오히려 도덕적인 선택이 된다. 그 까닭은 공리주의적 견지에서 볼 때는 더 큰 악을 막기 위한 작은 악의 사용은 정당한 행위가 되기 때문이다. 쉴러의 예술에 대한 존중과 사랑은 비록 부하들의 살해라는 비도덕적인 행위로 이어졌지만 그것은 불가피한 것이었고, 그 행위가 가져올 행복의 총량은 상대적으로 훨씬 큰 것이라는 결론에 도달한다. 오케스트라 지휘자에 대한 거수경례로 존경을 표하는 라스트 신에서 장군에게 보내진 관객들의 박수갈채가 이를 입증한다. 관객들에게는 부하들의 죽음이 안타깝긴 하지만 그 결과 인류에게 남겨진 예술의 미적 가치가 훨씬 크게 느껴진 것이다. 이렇게 볼 때 장군의 행위는 분명 비도덕적이지만 정당화될 수 있는 것으로서, 따라서 그에게 멋있는 군인이라는 표현은 여전히 가능하다고 생각되는 것이다.

또 하나의 예를 살펴보자. 1944년 8월 23일에 히틀러는 연합군이 파리를 점령할 경우 프랑스 전체가 연합군의 수중에 들어갈 것을 염려한 나머지, 당시 파리 주둔군 사령관이었던 콜티츠 장군에게 파리에서 철수하면서 도시를 완전히 불태워 버릴 것을 명령한다. 명령을 받은 콜티츠는 파리에서 철수할 때까지 꼬박 밤을 지새우면서 고뇌한다. 마침내 그는 예술과 문화의 도시, 아름다운 파리가 불길에 휩싸이는 것을 차마 볼 수가 없어서 계속되는 히틀러의 명령에도 불구하고 파리를 그대로 두고 후퇴하면서 "파리는 불타고 있다"는 허위 보고를 한다.[25]

콜티츠는 분명 군인으로서는 실패한 사람일 것이다. 군인은 명령에 따라 살고 죽어야 함에도 불구하고 그는 히틀러의 명령에 불복종함으로써 연합군에게 파리를 교두보로 삼을 수 있도록 하였기 때문이다. 그렇지만 파리를 불바다로 만들지 않고 표표히 떠난 그의 인간적인 모습은 너무도 아름답고 멋있다. 어떻게 명령 불복종이라는 범죄를 저지른 그의 행위를 멋있다고 할 수 있는가?

비도덕적인 행위를 했음에도 멋있다는 표현이 가능한 콜티츠의 행위 역시 저 세 번째 명제에 걸림돌이 아닐 수 없다. 하지만 이것 역시 앞의 예에서와 마찬가지로 공리주의적 도덕관을 적용하면 비도덕적인 선택이 아니라는 결론이 가능하다. 총통의 명령에 불복종하는 것도 범죄요, 파리를 불태우는 것도 인류에 대한 범죄 행위다. 두 가지 모두 범죄 행위일 때, 더 큰 악을 막기 위해 더 작은 악을 선택한 것이기에 콜티츠의 행위 역시 비도덕적인 것이었다고 할 수는 없다. 그러므로 이 경우도 비도덕적이면서도 멋있는 경우는 아닌 것이다.

더욱이 필자 개인의 관점에서 본다면, 콜티츠의 선택은 역사적 통찰력에 입각한 것이었기에 도덕의식과 역사의식을 모두 갖춘 것으로서 정당화가 가능한 선택이라고 하겠다.[26]

25) Larry Collins and Dominique Lapierre, *Is Paris Burning?*(New York, 1966), p.211 참조.

26) 이에 대한 상세한 논의는 이 책 제7장의 콜티츠 사례를 참조.

(3) 악인의 살해는 비도덕적인 행동이 아닌가?

악마의 선택에서는 비도덕적인 행위의 선택이라 할지라도 도덕적이라는 평가가 가능하다는 두 가지 사례를 제시했는데, 이와는 다른 관점에서 하나의 사례를 더 숙고할 필요가 있다.

『카사블랑카』라는 오래된 영화가 있다. 카사블랑카 지역에서 제일 큰 술집을 경영하는 릭과 그 지역의 치안을 담당하는 경찰서장 르노는 서로를 존중하는 친구 사이다. 어느 날 이 술집으로 릭의 옛 애인인 일자가 남편과 함께 찾아와 자신들을 미국으로 탈출시켜 줄 것을 부탁한다. 평생 일자를 기다리며 살아왔던 릭은 그녀의 결혼 사실에 충격을 받고 가슴이 아팠지만 일자 부부를 도와주기로 결심한다. 하지만 마지막 순간에 탈출 기도가 탄로 나 위기에 처한 릭은 그들 앞을 가로막는 독일군 소령을 살해하고 만다. 경찰서장 르노는 릭을 체포해야 했지만 그의 범죄 행위를 눈감아 주고 일자 부부는 무사히 탈출에 성공한다.

상식 수준에서 볼 때 사람을 살해한 릭의 행위는 물론이요, 범죄를 눈감아 준 르노의 행위는 비도덕적인 것임에 틀림없다. 그럼에도 불구하고 평생을 사랑해 온 연인을 위하여 그 같은 범죄를 저지른 릭이나, 이를 눈감아 준 르노의 행위는 매우 멋있어 보인다. 비도덕적 행위를 저지른 릭과 르노가 멋있어 보이는 까닭은 무엇인가?

릭과 르노의 경우는 앞서 들었던 사례의 독일군 장군과 콜티츠의 경우와는 좀 다르다. 앞의 사례는 서로 대립하는 두 개의 악 중 더 작은 악을 선택한 것으로서 오히려 도덕적인 선택이라고 할 수 있었지만, 릭과 르노의 경우는 그렇지가 않다. 그럼에도 불구하고 릭과 르노는 멋있어 보이고, 관객들은 박수를 보냈다. 어떻게 그럴 수가 있는가?

릭과 르노의 경우를 분석해 보면 그들은 '살인'과 '살인 방조'라는 비도덕적 범죄 행위와 '사랑'과 '우정'이라는 도덕적 가치 사이에서 결국 사랑과 우정을 선택한 셈이다. 그렇다면 사랑과 우정이라는 도덕적 가치를 선택했기에 살인과 살인 방조라는 비도덕적 범죄 행위도 멋있는 행위가 된다는 이야기가 되고, 그렇다면 "비도덕적 행위는 어떤 경우도 멋이 될 수 없다"는 세 번째 명제는 타당성을 잃고 말 것이다.

하지만 이것 역시 사태를 좀 더 자세히 들여다보면 달리 평가될 수 있는 부분이 있음을 이해하게 된다. 릭의 멋은 자신의 희생을 각오하고서 사랑하는 사람을 구하고자 했던 그의 아름다운 인간성에서 비롯되었고, 르노의 멋은 친구의 아름다운 마음씨를 알고 그에 대해 배려해 주고자 했던 우정에서 비롯되었다. 사랑과 우정이라는 미적 가치인 것이다. 그렇지만 그 과정에서 '살인'과 '살인 방조'라는 범죄를 저질렀으니 여기서 중요한 것은 릭의 '살인'과 르노의 '살인 방조'가 정당화될 수 있는가 하는 문제다. 비록 살인과 살인 방조는 범죄 행위이지만 그것이 정당화될 수 있다면 그 행위는 비록 비도덕적인 것이라 할지라도 용인되는 것으로서 도덕적 비난에서 벗어날 수가 있을 것이기 때문이다.

만약 영화에서 살해당한 독일군 소령이 정직하고 근면하며 나무랄 데 없는 훌륭한 군인으로 묘사되었고, 그럼에도 불구하고 릭이 연인을 구하기 위해 그를 살해하였다면, 릭의 행위에 박수를 치면서 멋있다고 할 사람은 아무도 없을 것이다. 또한 그와 같은 릭의 행위를 눈감아 주면서 우정을 운운하던 르노를 멋있다고 말할 사람도 결코 없을 것이다. 그 까닭은 멋에 대한 우리들의 일반적인 믿음 때문이다. 릭이 어쩔 수 없이 그 훌륭한 장교를 살해했다고 할 경우, 우리는 연인에 대한 사랑에서 비롯된 릭의 행위를 보고 그의 아름다운 마음을 동정할 수는 있을지언정 그를 멋있다고 할 수는 없는 것이다. 동기가 아무리 아름다울망정 훌륭한 사람을 죽이는 행위가 결코 멋있어 보이지는 않기 때문이다.

하지만 영화에서의 사정은 달랐다. 살해당한 독일군 장교는 비겁하고 악질적인 인물로 묘사되고 있다. 비록 영화 속에서라 할지라도, 선량한 사람을 괴롭히는 악독한 사람이 고통을 맛보다가 끝내 죽음에 이를 때 관객들은 박수를 치면서 후련하게 여긴다. 게다가 악한의 그 고통과 죽음이 선량한 심성을 지닌 주인공에 의해서 이루어질 때 관객들은 그를 향해 '멋있다'고 환호한다. 도둑임에도 불구하고 루팡이나 일지매, 홍길동을 멋있다고 말하는 까닭이 여기에 있다. 남의 재산이나 물건을 훔치는 행위는 분명 비도덕적인 행위이지만, 그것이 사회를 좀먹는 악인들의 것이거나 연약한 백성들을 괴롭히는 탐관오리들의 것일 때, 우리의 심성은 그 같은 도둑질을 권장하지는 못할망정 용서하고 싶어 하는 것이다. 우리의 심성은 그 같은 행위가 정당화될 수 있다고 믿고 있는 것이다. 아무리 루팡이나 일지매가 뛰어난 지략과 소질을 지녔다 할지라도 그들이 선량하거나 의로운 마음을 갖지 않고, 또한 가난한 소시민들이나 연약한 백성들의 재산을 빼앗았다면, 그들에게 '멋'이란 용어는 결코 사용될 수가 없을 것이다.

이를 도덕론의 관점에서 본다면, 이 역시 공리주의적인 관점에서 정당화가 가능하다고 하겠다. 탐관오리를 죽이고 재물을 빼앗아 가난한 백성에게 나눠주는 행위의 결과는 악을 뺀 선의 총량이 훨씬 커 보인다. 따라서 공리주의적 관점에서 볼 때, 루팡이나 일지매의 행동은 정당화가 가능해 보이는 것이다. 다만 이 경우 중요한 것은 죽임을 당하는 상대가 탐관오리와 같은 악인이라는 사실이다. 살인이라는 범죄가 가져올 악의 총량은, 상대가 악인일 경우 훨씬 작은 가치로 계산될 수 있을 것이기 때문이다. 상대가 선인(善人)이라고 한다면 그의 죽음이 가져올 악의 총량은 결코 계산될 수 없을 만큼 클 것이다. 무고한 인간의 가치를 어떻게 계산할 수 있겠는가?

필자의 이와 같은 생각에 타당성이 있다면 릭과 르노의 범죄 행위도 그 정당성을 인정받을 수 있지 않을까? 만약 루팡이나 일지매를 멋있다고 할 수 있다면 릭과 르노도 멋있다는 표현이 가능하다고 해야 할 것이다. 그렇다면 그들의 행위는 결코 정당화될 수 없는 비도덕적인 행위라고 할 수는 없는 까닭에 "비도덕성과 멋은 공존할 수 없다"는 세 번째 명제는 여전히 강한 의미를 지닌다고 할 것이다.27)

(4) 멋의 본질은 미적 가치와 전체의 조화에 있다

지금까지 필자는 비도덕성이 멋과 공존할 수 없다는 주장을 세우고, 이를 입증하는 방식으로 비도덕적이면서도 멋있어 보이는 사례들을 제시하고, 그 사례 속에서 드러나는 비도덕성이라 할지라도 공리주의적인 관점에서 보면 도덕적인 선택이 되기 때문에 도덕적 비난에서 벗어날 수 있다는 논리를 펼쳤다. 많은 독자들이 필자의 주장에 동의할 것이라고 믿지만, 반론의 문제점을 밝힘으로써 명제를 증명하고자

---

27) 필자의 이 같은 결론에 대한 반론 중에는, 상대가 독일군이었기 때문에 그의 죽음이 용인되는 것처럼 보이지만, 무고한 사람을 살해한 행위가 어떻게 사랑과 우정의 가치로 정당화될 수 있느냐 하는 지적이 있다. 무고한 사람을 살해하는 행위는 비도덕적인 것임에 분명하다. 하지만 상대가 악인이라면 결코 무고한 사람은 아니다. 물론 악인이라 할지라도 살인은 분명 범죄이지만 이때 중요한 고려사항은 상황이라 할 것이다. 불가피한 상황, 가령 무고한 자신이 죽임을 당할 경우라면 상대가 악인이 아니라 무고한 자라 할지라도 정당방위가 인정되기 때문이다. 릭과 르노가 처한 상황은 사실 애매한 부분이 없지는 않다. 독일군 소령은 자신의 임무를 수행하는 것이었기에 무고하다고 할 여지가 있기 때문이다. 아마도 『카사블랑카』의 작가도 이와 같은 고민을 하지 않았을까? 작가가 소령을 악인으로 묘사한 것이 그 해법이 아니었을까? 그럴 가능성이 높아 보이지만 그럼에도 의문점은 여전히 남는다. 과연 악인의 살해는 정당화가 가능할 것인가, 소령의 살해가 릭과 르노에게 정당방위였을까 하는 의문이다.

하는 이 방법은 다분히 소극적이다. 좀 더 적극적인 논리는 왜 비도덕적인 것이 멋이 될 수 없느냐 하는 근거를 제시하는 것이라 하겠다.

필자는 이 문제에 대해 다음과 같은 대답을 생각해 보았다. 멋의 참 의미가 가치, 특히 미적 가치에 있고, 미적 가치 중에는 도덕적 가치나 도덕과 무관한(초도덕적) 미적 가치가 있다는 지금까지의 논리가 타당하다면, 비도덕성은 궁극적으로 미적 가치를 훼손시키기 때문에 멋이 될 수 없다는 대답이 그것이다. 바꾸어 말하면 일탈이나 파격도 멋이 될 수 있다고 했는데 이것들이 도덕적 일탈이나 파격이라 할지라도 멋이 될 수 있는 까닭은, 그 일탈이나 파격이 전체적인 미적 가치와의 조화를 깨뜨리지 않음은 물론이요, 더 나아가 전체의 미적 가치를 상승시켜 주기 때문이라는 것이다.

다시 말하면 비도덕적인 어떤 것도 멋이 될 수 없는 이유는 그것이 비도덕적이라는 이유보다도 그것이 전체적인 미적 조화를 깨뜨리기 때문이라는 것이다. 자신의 부하들을 죽이면서까지 오케스트라 단장과 단원을 살려주었던 쉴러나, 총통의 명령을 거부하면서까지 파리를 폭파하지 않았던 콜티츠의 경우도 모두 이 대답으로 설명이 가능하다. 그들의 행위는 전체적인 미를 깨뜨린 것이 아니라 전체의 미적 조화를 지켜냈기 때문에 멋있는 것으로 간주될 수 있다는 것이다. 물론 릭과 르노의 경우마저도 전체적인 미적 가치의 조화라는 관점에서 이해될 수 있다. 이렇게 본다면, 멋의 본질은 미적 가치와 전체의 조화, 다시 말하면 전체의 관점에서 본 미적 가치에 있다고 할 수 있겠다. 도덕의 일탈이라 할지라도 그것이 멋이 될 수 있는 이유는 전체의 미적 가치를 높이기 때문이요, 비도덕성이 멋이 되지 못하는 까닭은 그것이 전체의 미적 가치를 훼손하기 때문이라는 것이다. 이에 대해서는 뒤에서 다시 정리해 언급하기로 한다.

라. 멋의 이차적 의미

지금까지 논의한 바를 정리하면 다음과 같이 다섯 가지로 요약된다.

첫째, 가치를 수반하지 않는 멋이란 존재하지 않는다. 그러므로 멋있는 모든 것들은 가치를 지니고 있다.

둘째, 가치가 있는 대상이나 행위라고 해서 모두가 멋있는 것은 아니며 오직 미적 가치를 지닌 것만이 멋있다고 할 수 있다.

셋째, 도덕적 행위 중에는 미적 가치가 있는 것도 있고 없는 것도 있다. 멋에는 미적 가치의 수반이 필수인 까닭에 오로지 미적 가치를 지닌 도덕적 행위만이 멋있는 행위의 범주에 속한다. 같은 논리로 도덕과 무관한 행위라 할지라도 그것이 미적 가치를 지니고 있다면 역시 멋있는 행위가 될 수 있다.

넷째, 미적인 가치를 지녔다고 해서 그 대상이나 행위가 모두 멋있는 것은 아니다. 미적인 가치를 지녔다고 해도 그것이 비도덕적인 것이라면 결코 멋의 범주에 들어갈 수 없다. 어떠한 경우에도 비도덕적인 행위는 멋이 될 수 없기 때문이다. 비도덕적인 행위임에도 불구하고 멋있어 보이는 것은 그것이 도덕적으로 정당화될 수 있기 때문이다. 이 경우는 비도덕적 행위들 간의 선택인 까닭에 비도덕적이라기보다는 불가피한 도덕적 선택(inevitable moral choice)으로 이해되어야 한다.

다섯째, 가장 중요한 결론으로서 멋의 본질은 미적 가치의 전체적인 조화에 있다. 도덕적인 행위가 멋있는 까닭은 미적 가치를 갖기 때문이고, 도덕과 무관한 가치가 멋이 되는 것도 그것이 미적 가치를 지니기 때문이다. 그렇지만 비도덕적인 것이 멋이 될 수 없는 이유는 그것이 미적 가치를 훼손하기 때문이다. 같은 이유에서 도덕적 일탈이나 파격과 같은 비도덕적인 것이 멋이 될 수 있다면 그것들이 전체와의 조화를 이루어 전체적인 관점에서 미적 가치를 상승시키기 때문이다. 비도덕적 행위라 할지라도 전체와의 조화 속에서 전체적인 미적 가치를 향상시킨다면 비도덕적 행위라 할 수 없다는 것이다.

여기서 다시 한 번 살펴보아야 할 것은 조지훈이나 한갑수의 멋에 대한 개념이다. 조지훈은 파격이나 일탈도 멋이 된다 하였고, 한갑수는 멋을 선악과 시비의 유무로부터도 벗어난다고 하였다. 파격이나 일탈도 멋이 된다는 조지훈의 주장은 필자의 논리와 다르지 않다고 보아 수용할 수 있지만, 멋이 시비선악(是非善惡)과도 상관없다는 한갑수의 견해는 주의가 필요하다. 시비선악과 상관없다는 것은 옳건 그르건, 선하건 악하건 간에 멋이란 말은 다 통용될 수 있다는 것으로 해석된다. 그런데 이와 같은 한갑수의 견해가 멋은 도덕과 무관한 가치(nonmoral value)라는 것을 주장하기 위한 것이라면 문제가 없다. 이 경우라면 필자가 문제 삼고 있는 비도덕성(immorality)과는 관계없기 때문이다.

하지만 옳건 그르건, 선하건 악하건 상관없이 모두 멋이 된다는 그의 주장이 그른 것과 악한 것, 즉 비도덕적인 행위(immoral act)도 멋이 된다는 주장이라면 필자의 견해와는 아주 다른 것으로서 심각한 문제를 야기한다. 이미 밝혔듯이 비도덕적 행위가 멋이 될 수 없는 이유는 미적 가치의 훼손 때문이었다. 멋의 본질을 미적 가치에서 찾았기에 미적 가치를 훼손하는 비도덕적인 것은 결코 멋이 될 수 없다는 것이 필자의 주장이었기 때문이다. 만약 비도덕적 행위라 할지라도 멋이 될 수 있다면 오직 하나의 전제, 즉 전체와의 조화에서 미적 가치를 상승시킨다는 전제 위에서만 가능한 것이었다. 따라서 멋이란 시비선악과도 상관없다는 한갑수의 주장이 타당한 것은 오직 한 경우, 전체와의 조화에서 미적 가치를 상승시키는 그때뿐이라 할 것이다.

조지훈, 한갑수 교수의 주장까지 살펴본 이후, 필자가 입증하고자 했던 핵심은 이제 다음과 같이 재정리될 수 있겠다.

첫째, 멋의 본질은 미적 가치에 있다. 본질에 충실한 행위(다움)나 도덕적 행위가 멋이 되는 이유가 여기에 있다. 또한 도덕과 상관없는 가치들이 멋이 되는 까닭도 여기에 있다.

둘째, 멋의 본질은 전체와 조화된 미적 가치에 있다. 일탈이나 파격이 멋이 되는 이유다. 일반적으로 일탈이나 파격은 질서의 미적 가치를 훼손하는 것으로서 멋이 되지 않는다. 하지만 어떤 일탈이나 파격은 전체와의 조화 속에서 전체적인 미적 가치를 향상시킨다. 그 경우의 일탈과 파격이 멋이 되는 이유다.

셋째, 비도덕적인 것은 어떤 것도 멋이 될 수 없다. 멋의 본질이 미적 가치에 있는데 비도덕적인 것은 미적 가치를 훼손하기 때문이다.

넷째, 비도덕적인 것이라 할지라도 멋이 되는 경우가 있다. 여기엔 두 가지가 있다. 하나는 비도덕적인 것들 중에서 선택할 수밖에 없는 딜레마의 경우다. 이 경우는 어떤 선택이건 비도덕적인 것이기에 불가피한 '비도덕의 선택'이다. 하지만 그 선택이 전체와 조화된 미적 가치를 향상시킨다면 비도덕적인 것이라 할지라도 멋이 된다. (오케스트라 지휘자를 살린 쉴러와 파리를 구한 콜티츠의 경우가 그렇다.) 다른 하나는 비도덕의 선택이었지만 전체적인 조화의 미를 가져오는 경우다. (루팡과 일지매, 릭과 르노의 경우가 그렇다.) 이를 공리주의적 관점에서 본다면 이 선택은 '비도덕적인 것'임에는 틀림없지만 전체 선의 극대화라는 점에서 비도덕이 아니라 '도덕적 선택'이 된다. 비록 비도덕적인 선택이라 할지라도 '비도덕적'이라는 비난에서 벗어날 수 있다는 것이다. 이런 점에서 "비도덕적인 것은 어떤 것도 멋이 될 수 없다"는 필자의 세 번째 명제는 여전히 힘을 갖게 된다. 하지만 지금까지 논의한 것을 토대로 한다면 필자의 세 가지 명제들은 이제 다음과 같이 네 가지로 정리될 때 더욱 명백하다 할 것이다.

① 모든 멋있는 것은 가치를 지니고 있다.

② 모든 멋있는 것은 미적 가치를 지니고 있다.

③ 비도덕적인 것은 어떤 경우에도 멋이 될 수 없다.

④ 정당화될 수 없는 비도덕적인 것은 어떤 경우에도 멋이 될 수 없다.

물론 이때의 "정당화될 수 없는"이라는 표현은, 의무론적인 관점은 물론이요, 공리주의적 관점에서도 정당화될 수 없는 경우를 의미한다.

마. 멋과 미와 도덕의 관계

지금까지의 논의를 토대로 이제 멋과 미, 멋과 도덕의 관계를 살펴보자. 이것은 멋의 의미 탐구에서의 결론이라고 말할 수도 있겠다.

먼저 멋과 미의 관계를 말해 보자. 멋있는 모든 것은 미적 가치를 지니고 있다. 그러나 미를 지닌 모든 것을 다 멋있다고 할 수는 없다. 왜냐하면 미적 가치를 지닌 것 가운데는 멋이라고 하기 어려운 슬픔이나 분노도 있을 수 있으며 무엇보다도 비도덕적인 것도 그 안에 포함될 수 있기 때문이다. 가령 슬픔의 미, 분노의 미, 죽음의 미, 자살의 미 따위가 가능하며, 나아가서는 죽임(killing)의 미학이 생겨날 수도 있는 것이다.[28] 슬픔의 미나 분노의 미는 보기에 따라서 멋으로

28) 사진작가 조엘 피터 위트킨(Joel Peter Witkin)은 예술적 아름다움의 가치를 위해 사체(死體)들로 구성한 많은 사진들(가령, 시체로 만든 눈동자, 시체들의 입맞춤 등)을 남겼고, 미학자 매튜 키이란(Matthew Kieran)은 예술적 완성을 위해 도덕마저도 포기할 것을 주장한다. 이들의 작품들은 어떤 이들에게는 강렬한 미적 가치를 부여할 것이지만, 이 작품들을 멋있다고 하기는 어려울 것 같다. 미적 가치는 부여할 수 있지만 도덕성의 결여를 멋있다고 할 수는 없기 때문이다.

승화될 수 있을지도 모르지만, 그러나 정당화될 수 없는 자살이나 죽임은 어떠한 경우에도 결코 멋있다고 할 수 없다. 도덕성이 결여된 행동이면서도 미적 가치가 있다고 해서 이 같은 것들에 멋이 부여될 수 있다면, 멋의 이름으로 행해질 이 세상의 범죄는 훨씬 많아질지도 모를 일이다. 그러므로 정당화될 수 없는 비도덕적인 행위이면서도 멋있는 행위란 있을 수 없으며 있어서도 안 되는 것이다.

멋과 도덕의 관계는 이렇다. 도덕적인 가치를 지닌 것 가운데는 멋있는 것도 있고 아닌 것도 있다. 왜냐하면 멋의 본질은 도덕에 있는 것이 아니라 미적 가치에 있기 때문이다. 따라서 도덕적 행위 가운데 미적 가치를 지닌 것만이 멋의 범주에 들어갈 수 있는 것이다. 멋은 도덕과 상관없는 것이기도 하고 또한 도덕으로부터 벗어날 수 없는 것이기도 하다. 왜냐하면 유오산수(遊娛山水)나 호연지기(浩然之氣)는 도덕과 상관없는 가치이면서도 멋이 되는 까닭에 멋은 도덕으로부터 벗어나기도 하지만, 사악한 거짓말이나 살인 행위 같은 비도덕적인 것은 결코 멋이 될 수 없는 까닭에 멋은 또한 도덕으로부터 벗어날 수 없기 때문이다. (물론 비도덕적인 행위라 할지라도 전체적인 미의 조화로서 정당화될 수 있는 경우는 예외라 할 것이다.) 이처럼 멋과 미와 도덕의 관계를 토대로 볼 때 미적 가치가 없는 멋이란 성립하지 않으며, 미적 가치가 있다 할지라도 비도덕성과 결부된 어떤 것도 멋있다고 말할 수 없는 것이다. 이를 그림으로 표현하면 다음과 같다.

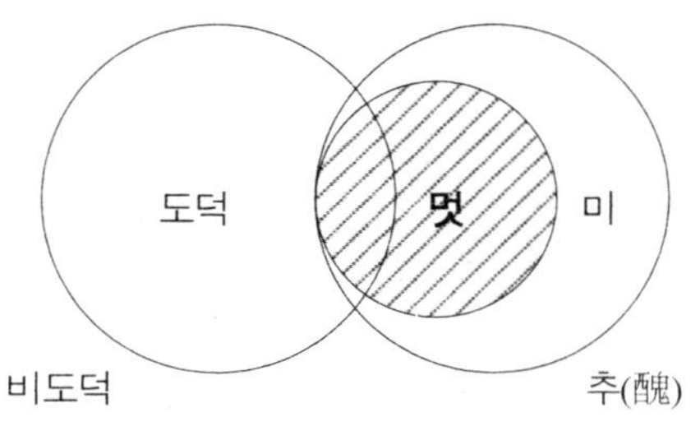

4. 멋있는 사람, 멋있는 인생

가. 멋있는 모습과 태도, 멋있는 행위

멋은 일차적으로 '모습'과 '태도' 그리고 '행위'에 부여된다. '모습'에서의 멋은 생물은 물론이요 무생물에도 적용된다. 광채가 나는 다이아몬드나 아름다운 자연 경관을 보고 우리는 멋있다고 말한다. 표범의 달리는 모습이나 물 위에 떠 있는 백조의 우아한 자태도 참으로 멋있다. 늘씬한 팔등신 미녀의 모습도 우리는 멋있다고 표현한다. 모습을 보고 멋있다고 표현할 때 여기에는 도덕과의 연계성이 없다. 다만 미적 가치로서의 아름다움만 있으면 된다.

다시 말하면 모습 자체를 멋있다고 표현할 때는 도덕적이든 아니든 상관없이 아름답다고 말할 수 있는 미적 가치만 있으면 모두 멋있다고 할 수가 있는 것이다. 동시에 아름다운 모든 대상은 적어도 모습에서만은 모두 멋있다는 표현이 가능하다. 즉, 멋과 미적 가치는 같은 개념인 것이다.

그러나 모습이라 할지라도 '태도'라고 말할 때는 사정이 조금 다르다. '태도'에서의 멋을 논할 때 그 대상은 인간이며, 이는 도덕과 연관되기 때문이다. 자신의 불이익을 감수하면서도 웃어른을 공경하는 태도나, 잘못이 없음에도 불구하고 꾸지람하는 선생님의 말씀에 다소곳한 학생의 태도를 우리는 멋있다고 말한다. 특히 친구의 잘못을 뒤집어쓰고서도 고자질하지 않고 인내하는 태도는 더욱 멋있다고 말한다.

그렇지만 모습의 경우와는 달리 태도에서의 멋은 비도덕적인 경우가 있을 수 없다. 바꾸어 말하면, 비도덕적이면서도 멋있는 태도란 있을 수 없는 것이다. 비도덕적인 어떠한 태도도 아름답다고 표현할 수 있는 미적 가치를 갖지 못하기 때문이다. 그러므로 태도에서의 멋은 미적 가치를 지닌 도덕적 태도를 의미한다. '모습이 멋있다'는 것과는 달리 '태도가 멋있다'고 말할 때 그것은 도덕적 태도를 말하는 것이다.

그러나 '행위'에서의 멋은 격이 또 다르다. '행위'에서의 멋 역시 오로지 인간에게만 적용되며, 이의 대전제도 행위 속에서 아름다움을 느낄 수 있는 미적 가치를 지녀야 한다는 것이다. 미적 가치가 없는 어떤 행위도 멋있다고 표현할 수가 없기 때문이다. 그렇지만 미적 가치를 지닌 모든 행위가 다 멋있는 것은 아니다. 악당이 멋있는 모습으로 총을 쏘아댈 경우 총을 쏘는 모습 자체는 미적 가치를 지녔을지 모르되 그의 행위를 멋있다고 할 수는 없다. 이른바 여자 꽃뱀이 감언이설(甘言利說)과 아름다운 자태로 남자를 유혹할 때 그 모습 자체는 미적 가치를 지녔을지언정 그 행위를 멋있다고 말할 수는 없다. 그들의 행위가 모두 비도덕적인 까닭이다.

물론 앞서 예를 들었듯이 정당화될 수 있는 비도덕적인 행위의 경우는 다르다. 그러므로 행위에서의 멋은 적어도 두 가지 전제, 즉 미적 가치를 지녀야 하며 또한 도덕적 비난에서 벗어날 수 있는, 정당화될 수 있는 행위 위에서만 가능한 것이다.

나. 멋있는 사람

멋에는 미적 가치의 수반이 필수적이라 하였다. 또한 모습과 태도, 행위에 부여되는 멋의 의미도 살펴보았다. 이제 멋의 대상을 인생 전반으로 넓혀보자. 멋있는 인생이란 그 사람의 삶이 모습이나 태도 혹은 행위로 말미암아 전체적인 가치가 미적으로 뛰어날 때 그렇게 부를 수 있을 것이다. 그러나 무엇보다도 어떤 사람의 삶이 멋있다고 할 때는 그 사람의 행위에 의한 평가가 주를 이루게 되는 만큼, 미적인 가치와 도덕성의 의미가 크다고 해야 할 것이다.

멋있는 사람에 대한 논의를 김시헌과 윤태림, 유엽, 세 문인의 견해를 토대로 펼치고자 한다. 주의 깊게 보아야 할 것은 이들의 주장 모두가 앞서 필자가 제기했던 멋에 대한 네 가지 명제와 부합하고 있다는 사실이다.

(1) 솔직 담백한 사람은 멋있다

김시헌은 「멋을 아는 사람」이라는 에세이에서 "솔직과 담백"을 멋의 중요한 한 부분으로 인정하면서 "고독 속에서도 자신을 바라볼 수 있는 여유"를 가진 사람, "예술을 사랑할 수 있는 사람", "자연을 사랑할 줄 아는 사람"을 멋을 아는 사람이라고 말한다.29) 멋에서 솔직과 담백이 중요한 까닭은 멋이 순수함 속에 깃든 정신의 한 표현이기 때문이요, 진실이 없는 멋은 허세요 허식이요 기만이기 때문이라고 그는 말한다. 그런 점에서 자연을 사랑할 줄 아는 사람은 꾸밈보다는 소박함을 사랑하고 억지보다는 순리를 좇기에 멋을 아는 사람이다. 또한 예술을 사랑하는 사람이 멋을 아는 사람인 까닭은 그 속에서 여유와 완전과 개성과 생명을 이해할 수 있는 사람이기 때문이다.

김시헌의 글에서 볼 수 있듯이 멋있는 인생은 진실과 순수라는 도덕성과, 여유와 완전과 개성이라는 아름다움을 지닌 인생이다. 무릇 비도덕적인 것에 대한 추구나 욕망에서는 멋을 발견할 수 없다. 또한 아름답지 않은 것에 대한 집착이나 열정에서도 멋을 찾을 수 없는 것이다. 그러므로 멋있는 인생이란 '진실과 순수'라는 도덕적 가치에 대한 추구 혹은 '삶의 여유'라는 미적 가치에 대한 추구 속에서 영위되는 인생이라 말할 수 있다.

---

29) 김시헌, 『멋을 아는 사람』(청조사, 1982), pp.121-124 참조.

(2) 풍류를 아는 사람은 멋있다

『한국인』이라는 책에서 윤태림은 한국인의 멋으로 정(情), 풍류, 의리, 해학을 들고 있다. 정이 있으며 정을 느낄 수 있는 사람, 풍류를 알고 풍류를 즐길 줄 아는 사람, 의리가 있고 의리를 중시하는 사람, 그리고 유머 감각이 뛰어난 사람을 윤태림은 멋있는 사람으로 꼽는 것이다.[30] 정은 "인간을 소외감에서 구원해 주는 초원 같은 것"으로서 정이 있는 사람은 확실히 멋이 있다. 시를 읊을 줄 알고 음악을 즐기는 풍류객 또한 멋있어 보인다. 의리를 알고 은혜를 갚을 줄 아는 사람, 위트와 해학이 뛰어난 사람은 정말 멋있어 보인다.

그렇지만 윤태림의 글을 꼼꼼히 읽어보면, 그가 우리의 멋으로 내세운 정, 풍류, 의리, 해학이 우리가 일상생활에서 접하는 단순한 이웃 간의 정이나, 시와 음악을 즐기는 풍류나, 은혜를 알고 약속을 지키는 의리나, 사람들에게 웃음을 주는 것만 의미하고 있지 않다는 사실을 알 수 있다. 인간미가 넘치는 정도 물론 중요하고, 은혜에 대한 보답도 중요하며, 시와 음악을 통한 낭만과 유머도 중요하지만, 그것들 안에 들어 있는 삶의 철학 내지 가치에 대한 이해가 중요함을 윤태림은 암암리에 강조하고 있는 것이다.

가령, 풍류의 예로써 들고 있는 물계자(勿稽子)와 백결(百結) 선생의 경우를 살펴보자. 물계자는 신라 제10대 내해왕(奈解王) 때의 인물로서 평생을 칼과 거문고와 향가(鄕歌)로 지낸 사람이다. 힘은 장사였지만 행동은 촌부와 다름없었고, 전쟁에 두 번씩이나 참가하여 수훈을 세웠지만 벼슬을 마다하고 초막에서 일생을 지낸 것으로 알려졌다. 물계자의 문인들은 그를 중심으로 하여 하나의 풍기(風氣)를 이루어냈다고 하는데, 윤태림은 이를 멋(풍류)이라 표현한다. 검술을 배우

---

30) 윤태림, 『한국인』(현암신서, 1982), pp.333-386 참조.

고자 그를 찾아오는 사람들에게는 음악을 먼저 가르치고, 음악을 배우고자 오는 사람들에게는 검술을 먼저 가르치면서 조화와 융통투철(融通透徹)을 전수케 하였다고 전해진다. 조화와 융통과 투철함은 그에게서 지상 최고의 덕이었던 것이다.[31]

한편, 물계자의 제자로 알려진 백결 선생은 치국평천하(治國平天下)의 길 자체가 음악에 있다고 말한 악성(樂聖)으로서 이름을 널리 떨친 인물이다. 그는 풍류도(風流道)를 모든 가치 판단의 기준으로 삼았는데, 풍류도는 유교의 정대지도(正大之道)와도 다르고, 불교의 원묘지도(圓妙之道)와도 다르며, 도교의 현허지도(玄虛之道)와도 다른 현묘지도(玄妙之道)[32]로서, 유불선(儒佛仙) 삼도(三道)를 내재적으로 겸유한 조화와 같은 것이라고 말한다.[33] 이 조화의 이치를 그는 음악에서 찾았던 것이다.

이렇듯 풍류를 즐길 줄 아는 사람을 멋있는 사람이라고 한 윤태림의 글에서는, 물론 그가 스스로 그렇게 표현하고 있지는 않지만, 실상 풍류 속에서 찾을 수 있는 조화와 융통의 철학이 강조되고 있다.

(3) 해학과 유머가 넘치는 사람은 멋있다

해학에서도 사정은 마찬가지다. 유머나 위트가 갖고 있는 의미를

---

31) 같은 책, pp.360-361 참조.

32) 정대(正大)는 올바르고 당당함을 일컫는 것으로 유교에서 가장 중시하는 가르침이고, 원묘(圓妙)는 참된 마음이란 원만하여 막힘이 없다는 불교의 가르침이고, 현허(玄虛)는 인위적이지 않은 자연 그대로의 삶을 추구하는 도교의 가르침이다. 『삼국사기(三國史記)』에 인용된 최치원의 「난랑비 서문(鸞郎碑 序文)」을 보면, "나라에 현묘(玄妙)한 도(道)가 있으니 이를 풍류(風流)라고 하며, 그것은 실로 유불선(儒佛仙)의 삼교(三敎)를 포함하고 있다"는 표현이 나오는데, 풍류도를 현묘지도(玄妙之道)라고 칭하는 것은 여기서 비롯되었다고 하겠다.

33) 윤태림, 앞의 책, pp.362-363 참조.

윤태림은 "권력에 대한 반항이요, 압박으로부터의 해방"이라고 표현한다.[34] 그 예로써 그가 들고 있는 인물이 정수동(鄭壽銅)이다. 정수동은 남다른 재질을 지녔음에도 신분 때문에 영달을 얻지 못한 불평을 특유의 위트로써 표현하여 특권층을 조롱해 온 조선시대 인물이며 김삿갓과 함께 해학의 달인으로 알려져 있다.

그 정수동이 노략질 잘하는 한 대감의 사랑방에서 "세상에서 가장 무서운 것"을 주제로 그 대감을 포함하여 여러 문객들과 대화를 나눈다. 문객들은 호랑이다, 도둑이다, 양반이다 등의 의견을 내놓지만, 이에 정수동은 "호랑이를 탄 양반 도둑"을 가장 무서운 존재라고 말함으로써 문객들과 대감을 한바탕 웃긴다. 그러나 정수동의 말이 실상은 그 말을 듣고 너털웃음을 터뜨린 대감 자신, 즉 호피(虎皮) 방석 위에 앉아 있는 양반이었다는 사실을 그 대감은 오랜 시간이 흐른 뒤에서야 깨닫고 노여움을 감추지 못한다. 그러나 그때는 이미 많은 문객들 앞에서 정수동으로부터 조롱을 당해 버린 뒤다.

정수동은 그 한마디로써, 재질이 뛰어났음에도 쓰이지 못하는 자신의 아픔을 대감에 대한 조롱으로 토해 버림과 동시에, 노략질만 일삼는 양반 사회의 비도덕성을 준엄하게 꾸짖었던 것이다.

이처럼 해학을 즐길 줄 아는 멋에도 단순한 기지나 유머러스한 말로 좌중을 웃기는 데 그치는 것이 아니라 두고두고 여운이 흐르는 삶의 가치와 철학이 들어 있는 경우가 있으며, 윤태림은 이를 우리 민족의 참 멋이라고 이해하는 것이다. 멋있는 인생이란 각박한 삶 속에서도 여유를 찾고, 정직함과 순수함을 지니면서 삶을 관조할 줄 아는 조화와 융통의 철학과 가치를 담고 있는 삶인 것이다.

34) 같은 책, p.383.

(4) 삶에 여유를 갖고 조화를 아는 사람은 멋있다

윤태림이 멋을 조화와 융통에서 찾고 있는 것과 같이 유엽(柳葉) 스님도 멋을 융화(融和)에서 찾고 있다. 그에 의하면 융화란 "원융하게 조화되었음"을 뜻하는 것으로서, 원융(圓融)은 "뚜렷하게 가득하게 빈틈이 없이 부족함이 없이 넉넉히 무르익었음"이며, 조화란 "빗나가지 않고 골고루 퍼져 잘도 어울렸음"을 의미한다.

따라서 멋은 "모든 것들이 온통 하나도 빠짐없이 두루 잘 어울려졌을 때의 모습을 이른 말"이다.[35] 본디 인간은 깨끗하고 깨쳐 밝아 두루 잘 어울려 있는 존재였지만 스스로의 짓거리로 버릇을 만들고 이를 전통으로 삼아 마침내 온갖 꾸밈새에 이르게 되었으니 이는 결코 멋있는 삶이 아니다. 멋있는 삶이라면 이 같은 거짓으로부터 벗어나 참되고 소박하고 조화롭게 사는 것이다. 유엽 스님은 다음과 같은 예화를 통해 멋있는 삶의 모습을 우리에게 전한다.

> 해인사 퇴설당 선방에서 일어난 일로서 당시 해인사 주지 스님인 회광(晦光)은 왜정 총독부를 등에 업고 한참 으스대면서 참선을 흉내 내기도 하고, 스스로를 회광불(晦光佛)이라고도 자칭하였다.
>
> 그해 칠월 보름 법회를 맞이하여 회광불이 법문을 시작하였는데 그는 청중을 향하여 다음과 같이 말했다. "일구(一口)로 흡진낙동수(吸盡洛東水)로다. 삼세제불(三世諸佛)과 역대조사(歷代祖師)가 다 오늘 이 산승(山僧)의 입으로부터 나왔느니라."
>
> 그 말이 떨어지기가 무섭게 대중 가운데서 한 수좌(首座)가 일어나 공손히 세 번 절하더니 커다랗게 물었다. "스님, 삼세제불과 역대조사는 스님의 입에서 나왔거나 말았거나 그것은 묻지 않거니와 스님은 어디로부터 나오셨습니까?"
>
> 수좌의 질문에, 신이 나서 하늘을 찌를 듯하던 회광불의 얼굴빛이 가

35) 유엽, 『멋으로 가는 길』(보림사, 1983), p.70.

시어 벌겋게 달아오르면서 입이 붙어버렸다. 그러자 그 수좌는 가사(袈裟)를 벗어 어깨에 걸치면서 "허! 분하다. 부처님인 줄 알고 절을 했더니 멀쩡한 속한이로구나." 하고 소리 지르며 법당을 나가버렸다.[36]

온갖 꾸밈새가 판치는 세상에서 꾸밈을 벗어나 참되고 소박하며 조화롭게 살기를 원했던 수좌 스님이야말로 멋있는 사람이며, 멋있는 생을 보낸 사람이라는 것이다.

이상 김시헌, 윤태림, 유엽 스님의 글을 중심으로 멋있는 사람들이 추구하는 가치들을 살펴보았다. 이를 요약해 본다면 멋있는 사람은 진실(순수)하고, 조화(융통)로우며, 해학(여유)이 있고, 낭만(풍류)적인 삶을 추구하는 사람들이다. 그리고 이 가치들은 앞서 살폈던 멋의 참의미, 미적 가치, 도덕적 및 초도덕적(도덕과 무관한) 가치와도 잘 융합되며, 나아가 비도덕적인 어떤 것과도 연계되지 않음을 알 수 있다.

5. 멋있는 삶과 그 기본 요건

지금까지 필자는 여러 학자들의 견해를 토대로 하여 필자 나름대로의 멋 개념을 정립하였고, 또 멋있는 사람들의 삶의 모습에 대해서도 살펴보았다.

이제 멋에 관한 마지막 논의로서 멋있는 삶을 영위하기 위하여 필요한 요건에 대해 생각해 보기로 한다. 이는 멋있는 삶의 실천을 위한 전제조건으로서, 멋있는 삶을 꿈꾸는 사람들에게는 적어도 다음과 같은 세 가지 요건이 필요하다는 생각에서이다. 그것들은 전문성, 이타성(利他性), 조화성이다.

---

36) 같은 책, pp.71-73에서 발췌, 요약, 재정리하였음. 이때의 수좌 스님이 훗날 금강산 신계사 보운암에서 정진하던 석두(石頭) 스님이다.

필자가 이 세 가지를 멋있는 인생의 실천을 위한 요건이라고 말하는 까닭은 이것들이 앞서 밝혔던 멋의 참 의미와 멋있는 삶의 가치들을 추구하는 데 매우 중요한 요소들이라 생각하기 때문이다. 다시 말하면 미적 가치와 도덕적, 초도덕적(도덕과 무관한) 가치로 규명된 멋의 의미는 물론이요, 진실, 조화, 해학, 낭만의 가치를 추구하는 멋있는 삶을 이끌기 위해서는 전문성, 이타성, 조화성을 갖추는 것이 필수적이라는 것이다.

가. 전문성

첫째, 전문 능력을 구비해야 한다. 멋있는 삶을 누리기 위한 첫 번째 요건은 무엇보다도 자기 일에 대한 실력을 쌓는 일이다. 멋있는 인생을 위해서는 어떤 직책에 어떤 직분이 주어지더라도 그것을 해낼 수 있는 능력을 갖추는 일이 필요하다. 멋은 삶의 여유가 없이는 일구어낼 수가 없다. 멋의 본질은 미적 가치에 있으며, 미와의 조화에서 비롯된다. 조화는 여유가 없이는 불가능하며, 동시에 자신의 일에 대한 실력 없이는 삶에서 여유를 찾기란 쉽지 않다.

물론 학자들 가운데 멋의 최고의 차원을 '초탈(超脫)' 혹은 '달관(達觀)'에서 찾는 이도 있다.[37] 그러나 초탈이나 달관도 능력과 전문성을 갖춘 사람에게서나 가능한 일이다. 피카소의 그림은 아무렇게나 그려진 것 같아도 전문가들은 그의 그림을 높이 평가하고 그것에 큰 의미를 부여한다. 그 까닭은 무엇인가? 그것은 그가 화가로서의 기본

37) 정범모는 멋있는 사람의 한 조건을 '인간의 폭'에서 찾고 있으며, 이 '폭'이란 지성, 덕성, 감성 등을 포함하여 인간적 특성들이 어우러져 있는 전인성(全人性)을 지칭한다. 정범모는 또한 인간의 깊이 혹은 높이라고도 할 수 있는 '창조성'도 멋의 조건으로 꼽고 있으며, 무엇보다도 '초탈' 내지 '달관'을 멋의 최고 차원이라고 말한다. 정범모, 『중앙일보』(1996. 11. 28) 참조.

적인 길을 충실히 걸어왔고 그 길 위에서 자신만의 독창성을 발휘해 왔기 때문이다. 다시 말하면 화가로서의 전문적인 능력에 대한 충분한 인정 위에서야 비로소 기존의 틀을 깬(초탈한) 그의 그림이 빛을 보게 된 것이다.

원효는 무애선사(無碍禪士)로 불릴 만큼 규범과 속박으로부터 일탈한 기승(奇僧)이었다. 그러나 원효의 생이 멋있다는 데 반론을 펼 사람은 거의 없을 것이다. 그는 그야말로 멋의 최고 차원으로서의 초탈의 표본적인 인물이다. 그렇지만 원효의 그 같은 삶은 그가 기존의 규범과 속박 속에서 지내온 수많은 시간들이 있었기 때문에 가능하였다. 다시 말하면 그만한 전문적 능력을 충분히 갖추었기 때문에 그렇게 행동할 수 있었던 것이다.

이처럼 멋있는 삶을 구가하기 위한 첫째 요건은 전문적인 실력의 배양에 있다. 따라서 멋있는 삶을 갖기 위해서는 실력을 먼저 쌓아야 한다. 이는 기초교육부터 고등교육에 이르기까지 교육기간 동안 열심히 공부하는 것은 물론이요, 이후에도 전문적 지식 함양을 위해 꾸준히 노력해야 함을 함축한다.

멋있는 삶을 실천하기 위하여 전문 능력이 필요한 또 다른 이유는 그것이 전체적인 조화미를 가져온다는 데 있다. 앞에서 보았듯이 조지훈이나 윤오영 등 많은 학자들은 멋을 규범에서의 일탈이나 파격에서 찾고 있다. 일탈이나 파격이 멋있는 까닭은 무엇인가? 그것은 일탈이나 파격이 그 나름대로의 미적 가치를 지니고 있기 때문이다. 그 미적 가치란 전체적인 조화의 미다. 전체적인 조화미를 향상시키지 못하는 일탈이나 파격을 멋있다고 할 수는 없는 것이다.

그렇다면 일탈이나 파격임에도 불구하고 전체적인 조화미를 상승시키게 하는 것은 무엇일까? 전문 능력이 그 역할을 한다. 원효의 경우는 수행승으로서의 전문성이 무애(無碍)의 일탈과 파격마저도 조화롭게 만들었다. 그가 그저 땡추중에 불과했다면 그의 일탈과 파격이 조화미를 가져올 수 있었을까? 일탈이나 파격은 종종 비도덕성의 경계선까지 올 수 있지만, 비도덕성의 경계를 넘지 않게 하는 것이 전문성인 것이다. 비도덕성의 경계를 넘어버리면 조화의 미는 깨진다. 그것은 결코 멋이 될 수 없다. '무애'라는 원효의 일탈을 정당화시킨 것, 그것은 전체적인 조화의 미이고, 그 미를 가져오는 것이 전문성인 것이다.

또 다른 예를 들어보자. 마셜이 대위 시절, 군사령관의 심한 질책을 받고 있는 사단장을 위해 사령관의 허락도 없이 자신의 소견을 피력한다. 대위 계급의 하급 장교로서는 결코 할 수 없는 파격적인 행동이다. 하지만 그의 변론은 군사령관의 질책이 온당치 않음을 밝혔고, 사령관으로 하여금 스스로 질책을 멈추게 만든다. 마셜의 멋이 살아나는 순간이다. 무엇 때문인가? 비록 군사령관 앞이라 할지라도 전문성에 입각한 마셜의 변론은 타당한 것이었고, 있을 수 없는 파격이라 할지라도 그의 행동은 전체적인 조화의 미를 구현했던 것이다. 마셜의 소견이 전문성에 입각한 것이 아니었다면, 다시 말해 그저 허튼소리에 불과했다면 그의 파격적인 행동은 멋이 되기는커녕 처벌을 면치 못했을 것이다. 전문성이 전체적인 조화의 미를 이끌어 멋이 된 사례라 하겠다.

나. 이타성

둘째, 멋은 내가 아닌 남을 위하는 마음가짐에서 가장 많이 드러나는 까닭에 이타행(利他行)의 자세가 요구된다. 흔히 남을 위해 베푸는 삶의 자세를 일컬어 덕을 쌓는다고 말한다. 이때의 덕은 도덕적 인간으로서의 인격 도야는 물론이요, 무엇보다도 이타행의 태도를 갖는 것을 지칭한다. 인의예지(仁義禮智) 같은 도덕성의 구현은 그 자체 아름답기도 하거니와 멋있는 일이기도 하다. 그러나 도덕성 구현의 본질은 나 자신을 위하는 데 있지 않고 남을 위하는 데 있다. 따라서 남을 위해 희생하고 봉사하는 삶으로서의 이타행은 그 자체가 도덕성의 구현이기도 하다.

그런데 멋의 본질이 미적 가치에 있거니와 인간으로서 자신이 아니라 남을 위해 희생하고 봉사하는 것만큼 아름다운 것은 없다. 그 이유는 대부분의 인간이 본성적으로는 자기 자신을 위해 일하며 살게 되어 있기 때문이다. 그런데 자신을 돌보지 않고 타인을 위해 희생하는 삶이 있다면 그보다 더 숭고한 삶이 어디 있겠는가? 일생을 인도에서 남을 위해 헌신한 테레사 수녀의 쭈글쭈글한 모습이 그토록 아름답게 보이는 까닭이 거기에 있으며, 미개한 아프리카에서 인술(仁術)을 펼친 슈바이처의 모습이 아름다운 까닭이 거기에 있다.

또한 암초에 부딪혀 좌초된 버큰헤이드 호에 탑승했던 472명의 군인들이 구명정에 민간인들을 모두 태운 뒤, 배 위에 선 채로 물속으로 가라앉아 가는 처절한 모습이 아름다운 까닭이 거기에 있으며, 떨어진 수류탄으로부터 부하들을 구하고자 몸으로 덮쳐 자신을 산화시킨 강재구 소령의 모습이 정녕 아름다운 까닭이 거기에 있다. 그들은 참으로 멋있는 인생을 살다 갔으며 아직도 우리들 마음속에서 영원한 삶의 귀감으로서 살아가고 있는 것이다.

이타행은 아름답다. 그리고 아름다운 까닭에 멋있다. 자기 자신의 이익만 챙기는 행위 가운데 아름다워 보이는 것은 드물며, 따라서 그와 같은 삶을 멋있다고 할 수는 없다. 어떠한 비도덕적인 행위도 멋있다고 할 수 없다는 주장도 같은 맥락에서 이해할 수가 있다. 모든 비도덕적인 행위는 이타행이 아니라 자기 자신을 위함에서 비롯되는 것이기 때문이다. 그러므로 멋있는 인생을 살고자 하는 사람이라면 기본적으로 나보다는 남을 위하고자 하는 마음가짐을 갖도록 노력해야 할 것이다.

다. 조화성

셋째는 조화로운 삶의 태도를 가져야 한다는 것이다. 이는 멋있는 삶을 위한 세 번째 요소로 들고 있지만 실상 가장 중요한 요건이다. 이것이 가장 중요한 까닭은 앞서 언급했던 전문 능력이나 이타행도 이 요건 속에 녹아들 수 있기 때문이다. 우리네 삶에서 전문 능력이 필요한 까닭이 무엇이고, 남을 돕는 삶의 태도가 중요한 이유는 무엇인가? 그 모든 것이 궁극적으로는 삶을 조화롭게 만들기 위함이 아니겠는가? 능력이 부족한 삶은 여유가 없는 까닭에 결코 조화롭지 못하며, 남을 돕지 않는 삶은 이기적인 삶의 태도로서 결코 아름답지 못하다. 이기적인 사람들만 존재하는 세상을 상상해 보라. 결코 아름다울 수도, 그래서 결코 조화로울 수도 없는 세상일 것이다.[38]

삶을 조화 있게 가꾸라는 말은 매우 포괄적인 개념으로서 이 안에는 여러 가지 의미들이 포함된다. 가령, 삶의 여유, 낭만, 해학, 예술, 문학, 관조 등 멋과 관련되고 멋의 의미를 부여할 수 있는 다양한 개념들이 들어 있다. 그럼에도 불구하고 이 많은 개념들을 조화라는 하나의 말로 함축한 것은 멋있는 삶에서의 여유, 낭만, 해학, 예술, 문학, 관조 등이 궁극적으로는 삶의 조화를 위한 것이라 생각되기 때문이다.

이것들은 우리 인생에서 하나의 여백과도 같다. 그래서 각박한 우

---

38) 필자는 멋의 본질을 가치와 미, 비도덕적이 아닌 것에서 찾았지만 이런 관점에서 본다면 멋의 본질의 핵심은 이 세 번째 요건인 삶의 조화에 있다고 하겠다. 삶의 조화가 없다면 가치도, 미도 찾을 수 없을 뿐더러, 비도덕적인 것은 그 어떤 것도 삶의 조화를 훼손시킬 뿐이기 때문이다.

리의 삶 속에서 자칫하면 소홀히 여겨질 수도 있는 것들이다. 그러나 우리의 삶이 각박하면 할수록 이 여백들은 더 필요하다. 멋의 본질은 미적 가치에 있고 미의 본질은 조화에 있기 때문이다. 다시 말하면 미를 미라고 부르게 하는 것은 궁극적으로 조화에 있는 것이다. 조화가 이루어지지 않으면 아름다움은 성립하지 않는다. 하나하나는 예쁘지 않아도 조화를 이루면 아름답게 되지만, 하나하나는 예쁘다 하더라도 전체적인 조화를 이루지 못하면 아름답다고 말할 수 없다. 그런 점에서 미의 본질은 조화에 있는 것이다.

그런데 멋진 인생에서 삶의 조화는 여유와 낭만과 해학, 예술, 문학, 관조 등이 있을 때 비로소 가능해진다. 팽팽한 긴장감이 감도는 일상의 각박한 삶에서 한마디의 위트와 해학은 긴장감을 완화시켜 우리의 삶 자체를 아름답게 조화시킨다. 풍류와 낭만과 예술도 피폐한 삶에 활력을 주어 전체적으로 아름답게 조화시킨다.

문학에 대한 이해와 자연에 대한 관조도 삶에 여유와 생기를 불러일으켜 전체적인 삶의 조화를 이루게 한다. 자연에 대한 관조는 삶의 여유다. 여백이 있음으로 해서 동양화가 전체적인 조화를 이루듯이, 그 여유로 말미암아 삶은 조화를 이루게 되는 것이다. 멋의 본질이 미적 가치에 있고, 미의 본질이 조화에 있는 까닭에, 멋있는 인생에서 삶의 전체적인 조화는 필수요건이 아닐 수 없다.

그러므로 멋있는 인생을 살고자 한다면 누구나 삶이 아무리 각박하고 힘들다 할지라도 그 각박함과 어려움을 누그러뜨리고 전체적인 조화를 이룰 수 있도록 항상 노력해야 할 것이다. 그러기 위해서는 낭만과 예술, 풍류와 해학, 문학과 자연을 사랑하는 마음을 배우고 애써 익히도록 해야 할 것이다.

조화의 의미가 중요한 것은 이것이 앞서 멋의 본질 규명에서 드러났던, 비도덕적인 어떤 것도 멋이 될 수 없다는 명제를 설명하는 데도 큰 역할을 하기 때문이다. 멋은 일탈과 파격에서도 찾아진다고 하였다. 그래서 멋은 각박한 우리의 삶에서 한줄기 기쁨과 희망의 빛이 될 수 있다고도 했다. 하지만 필자는 일탈과 파격이 멋이 될 수 있는 이유는 그것이 전체의 조화를 깨뜨리지 않는 한에서만 가능하다고 했다.

일탈과 파격은 분명 도덕적인 삶의 훼손을 의미할 수도 있다. 그러나 그것이 멋이 될 수 있는 한계는 어디까지나 전체적인 조화가 가능할 때에 한해서이다. 그것을 넘어서면, 다시 말해 전체의 조화를 깨뜨릴 때는 일탈과 파격은 비도덕적인 것에 다름 아닌 것이다. 비도덕성의 한계란 곧 전체적인 조화의 미를 깨뜨릴 때인 것이다.

요컨대, 멋있는 삶을 영위하기 위해서는 우선적으로 전문 능력을 쌓아야 하고, 남을 위해 희생하고 봉사할 줄 아는 덕을 키워야 하며, 나아가 낭만과 예술, 풍류와 해학, 문학과 자연에의 관조를 통해 전체적인 삶에 균형과 조화를 이루도록 해야 한다. 전체적인 조화의 미가 깨질 때 비도덕성의 한계도 깨지고, 그것은 더 이상 멋이 될 수 없는 것이다.

6. 맺는 말

멋은 가치가 있고, 멋은 아름다우며, 멋은 또한 조화롭다. 그것은 도덕과 밀접하게 관계가 있기도 하면서 도덕과 무관할 수도 있다. 그래서 일탈과 파격도 멋이 될 수 있다. 이 모든 것의 기준점은 전체적인 조화의 미다. 조화미를 가져올 수만 있다면 그것은 멋이라 할 것이다. 그렇게 볼 때 멋의 핵심은 전체적인 조화의 미라고 할 것이다.

그럼에도 불구하고, 이 글을 열심히 읽은 독자라면 이 책에서 무엇보다도 강조하고 있는 것이, 멋은 비도덕성을 경계한다는 사실임을 느꼈을 것이다. 여러 번 되풀이하거니와 비도덕성의 한계라는 의미는 멋이 도덕의 테두리 내에서 이루어져야 한다는 것을 뜻하는 것은 아니다.

도덕을 초월하는 일탈의 멋도 있다. 어쩌면 많은 사람들이 멋에서 찾고자 하는 것이 바로 이 일탈에서 오는 희열과 낭만일 수도 있다. 모든 잎이 곧게 자란 난초는 아름다울지언정 멋있지는 않다. 그중 한두 개가 꺾여 있을 때 비로소 제멋이 난다. 이렇듯 각박한 세상에서 숨통이 트일 수 있는 창문, 내일을 향한 희망, 이것이 일탈이요 멋인 것이다.

그러나 일탈은 한계가 있기 마련이다. 고무줄은 당겼다가도 놓으면 제자리로 되돌아온다. 하지만 한계점 이상으로 늘이면 결코 제 모습을 찾지 못한다. 일탈의 멋도 이와 똑같다. 한계점 이상의 일탈은 더 이상 멋이 아니다. 일탈이 멋이 될 수 있긴 하되 비도덕적인 결과를 초래할 정도라면 그것은 더 이상 멋일 수가 없는 것이다. 그 까닭은 무엇인가? 멋의 본질인 가치와 미, 그리고 무엇보다도 조화를 잃기 때문이다. 비도덕성, 물론 정당화될 수 없는 비도덕성이지만, 그것이 멋의 한계점이다.

특히 사회의 리더이거나 또는 리더를 꿈꾸는 사람이라면 더더욱 비도덕적인 행동이나 태도를 경계해야 할 것이다.[39] 비도덕성 자체가 멋과는 거리가 멀다는 이 글의 결론도 그렇거니와, 리더는 구성원들이 본받고자 원하는 롤모델이기 때문이다. 멋있는 인생을 구가한 리

39) 물론 여기서 말하는 비도덕성이라는 것이 일반적인 의미의 도덕성의 반대 개념을 뜻하는 것은 아니다. 오해를 없애고자 여러 차례 밝혔듯이, 멋은 일탈에서도 얻어진다고 하였고, 따라서 완전무결한 도덕군자여야만 멋있는 사람이라는 주장은 결코 아니다. 오히려 완전한 도덕군자라면 멋있는 사람과는 거리가 멀 수도 있다. 멋의 본질이 미와 조화에 있으므로 행위의 결과가 전체의 미와 조화를 깨지 않는 선에서라면 도덕의 일탈도 가능할 것이다. 비도덕성이란 그 미와의 조화를 깨뜨리는 것을 의미하고, 그런 한에서 비도덕성은 경계되어야 한다는 것이다.

더가 있어서 그가 가치 있고 아름답고 조화로운 삶을 이끌며 어떠한 비도덕적인 행동도 경계한다면, 그 리더의 행동과 삶의 태도를 본받아 구성원들도 가치 있고 아름답고 조화로운 삶을 이끌 것이며, 동시에 비도덕적인 어떤 한계도 넘지 않으려 노력할 것이기 때문이다.

이제 우리는 멋과 멋있는 삶에 관하여 다음과 같은 결론에 도달할 수가 있을 것이다.

멋의 본질은 가치와 미의 조화에 있다. 조화는 전체와의 관계이며, 따라서 멋은 전체와의 조화에서 오는 미적 가치에 있다. 이 조화 속에는 도덕적 가치도 있고, 도덕과 무관한 가치도 있다. 하지만 비도덕적인 것은 미적 가치와 전체의 조화를 훼손하므로 멋이 될 수 없다. 만약 비도덕적인 어떤 것이 멋있어 보인다면 그것은 전체적인 조화의 미를 상승시켰기 때문이다. 그 경우라면 비록 비도덕적인 것이라 할지라도 정당화가 가능한 것으로서 도덕적 비난에서 벗어날 수 있다. 따라서 정당화될 수 없는 어떠한 비도덕적인 것도 멋이 될 수 없다.

그러므로 이 세상에 멋있는 사람들, 특히 멋있는 리더들, 멋을 추구하는 사람들, 정녕 멋있는 삶을 살고자 하는 사람들이 많다면, 그들은 전체의 아름다움과 조화를 추구할 것이기에 그와 같은 사람들이 많으면 많을수록 우리가 사는 세상은 더욱 아름다운 세상, 멋있는 세상, 정말로 살맛 넘치는 세상이 될 것이다.

부록 1

리더로서 갖춰야 할 대화나 토의 시 올바른 자세

사람은 누구나 불완전한 존재이기에 늘 문제에 부딪힌다. 그리고 문제가 발생하면 이를 가급적 빨리 해결하기를 원한다. 문제가 해결되지 않으면 마음이 불편할 뿐만 아니라 그 문제로 인해 더 큰 문제가 야기될 수도 있기 때문이다.

그러나 직면한 문제를 해결하는 데 있어서 빠른 해결만이 중요한 것은 아니다. 문제가 올바르게 해결되어야 하는 것이 더욱 중요하다. 올바른 해결이란 근본적인 해결, 정당한 절차를 통한 해결, 그로 인해 더 이상의 문제가 발생하지 않도록 하는 해결을 일컫는다. 일시적인 미봉책 해결이나 부정한 절차에 따른 해결, 혹은 전체나 미래를 고려하지 않은 해결은 결국 언젠가는 더 큰 문제를 불러오게 될 것이기 때문이다. 따라서 문제에 직면했을 때, 특히 리더는 그것의 해결이 올바르고 정당하게, 그래서 훗날 더 큰 화를 불러오지 않도록 종합적이고도 거시적인 관점에서 이루어지도록 해야 할 것이다.

문제 상황에 직면했을 때 리더는 그것의 해결을 위해서는 스스로의 경험과 사유에 의존할 수도 있지만, 경우에 따라서는 타인에게 조언을 요청하거나 타인과 토론을 벌일 수도 있다.

둘 또는 더 많은 사람들이 어떤 문제에 관해 토론할 때, 멋있는 리더라면 올바른 추론으로 이끌기 위해서는 물론이요, 토론에 임하는 상대를 위해서도 다음 몇 가지 사항은 반드시 유념해야 할 필요가 있을 것이다. 어떤 것은 상식적인 차원이기도 하지만, 어떤 것은 전문가도 놓칠 수 있는 사항들이기에 멋진 리더를 꿈꾸는 이들을 위해, 그리하여 더욱 아름다운 세상을 이루기 위해, 평소 생각해 왔던 몇 가지를 다시 한 번 정리해 보고자 한다.[1]

첫째, 자신의 의견을 내세우기보다는 다른 사람들의 견해에 더 귀를 기울이라는 것이다.

그 까닭은 나 혼자의 생각보다는 두 사람의 생각이, 또 둘보다는 세 사람의 생각이 더 나은 결론으로 이끄는 경우가 훨씬 더 많기 때문이다.

둘째, 다른 사람의 견해가 나와는 다를 수 있다는 것을 인정하는 일이다.

이것은 대단히 중요한 의미를 담고 있다. 그래서 특히 강조해 두고 싶다. 많은 경우에 사람들 간의 대립은 이 사실을 인정하지 않는 데서 비롯된다. 나와 견해가 다르다고 해서 그것이 틀린 게 아님에도 불구하고 사람들은 상대를 잘못된 견해의 소유자로 몰아붙이는 경우가 종종 있다. 나와 다르다는 것은 내가 옳고 상대가 잘못됐다는 것을 의미하는 것은 아니다. 상대의 견해가 나와 다를 뿐이다. 그것은 나와 상대가 모두 옳을 수도 있고, 동시에 모두 그를 수도 있음을 함축한다.

---

1) 이 내용들은 필자가 늘 강조해 왔던 것들이기는 하지만 필자 고유의 생각에서 비롯된 것은 아니다. 육군사관학교 『군대윤리』 교재에 간략하게 수록된 내용을 토대로 필자가 충분한 설명을 가미하여 재작성한 것이다. 대화나 토의 시 꼭 필요한 내용들이라 독자들과 함께 공유하고자 한다.

물론 내가 옳고 상대가 그를 수도 있다. 그 경우라면 옳고 그름의 기준이 명확할 때뿐이다. 수학적 계산이나 결과가 분명한 확률의 경우가 그러하다. 하지만 옳고 그름이 명확하지 않은 인문학적, 혹은 사회적 현상에 대한 개인적 견해라면 내가 옳고 상대가 그르다고 쉽게 단정 지을 수는 없다. 가령, 종교적 견해 혹은 정치적 견해 차이가 그렇다. 기독교와 불교, 공화당과 민주당의 차이는 하나가 옳고 다른 하나가 그른 것이 아니라 그저 다른 견해일 뿐인 것이다. 이것을 인정해야 한다는 것이다.

민주주의가 좋은 제도라는 것은 다양한 사람들이 다양한 목소리로 서로 다른 견해를 낼 수 있기 때문이다. 나와는 다른 사고를 하는 사람이 있다는 것을 인정할 때, 그때에야 불필요한 대립이 없어지고, 올바른 토론을 통해 더 바람직한 결론에 이를 수가 있는 것이다.

셋째, 내가 분명히 옳다고 생각하는 것도 실제로는 틀릴 수도 있다는 것을 받아들이는 일이다.

세상을 오래 살아온 나이든 사람들은 누구나 이에 대해 공감할 것이다. 절대적으로 확신하고 있던 내 생각이 사실은 착각이거나 잘못된 정보에 의거하고 있었다는 경험을 한두 번쯤은 해보았을 것이기 때문이다. 내가 확신하고 있었던 책도 경우에 따라서는 본의든 아니든 거짓 정보에 기초하고 있을 수가 있는 것이다. 개인의 경험에 기초한 절대 확신은 대단히 위험한 일임을 인정하라는 것이다.

넷째, 지금, 나 자신의 관점이 아니라, 미래, 타인의 관점에서 사태를 보도록 노력하는 일이다.

더 바람직한 결론, 혹은 더 옳은 결론에 도달하고자 한다면 내 이기심을 거둬야 한다. 설령 최종 결론이 내게 불이익을 가져올지라도 진정한 리더라면 전체의 관점에서 문제를 해결하고자 해야 할 것이다. 이 책의 여기저기서 언급하고 있지만, 특히 조지 마셜의 이기심 없는 마음가짐(selflessness)은 그 대표적인 사례라 하겠다.

다섯째, 감정과 편견, 혹은 기존의 관습과 권위에 매여 있지는 않은지를 검토하는 일이다.

조직의 수장(首長)이나 리더의 위치에 있게 되면 구성원에 비해 아는 것도 많고 경험도 다양할 수 있다. 하지만 많은 지식과 경험이 때에 따라서는 바람직한 결론에 도달하는 데 방해를 할 수도 있다는 사실을 명심해야 한다. 그의 지식과 경험이 권위와 관습에 묶여 있거나, 변화된 환경이나 세태와는 거리 가 먼 과거의 지식이나 경험일 수도 있기 때문이다.

여섯째, 자료가 불확실한 것은 아닌지, 분명하고 확실한 정보인지를 늘 확인하는 일이다.

내가 확신하고 있는 사실이 참된 정보에 입각하고 있는지를 늘 살피는 것은 매우 중요한 일이다. 자료 자체가 거짓 정보에 입각해 있다면 더 말할 나위도 없겠지만, 참된 정보라 할지라도 시대나 환경의 변화로 인해 낡은 정보가 되고, 그래서 본래의 역할을 할 수 없는 경우도 있을 수 있기 때문이다.

일곱째, 사건을 전체적이고 종합적인 관점에서 보도록 노력하는 일이다. 표면적 현상에만 집착하고 있는 것은 아닌지 늘 유의해야 한다.

사람은 누구나 실수할 수 있지만, 그것이 피할 수 있는 실수인 경우도 적지 않다. 사건이나 사태를 전체적이고 종합적으로 보지 않고 표면상 드러나는 것에만 치중하는 데서 오는 실수가 그러하다. 보이는 것에만 집착할 것이 아니라 보이지 않는 부분도 통찰하는 혜안을 갖도록 노력해야 할 것이다. 필자는 리더의 최고 덕목으로서 역사적 통찰력을 제의했는데, 역사적 통찰력의 핵심적 요소가 이것이다.

마지막으로, 대화와 논증을 중시하는 일이다. 토의 시 사용되고 있는 개념과 용어에 대해서 나는 물론이요, 상대방도 명확히 이해하고 있는지, 또한 상황에 맞게 사용되고 있는지를 늘 검토할 필요가 있는 것이다.

대화나 토론이 지지부진하지 않고 올바른 결론에 이르기 위해서는 사용되고 있는 개념과 용어가 서로 오해되지 않도록, 또한 상대의 주장과 논리가 행여 오류 속에 빠지지 않도록 항상 비판적으로 검토할 필요가 있는 것이다. 이를 위해서는 불필요하거나 분명하지 않은 용어는 피하고, 언어 사용의 오류와 논증에서의 오류에 어떤 것들이 있는지에 대한 이해가 필요하다. 훌륭한 리더로서, 또한 멋진 리더로서 토의를 올바르게 주재하거나 대화를 잘 이끌어 가기 위해서는 논리학에 대한 선행 학습이 필요하다고 하겠다.

부록 2

「새하곡」과 『그리고 남은 자의 눈빛』

이문열과 이동규의 소설 비교와 그 의미

I

이동규의 장편소설 『그리고 남은 자의 눈빛』(도서출판 천산, 1993, 이하 '눈빛'으로 표기)과 이문열의 중편소설 「새하곡(塞下曲)」(이하 '새하곡'으로 표기)을 비교하는 일은 그 자체 흥미도 있거니와 그것이 시사하는 의미도 커 보인다.

'새하곡'이 1970년대 당시의 군 생활상을 묘사하고 있다면 '눈빛'은 1990년대의 군대 실상을 보여준다. '새하곡'은 발표 당시 군에 대한 비판적인 시각으로 말미암아 한때 금서(禁書)로 지목될 만큼 군에 센세이션을 불러일으켰다. '눈빛' 역시 군에 대한 비판이 없는 것은 아니지만 바탕에 흐르는 기류는 우리 군에 대한 짙은 애정이다.

이런 점에서 '새하곡'과 '눈빛'의 비교는 20년의 시대 간격만큼이나 달라진 우리 군대의 모습을 어느 정도 설득력 있게 읽을 수 있는 길이라 하겠다.

II

두 소설에 흐르는 군에 대한 하나의 인상은 장교들의 귀족주의(aristocratism)와 병사들의 허무주의(nihilism)다. '새하곡'에서 이문열은 이를 병사와 장교 간의 뛰어넘을 수 없는 간극이라고 지적한다.

이 간극은 이동규의 소설에서도 그대로 보인다. ROTC 장교들이 전방부대로 배치 받아 처음 입소하던 날 병사들과 똑같은 '배식'을 받자 그들은 차별화되지 않는 장교의 권위에 분노를 터뜨린다. 이는 급기야 신임 장교들과 취사병들의 싸움으로 번진다. 장교들의 귀족주의적 권위 때문이다. 그렇지만 '새하곡'과 다른 점은 다른 장교들이 장교들 편에 서지 않고 오히려 병사들의 입장을 두둔하고 있다는 점이다. 이것은 무엇을 의미하는가? 이는 과거와 현재 사이에 변화된 군의 모습이다.

이동규가 말하는 장교와 병사 간의 간극은 여전히 귀족주의와 허무주의의 토대 위에 서 있다. 하지만 이른바 민주 군대라는 변화된 병영생활의 모습을 이 사건은 보여준다. 무력으로써 세우고자 했던 장교들의 권위는 이제 더 이상 군에 남아 있지 않다는 것이다. 동시에 이와 같은 변화는 병사들뿐만 아니라 장교들 스스로도 이해하고 있다는 사실이다. 장교들과 병사들의 다툼에서, 과거 같으면 신임 소위들의 사기(士氣)와, 그들에게서 기대하는 원리 원칙의 강조를 위해서도 장교들 편에서 문제가 해결되었을 것이다. 그러나 '새하곡'과는 달리 '눈빛'에서는 신임 소위들에게 완전군장 얼차려를 가함으로써 병사들 편에 서고 있다. 그만큼 오늘날의 군대에서는 병사들의 입장이 존중되고 있음을 시사한다.

그럼에도 불구하고 병사들의 허무주의는 여전히 지워지지 않고 있음을 '눈빛'은 보여준다. '새하곡'에서 군 생활에 대한 강박관념으로 자살하고 마는 한 하사관의 허무주의가 '눈빛'에서도 여전히 나타난다. 어머니의 허상을 좇아 매일 돌탑을 쌓는 한 병사의 가슴앓이가 그러하고, 장교들에 대한 불만으로 전역하기 직전 대검을 숨긴 채 끝까지 감춘 곳을 말하지 않는 한 제대병의 반항이 그러하다. 오늘날 '이등병의 날'을 포함하여 병사들의 복지와 인권을 존중하는 여러 가지 행사와 제도가 있음에도 불구하고 병사들은 여전히 '피해자'로서의 의식을 버리지 못하고 있음을 단적으로 보여주는 예다.

III

'새하곡'과 '눈빛'에서 볼 수 있는 또 하나의 흥미 있는 부분은 육사 출신과 삼사 출신, 그리고 ROTC 출신 장교들의 조금씩 달라진 모습이다. '새하곡'에서 그려졌던 육사 출신 장교는 정규 장교 출신이라는 사실을 앞세워 원칙과 모범을 강조하고 장차 군의 지도자로서 매사에 솔선수범하는 형이다. 그러나 융통성이 없고 때로는 비정하기까지 한 면모를 보여준다.

삼사 출신 장교는 상관에 대한 절대적인 복종과 업무에 최선을 다하고자 노력하는 형이다. 그러나 나이와 학력에서 오는 콤플렉스를 무력과 계급의 권위로써 해소하려 한다. 그래서 병사들과 자주 마찰을 일으키며 병사들이나 장교들로부터 존중받지 못한다. ROTC 출신 장교들은 군 생활이 의무 복무 기간이라는 점에서 병사들을 이해하고 감싸며, 그래서 인간미가 흐르는 장교형이다. 그러나 바로 그로 인해 업무에 있어서나 병사들의 지휘에 있어서나 적당주의로 흐르는 경향을 보인다.

'눈빛'에서 보이는 육사 출신 장교의 특성은 '새하곡'과 크게 다르지 않다. 다만 '눈빛'에서는 육사 출신의 이와 같은 성향이 기실 군에 대한 사랑에서 비롯된 것임을 곳곳에서 보여준다. 엄격함이 지나쳐 독선적이고 폭군적 기질마저 있지만 업무에 충실하고 군을 진실로 사랑하는 대대장 공치수 중령의 모습이 그러하고, 멋있는 지휘관상으로 그려지고 있는 연대장 곽대웅 대령에 대한 묘사가 그러하다.

그렇지만 '눈빛'에서 그려지는 삼사 출신에 대한 묘사는 '새하곡'과는 사뭇 달라 보인다. '새하곡'에 등장하는 삼사 출신 장교 심소위는 나이와 학력에 대한 콤플렉스를 장교라는 권위와 군기(軍紀)로 다스렸고, 그래서 병사들로부터 장교에 대한 반발과 군에 대한 강한 불만을 야기하곤 하였다. 그런데 '눈빛'에서 묘사되고 있는 삼사 출신 장교들에게서는 그런 부분이 보이지 않는다. 제때에 진급을 하지 못해 군에 대한 불만감이 있음에도 불구하고 대대장에게 충성하고 하급자인 민소위(주인공 민유수, ROTC 출신 정훈장교)를 형처럼 따뜻하게 감싸주고 격려하는 작전장교 전소령의 모습이 그러하다. 대대장으로부터 철책선을 매일 두 바퀴씩 순찰하라는 질책성 엄명을 받고 망연자실해 있는 민소위에게 전소령은 군의 현실을 차근차근 설명하면서 대대장을 이해하도록 유도한다.

소설은 때로는 상상력의 산물이기도 하지만 또한 그 시대 사람들의 가치관과 의식구조를 반영한다고 할 수 있다. 그런 점에서 본다면 '눈빛'에서 그려지고 있는 삼사 출신 장교들의 이와 같은 특성의 변화는 의미가 있다. 그리고 그와 같은 변모는 삼사관학교 자체의 변화를 고려한다면 아주 자연스러운 것으로 이해되기도 한다. 오늘날 삼사관학교의 입학생은 1970년대와는 달리 전문대학 졸업생들이거나 그 이상의 학력 소유자로서 이제는 나이나 학력에 대한 콤플렉스가 없기 때문이다. 그들에게 아직까지 남아 있는 콤플렉스가 있다면 그것은 정규 사관학교 출신이 아니라는 점, 그리고 육사 출신과는 달리 소령, 중령 진급에서부터 많은 탈락자가 생긴다는 점 등일 것이다. 작가가

의식하고 있건 아니건 '눈빛'은 이와 같은 변모를 암암리에 보여준다.

한편 ROTC 출신 장교들의 특성 역시 '새하곡'과 크게 다르지는 않다. 하지만 군을 이해하고 군을 위해 무언가 남기고 싶어 하는 ROTC 출신 장교들의 적극성을 '눈빛'에서는 엿볼 수 있다. '새하곡'이 이중위라는 인간적인 ROTC 장교의 눈을 통해 군의 문제점을 파헤치지만 어찌할 수 없는 무력감으로 암울한 군의 모습을 보여주고 있다면, '눈빛'은 같은 ROTC 장교인 민중위를 통해 더욱 활기차고 밝은 미래가 있는 군을 상징적으로 묘사하고 있다. 그것은 군에 대한 희망이다. 물론 '눈빛'에서 찾아볼 수 있는 군의 밝은 미래는 ROTC 출신 장교들에 의해서만 이루어지는 것은 아니다. '새하곡'과 대비되는 가장 의미 있는 부분이 이것이라 여겨진다.

IV

'새하곡'의 분위기는 음침하고 암울하다. 오죽하면 소설의 제목부터가 '갇혀 있음'을 느끼게 하는 '새하곡(塞下曲)'이겠는가? 어둡고 막막한 군의 현실에서 자유로울 수 있는 길은 죽음밖에 없다는 느낌을 갖게 한다. 그렇지만 '눈빛'에서는 어두움만이 아닌 밝음도 함께 그려지고 있다. 그 첫 번째로 꼽을 수 있는 것이 민중위의 동료이자 서울대학교 출신인 김민수 중위의 장기복무 신청이다.

김중위에 대한 묘사는 소설의 도입 부분에서부터 심상치 않다. 군에 대한 불신과 유감(遺憾)이 가득해 보인다. 그것은 '자유'를 최고의 가치로 여기는 '지성(知性)'들이 군에서 느끼는 공통된 감정들이다. 그렇지만 군 생활을 통해서, 또한 주변의 훌륭한 군인들을 보면서 그는 장기복무의 길을 택한다. ROTC 출신으로서 장기복무를 택하는 것은 있을 수 있는 일이지만 '눈빛'에서 가장 날카로운 지성의 소유자로 묘사되고 있는 김중위가 군을 선택했다는 사실에 의미가 있다. 그것은 '지성'에 의한 군의 이해와 사랑이라는 의미를 담고 있는 것이다.

곽대웅 대령의 군에 대한 사랑도 밝은 군의 모습을 보여준다. 어린 시절부터 막연히 동경해 왔던 세계가 군이었으며, 군인이 된 이후에도 변함없이 군을 사랑하는 그가 젊은 ROTC 장교들에게 이야기하는 대목이 이를 느끼게 한다. 곽대령은 젊은 그들에게 '농촌을 지키는 마음'으로 군복무에 임해 달라고, '농촌을 지키는 심정'으로 군을 떠나지 말고 함께 일하자고 당부한다. 이 당부를 그들은 매우 의미 있게 받아들인다. 일할 사람이 모두 도시로 떠나버린 오늘날의 농촌을 군에 비유한 것은 군 현실의 각박성을 지적한 것이지만, 아직도 군을 사랑하는 사람들이 있고 또 그 사랑을 진지하게 받아들이는 사람들이 있다는 사실이 군에 대한 밝은 미래를 느끼게 해주는 것이다.

V

'눈빛'이 보여주는 군의 밝은 미래에 대한 하이라이트는 이상배 병장의 '군바리-민바리'론(論)이다. 군 위문공연에서 사회자는 군바리라는 말을 거침없이 사용하고 그 말을 들은 장병들도 함께 웃는다. 그러나 스트립쇼 도중 무대로 뛰어올라온 이병장은 마이크를 잡고 군은 더 이상 군바리가 아니며 군인이고 국군일 뿐이라고 말한다. 군 스스로도 군을 군바리라고 비하해서는 안 되며 사회인들도 그렇게 호칭해서는 안 된다는 절규에 가까운 웅변이다. 그와 같은 호칭은 군에 복무하는 사람들이, 그들이 의무 복무 군인이건 직업 군인이건 간에, 소중하게 여기는 한 부분, 바로 소명의식을 헛되게 한다는 것이었다. 이병장의 폐부를 찌르는 절규에 장내는 일순 긴장하지만 하나둘씩 일어선 장병들은 모두가 힘찬 기립박수를 이병장에게 보낸다.

소설 '눈빛' 전체의 하이라이트라고도 할 수 있는 이 장면은 시사하는 바가 크다. 군은 바로 국민의 군대이며, 병사건 장교건 그들이 힘들고 고통스러운 짐을 지고서도 꿋꿋하게 군 생활에 임하는 것은 바로 알게 모르게 그들 내부에 잠재하게 된 하나의 의식, 바로 소명의식 때문이라는 것을 이 장면은 일깨워주는 것이다. 군인은 더 이상 천대받는 군바리가 아니라 신성한 국군이라는 이병장의 호소는 우리 군의 미래를 환하게 해준다. 그것도 장교가 아닌 병사의 입을 통해서 보여주고 있다는 점에서 그 무게는 훨씬 크게 느껴진다.

VI

'새하곡'과는 달리 '눈빛'에서 드러나는 또 하나의 특징은 자유와 민주 군대, 나아가 복지 군대로서의 모습이다. 그것은 1970년대의 군대상인 '새하곡'에서는 결코 찾아볼 수 없는 부분이기도 하다. 가령, 부하 장병들에게 그토록 엄격한 공치수 중령이 장병들의 복지를 위해 그들의 휴식처인 '자유공간'을 설치하는 예가 그러하다. 그것은 삶의 질이 더욱 높아질 향후 군대의 모습을 보여주는 것이기도 하다.

또한 '눈빛'에서는 김민수 중위를 비롯해서 몇몇 위관급 장교들이 생활의 편의와 업무상의 편리를 위해 스쿠프나 프라이드를 구입하는 장면들이 나온다. 1970년대에는 감히 상상할 수도 없었던 신세대 군인들의 모습이기도 한 이 부분에서 우리는 '눈빛'이 투영하는 군의 밝은 미래와 발전된 모습을 가늠해 볼 수가 있는 것이다.

20여 년이 흐른 2014년의 오늘, '눈빛'에서 선보였던 군의 민주화와 복지, 직장주의와 경영주의 철학에 기인한 군의 효율성과, 그 결과물인 우수 인재 확보 등, 오늘날 우리 군은 많은 면에서 획기적인 발전을 이뤄내고 있다.

전쟁 후유증과 정치적 무능, 독재에서 비롯된 암울했던 '새하곡' 시대를 극복하고, 경제성장에 힘입은 복지 군대요, 인권이 존중되는 민주 군대로서 싸우면 이기는 강한 군대, 이것이 우리 군이 지향하는 미래의 목표다. '눈빛'은 그 시대에 조금씩 움트던 그 싹들이 서서히 피어나고 있음을 시사함으로써 한층 밝은 우리 군의 미래를 조망(眺望)하고 있다고 하겠다.

에필로그

책을 펴낸다는 것이 결코 쉬운 작업이 아님을 잘 알지만, 이번엔 특히 힘들었음을 고백해야 할 것 같다. 다음 두 가지 이유에서이다.

하나는 이 책의 많은 글들이 이미 세상에 발표된 것들이라는 사실에 기인한다. 완성된 글이라 할지라도 시간이 지나면 자꾸 수정하고 싶어지는 게 글쓴이의 마음인 것인지, 수정한 것을 다시 읽으면 그때마다 또다시 수정하게 되니 작업이 길어지고 어려워져 갔다.

하지만 그 덕분에 많은 글들이 수정을 거듭했다. 특히, '역사적 통찰력'과 '멋있는 리더'는 참으로 많은 생각과 더불어 상당한 가필(加筆)이 이루어졌다. 맨 처음 발표됐을 때는 생각지도 못했던 내용들이 그동안 여러 사람들의 지적과 논평에 의해 수정되고 가필되면서 그만큼 보완되었다. 돌아보면 참으로 다행스러운 일이기도 하다. 생각하고 노력한 만큼 논리적으로 보완되고, 좀 더 세련된 글로 거듭날 수 있었기 때문이다.

다른 하나는 책의 마무리 단계에서 발생한 '세월호 침몰 참사'였다. 그중에서도 특히, 선장과 더불어 리더 격인 선박직 승무원(15명)의 전원 탈출은 적지 않은 충격이었다. 수많은 어린 학생들의 죽음을 뒤로 하고 자신들의 살 길을 찾은 그들의 '선택과 결단'을 접하면서 과연 이들에게 '역사적 통찰력'이란 어떤 의미일까 하는 생각이 들었기 때문이다. 단 한순간이라도 '역사적 통찰력'의 덕목이 그들의 마음에 떠오르기라도 했을까 하는 의문이 든 것이다.

선장을 비롯해 살아남은 승무원들에게서는 리더로서의 책임감도, 용기도, 진실성도, 명예도 찾아보기 힘들다. "탈출하라"는 선장의 지시만 따랐을 뿐, "선장님, 이건 아닙니다." 하고 직언할 줄 아는 참다운 충성심도 찾아볼 수 없다. 그래서 안타까웠다.

무엇이 잘못된 것일까? 필자의 견해로는 교육의 부재(不在)로 보인다. 리더로서의 책임감과 용기, 명예, 무엇보다도 역사적 통찰력의 부재로 보이는 것이다.

필자가 이렇게 말할 수 있는 까닭은 맨 먼저 구조된 선장의 이해하기 어려운 태도 때문이다. 구조된 직후, 담요를 걸친 채 어슬렁거리며 진료를 받고자 했던 그의 모습이 카메라에 포착됐다. 어떻게 그럴 수 있을까? 선장이면서, 세월호의 최고 리더이면서, 승객들을 죽음 속에 남겨놓고 먼저 탈출한 사람으로서 어떻게 그렇게 아무 생각도 없는 사람처럼 행동할 수 있었을까?

대답은 한 가지밖에 없어 보인다. 아무것도 모른다는 사실이다. 선장으로서의 책임감도, 명예도, 용기도, 잠시 후면 그가 어떻게 국민들로부터 질책을 받게 될 것인지에 대해서도 모르거나 아예 관심이 없다는 것, 그것 이외에는 설명할 길이 없어 보인다. 도덕의식은 물론이요, 역사의식의 부재다. 역사적 통찰력이란 것 자체가 없는 것이다. (살아남은 승무원의 경우도 이와 다르지 않다. 멀지도 않은 장래에 자신들의 선택과 결단이 어떻게 평가될 것인지에 대해서 단 한 번만이라도 고려해 봤다면 그와 같은 선택이나 결단에 이르지는 않았을 것이다.)

필자의 결론은 이렇다. 진정 리더가 리더답다면, 다시 말해 리더로서의 충성심과 용기, 책임감, 명예는 물론이요, 도덕적 진실성의 덕목에 충실하다면(아니, 적어도 이들 가운데 하나라도 확실하게 견지한다면), 세월호 같은 참사는 발생하지 않았으리란 것이다. 더욱이 리더가 역사의식과 도덕의식의 기준에서 자신의 행동을 선택하고 결단하는 '역사적 통찰력'의 덕목을 구비하고 있다면 그와 같은 참사를 막을 수 있음은 물론이요, 그 같은 상황에서도 자신의 선택과 결단에 대한 정당한 근거를 당당히 찾을 수 있게 되리라는 것이다. 동시에 그와 같은 리더에 대해 우리는 진정 멋있는 리더라는 찬사를 보낼 수 있을 것이다.

역사적 통찰력을 비롯하여, 충성과 진실성, 책임감과 용기, 그리고 명예의 덕목이 리더에게 요청되고, 이에 대한 교육이 필요한 이유라 하겠다.

참고문헌

강성재, 『참군인 이종찬 장군』(동아일보사, 1986).
김국헌, 『일 군인 사십년의 지향』(신오성, 2012).
김시헌, 『멋을 아는 사람』(청조사, 1982).
김태길, 『윤리학』(박영사, 1968).
_____, 『새로운 가치관의 지향』(민중서관, 1975).
김태길 외, 『정의의 철학』(대화출판사, 1977).
_____, 『한국인의 가치관 연구』(문음사, 1982).
김홍철, 『전쟁론』(민음사, 1991).
니코 케이저, 조승옥 · 민경길 옮김, 『군대명령과 복종』(법문사, 1994).
대표작 에세이, 『생각하는 실타래』(동아일보사, 1967).
러트, 『풍류한국』(신태양사, 1974).
박경석, 『재구대대』(병학사, 1966).
사무엘 헌팅턴, 허남성 · 김국헌 · 이춘식 옮김, 『군인과 국가』(한국해양전략연구소, 2011).
신정근, 『마흔, 논어를 읽어야 할 시간』(21세기북스, 2011).
씨셀라 복, 박상섭 옮김, 『평화를 위한 전략』(도서출판 인간사랑, 1991).

아리스토텔레스, 최명관 옮김, 『니코마코스 윤리학』(서광사, 1984).
_____, 『향연, 파이돈, 니코마코스 윤리학』(을유문화사, 1994).
에드거 퍼이어, 이민수 · 최정민 옮김, 『영혼을 지휘하는 리더십』(책세상, 2005).
앨빈 토플러, 이규행 감역, 『전쟁과 반전쟁』(한국경제신문사, 1996).
유엽, 『멋으로 가는 길』(보람사, 1983).
유현종, 『백마고지』(을지출판공사, 1985).
육군본부, 『한국적인 군인상 정립』(1988).
윤오영, 「한국적 유머와 멋」, 『고독의 반추』(관동출판사, 1974).
윤태림, 『한국인』(현암사, 1982).
이동규, 『그리고 남은 자의 눈빛』(도서출판 천산, 1993).
이남규, 『첨단전쟁』(조선일보사, 1992).
이문열, 「새하곡」, 『사람의 아들』(민음사, 1980).
이민수, 『전쟁과 윤리』(철학과현실사, 2005).
_____, 『지휘통솔의 철학적 원리』(철학과현실사, 2010).
_____, 『전쟁과 리더』(철학과현실사, 2013).
_____, 『위대한 사람들의 위대한 정신』(철학과현실사, 2014).
이택호 · 김동식, 「미래사회의 변화와 군전문직업주의」(육사 화랑대연구소, 1995).
이형석, 『세계 명장 일화』(한국능률협회, 1970).
임덕규, 『전쟁과 국제법』(법문사, 1985).
조승옥 외, 『군대윤리』(도서출판 봉명, 2003).
조용만, 「멋이라는 것」, 『한국인의 멋』(삼중당, 1963)
조지훈, 「멋의 연구」, 『한국인과 문학사상』(일조각, 1968).
존 롤즈, 황경식 옮김, 『정의론』(이학사, 2003).
최하림, 『한국인의 멋』(지식산업사, 1974).
클라우제비츠, 강창구 옮김, 『전쟁론』(병학사, 1991).
한갑수, 「멋있는 생활」, 『생각하는 실타래』(동아일보사, 1967).

Anthony E. Hartle, *Moral Issues in Military Decision Making*(University Press of Kansas, 1989).

Donald E. Cooke, *For Conspicuous Gallantry*(C. S. Hammond & Company, 1966).

Donald Wells, *War Crimes and Laws of War*(1984).

E. M. Adams, "The Moral Dilemmas of the Military Profession", *Public Affairs Quarterly*, Vol. 3(1989).

FM22-100, *Military Leadership*(1990).

John Rawls, *A Theory of Justice*(Harvard University Press, 1971).

Jonathan Glover, *Causing Death and Saving Lives*(Penguin Books, 1977).

Josiah Royce, *Philosophy of Loyalty*(Macmillan Company, 1920).

Immanuel Kant, "Perpetual Peace: A Philosophical Sketch", *Kant's Political Writings*, ed. by Hans Reiss(Cambridge University Press, 1970).

Larry Collins and Dominique Lapierre, *Is Paris Burning?*(New York (1966).

Lee, Min-Soo, *Military Virtues and Superior Orders*(1992).

Lt. Gen. W. R. Peers, *The My Lai Inquiry*(W. W. Norton & Company, 1979).

Malham M. Wakin ed., *War, Morality, and the Military Profession* (Westview Press Inc., 1986).

Massacre at My Lai(다큐멘터리, 1989).

Michael Walzer, *Just and Unjust War*(Basic Books Inc., 1977).

MQS1, *Ethics and Professionalism Training Support Package*(Ft. Harrison, Indiana: U.S. Army Soldier Support Center, 1981).

Richard Brandt, "Utilitarianism and the Rules of War", *Philosophy of Public Affairs*(1971), Vol. 1, No. 1.

Richard Gabriel, *To Serve With Honor*(Greenwood Press, 1982).

Richard Wasserstrom, "On the Morality of War : A Preliminary Inquiry", *Stanford Law Review*, Vol. 21(1969).

Richard Wasserstrom, *War and Morality*(Wadsworth Publishing Company, 1970).

Sheldon Cohen, *Arms and Judgement*(Westview Press, 1989).

Sheldon Glueck, *War Criminals*(New York, 1944).

Sidney Axinn, *A Moral Military*(Temple University Press, 1989).

Telford Taylor, *Nuremberg and Vietnam: An American Tragedy*(A National General Company, 1970).

Thomas Nagel, "War and Massacre", *War and Moral Responsibility* (Princeton University Press, 1974).

Yoram Dinstein, *The Defence of "Obedience to Superior Orders" in International Laws*(A. W. Sijithoff-Leyden, 1965).

Willard C. Frank, Jr., "The Agony of Our Choosing: Military Power and Human Values".

이민수(李珉秀)
육군사관학교를 졸업하고 서울대학교 철학과와 동 대학원을 졸업하였다. 미국 테네시대학교에서 철학박사학위를 받은 뒤 육군사관학교 철학교수로 재직하였고, 지금은 서울과학기술대학교 기초교육학부 교수로 있다.
주요 논문으로는 「존 롤즈의 정의론에 있어서 선과 정의」, 「반성적 평형과 윤리학의 방법」, 「공동체의 정의와 개인의 선은 정합 가능한가」, 「과학 기술의 발달과 전쟁윤리」, 「전쟁범죄와 개인의 책임에 관한 연구」 등이 있으며, 주요 저서로는 『전쟁과 윤리』, 『열린 군대와 리더 윤리』, 『멋의 본질과 군인의 멋』, 『위대한 군인정신』(전2권), 『멋 — 멋있는 사람, 아름다운 세상』, 『지휘통솔의 철학적 원리』, 『전쟁과 리더』, 『위대한 사람들의 위대한 정신』, 『영혼을 지휘하는 리더십』(역서) 등이 있다.
이메일 : msl0728@naver.com

리더의 최고 덕목은 역사적 통찰력이다

1판 1쇄 인쇄　2014년 9월 5일
1판 1쇄 발행　2014년 9월 10일

지은이　이 민 수
발행인　전 춘 호
발행처　철학과현실사

등록번호　제1-583호
등록일자　1987년 12월 15일

서울특별시 종로구 동숭동 1-45
전화번호 579-5908
팩시밀리 572-2830

ISBN 978-89-7775-777-6　93190
값 20,000원